MÉMOIRES

DE

TALLEMANT DES RÉAUX.

PARIS, IMPRIMERIE DE DECOURCHANT,
Rue d'Erfurth, n° 1, près de l'Abbaye.

LES HISTORIETTES

DE

TALLEMANT DES RÉAUX.

MÉMOIRES

POUR SERVIR A L'HISTOIRE DU XVIIe SIÈCLE,

PUBLIÉS

SUR LE MANUSCRIT INÉDIT ET AUTOGRAPHE;

AVEC DES ÉCLAIRCISSEMENTS ET DES NOTES,

PAR MESSIEURS

MONMERQUÉ,
Membre de l'Institut,

DE CHATEAUGIRON ET TASCHEREAU.

TOME TROISIÈME.

PARIS,
ALPHONSE LEVAVASSEUR, LIBRAIRE,
PLACE VENDÔME, 16.

1834

MÉMOIRES
DE
TALLEMANT.

LE MARÉCHAL DE BASSOMPIERRE (1).

Le maréchal de Bassompierre étoit d'une bonne maison, entre la France et le Luxembourg; la plupart des lieux de ce pays-là ont un nom allemand et un nom françois : Betstein est le nom allemand, et Bassompierre le françois.

On conte une fable qui est assez plaisante. Un comte d'Angeweiller, marié avec la comtesse de Kinspein, eut trois filles qu'il maria avec trois seigneurs de la maison de Croy de Salm et de Bassompierre, et leur donna à chacune une terre et un gage d'une fée. Croy eut un gobelet et la terre d'Angeweiller; Salm eut une bague et la terre de Phinstingue ou Fenestrange, et Bassompierre eut une cuiller et la terre d'Answeiller. Il y avoit trois abbayes qui étoient dépositaires de ces

(1) François de Bassompierre, né en Lorraine le 12 avril 1579, maréchal de France en 1622, mort dans le château du duc de Vitry dans la Brie, le 12 octobre 1646.

trois gages, quand les enfants étoient mineurs : Nivelle pour Croy, Remenecour pour Salm, et Epinal pour Bassompierre. Voici d'où vient cette fable.

On dit que ce comte d'Angeweiller rencontra un jour une fée, comme il revenoit de la chasse, couchée sur une couchette de bois, bien travaillée selon le temps, dans une chambre qui étoit au-dessus de la porte du château d'Angeweiller : c'étoit un lundi. Depuis, durant l'espace de quinze ans, la fée ne manquoit pas de s'y rendre tous les lundis, et le comte l'y alloit trouver. Il avoit accoutumé de coucher sur ce portail, quand il revenoit tard de la chasse, ou qu'il y alloit de grand matin, et qu'il ne vouloit pas réveiller sa femme; car cela étoit loin du donjon. Enfin, la comtesse ayant remarqué que tous les lundis il couchoit sans faute dans cette chambre, et qu'il ne manquoit jamais d'aller à la chasse ce jour-là, quelque temps qu'il fît, elle voulut savoir ce que c'étoit, et ayant fait faire une fausse clef, elle le surprend couché avec une belle femme; ils étoient endormis. Elle se contenta d'ôter le couvre-chef de cette femme de dessus une chaise, et après l'avoir étendu sur le pied du lit, elle s'en alla sans faire aucun bruit. La fée, se voyant découverte, dit au comte qu'elle ne pouvoit plus le voir, ni là, ni ailleurs; et après avoir pleuré l'un et l'autre, elle lui dit que sa destinée l'obligeoit à s'éloigner de lui de plus de cent lieues; mais que pour marque de son amour elle lui donnoit un gobelet, une cuiller et une bague, qu'il donneroit à trois filles qu'il avoit, et que ces choses apporteroient bonheur dans les maisons dans lesquelles elles entreroient, tandis qu'on y garderoit ces gages ; que si quelqu'un déroboit l'un de ces gages, tout malheur lui arriveroit. Cela a paru dans la maison de M. de Pange, seigneur lorrain, qui déroba au prince de Salm la bague qu'il avoit au doigt, un jour qu'il le trouva assoupi pour avoir trop bu. Ce M. de Pange avoit quarante mille écus de revenu, il avoit de belles terres, étoit surintendant des finances du duc de Lorraine. Cependant, à son retour d'Espagne, où il ne fit rien, quoiqu'il y eût été fort long-temps, et y eût fait bien de la dépense (il y étoit ambassadeur pour obtenir une fille du roi Philippe II pour son maître), il trouva sa femme grosse du fait d'un Jésuite; tout son bien se dissipa; il mourut de regret; et trois filles qu'il avoit mariées furent toutes trois des abandonnées. On ne sauroit dire de quelle matière sont ces gages; cela est rude et grossier.

La marquise d'Havré, de la maison de Croy (1), en montrant le gobelet, le laissa tomber; il se cassa en plusieurs pièces, elle les ramassa et les remit dans l'étui en disant: « Si je ne puis l'avoir entier, je l'aurai au moins « par morceaux. » Le lendemain, en ouvrant l'étui, elle trouva le gobelet aussi entier que devant. Voilà une belle petite fable (2).

Le père du maréchal étoit grand ligueur; M. de Guise l'appeloit *l'ami du cœur*: c'étoit un homme de service. Ce fut chez lui que la Ligue fut jurée entre les

---

(1) Ce ne peut être que Diane de Dampmartin, comtesse de Fontenoy, et dame en partie de Vistingen, femme de Charles-Philippe de Croy, marquis d'Havré. Ils sont la tige des marquis d'Havré.

(2) Cette fable est tout-à-fait dans le genre de celle de la fée Mélusine, dont la maison de Lusignan a la prétention de descendre.

grands seigneurs. Il mourut subitement au commencement de la Ligue. Le maréchal avoit de qui tenir pour aimer les femmes, et aussi pour dire de bons mots, car son père s'en mêloit.

A son avénement à la cour, c'étoit après le siége d'Amiens, il tomba par malheur entre les mains de Sigongne (1), celui qui a été si satirique. C'étoit un vieux renard qui étoit écuyer d'écurie chez le Roi : il vit ce jeune homme qui faisoit l'entendu ; il lui voulut abattre le caquet, et, faisant le provincial nouveau venu, il le pria niaisement de le vouloir présenter au Roi. Bassompierre crut avoir trouvé un innocent, et s'en jouer ; il entra, et dit au Roi en riant : « Sire, « voici un gentilhomme nouvellement arrivé de la pro- « vince qui désire faire la révérence à Votre Majesté. » Tout le monde se mit à rire, et le jeune monsieur fut fort déferré.

On dit que jouant avec Henri IV, le Roi s'aperçut qu'il y avoit des demi-pistoles parmi les pistoles ; Bassompierre lui dit : « Sire, c'est Votre Majesté qui les a « voulu faire passer pour pistoles. — C'est vous, » répondit le Roi. Bassompierre les prend toutes, remet des pistoles en la place, et puis va jeter les demi-pistoles aux pages et aux laquais par la fenêtre. La Reine dit sur cela : « Bassompierre fait le Roi, et le Roi fait « Bassompierre. » Le Roi se fâcha de ce qu'elle avoit dit. « Elle voudroit bien qu'il le fût, repartit le Roi, « elle en auroit un mari plus jeune. » Bassompierre étoit

---

(1) Voir la note 3 de la p. 111 du t. I.

beau et bien fait. Il me semble que Bassompierre méritoit bien autant d'être grondé que la Reine.

On a dit qu'il étoit plus libéral par fenêtre qu'autrement ; on l'a accusé d'aimer mieux perdre un ami qu'un bon mot ; il n'a jamais passé pour brave, cependant aux Sables-d'Olonne il acquit de la réputation, paya de sa personne, et montra le chemin aux autres, car il se mit dans l'eau jusqu'au cou. Pour la guerre, il la savoit comme un homme qui n'en eût jamais ouï parler (1). Cependant il fut fait maréchal de France ; mais il voulut que M. de Créquy passât devant : ils s'appeloient frères. Cependant il pensa épouser madame la Princesse, comme nous avons dit ailleurs.

Après M. de Rohan, qui avoit eu pour trente mille écus la charge de colonel des Suisses, Bassompierre eut cette charge, et la fit bien autrement valoir qu'on ne l'avoit fait jusqu'alors ; d'ailleurs il étoit habile et faisoit toujours quelques affaires. Il n'y avoit presque personne à la cour qui eût tant de train que lui, et qui fît plus pour ses gens. Lamet, son secrétaire, fut préféré, en une recherche d'une fille, à un conseiller au parlement.

Parlons un peu de ses amours. On a dit qu'il avoit

---

(1) On fit un *guéridon* sur une entrée de ballet, où il sortoit d'un tambour.

> Sortir d'un tambour,
> Galant Bassompierre,
> Aimer tant l'amour
> Et fuir tant la guerre,
> O guéridon, etc. (.T)

été un peu amoureux de la Reine-mère, et qu'il disoit que la seule charge qu'il convoitoit, c'étoit celle de grand panetier, parce qu'on couvroit pour le Roi (1). Il étoit magnifique, et prit la capitainerie de Monceaux, afin d'y traiter la cour. La Reine-mère lui dit un jour : « Vous y mènerez bien des putains (2). — Je gage, ré- « pondit-il, madame, que vous y en mènerez plus que « moi. » Un jour il lui disoit qu'il y avoit peu de femmes qui ne fussent putains. « Et moi ? dit-elle. — « Ah ! pour vous, madame, répliqua-t-il, vous êtes la « Reine. »

Une de ses plus illustres amourettes, ce fut celle de mademoiselle d'Entragues, sœur de madame de Verneuil : il eut l'honneur d'avoir quelque temps le roi Henri IV pour rival. Testu, chevalier du guet, y servoit Sa Majesté. Un jour, comme cet homme venoit lui parler, elle fit cacher Bassompierre derrière une tapisserie, et disoit à Testu, qui lui reprochoit qu'elle n'étoit pas si cruelle à Bassompierre qu'au Roi, qu'elle ne se soucioit non plus de Bassompierre que de cela, et en même temps elle frappoit d'une houssine, qu'elle tenoit, la tapisserie à l'endroit où étoit Bassompierre. Je crois pourtant que le Roi en passa son envie, car un jour le Roi la baisa je ne sais où, et mademoiselle de Rohan, la bossue, sœur de feu M. de Rohan, sur l'heure écrivit ce quatrain à Bassompierre :

> Bassompierre, on vous avertit,
> Aussi bien l'affaire vous touche,

---

(1) Il disoit qu'il y avoit plus de plaisir à le dire qu'à le faire. (T.)
(2) On parloit ainsi alors. (T.)

Qu'on vient de baiser une bouche
Dans la ruelle de ce lit.

Il répondit aussitôt :

Bassompierre dit qu'il s'en rit,
Et que l'affaire ne le touche;
Celle à qui l'on baise la bouche
A mille fois.....

« *Je mettrai, quand il vous plaira, la rime entre vos* « *belles mains.* »

Henri IV dit un jour au père Cotton, Jésuite : « Que « feriez-vous si on vous mettait coucher avec mademoi- « selle d'Entragues ? — Je sais ce que je devrois faire, « Sire, dit-il, mais je ne sais ce que je ferois. — Il fe- « roit le devoir de l'homme, dit Bassompierre, et non « pas celui de père Cotton. »

Mademoiselle d'Entragues eut un fils de Bassompierre, qu'on appela long-temps l'abbé de Bassompierre; c'est aujourd'hui M. de Xaintes. Elle prétendit obliger Bassompierre à l'épouser (1); la cause fut renvoyée au parlement de Rouen, il y gagna son procès. Bertinières plaida pour lui : c'étoit un homme qui disoit qu'il ne savoit ce que c'étoit que se troubler en parlant en public, et qu'il n'y avoit rien capable de l'étonner. Le maréchal lui servit à avoir l'agrément de la cour pour la charge de procureur-général au

---

(1) En ce temps-là Bautru se mit à lui faire les cornes chez la Reine : on en rit. La Reine demanda ce que c'étoit. « C'est Bautru, dit-il, qui « montre tout ce qu'il porte. (T.)

parlement de Rouen, et il la lui fit avoir pour vingt mille écus. Au retour de Rouen, comme elle montroit son fils à Bautru : « N'est-il pas joli ? disoit-elle — « Oui, répondit Bautru, mais je le trouve un peu *abâ-* « *tardi* depuis votre voyage de Rouen. » Elle ne laissa pas, comme elle le fait encore, de s'appeler madame de Bassompierre. « J'aime autant, dit Bassompierre, « puisqu'elle veut prendre un nom de guerre, qu'elle « prenne celui-là qu'un autre. » Il n'étoit pas maréchal alors : on lui dit depuis : « Elle ne se fait point ap- « peler la maréchale de Bassompierre. — Je crois bien, « dit-il, c'est que je ne lui ai pas donné le bâton depuis « ce temps-là. »

Quand il acheta Chaillot, la Reine-mère lui dit : « Hé ! « pourquoi avez-vous acheté cette maison ? c'est une « maison de bouteille. — Madame, dit-il, je suis Alle- « mand. — Mais ce n'est pas être à la campagne, c'est « le faubourg de Paris. — Madame, j'aime tant Paris, « que je n'en voudrois jamais sortir. — Mais cela n'est « bon qu'à y mener des garces. — Madame, j'y en « mènerai. »

On croit qu'il étoit marié avec la princesse de Conti. La cabale de la maison de Guise fut cause enfin de sa prison, et sa langue aussi en partie, car il dit : « Nous « serons si sots que nous prendrons La Rochelle. » Il eut un fils de la princesse de Conti, qu'on a appelé La Tour Bassompierre ; on croit qu'il l'eût reconnu s'il en eût eu le loisir. Ce La Tour étoit brave et bien fait. En un combat où il servoit de second, ayant affaire à un homme qui depuis quelques années étoit estropié du bras droit, mais qui avoit eu le loisir de s'accoutumer à se servir du bras gauche, il se laissa lier le bras droit et battit pourtant son homme. Il logeoit chez le maréchal; depuis il est mort de maladie.

Bassompierre gagnoit tous les ans cinquante mille écus à M. de Guise; madame de Guise lui offrit dix mille écus par an et qu'il ne jouât plus contre son mari; il répondit comme le maître-d'hôtel du maréchal de Biron: « J'y perdrois trop. »

Il a toujours été fort civil et fort galant. Un de ses laquais ayant vu une dame traverser la cour du Louvre, sans que personne lui portât la robe, alla la prendre en disant: « Encore ne sera-t-il pas dit qu'un « laquais de M. le maréchal de Bassompierre laisse « une dame comme cela. » C'étoit la feue comtesse de La Suze; elle le dit au maréchal, qui sur l'heure le fit valet-de-chambre.

Il seroit à souhaiter qu'il y eût toujours à la cour quelqu'un comme lui; il en faisoit l'honneur (1), il recevoit et divertissoit les étrangers. Je disois qu'il étoit à la cour ce que Bel Accueil est dans *le Roman de la Rose*. Cela faisoit qu'on appeloit partout *Bassompierre* ceux qui excelloient en bonne mine et en propreté. Une courtisane se fit appeler à cause de cela *la Bassompierre,* une autre fut nommée ainsi parce qu'elle étoit de belle humeur. Un garçon qui portoit en chaise sur les montagnes de Savoie fut surnommé *Bassompierre,* parce qu'il avoit engrossé deux filles à Genève. A propos de ce surnom de *Bassompierre,* il lui arriva une fois une plaisante aventure sur la rivière

---

(1) On diroit aujourd'hui *les honneurs.*

de Loire. Il alloit à Nantes du temps que Chalais eut la tête coupée; une demoiselle lui demanda place dans sa cabane pour elle et sa fille : cette demoiselle alloit à la cour pour y faire sceller une grâce pour son fils. On alloit toute la nuit. Dans l'obscurité il s'approche de cette fille, et il étoit prêt d'entrer dans la *chambre défendue* (1), quand un batelier se mit à crier : « *Vire le peautre* (2), *Bassompierre.* » Cela le surprit, et, je crois même, le désappréta. Il sut après qu'on appeloit ainsi celui qui tenoit le gouvernail, et qu'on lui avoit donné ce nom, parce que c'étoit le plus gentil batelier de toute la rivière de Loire.

Une illustre maquerelle disoit « que M. de Guise « étoit de la meilleure mesure, M. de Chevreuse de « la plus belle corpulence, M. de Termes le plus sé- « millant, et M. de Bassompierre le plus beau et le « plus goguenard. »

Ceux que je viens de nommer, avec M. de Créquy et le père de Gondy, alors général des galères, mangeoient souvent ensemble, et s'entre-railloient l'un l'autre; mais dès qu'on sentoit que celui qu'on tenoit sur les fonts se déferroit, on en prenoit un autre : leurs suivants aimoient mieux ne point dîner et les entendre.

J'ai déjà dit ailleurs qu'il n'a jamais bien dansé; il n'étoit pas même trop bien à cheval; il avoit quelque chose de grossier; il n'étoit pas trop bien dénoué. A un

---

(1) Allusion à l'Amadis de Gaule.

(2) *Peautre* ou *piautre;* ce mot de notre ancienne langue romane s'est conservé parmi les bateliers de Loire pour exprimer le gouvernail.

ballet du Roi dont il étoit, on lui vint dire sottement, comme il s'habilloit pour faire son entrée, que sa mère étoit morte ; c'étoit une grande ménagère à qui il avoit bien de l'obligation : « Vous vous trompez, « dit-il : elle ne sera morte que quand le ballet sera « dansé. »

Il fut plus d'une fois en ambassade ; il contoit au feu Roi qu'à Madrid il fit son entrée sur la plus belle petite mule du monde qu'on lui envoya de la part du Roi. « Oh ! la belle chose que c'étoit, dit le Roi, de voir « un âne sur une mule ! — Tout beau, Sire, dit Bas- « sompierre, c'est vous que je représentois. »

Il disoit que M. de Montbason se parjuroit toujours, qu'il juroit par le jour de Dieu, la nuit et le jour par le feu qui nous éclaire.

La Reine-mère disoit : « J'aime tant Paris et tant « Saint-Germain, que je voudrois avoir un pied à l'un « et un pied à l'autre. — Et moi, dit Bassompierre, « je voudrois être à Nanterre (1). »

M. de Vendôme lui disoit en je ne sais quelle rencontre : « Vous serez, sans doute, du parti de M. de « Guise, car vous aimez sa sœur de Conti. — Cela n'y « fait rien, répondit-il : j'ai aimé toutes vos tantes, et « je ne vous en aime pas plus pour cela. »

Quand le maréchal d'Effiat fut mort, il dit, en franc goguenard, qu'il n'y avoit plus de *fiat* à la cour. Quelqu'un dit, quand on fit d'Effiat maréchal de France, que son père avoit été nommé pour être chevalier de l'ordre. « Je ne sais pas, dit Bassompierre, s'il a

---

(1) Le village de Nanterre est situé à moitié chemin entre Paris et Saint-Germain-en-Laye.

« été nommé, mais je sais bien qu'il a été élu (1). »

Sur les ressemblances qu'on trouve de chaque personne à quelque bête, il disoit plaisamment que le marquis de Thémines étoit sa bête. M. de La Rochefoucauld, méchant railleur, en voulut railler Thémines, qui lui dit qu'il ne vouloit pas souffrir de lui ce qu'il souffroit de M. de Bassompierre. Ils se pensèrent battre.

M. de La Rochefoucauld lui dit, un peu avant qu'on l'arrêtât : « Vous voilà gros, gras, gris. — Et vous, lui « répondit-il, vous voilà teint, peint, feint. » La Rochefoucauld avoit peint sa barbe.

Quand il fut dans la Bastille, il fit vœu de ne se point raser qu'il n'en fût dehors ; il se fit faire le poil pourtant au bout d'un an. Il y eut quelque petite amourette avec madame de Gravelle, qui y étoit prisonnière. Cette femme avoit été entretenue par le marquis de Rosny. Depuis, pour ses intrigues, elle avoit été arrêtée. Le cardinal de Richelieu avoit eu l'inhumanité de lui faire donner la question. Après la mort du maréchal, elle fut si sotte que de prendre un bandeau de veuve, aussi bien que madame de Bassompierre.

M. Chapelain fit un sonnet sur la fièvre de M. de Longueville, après le passage du Rhin, où il l'appeloit *le lion de la France*. « C'est plutôt *le rat de la France*, » dit Bassompierre. C'est un petit homme qui a été élevé dans une peau de mouton.

(1) Allusion aux commencements de la famille Coiffier de Ruzé d'Effiat, qui sortoit des charges de finances. On appeloit *élu*, un conseiller d'élection, sorte de juridiction dont les appels étoient portés à la cour des Aides.

Esprit, l'académicien, le fut voir à la Bastille. « Voilà
« un homme, dit-il, qui est bien seigneur de la terre
« dont il porte le nom. » Chacun dans la Bastille disoit : « Je pourrai bien sortir de céans dans tel temps.
« — Et moi, disoit-il, j'en sortirai quand M. Du Trem-
« blay en sortira (1). »

Il ne vouloit pas sortir de prison que le Roi ne l'en
fît prier, parce que, disoit-il, il étoit officier de la
couronne, bon serviteur du Roi, et traité indigne-
ment; « puis, je n'ai plus de quoi vivre. » Ses terres
étoient ruinées. Le marquis de Saint-Luc lui disoit :
« Sortez-en une fois; vous y rentrerez bien après. »
Au sortir de là, il disoit « qu'il lui sembloit qu'on
« pouvoit marcher par Paris sur les impériales de car-
« rosses, tant les rues étoient pleines, et qu'il ne trou-
« voit ni barbe aux hommes, ni crin aux chevaux. »

Il ne tarda guère à rentrer dans sa charge de colonel
des Suisses : Coislin avoit été tué à Aire; La Châtre
lui avoit succédé; mais comme il étoit un peu impor-
tant (2) et soupçonné d'être du parti de M. de Beaufort,
on y remit M. de Bassompierre, qui en avoit touché
quatre cent mille livres, et l'autre l'avoit bien acheté
de madame de Coislin. La Châtre et sa femme, tous

---

(1) Le Clerc Du Tremblay étoit alors gouverneur de la Bastille.
(2) On avoit donné, par dérision, le nom d'*Importants* à ceux qui suivoient le parti du duc de Beaufort. (*Esprit de la Fronde*; Paris, 1672,
tom. 1, pag. 156.) « On les nomma les *Importants*, parce qu'ils débi-
« toient des maximes d'Etat, déclamoient contre la nouvelle tyrannie,
« et prétendoient rétablir les anciennes lois du royaume. » (*Histoire
de la Fronde*, par le comte de Saint-Aulaire; Paris, 1827, tome 1,
pag. 105.)

deux jeunes, moururent misérablement après cela. Bassompierre n'a comme point payé cette charge. Il remit bientôt sur pied la meilleure table de la cour, et fit de bonnes affaires.

On lui a l'obligation de ce que le Cours (1) dure encore, car ce fut lui qui se tourmenta pour le faire revêtir du côté de l'eau, et pour faire faire un pont de pierre sur le fossé de la ville.

Il étoit encore agréable et de bonne mine, quoiqu'il eût soixante-quatre ans; à la vérité il étoit devenu bien *turlupin* (2), car il vouloit toujours dire de bons mots, et le feu de la jeunesse lui manquant, il ne rencontroit pas souvent : M. le Prince et ses petits-maîtres en faisoient des railleries.

Sur le perron de Luxembourg, une dame de grande qualité, après lui avoir fait bien des compliments sur sa liberté, lui dit : « Mais vous voilà bien blanchi, « monsieur le maréchal. — Madame, lui répondit-il « en franc crocheteur, je suis comme les poireaux, la « tête blanche et la queue verte. » En récompense, il dit à une belle fille : « Mademoiselle, que j'ai regret « à ma jeunesse quand je vous vois ! »

Il dit aussi de Marescot, qui étoit revenu de Rome fort enrhumé, et sans apporter de chapeau pour M. de Beauvais : « Je ne m'en étonne pas, il est revenu sans « chapeau. »

Comme il avoit une grande santé, et qu'il disoit

---

(1) Le Cours la Reine, vis-à-vis les Invalides.

(2) Mauvais plaisant, faiseur de pointes et de quolibets. Cette expression a été empruntée du nom du farceur Turlupin. L'adjectif n'est plus en usage, mais le substantif *turlupinade* a été conservé.

qu'il ne savoit encore où étoit son estomac, il ne se conservoit point ; il mangeoit grande quantité de méchans melons et de pêches qui ne mûrissent jamais bien à Paris. Après, il s'en alla à Tanlay, où ce fut une *crevaille* merveilleuse : au retour, il fut malade dix jours à Paris chez madame Bouthillier, qui ne vouloit point qu'il en partît qu'il ne fût tout-à-fait guéri ; mais Yvelin, médecin de chez la Reine, qui avoit affaire à Paris, le pressa de revenir. A Provins, il mourut la nuit en dormant, et il mourut si doucement, qu'on le trouva dans la même posture où il avoit l'habitude de dormir, une main sous le chevet à l'endroit de sa tête, et les genoux un peu haussés. Il n'avoit pas seulement tendu les jambes. Son corps gros et gras, et en automne, fut cahoté jusqu'à Chaillot, où on lui trouva les parties nobles toutes gâtées ; mais c'est que le corps s'étoit corrompu par les chemins.

LE CARDINAL

DE LA ROCHEFOUCAULD (1).

Le cardinal de La Rochefoucauld, hors qu'il étoit un peu trop jésuite et un peu trop crédule, étoit un vrai

---

(1) François de La Rochefoucauld, né à Paris le 8 décembre 1558, évêque de Senlis en 1607, mort à Paris le 15 février 1645.

ecclésiastique. Comme il étoit évêque, les Jésuites lui faisoient mener Marthe Brossier, comme on mène l'ours. Henri IV se moqua long-temps de cette prétendue possédée; mais comme il vit qu'on la vouloit faire exorciser devant Notre-Dame, et qu'un reste de ligueurs étoit à cabaler pour lui faire dire que Henri III étoit damné, et qu'Henri IV n'étoit catholique que de nom, il y envoya des médecins. Marescot la trompa avec un Virgile, faisant semblant que c'étoit un Rituel, et il prononça ainsi : *Nihil à Dæmone, pauca à morbo, tradenda Rapino* (1). Le Roi se contenta de la renvoyer à ses parents en Auvergne (2); et pour avoir su mépriser la fourbe, après l'avoir éludée, il n'en fut pas parlé davantage.

Pour revenir au cardinal de La Rochefoucauld, il étoit abbé de Sainte-Geneviève, et y logeoit; il permit aux religieux d'élire un abbé pour trois ans durant sa vie, mais il s'en garda le revenu. Il y avoit fait accommoder un beau logement; les religieux le jetèrent à bas après sa mort, voyant que feu M. le Prince demandoit à le louer pour le prince de Conti. Depuis ils ont toujours élu des abbés de trois en trois ans. Le cardinal pouvoit bien se réserver le revenu, car on n'en pouvoit pas mieux user qu'il en usoit; il faisoit de grandes aumônes sans ostentation. Il a donné plus de quarante mille écus à l'hôpital des Incurables; et ce qui est encore plus beau, il fit casser une vitre où l'on avoit mis ses armes.

---

(1) Rapin étoit prévôt de la connétablie. (T.)

(2) Marthe Brossier étoit de Romorentin, en Sologne. (*Voyez* la *Biographie universelle* de Michaud.)

Il avoit une sœur (1) qui n'étoit pas si humble que lui. Elle disoit au duc son neveu : « Mananda (2) ! mon « neveu, la maison de La Rochefoucauld est une bonne « et ancienne maison ; elle étoit plus de trois cents ans « devant Adam. — Oui, ma tante, mais que devîn-« mes-nous au déluge ? — Vraiment voire le déluge, « disoit-elle en hochant la tête, je m'en rapporte. » Elle aimoit mieux douter de la sainte Ecriture que de n'être pas d'une race plus ancienne que Noé ; elle signoit ainsi : « *Votre bien affectionnée tante et bonne* « *amie, pour vous faire un bien petit de plaisir.* » Cela me fait souvenir d'un fou de Limousin, nommé M. de Carrères ; il disoit que hors Pierre Buffières, Bourdeilles, Pompadour, et quelques autres qu'il nommoit, il ne faisoit pas grand cas de toutes les autres maisons du pays. « Mais, lui dit-on, vous ne parlez point de la « maison de Carrères ? — Carrères, dit-il, Carrères « étoit devant que Dioux fusse Dioux. »

(1) Marie de La Rochefoucauld-Randan, mariée en 1579 à Louis de Rochechouart, seigneur de Chaudenier. Elle se fit Carmélite après la mort de son mari.

(2) *Mananda!* espèce de serment fort en usage chez les femmes aux quinzième et seizième siècles. En voici un exemple tiré de Des Périers dans le conte *de l'enfant de Paris qui fit le fol pour jouyr de la jeune veuve.* La dame, en se déshabillant, disoit à sa chambrière : « Perrette, « il est beau garçon, c'est dommage de quoi il est ainsi fol. — Ma-« nanda ! disoit la garce, c'est mon, madame, il est net comme une « perle, etc. » (*Nouvelles récréations et joyeux devis de Bonaventure Des Périers*; Amsterdam, 1735, t. 2, p. 242.)

MADAME DES LOGES (1)

ET BORSTEL.

Madame Des Loges étoit fille d'un honnête homme de Troyes en Champagne, nommé M. Bruneau. Il étoit riche, et vint demeurer à Paris, après s'être fait secrétaire du Roi. Il n'avoit que deux filles : l'aînée fut mariée à Beringhen, père de M. le Premier. Pour éviter la persécution, car il étoit huguenot, il se retira à La Rochelle, et y fit mener ses deux filles, pour plus grande sûreté, sur un âne en deux paniers. Elles avoient du bien ; leur partage à chacune a monté à cinquante-cinq mille écus. Madame Des Loges, quoique la cadette, fut accordée la première ; et comme ce n'étoit encore qu'un enfant, on vouloit attendre que sa sœur passât devant elle. Je ne sais pourquoi elle fut plus tôt recherchée que l'autre qui étoit bien faite, et elle ne l'étoit point ; mais on fut obligé de la marier plus tôt qu'on ne pensoit, car, en badinant avec son accordé, elle devint grosse. Elle a dit depuis qu'elle ne savoit pas comment cela s'étoit fait ; que son mari et elle étoient tous deux si jeunes et si innocents qu'ils ne savoient ce qu'ils faisoient.

[1] Marie de Bruneau, dame Des Loges, née vers 1585, morte le 1er juin 1641.

Comme ç'a été la première personne de son sexe qui ait écrit des lettres raisonnables (1), et que d'ailleurs elle avoit une conversation enjouée et un esprit vif et accort, elle fit grand bruit à la cour. Monsieur, en sa petite jeunesse, y alloit assez souvent ; et comme il se plaignoit à elle de toutes choses, on l'appeloit la linotte de madame Des Loges. Quand on lui fit sa maison, il lui donna quatre mille livres de pension, disant que son mari n'étoit point payé de sa pension de deux mille livres qu'il avoit comme gentilhomme de la chambre. Cela n'étoit pas autrement vrai, et elle quitta le certain pour l'incertain, car le cardinal de Richelieu, soupçonnant quelque intrigue, lui fit ôter les deux mille livres ; et elle, qui vit bien qu'on la chasseroit, se retira d'elle-même en Limosin (2). Son mari en étoit, et elle avoit marié une fille à un M. Doradour, chez qui elle alla.

Elle avoit une liberté admirable en toutes choses ; rien ne lui coûtoit ; elle écrivoit devant le monde. On alloit chez elle à toutes heures ; rien ne l'embarrassoit. J'ai déjà dit ailleurs qu'elle faisoit quelquefois des impromptus fort jolis.

On a dit qu'elle étoit un peu galante. Le gouverneur de MM. de Rohan, nommé Haute-Fontaine, a été son favori ; Voiture y a eu part, à ce qu'on prétend ; ce fut elle qui lui dit une fois : « Celui-là n'est pas bon, per-

---

(1) Ses lettres ne sont pas trop merveilleuses ; cela étoit bon pour ce temps-là. Bortel a eu raison d'empêcher Conrart de les faire imprimer : il vouloit aussi faire un Recueil de vers sur sa mort. Tout cela est avouétré. (T.) — *Avouétré* pour *avoytré*, avorté, qui n'est pas venu à terme. (*Dict. de Nicot.*)

(2) C'étoit en 1629. (T.)

« cez-nous-en d'un autre. » Une fois Saint-Surin, qui étoit si amoureux de la fille de madame de Beringhen (on a remarqué que quand il en tenoit bien, il étoit jaune comme souci); Saint-Surin, dis-je, qui étoit un galant homme, ne bougeoit de chez les deux sœurs, qui logeoient vis-à-vis l'une de l'autre; une fois donc qu'il étoit chez madame Des Loges, un certain M. d'Interville, conseiller, je pense, au grand conseil, s'étoit assis familièrement sur le lit, et faisoit le goguenard; Saint-Surin et d'autres éveillés, pour se moquer de lui, prirent la courte-pointe et l'envoyèrent cul par sur tête dans la ruelle.

Celui qui a eu le plus d'attachement avec madame Des Loges ç'a été un Allemand nommé Borstel. Etant résident des princes d'Anhalt (1), il fit connoissance avec elle, et apprit tellement bien à parler et à écrire, qu'il y a peu de François qui s'en soient mieux acquittés que lui. Il la suivit en Limosin. Le prétexte fut qu'ils avoient acheté ensemble de certains greffes en ce pays-là. Il avoit transporté tout son bien en France. Comme il se vit en un pays de démêlés, il ne voulut point se mettre parmi la noblesse; et comme il n'avoit pas une santé trop robuste, il se feignit plus infirme qu'il n'étoit, afin de rompre tout commerce avec ces gens-là. Il fut même quelques années sans sortir de la chambre; cela fit dire qu'il avoit été dix-huit ans sans voir le jour qu'à travers des châssis, et qu'il fut long-

---

(1) Il y avoit quatre ans quand Henri IV fut tué. Depuis, comme il a eu la faiblesse de cacher son âge, Balzac l'a appelé *cet ambassadeur de dix-huit ans*. A son compte, il falloit qu'il l'eût été à quatorze, comme vous le verrez par la suite. (T.)

temps sans pouvoir décider s'ils étoient moins sains de verre que de papier.

Madame Des Loges morte, Borstel eut soin de ses affaires et de ses enfants. Borstel vint à Paris, et on parla de le marier avec une fille de bon lieu, assez âgée, nommée mademoiselle Du Metz ; mais l'affaire ne put s'achever, car il avoit appris quelque chose qui ne lui avoit pas plu ; mais il ne le voulut jamais dire. Il dit pour excuse qu'il ne vouloit pas la tromper, et qu'on lui avoit fait une banqueroute depuis qu'on avoit proposé de le marier avec elle. Depuis elle a épousé un M. de Vieux-Maison. Gombauld, qui étoit de ses amis, car elle se piquoit d'esprit, lui reprocha sérieusement d'avoir épousé un homme dont le nom ne se pouvoit prononcer sans faire un solécisme.

Borstel, quelque temps après, en cherchant une terre trouva une femme, car il épousa une jeune fille bien faite, qui étoit sa voisine à la campagne, et il en a eu des enfants : mais il ne s'en porta pas mieux. Il envoya ici, en 1655, un mémoire pour consulter sa maladie ; il avoit mis ainsi : « *Un gentilhomme de cin-* « *quante-neuf ans, etc.* » Feret (1), son ami, porta ce mémoire à un nommé Lesmanon, médecin huguenot, qui est à M. de Longueville, qui consulta avec d'autres, et rédigea après la consultation par écrit ; il commençoit ainsi : « *Un gentilhomme de soixante-neuf* « *ans, et qui s'est marié depuis quatre ou cinq ans à* « *une jeune fille, etc.* » Feret, voyant cela, lui dit qu'il ne l'avoit pas prié de tuer M. Borstel, mais bien de le guérir s'il y avoit moyen, et que de lui parler de son

---

(1) Secrétaire du duc de Weimar. (T.)

âge et de son mariage, c'étoit lui mettre le poignard dans le sein. On changea ce commencement. Il avoit soixante ans et plus quand il se maria, et étoit si incommodé qu'il ne pouvoit dormir qu'en son séant. Il mourut de cette maladie pour laquelle on avoit fait la consultation.

NOTICE SUR MADAME DES LOGES,

TIRÉE DES MANUSCRITS DE CONRART [1].

Feu madame Des Loges avoit nom Marie de Bruneau; elle etoit originaire de la province de Champagne, mais née à Sédan, où son père et sa mère étoient alors réfugiés durant les guerres de religion, environ l'an 1584 ou 1585. On n'a trouvé parmi ses papiers aucuns renseignemens qui marquent précisément ni le jour, ni le mois, ni l'année.

Son père étoit Sébastien de Bruneau, sieur de La Martinière, conseiller du Roi et intendant de la maison et des affaires de M. le Prince, et du roi de Navarre depuis le décès de ce prince. Sa mère avoit nom Nicole de Bey; ils étoient tous deux d'une rare et haute vertu, et à cette cause tenus en une singulière estime par toutes sortes de personnes, et surtout par divers princes et autres grands, même par le feu roi Henri IV, du-

---

[1] Manuscrit 902, in-folio, tom. 10, pag. 113, de la bibliothèque de l'Arsenal. Cette Notice est écrite d'une grande écriture de femme; elle a vraisemblablement été composée par une des filles de madame Des Loges. On trouvera des détails sur les manuscrits de Conrart dans la Notice qui précède ses Mémoires. (*Collection des Mémoires relatifs à l'histoire de France*, 2e série, t. 48.)

quel il y a encore plusieurs lettres écrites de sa main audit sieur de Bruneau.

Ladite dame Des Loges a été mariée avec feu messire Charles de Rechignevoisin, chevalier, seigneur des Loges, gentilhomme ordinaire de la chambre du Roi, issu de l'une des plus illustres maisons de Poitou et des mieux alliées; entre les autres à celles de La Beraudière, de Vivonne, de Chémerault et de La Rochefoucauld. Il étoit oncle à la mode de Bretagne de M. le duc de La Rochefoucauld. Son père étoit chambellan de M. le duc d'Alençon, frère des rois François, Charles et Henri, et mourut au voyage de Flandre, à l'entreprise d'Anvers.

Lesdits sieur et dame Des Loges ont eu ensemble plusieurs enfants, l'un desquels fut tué à la bataille de Prague, l'an 1620, l'autre au siége de Bréda, en 1638, et l'aîné ayant suivi les guerres de Hollande durant l'espace de vingt-trois ans entiers et consécutifs, sans avoir perdu une seule campagne, et y ayant acquis beaucoup d'estime et d'honneur, tant dedans les armées qu'à la cour du prince d'Orange, y a possédé et y possède encore diverses charges militaires, et, entre les autres, celle de général-major et de colonel, s'y étant habitué tout-à-fait et allié en l'une des plus apparentes familles du pays.

Ladite dame Des Loges a fait sa demeure à Paris et à la cour durant vingt-trois ou vingt-quatre ans, pendant lequel temps elle a été honorée, visitée et régalée de toutes les personnes les plus considérables, sans en excepter les plus grands princes et les princesses les plus illustres. M. le duc d'Orléans en faisoit surtout une très-particulière estime, et se rendoit assidu à la visiter, aussi bien en la prospérité que dans l'adversité de ses affaires, dont cette prudente dame prévoyant la continuation et les funestes succès, elle se résolut à quitter tous ces avantages et toutes les commodités d'un si agréable séjour, pour ne participer point aux intrigues qui depuis en ont accablé plusieurs. Ce fut en l'an 1629 qu'elle se disposa à cette sage retraite, en laquelle elle a depuis vécu doucement et dévotement par l'espace de quelques années, jusque à 1636, qu'un procès de grande importance l'ayant ramenée à Paris, elle y fut reçue et respectée de tous les honnêtes gens de même qu'auparavant, et fut de nouveau honorée des visites de Monsieur et des autres princes et princesses.

Toutes les muses sembloient résider sous sa protection ou lui rendre hommage, et sa maison étoit une académie d'ordinaire. Il n'y a aucun des meilleurs auteurs de ce temps, ni des plus polis du siècle, avec qui elle n'ait eu un particulier commerce, et de qui elle n'ait reçu mille belles lettres, de même que de plusieurs princes et princesses et autres grands. Il a été fait une infinité de vers et autres pièces à sa louange, et il y a un livre tout entier, écrit à la main, rempli des vers des plus beaux esprits de ce temps, au frontispice duquel sont écrits ceux-ci, qui ont été faits et écrits par feu M. de Malherbe :

> Ce livre est comme un sacré temple,
> Où chacun doit, à mon exemple,
> Offrir quelque chose de prix.
> Cette offrande est due à la gloire
> D'une dame que l'on doit croire
> L'ornement des plus beaux esprits.

Nous ne dirons rien ici de ce qu'elle a écrit elle-même, soit en prose ou en vers, puisque, pour fuir toute vanité, elle n'a jamais voulu permettre qu'aucune de ces pièces de sa façon fût exposée au public. Un chacun sait néanmoins que son style, aussi bien que son langage ordinaire, étoit des plus beaux et des plus polis, sans affectation aucune, et accompagné d'autant de facilité que d'art ; mais surtout étoit à estimer son humeur agréable, discrète et officieuse envers un chacun, sa conversation ravissante et sa dextérité à acquérir des amis et à les servir et conserver. Elle avoit un courage plus que féminin, une constance admirable en ses adversités, un esprit tendre en ses affections et sensible aux offenses, mais attrempé d'une douceur et facilité sans exemple à pardonner, et en tous ses maux d'une résignation entière à la volonté de Dieu et d'une ferme confiance en sa grâce, se reposant toujours sur sa providence, et ne désespérant jamais de ses secours.

Les pertes de ses chers enfants, de madame de Beringhen, sa digne sœur, dame reconnue d'un chacun pour être d'un esprit éminent, d'une admirable conduite et d'une vie exemplaire (1), avec celles d'une infinité de ses meilleurs et plus chers amis, accompagnées d'abondant d'autres afflictions non moins cuisantes, l'avoient réduite, par la tendresse de son bon naturel et par leur importance, à une vie fort languissante, si bien que les forces du corps ne se trouvant pas égales à celles de l'esprit, ni la délicatesse de la nature à l'habitude de sa grande constance, ces déplaisirs furent suivis d'une maladie aiguë et d'une mort très-heureuse, le 1er de juin, l'an 1641. Ce fut au château de La Pléau, en Limousin, maison de madame de La Pléau, sa fille aînée. Son testament a été une exhortation ample de piété à ses enfants, sa maladie un patron de patience, tous ses propos des enseignemens et des consolations saintes, et ses dernières paroles celles de saint Paul : « Je suis « assurée que ni mort, ni vie, ni anges, ni principautés, ni « puissances, ni choses présentes, ni choses à venir, ni hau-« tesse, ni profondeur, ni aucune autre créature, ne me pourra « séparer de la dilection de Dieu, qu'il nous a montrée en Jé-« sus-Christ, notre Seigneur (2). »

(1) Tallemant en a cependant médit dans l'article qui suit; mais de qui n'a-t-il pas médit?

(2) On a cru qu'il n'étoit pas inutile de publier cette Notice biographique contemporaine sur une femme justement célèbre. Elle avoit déjà été citée dans l'article Loges (des) de la Biographie universelle de Michaud. On peut aussi consulter l'article qui lui a été consacré dans le Dictionnaire de Moreri.

MADAME DE BERINGHEN

ET SON FILS.

Comme j'ai dit (1), elle étoit bien faite, et elle fut galante. M. de Montlouet d'Angennes, qui étoit bel homme, disoit qu'elle lui avoit offert douze cents écus de pension, mais qu'il n'étoit pas assez intéressé pour cela, et qu'il étoit amoureux ailleurs : elle n'étoit plus jeune ; alors il lui prit fantaisie d'avoir un page.

Je n'ai jamais vu une personne plus fière ; elle eut dispute à Charenton pour une place ; elle vouloit l'envoyer garder par un soldat des gardes, car, disoit-elle, il n'y a pas un capitaine dans le régiment qui ne soit bien aise de m'obliger (2).

Elle n'avoit garde d'être ni si spirituelle, ni si accorte, que sa sœur. Pour son mari, M. de Rambouillet m'a dit que Henri IV lui avoit dit que Beringhen étoit gentilhomme. Cependant j'ai ouï conter à bien des gens que le Roi ayant demandé à M. de Sainte-Marie, père de la comtesse de Saint-Géran, comment il faisoit pour avoir des armes si luisantes. « C'est, lui dit-il, un valet

---

(1) Dans l'article qui précède.
(2) Une madame d'Endreville, fille d'un secrétaire du Roi et femme d'un gentilhomme riche de Normandie, fit garder sa place, en 1658, par un suisse du Roi. On se moqua fort d'elle. (T.)

« allemand que j'ai qui en a soin. » Le Roi le voulut avoir : c'étoit Beringhen, et il lui donna après le soin du cabinet des armes. Depuis il fit quelque chose, et parvint à être premier valet-de-chambre. Or, il avoit un cousin-germain, dont le fils, que je connois fort, conte ainsi leur histoire. « Nous sommes, dit-il, d'une petite
« ville de Frise, qui s'appelle Beringhen; nos ancê-
« tres, dont la noblesse se prouve par les titres que
« nous rapporterons quand on voudra, n'en étoient pas
« seigneurs à la vérité, mais possédoient la plus belle
« maison de la ville depuis plus de trois cents ans. »

Pour moi, je sais bien que bien souvent on a pris le nom du lieu de sa naissance; mais ce n'est pas autrement une marque de noblesse, au contraire, comme Jean de Meung et Guillaume de Lorris (1). « Le père
« de feu M. de Beringhen et le père du mien furent
« tués à la guerre : leur bien se perdit. Leurs enfants
« ayant ramassé quelque chose du naufrage, passèrent
« en France encore fort jeunes. Feu M. de Beringhen
« s'arrêta sur la côte de Normandie, où il fut précep-
« teur de quelques enfants de gentilshommes; il avoit
« un peu de lettres. Au sortir de là, il se met chez
« l'accommodeur de fraises du Roi, et fait connoissance
« avec les officiers de la garde-robe : il avoit l'esprit
« vif, le Roi le prit en amitié. Pour mon père, il alla
« jusqu'en Bretagne, et se mit à trafiquer d'une espèce
« de toile qu'on appelle de la noyale ; elle sert à faire
« des voiles de navire, mais il n'a jamais paru en ce

---

(1) Les deux auteurs du *Roman de la Rose*. Tallemant auroit dû les nommer dans l'ordre inverse, puisque Jean de Meung a été le continuateur de Guillaume de Lorris.

« commerce, et on ne sauroit prouver qu'il ait dérogé.
« Il acquit du bien honnêtement. J'ai quarante lettres
« de feu M. de Beringhen à mon père et de mon père
« à feu M. de Beringhen (1). Depuis la mort de M. de
« Beringhen, M. de Beringhen, son fils, aujourd'hui
« M. le Premier, comme quelqu'un eut demandé l'au-
« baine de mon père qui vint à mourir, dit tout haut :.
« On a cru peut-être qu'il n'avoit point d'amis, mais je
« ferai bien voir qu'il étoit mon parent. Aujourd'hui
« il s'avise de dire que je suis bâtard, et son frère d'Ar-
« menvilliers a signé à mon contrat de mariage. Il fit
« à la vérité un peu le rétif pour signer comme pa-
« rent; mais enfin il passa carrière. Madame de Saint-
« Pater (2), sa sœur, à la mort, s'est repentie d'avoir
« dit que j'étois venu d'un bâtard de leur maison, et
« j'ai fait voir à M. de La Force mes titres et les lettres
« de feu M. de Beringhen. » Or, cet homme croyoit
tenir M. le Premier, et disoit : « J'ai tous les titres; et s'il
« prétend à être chevalier de l'ordre, il faut qu'il vienne
« à moi : » mais M. le Premier a eu des titres tels qu'il a
voulu, et l'électeur de Brandebourg, à qui appartient le
lieu de leur naissance, a été bien aise de l'obliger. Dans
sa généalogie, il fait mourir le père de Beringhen à
dix-sept ans, lui qui en a vécu soixante.

Cet autre Beringhen et sa femme sont assez assotés

---

(1) On dit même qu'ils étoient associés. (T.)

(2) Madame de La Luzerne, son autre fille, est un original en Phébus. Pour dire que lui faire tant de cérémonies, c'étoit la faire souffrir terriblement, elle dit une fois : « Ha! pour cela, madame, c'est une vraie « gémonie. » Elle avoit ouï parler du Montfaucon de Rome, qu'on appeloit *Scalas Gemonias*. (T.) — C'étoit le lieu d'où l'on précipitoit les criminels.

de leur noblesse, et ils disoient : « Nous voudrions pour
« plaisir qu'on nous pût mettre à la taille, pour avoir
« lieu de prouver notre noblesse. — Vous n'avez, leur
« dis-je, qu'à aller demeurer six mois à Lagny, vous
« en aurez le divertissement. »

M. le Premier autrefois fut un peu de la faveur ; il
cabala avec Vaultier et madame Du Fargis. Il commença à branler dès le voyage de Lyon, et fut disgracié au retour de La Rochelle. Il avoit changé de religion : il alla en Hollande, et le prince d'Orange, qui
aimoit tout ce que le cardinal de Richelieu persécutoit, le reçut à bras ouverts, et lui donna ses chevau-
légers à commander. Beringhen acquit quelque réputation ; il revint en France après la mort du cardinal.
Le reste se trouvera dans les Mémoires de la régence.

LE CHANCELIER SÉGUIER (1).

J'ai déjà dit ailleurs que le chancelier (2) est l'homme
du monde le plus avide de louanges : on en verra des

---

(1) Pierre Séguier, né le 28 mai 1588, chancelier en 1635, mort le 28 janvier 1672.

(2) On m'a dit que ce fut Des Roches, le mâle, chanoine de Notre-Dame, fort riche en bénéfices, autrefois petit valet du cardinal de Richelieu au collége, qui, le connoissant par droit de voisinage, le proposa au cardinal de Richelieu pour garde-des-sceaux, comme un homme dévoué, et dont il lui répondoit ; le cardinal s'y fia. Le monde fut assez

preuves par la suite. On l'accuse d'être grand voleur. Pour lâche et avare, il ne faut que lire ce que je m'en vais mettre (1).

Personne n'a tant donné à l'extérieur que lui; il a baptisé sa maison *hôtel*; il a mis un manteau et des masses informes de bâton de maréchal de France à ses armes, et son carrosse en est tout historié. Il ne feroit pas un pas sans exempt et sans archers (2); mais, en récompense, jamais au fond chancelier ne fit moins le chancelier que lui : il est toujours le très-humble valet du ministre. On verra dans les Mémoires de la régence comme on le ballotte, et que c'est un homme qui avale tout. Ici je ne veux mettre que des particularités qui ne pourroient entrer dans l'ouvrage que je veux faire (3).

Les Séguier de Paris ne viennent nullement des Séguier de Languedoc : ils viennent d'un procureur qui étoit grand-père du feu président Séguier. Ce pro-

---

étonné de ce choix, car il n'étoit pas trop en passé de cela. Il étoit alors président au mortier en la place de son oncle. (T.)

(1) Tallemant se montre ici singulièrement prévenu contre le chancelier Séguier. Au reste, la partialité que ce magistrat témoigna dans le procès du surintendant, et dans d'autres circonstances, nuisit singulièrement à son caractère. On en aperçoit des traces dans les lettres de madame de Sévigné, et les Mémoires encore manuscrits de M. d'Ormesson, ne permettent pas de douter que le chancelier n'ait eu pour Colbert, ennemi personnel du surintendant, une complaisance tout-à-fait opposée au caractère qu'il auroit dû déployer.

(2) Il est le premier qui s'est avisé de se faire traiter de *grandeur*. Avant lui pas un ne s'étoit fait traiter de *monseigneur* dans les harangues, quand on lui parle comme député. (T.)

(3) On voit par là que les Mémoires de la Régence, dont l'auteur parle si souvent, n'existoient qu'en projet; il est très-vraisemblable qu'ils n'ont pas été composés.

cureur eut un fils avocat (1), qui fut poussé dans les charges, qu'on ne vendoit pas en ce temps-là; il fut avocat-général, et son fils président (2). Il en eut trois autres ; le chancelier vient de celui qui fut lieutenant-civil.

Le chancelier fut si étourdi, étant garde-des-sceaux, que de faire ôter la tombe de ce procureur, qui étoit à Saint-Severin ou à Sainte-Opportune, à cause qu'il y avoit une inscription (3). Sa femme s'appelle Fabri (4); elle a eu beaucoup de bien. Je pense que son père étoit trésorier de France à Orléans. On dit que le grand-père de Fabri étoit serrurier, d'où vient la pointe *Fabricando Fabri fimus* (5). Cette femme n'a jamais été

(1) Pierre Séguier, premier du nom, d'abord avocat des parties, devint avocat-général du Parlement en 1530, président à mortier en 1554; né en 1504, mort en 1580.

(2) Pierre Séguier, deuxième du nom, d'abord lieutenant civil, succéda à son père dans la charge de président à mortier.

(3) Ce ne fut pas lui, ce fut Séguier, marquis d'O ; le premier président Le Jay, qui étoit alors procureur du roi du Châtelet, en haine du président Séguier d'alors, oncle du chancelier, en fit informer. Il étoit mal satisfait de ce président, je ne sais pourquoi. (T.)

(4) Madeleine Fabri, fille de Jean Fabri, seigneur de Champauzé, trésorier de l'extraordinaire des guerres.

(5) Je sais de Boileau, greffier de la Grand'Chambre, que le père de la chancelière a été valet chez feu son grand-père à quinze écus de gages, c'est-à-dire tout au plus *petit clerico*. Cependant, à l'imitation de son mari, elle va chercher des aïeux en Provence. M. de Peiresc s'appeloit Fabri; il prétendoit venir d'un gentilhomme pisan qui s'établit en Provence durant les guerres des ducs d'Anjou pour le royaume de Naples; et comme M. le président Séguier eut les sceaux, Peiresc, qui étoit bien aise d'avoir sa faveur pour obliger les gens de lettres et de vertu, avoua le frère de la chancelière, alors maître des requêtes, pour son parent. Le bonhomme Gassendi en met la descente tout franc dans la vie de Peiresc. Il le croit, comme il le dit, ou il avoit ordre de son ami d'en parler ainsi pour la raison que j'ai dite. (T.)

belle, mais elle étoit propre ; on en a médit avec plus d'une personne. Le comte de Clermont de Lodève, qu'on appeloit en sa jeunesse le marquis de Sessac, se vantoit d'avoir couché avec elle. Elle a payé le comte de Harcourt assez long-temps. On a parlé d'un chanoine de Notre-Dame, nommé Thevenin, et il n'y a pas plus de quatre ou cinq ans qu'il y a eu de la rumeur en ménage pour un certain maître d'hôtel qui n'étoit pas mal avec elle, sans compter les moines, car elle est dévote, et les dévotes sont le partage des *frères frapparts*. C'est une des plus avares femmes du monde. Tous les officiers que le chancelier reçoit lui doivent six aunes de velours ou de satin, selon la charge qu'ils ont. Le chancelier de Sillery les recevoit, mais il les rendoit, et pour cela il y avoit six aunes de chacune de ces étoffes, chez un certain marchand, qui étoient banales, s'il faut ainsi dire, et qu'on louoit un écu ; car on savoit bien que le chancelier les renverroit. La chancelière a raffiné sur cela. On dit à l'officier : « Allez-vous-en chez un tel marchand, et lui payez les six aunes. » Puis quand la somme est assez grosse, comme elle en tient registre, elle va lever un ameublement : de là vient qu'on l'appelle *la fripière* (1).

Le cardinal de Richelieu partagea avec lui pour ses filles ; il en maria l'une, et lui laissa marier l'autre. M. de Coislin, parent du cardinal, petit bossu, mais qui avoit du cœur et étoit de bonne maison,

---

(1) Je me souviens que le jour de Saint-Joseph, aux Mathurins, où l'abbé de Cerisy prêchoit, on avoit habillé saint Joseph d'une robe de M. le chancelier, et la Vierge avoit la cravate de madame d'Aiguillon.
(T.)

épousa l'aînée; l'autre fut mariée au prince d'Enrichemont, fils du marquis de Rosny, aîné de M. de Sully, mais qui étoit mort il y avoit long-temps. Ce M. d'Enrichemont est une *contemptible* créature; le bon homme de Sully eut de la peine à s'y résoudre, et disoit : « Je ne veux point m'allier avec le « prince des chicaneurs. » En quelque occasion le chancelier lui écrivit, et il y avoit en un endroit: *Afin que la paix soit dans nos familles.* « Familles! dit le « bon homme, *familles!* Bon pour lui qui n'est qu'un « citadin; mais il pourroit bien user du terme de *mai-* « *son*, quand j'y suis compris. » La chancelière étoit ravie de dire : « Allez savoir comment ma fille la prin-« cesse a passé la nuit. » Avant cela il fut assez fou pour aller proposer au cardinal, comme si sa femme l'y avoit obligé, de marier sa fille avec feu M. de Nemours, l'aîné de celui que M. de Beaufort tua: « Oui, lui répondit le cardinal; en effet, cela seroit « fort sortable que Victor-Amédée de Savoie épou-« sât Charlotte Séguier! dites à Marie Fabri qu'elle « rêve. »

Quelque avide de louange que fût le chancelier, tandis que le cardinal de Richelieu a vécu, il n'a pas voulu souffrir qu'on le louât, et il se fit de l'Académie, de peur qu'on ne dît qu'il se vouloit tirer du pair(1). Depuis, quand l'abbé de Cerisy (2) se retira à l'Oratoire,

(1) Bois-Robert dit qu'il avoit proposé au cardinal de faire le chancelier protecteur, et de se contenter, lui, d'avoir soin de d'Académie, et que le cardinal, qui prenoit le chancelier pour un grand faquin, reçut cela si mal, qu'il pensa chasser Bois-Robert. (T.)

(2) Germain Habert, abbé de Cerisy, de l'Académie françoise, mort

entre autres plaintes que le chancelier fit de lui, il se plaignit fort de ce qu'il n'avoit pas fait une panse d'*a* pour lui. Quand La Chambre, son médecin, voulut mettre au jour son livre du raisonnement des bêtes (1), il dit au chancelier qu'il doutoit s'il le lui devoit dédier, de peur que cela ne fît faire des railleries; le chancelier répondit qu'il se moquoit des railleries. Il avoit autrefois l'abbé de Cerisy chez lui, La Chambre, qui y est encore, et Esprit (1), tous trois de l'Académie. Pour être loué il donnoit sur le sceau quelques pensions, mais il laissoit bien aussi charger ce pauvre sceau, et à proprement parler, c'étoit le public qui payoit ces beaux esprits. Esprit se brouilla avec lui, comme nous verrons dans l'histoire de M. de Laval. Pour La Chambre, il y demeura toujours et est le patron, car le chancelier, tout dévot qu'il est, est un grand *garçailler;* il paie ses demoiselles en arrêts, et autres choses semblables; mais comme il y a quelquefois du mal dans ses chausses, La Chambre, qui le traite, est fort absolu, et se prévaut un peu de la confidence; il est atrabilaire.

C'est une pillauderie épouvantable que celle de ses gens; en voici une belle preuve. Un jour que les comédiens du Marais jouèrent au Palais-Royal, le chancelier, qui y étoit, trouva Jodelet, leur fariné, fort plaisant; il en fut si charmé que, pour tout dire en un

---

vers 1654. On a de lui diverses poésies dans les Recueils du temps, une Vie du cardinal de Bérule et quelques autres ouvrages.

(1) *La Connoissance des Bêtes;* Paris, 1648, in-4°.

(2) Jacques Esprit, de l'Académie françoise, mort en 1678. On lui attribue le livre intitulé *de la Fausseté des vertus humaines*. Lié avec madame de Sablé et avec le duc de La Rochefoucauld, il passe pour avoir eu quelque part aux *Maximes*.

mot, il en devint libéral, et lui fit dire qu'il le vînt trouver le lendemain et qu'il lui feroit un présent. Jodelet ne manqua pas d'y aller : d'abord un des valets-de-chambre du chancelier lui vint dire : « J'ai parlé « pour vous à monsieur, monsieur a dessein de vous « donner cent pistoles; » et ajouta à cela : « Vous n'ou- « blierez pas vos bons amis. » Le fariné lui promit qu'il y en auroit le quart pour lui. Incontinent après, un autre valet-de-chambre lui fit la même harangue, et Jodelet lui fit la même promesse; enfin il en vint jusqu'à quatre, car le chancelier a quatre rançonneurs de gens. Jodelet ensuite fut introduit, et le chancelier, tout riant, lui demanda : « Que voulez-vous que je vous « donne ? — Monseigneur, lui répondit-il, donnez- « moi cent coups de bâton, ce sera vingt-cinq pour « chacun de messieurs vos valets-de-chambre. » *Sa grandeur* voulut tout savoir, et Jodelet, par ce moyen, s'exempta de rien donner à personne : ces coquins furent bien grondés; toutefois leur maître leur laisse continuer leurs friponneries.

Le chancelier est l'homme du monde qui mange le plus malproprement et qui a les mains les plus sales; il fait une certaine capilotade, où il y entre toutes sortes de drogues, et en la faisant il se lave les mains tout à son aise dans la sauce; il déchire la viande; enfin cela fait mal au cœur, et quoiqu'il soit payé pour la table des maîtres des requêtes, il leur fait pourtant assez mauvaise chère. Il se curoit un jour les dents chez le cardinal avec un couteau; le cardinal s'en aperçut, et fit signe à Bois-Robert; après il commanda au maître-d'hôtel de faire épointer tous les couteaux. Bois-Robert, le plus doucement qu'il put, le dit au chancelier, qui acheta dès le jour même un cure-dent d'or. Le cardinal voyant le chancelier, qui à la première rencontre faisoit parade de son cure-dent, dit à Bois-Robert : Je gage que vous l'avez dit à M. le chancelier? « — Oui, monseigneur. — L'imprudent poète que « vous êtes ! »

Ballesdens (1), qui est à lui, et qui a été précepteur du marquis de Coislin, dit : « Si je fais jamais impri- « mer mes lettres, où il y a mille flatteries pour le « chancelier, je ferai mettre un *errata* au bout : *en* « *telle page ce que j'ai dit n'est pas vrai, en telle* « *page, cela est faux*, et ainsi du reste. »

Le chancelier a l'honneur d'être si sottement glorieux qu'il ne se *desfule* (2) quasi pour personne. Un jour il n'ôta quasi pas son chapeau pour M. de Nets (3), évêque d'Orléans; l'autre lui demanda s'il étoit teigneux ; on fit une épigramme sur son incivilité.

> Qu'il est dur au salut, ce fat de chancelier !
> Cela le fait passer pour un esprit altier,
>   Vain au-delà de toutes bornes.
> Ce n'est pas pourtant qu'il soit fier,
> C'est qu'il craint de montrer ses cornes.

Une fois le chancelier trouva à qui parler. Matarel,

---

(1) Jean Ballesdens, avocat au Parlement, membre de l'Académie françoise, auteur de quelques ouvrages médiocres. Il aimoit les anciens livres ; on trouve souvent sa signature sur le frontispice des éditions gothiques de nos vieux poètes.

(2) Qu'il ne se *découvre;* du mot *infula*, qui signifie chaperon dans la basse latinité.

(3) Nicolas de Nets, évêque d'Orléans en 1631, mourut en 1646.

avocat, père de celui qui est dans la Bastille, est parent de la chancelière; cela lui coûte bien, car il a quitté le palais, et n'a rien fait avec le chancelier. Il a un fils qui porte le nom d'un prieuré, nommé de Vannes : c'est un évaporé. Le chancelier lui avoit fait quelque chose ; il alla lui chanter goguettes, qu'il étoit un beau justicier ! que lui et tous ceux qu'il avoit maltraités iroient se jeter aux pieds du roi. « Vous avez de « beaux comptes à rendre à Dieu, » lui dit-il. Là-dessus il lui parle de toutes ses voleries, des jeux de boule, dont il tiroit six ou sept écus, plus ou moins, de chacun ; du pavé, sur lequel il avoit tant friponné, du sceau, des boues, etc. Le chancelier lui dit qu'il le feroit jeter par les fenêtres. « Vous, reprit-il, je vous « poignarderois si vous y aviez songé, » et puis s'en alla. M. de Meaux (1) que dit, s'il eût été là, il l'eût fait assommer. Il va trouver M. de Meaux, et lui reproche toutes ses débauches secrètes, car il savoit tout. Ce cagot a pris à Meaux tout le milieu du cloître pour son jardin, et a fait couper un bois destiné à la réfection de l'église, qu'il a fort bien vendu sans en donner un sou au chapitre, et tout cela comme frère du chancelier. Or, depuis, une fois le chancelier eut affaire de de Vannes, à cause de feu M. de Sully, avec qui ce dernier étoit assez bien ; mais le chancelier ne voulut jamais lui parler ; il se tint à un bout de la salle, et l'autre à l'autre. Le Père Matarel faisoit les allées et venues. Le chancelier, tout

---

(1) Dominique Séguier, conseiller clerc au Parlement, doyen de l'église de Paris, évêque d'Auxerre, puis de Meaux, premier aumônier du Roi, mourut en 1659.

rogue qu'il est, salue de Vannes le premier partout où
il le voit, pourvu que ce ne soit pas au conseil.

JODELET.

On avoit joué *l'Amphitryon*, où, à la fin, Jupiter
venoit dans un nuage avec un grand bruit. Jodelet,
comme s'il eût voulu annoncer, vint aussitôt sur le
théâtre : « Si toutes les fois, dit-il aux spectateurs,
« qu'on fait un cocu à Paris, on faisoit un aussi grand
« bruit, tout le long de l'année on n'entendroit pas
« Dieu tonner. »

A la création du parlement de Metz, il vendit des
barbes pour les conseillers de ce parlement : c'étoient
tous jeunes gens.

Ce même Jodelet dit un jour une plaisante chose à
Aubert, des gabelles, qui fait bâtir un palais auprès des
petits comédiens, au Marais ; car comme il lui disoit :
« Je ferai mettre des statues dans cette galerie. — Pen-
« sez que vous n'oublierez pas, lui dit Jodelet, celle
« de la femme de Loth. — Ma foi ! j'en tiens, répondit
« l'autre ; il m'a donné mon paquet. » Cette statue étoit
de sel, et le sel a fait la fortune d'Aubert. On appelle
cette maison l'hôtel *Salé*.

Une fois qu'on avoit joué une pièce dont la scène étoit
à Argos, il dit à la farce : « Monsieur, vous avez été à
« Argos aujourd'hui ; mais vous n'avez peut-être pas re-
« marqué une singularité de cette ville-là ; c'est qu'il

« y a une fontaine où Junon, en se baignant tous les
« ans, reprend un nouveau pucelage. Ma foi ! s'il y en
« avoit une comme cela dans le Marais, il faudroit que
« le bassin en fût bien grand. » L'auteur de la pièce
lui avoit dit cette érudition.

HAUTE-FONTAINE.

Haute-Fontaine étoit fils d'un bourgeois de Paris, huguenot, nommé Durand, qui s'étoit retiré à Genève à cause de la persécution. Il avoit un frère aussi qui au commencement avoit grande inclination aux armes, mais depuis, ayant embrassé les lettres, il fut ministre à Paris. Celui-ci, qui, au contraire, durant son jeune âge, n'étoit porté qu'aux lettres, les quitta pour les armes. Il savoit, il étoit hardi, et avoit l'esprit agréable et plaisant. On en conte trois ou quatre choses qui le feront voir. Étant à Leyde, encore assez jeune, il disputa une chaire de philosophie qui vaquoit, contre M. Dumoulin, un de nos plus célèbres ministres ; mais Dumoulin l'emporta. Haute-Fontaine en eut un tel dépit que, l'ayant trouvé un jour seul en quelque lieu à l'écart, il lui donna cent coups de poing, et lui égratigna tout le visage. Puis il afficha ce placard à l'auditoire : *Petrus Molinæus hodiè non leget, quia rem habet cum hospitd.* Dumoulin, averti de cela, fut bien empêché, car de n'aller point dicter, c'étoit autoriser cette médisance, et d'y aller ainsi égratigné, c'étoit s'exposer à la risée de ses écoliers. Enfin, il s'avisa d'envoyer quérir un peintre qui mit de la peinture couleur de chair sur les endroits où il étoit égratigné.

Haute-Fontaine, ayant pris les armes, se mit de la suite de M. de Béthune, ambassadeur de France à Rome auprès du saint Père. Un jour, M. de Béthune, peu accompagné, rencontra l'ambassadeur d'Espagne avec une grande suite; Haute-Fontaine, craignant que les Espagnols ne prissent le haut du pavé, si on ne les étonnoit par quelque bravoure extraordinaire, sans en demander avis à personne, prit sa course, l'épée à la main, criant à haute voix : *Place, place à l'ambassadeur de France!* Les Espagnols surpris passèrent du côté de main gauche, disant entre eux que les François étoient fous. Cette action plut extrêmement à Henri IV, et il ne se pouvoit lasser d'en rire et de la louer.

Un jour, passant en Angleterre dans un petit vaisseau anglois, il donna un soufflet au capitaine en présence de tous ses gens, parce qu'il disoit des sottises du roi de France : au même moment il arrache une mèche à un soldat, et fait si bien qu'il gagne la chambre aux poudres; quand il fut là, il leur crie qu'il va mettre le feu aux poudres, si on ne le mène à Calais, et qu'il ne sortira point d'où il est qu'il ne soit assuré qu'on a reçu autant de François qu'il y a d'Anglois sur le vaisseau. Il épouvanta tellement ces gens-là qu'ils firent tout ce qu'il vouloit.

Haute-Fontaine ensuite fut gouverneur de MM. de de Rohan. Durant le carême ils se trouvèrent à Milan. On ne vouloit point leur donner de viande sans permission de l'archevêque, qui étoit fort sévère en pareilles choses. Haute-Fontaine entreprit pourtant d'en venir à bout. Il va trouver l'archevêque et lui dit d'un ton dolent qu'il avoit une étrange infirmité; qu'à la seule vue du poisson, tout son sang se tournoit, qu'il pâlissoit, frémissoit, tomboit en foiblesse; que c'étoit une antipathie naturelle qu'il n'avoit jamais pu surmonter. L'archevêque en eut pitié, et lui accorda la dispense. Comme il fut question de l'écrire, il ajouta qu'il avoit encore une autre incommodité bien plus grande que la première; c'est qu'il étoit travaillé d'une faim canine qui l'obligeoit à manger autant que trois; que, pour cacher cette maladie, quand il étoit hors de chez lui, il demandoit toujours à manger pour lui et pour deux autres, et payoit comme pour trois. Il lui allégua sans doute l'exemple de cet évêque dont il est parlé dans la Vie de M. de Thou, qui ne pouvoit vivre s'il ne mangeoit amplement sept ou huit fois par jour; tant il y a, qu'il parla si bien et si sérieusement que le bon archevêque le crut, et mit dans la dispense qu'on lui donnât de la viande pour lui et pour deux de ses compagnons. Ainsi, MM. de Rohan et de Soubise, qui apparemment étoient là incognito, firent le carême bien à leur aise.

On dit encore qu'en une hôtellerie en France il battit cinq ou six sergents ou records, qui faisoient un bruit de diable, et vouloient mener quelqu'un en prison: les sergents firent leur plainte devant le juge du lieu. Ceux qui voyageoient avec Haute-Fontaine le grondèrent de ce qu'il les avoit ainsi embarrassés; mais il leur dit qu'il y donneroit bon ordre. Il fut donc trouver le juge avec eux; et, après lui avoir fait cent contes, il le pria de les expédier et de lui permettre de plaider lui-même sa cause. Haute-Fontaine, en plaidant, fit tant de différentes interrogations à ces sergents, et les tourna de tant de côtés, qu'il les confondit tous l'un après l'autre, à un près, qui n'avoit point encore parlé, auquel s'adressant : « Et vous, lui dit-il, « soutenez-vous aussi que je vous aie battu ? — Non, « dit le sergent, parce que, incontinent que vous me « menaçâtes, je *sorta*. — Il est vrai, monsieur, répli- « qua Haute-Fontaine, il *sorta* tout aussitôt, mais in- « continent après il *rentrit*. » Le juge se prit à rire, et mit les parties hors de cour et de procès.

MESDAMES DE ROHAN.

Madame de Rohan (1), mère du premier duc de Rohan (2), qui a tant fait parler de lui, étoit de la maison de Lusignan, d'une branche qui portoit le nom de Parthenay. C'étoit une femme de vertu, mais un peu visionnaire. Toutes les fois que M. de Nevers, M. de Brèves et elle se trouvoient ensemble, ils conquêtoient tout l'empire du Turc (3). Elle ne vouloit point que

---

(1) Catherine de Parthenay-Soubise, femme de René, deuxième du nom, vicomte de Rohan.

(2) Henri, deuxième du nom, premier duc de Rohan, auteur des *Mémoires* publiés sous ce nom ; né le 21 août 1579, mort le 13 avril 1638.

(3) Ce M. de Brèves, à ce qu'on dit, appela le pape *le grand Turc des chrétiens.* Il cria : *Alla*, en mourant, et sans Gédoin, le Turc, qui croyoit en Notre Seigneur comme lui, il ne se fût jamais confessé; mais Gédoin lui dit qu'il le falloit faire par politique. (T.)

son fils fût duc, et disoit le cri d'armes de Rohan :

> Roi, je ne puis,
> Duc, je ne daigne,
> Rohan je suis.

Elle avoit de l'esprit et a écrit une pièce contre Henri IV, de qui elle n'étoit pas satisfaite je ne sais pourquoi, où elle le déchire en termes équivoques, *Comme ce prince n'a rien d'humain, etc.* Elle a été de plusieurs cabales contre lui.

Elle avoit une fantaisie la plus plaisante du monde: il falloit que le dîner fût toujours prêt sur table à midi; puis quand on le lui avoit dit, elle commençoit à écrire, si elle avoit à écrire, ou à parler d'affaires; bref, à faire quelque chose jusqu'à trois heures sonnées: alors on réchauffoit tout ce qu'on avoit servi, et on dînoit. Ses gens, faits à cela, alloient en ville après qu'on avoit servi sur table. C'étoit une grande rêveuse. Un jour elle alla pour voir M. Deslandes, doyen du parlement; madame Des Loges étoit avec elle, et en attendant qu'il revînt du Palais, elle se mit à travailler et à rêver en travaillant; elle s'imagine qu'elle est chez elle, et quand on lui vint dire que M. Deslandes arrivoit : « Hé, vraiment, dit-elle, il vient bien à propos.
« Hé! monsieur, que je suis aise de vous voir! Hé!
« quelle heure est-il? Il faut, puisque vous voilà, que
« nous dînions ensemble. — Madame, vous me faites
« trop d'honneur, » dit le bon homme, qui aussitôt envoya à la rôtisserie. Enfin on sert, elle regarde sur la table. « Mais, mon bon ami, vous ferez méchante chère
« aujourd'hui. » Madame Des Loges eut peur qu'elle

ne continuât sur ce ton-là, elle la tire. « Hé! où pen-
« sez-vous être? lui dit-elle. » Madame de Rohan revint, et lui dit en riant : « Vous êtes une méchante
« femme de ne m'en avoir pas avertie de meilleure
« heure. » Elle dit, pour s'en aller, qu'elle étoit conviée
à dîner en ville.

Son fils (M. de Rohan, père de madame de Rohan
la jeune (1) étoit sans doute un grand personnage. Il
n'avoit point de lettres, cependant il a bien fait voir
qu'il savoit quelque chose ; on a deux ou trois ouvrages de lui : *le Parfait capitaine, les Intérêts des princes* et ses *Mémoires* (2) : on a dit que ce n'étoit pas un
fort vaillant homme, quoiqu'il ait toute sa vie fait la
guerre, et qu'il soit mort à une bataille. On en fait
un conte : on disoit que de frayeur il sella une fois un
bœuf au lieu d'un cheval, et on l'appela quelque temps
le bœuf sellé; cependant il payoit de sa personne
quand il le falloit.

Dans son *Voyage d'Italie,* il y a une terrible pointe :
il parle d'un homme de fortune qui étoit à la cour
d'Angleterre ; on l'accusoit de venir d'un boucher.
« On ne peut pas dire, dit-il, qu'il ne vienne de grands
« *saigneurs.* » En parlant de la *Villa Ciceronis*, qui est
au royaume de Naples, il met : « La métairie de Cicéron
« où il composa le plus beau de ses ouvrages, et entre
« autres le *Pandette* (3). » Quelque sot d'Italien lui avoit

---

(1) Marguerite, duchesse de Rohan, seule héritière de son père, épousa, en 1645, Henri Chabot, simple gentilhomme, et porta dans cette maison le titre et les armes de Rohan.

(2) Les Mémoires du duc de Rohan ont été réimprimés dans le t. 18 de la seconde série de la Collection Petitot.

(3) On lit en effet dans le *Voyage du duc de Rohan,* Amsterdam,

dit cela, et il l'a pris pour argent comptant. Voilà ce que c'est que de ne montrer pas ses ouvrages à quelque honnête homme!

Il eut dessein une fois d'acheter du Turc l'île de Chypre, et d'y mener une colonie. Il alloit pour faire un parti, à ce qu'on dit, avec le duc de Weimar, quand il fut blessé à la bataille de Reinfelden que donna ce duc, et après il mourut de sa blessure. C'étoit un petit homme de mauvaise mine. Il épousa mademoiselle de Sully qu'elle étoit encore enfant (1); elle fut mariée avec une robe blanche, et on la prit au col pour la faire passer plus aisément. Dumoulin, alors ministre à Charenton, ne put s'empêcher, car il a toujours été plaisant, de demander, comme on fait au baptême : « Présentez-vous cet enfant pour être baptisé? » On leur fit faire lit à part; mais elle ne s'en put tenir longtemps; et quand on vint dire à M. de Rohan que sa femme étoit accouchée, il en fut surpris, car à son compte cela ne devoit pas arriver si tôt. On m'a dit que ce fut Arnauld du Fort, depuis mestre de camp des carabiniers, qui en eut les prémices. Le maréchal de Saint-Luc est apparemment celui qui l'a mise à mal, si quelque suivant n'a passé devant lui ; car, pour des valets, elle a toujours dit, en riant, qu'elle n'étoit point *valétudinaire*. (On appelle valétudinaires celles qui se donnent à des valets.)

chez Louis Elzéviers, 1649, petit in-12, pag. 101 : « Les ruines de la superbe métairie de Cicéron, nommées Académia..... sont considérables...... pour les belles *OEuvres* qu'il y a composées, entre lesquelles sont renommées les *Pendette*. »

(1) Marguerite de Béthune Sully, morte le 22 octobre 1660.

La galanterie qui a fait le plus de bruit, c'est celle qu'elle fit avec M. de Candale ; il n'étoit pas bien fait de sa personne, mais il avoit beaucoup d'esprit et étoit fort agréable : ce n'étoit ni un brave ni un grand capitaine. Madame de Rohan étoit très-jolie, et avoit quelque chose de fort mignon ; d'ailleurs née à l'amour plus que personne du monde, et qui disoit les choses fort plaisamment. M. de Saint-Luc en étoit en possession, quand M. de Candale vint à la cour. La grandeur du père faisoit qu'on le regardoit comme une illustre conquête : elle lui fit toutes les avances imaginables. Lorsqu'il fut marié, elle le brouilla avec sa femme, et fut cause qu'il se démaria. Sa femme lui offrit le congrès, il ne voulut pas l'accepter ; ensuite madame de Rohan lui fit changer de religion. Il y avoit souvent noise entre eux, et quand il fut revenu à l'Église romaine, il dit à madame Pilou : « Qu'il n'y avoit « point de mauvais offices que madame de Rohan ne « lui eût rendus. Elle m'a mis mal, disoit-il, avec le « Roi, avec mon père et avec Dieu, et m'a fait mille « infidélités ; cependant je ne m'en saurois guérir. » Il laissa tout son bien à mademoiselle de Rohan, aujourd'hui madame de Rohan, qui ne le voulut point accepter. Guitaut, depuis capitaine des gardes de la Reine-mère, vengea M. de Saint-Luc, à qui il avoit été, car il coucha avec elle, et puis la battit bien serré dans un démêlé qu'ils eurent ensemble. Madame Pilou lui débaucha feu d'Aumont, cadet du maréchal d'aujourd'hui, et le maria ; elle lui débaucha aussi Miossens, mais madame de Rohan n'en a rien su, et elle le maria comme l'autre. Un jour elle égratigna Miossens, car, ayant appris qu'il avoit été au bal au Louvre, au sortir de chez elle, quoiqu'elle le lui eût défendu, elle l'alla battre et égratigner dans son lit. De dépit, il entendit à la proposition que madame Pilou lui fit.

Bonneuil, introducteur des ambassadeurs, comme des ambassadeurs d'Angleterre lui eussent demandé : « Qui est cette dame-là? (C'étoit madame de Rohan.) — « C'est le docteur, répondit-il, qui a converti M. de « Candale; » car, pour fortifier le parti des Huguenots, elle fit changer de religion à M. de Candale, qui n'y demeura guère. Théophile fit une épigramme sur cela, qui est dans le *Cabinet satirique*. L'épigramme qui dit :

Sigismonde est la plus gourmande, etc.,

est faite aussi pour elle : elle n'est pas imprimée.

M. de Candale avoit amené deux ou trois capelets de Venise à Paris; lui et Ruvigny en trouvèrent une fois un couché avec une g.... dans la Place Royale. Ruvigny lui dit : « Je te donne un écu d'or si tu la veux « baiser, demain, en plein midi, dans la place. » Il le promit, et, comme il étoit après, M. de Candale et Ruvigny et quelques autres firent exprès un grand bruit : toutes les dames mirent la tête à la fenêtre et virent ce beau spectacle.

Avant que de passer plus avant, je dirai ce que j'ai appris pour preuve de ce que je viens de dire. M. de Rohan étoit dans Maubeuge avec dix mille hommes, à la vérité il lui manquoit quelque chose. Le cardinal Infant se va mettre devant la ville. Le cardinal de La Valette s'avançoit (c'étoit à cause de lui que son frère avoit de l'emploi). L'Espagnol lève le siége. Candale et Gassion viennent trouver La Valette; il veut les renvoyer dans la ville : Gassion se hasarde et est défait ; depuis il y entra peu accompagné ; mais jamais on ne put persuader à Candale d'y aller, à cause d'un pont que les ennemis avoient fortifié et d'un petit camp d'environ deux mille hommes qu'ils avoient entre nous et Maubeuge. Candale fit le malade, et ce fut en vain que le cardinal marcha avec trois à quatre mille hommes, afin que Candale pût se jeter dedans ; l'autre répondit qu'il avoit le frisson. Ruvigny, qui voyoit que le cardinal enrageoit, en parla à Candale, qu'il connoissoit fort : cela ne servit de rien. Le cardinal, pour faire voir que la marche étoit bien faite, voulut pousser plus avant, et alla à une lieue de la ville, où Turenne se joignit à lui, et il eût défait les deux mille hommes des ennemis, sans que Candale pria qu'on ne lui fît pas cette honte. Huit cents de ces deux mille hommes se noyèrent de peur.

Pour revenir à madame de Rohan, un soir qu'elle retournoit du bal, elle rencontra des voleurs ; aussitôt elle mit la main à ses perles. Un de ces galants hommes, pour lui faire lâcher prise, la voulut prendre par l'endroit que d'ordinaire les femmes défendent le plus soigneusement ; mais il avoit affaire à une maîtresse mouche : « Pour cela, lui dit-elle, vous ne l'emporte-« rez pas, mais vous emporteriez mes perles (1). » Durant cette contestation il vint du monde, et elle ne fut point volée.

Un jour la duchesse d'Halluin (2), fille de la mar-

---

(1) J'ai ouï dire à d'autres que c'est une madame de Rupierre qui a dit cela. (T.)

(2) Première femme de M. de Schomberg. Ce d'Halluin n'étoit pas

quise de Menelaye, sœur du père de Gondy, se rencontra avec elle à la porte du cabinet de la Reine, et comme elle la pressoit fort pour entrer la première, madame de Rohan se retira bien loin en disant : « A « Dieu ne plaise que, n'ayant ni verge ni bâton, j'aille « me frotter à une personne armée. » Car cette femme toute contrefaite avoit un corps de fer; et puis elle avoit été femme de M. de Candale, et s'étoit démariée d'avec lui. On dit qu'un jour d'Halluin, depuis monsieur le maréchal de Schomberg, demanda à M. de Candale pourquoi il s'étoit démarié : « C'est, dit-il, « que madame couchoit avec tel et tel de mes gens. » M. d'Halluin s'en voulut fâcher : « Tout beau, dit-il, « tout cela est sur mon compte, vous n'y avez rien à « dire. »

Il y avoit chez M. de Bellegarde la peinture d'un... pétrifié, et un sonnet au-dessous qu'Yvrande avoit fait; il est dans le *Cabinet satirique*. Madame de Rohan mit la main devant ses yeux pour ne pas voir la peinture; mais par-dessous elle lisoit les vers en disant : « Fi! fi! »

Quelque benêt, la consolant de la mort de M. de Soubise, dont elle ne se tourmentoit guère, lui dit une stance de Théophile, où il y a :

> Et dans les noirs flots de l'oubli,
> Où la Parque l'a fait descendre,
> Ne fût-il mort que d'aujourd'hui,
> Il est aussi mort qu'Alexandre.

---

trop en réputation de bravoure. « On me fait tort, dit-il, je le ferai « voir à la première occasion. » Il défit les Espagnols à Leucate en 1636, et fut fait maréchal de France. (T.)

Elle acheva la stance en l'interrompant :

Et me touche aussi peu que lui.

Il y a :

Et te touche, etc.

Madame de Rohan a eu toujours la vision de se faire battre par ses galants; on dit qu'elle aimoit cela, et on tombe d'accord que M. de Candale et Miossens (1) l'ont battue plus d'une fois. Voici ce que j'ai ouï conter de plus plaisant de M. de Candale et d'elle. « Deux autres
« seigneurs et deux autres dames, dont je n'ai pu sa-
« voir le nom, avoient fait société avec eux, et une fois
« la semaine ils faisoient tour-à-tour comme des noces
« d'une de ces dames avec son galant. Un jour qu'ils
« étoient allés à Gentilly, M. de Candale et madame
« de Rohan se séparèrent des autres et entrèrent dans
« une espèce de grotte. Quelques grands écoliers qui
« étoient allés se promener dans la même maison les
« aperçurent en une posture assez déshonnête : ils la
« voulurent traiter de *gourgandine*, et M. de Candale,
« n'ayant point le cordon bleu, ne pouvoit leur per-
« suader qu'il fût ce qu'il étoit. On n'a jamais su au
« vrai ce qui en étoit arrivé; et, pour faire le conte bon,
« on disoit qu'elle y avoit passé, mais qu'elle n'en avoit

---

(1) Miossens lui coûte deux cent mille écus. Miossens prit un suisse; il étoit alors bien gredin : madame Pilou lui dit : « Quelle insolence ! un suisse pour garder trois escabelles ! — Cela a bon air, répondit-il : quoiqu'il ne garde rien, il semble qu'il garde quelque chose : on le croira. » (T.)

« point voulu faire de bruit. Cette femme, en un pays
« où l'adultère eût été permis, eût été une femme fort
« raisonnable; car on dit, comme elle s'en vante, qu'elle
« ne s'est jamais donnée qu'à d'honnêtes gens; qu'elle
« n'en a jamais eu qu'un à la fois, et qu'elle a quitté
« toutes ses amourettes et tous ses plaisirs quand les
« affaires de son mari l'ont requis. Elle a cabalé pour
« lui et l'a suivi en Languedoc et à Venise, sans aucune
« peine. »

Madame et mademoiselle de Rohan et M. de Candale étoient à Venise quand madame de Rohan se sentit grosse. Elle fit si bien qu'elle eut permission de venir à Paris; car elle cacha cette grossesse, comme vous verrez par la suite; et il y a toutes les apparences du monde que son mari ne lui touchoit pas, autrement elle ne se fût pas mise en peine de cela. Ce n'est pas qu'il s'en souciât autrement, car Haute-Fontaine ayant voulu sonder s'il trouveroit bon qu'on lui parlât des comportements de sa femme, il lui fit sentir que cela ne lui plairoit pas.

A Paris, madame de Rohan se tenoit presque toujours au lit. M. de Candale, qui étoit aussi revenu, étoit toujours auprès d'elle: elle envoyoit mademoiselle de Rohan sans cesse se promener avec Rachel, sa femme-de-chambre. Madame de Rohan, étant accouchée, l'enfant fut porté chez une madame Milet, sage-femme, après avoir été baptisé à Saint-Paul, et nommé Tancrède le Bon, du nom d'un valet-de-chambre de M. de Candale.

Or, dès Venise, Ruvigny, fils de Ruvigny qui commandoit sous M. de Sully, dans la Bastille, étant comme domestique de la maison, et y trouvant une grande licence, à cause de M. de Candale, se mit à badiner avec mademoiselle de Rohan, qui n'avoit alors que douze ans.

.... Mais aux âmes bien nées,
La vertu n'attend pas le nombre des années (¹).

Cela dura jusqu'à l'âge de quinze ans, qu'à Paris il en eut tout ce qu'il voulut. Ruvigny étoit rousseau, mais la familiarité est une étrange chose; puis il étoit en réputation de brave. Il s'étoit trouvé par hasard à Venise, cherchant la guerre; il étoit allé à Mantoue; là, Plassac, frère de Saint-Prueil, brave garçon, mais qui, avant de mettre l'épée à la main, avoit un tremblement de tout le corps, eut querelle. Ruvigny le servit et eut affaire à Bois-d'Almais, un bravissime, qui avoit disputé la faveur de M. Puy-Laurens (²); Ruvigny le tua, mais il reçut un grand coup d'épée au côté. M. de Mantoue, qui avoit logé tous les cavaliers françois dans son palais, par bienséance, pria le blessé de se faire porter dans une maison de la ville; mais il lui

---

(¹) Vers du *Cid*. (T.)

(²) Bois d'Almais, ou Bois d'Annemets, comme on le nomme le plus souvent, est l'auteur des *Mémoires d'un favori de M. le duc d'Orléans*. On verra plus bas, à l'article *Ruqueville*, que Bois d'Annemets étoit frère de ce dernier. Les *Mémoires d'un favori* sont assez rares, et d'autant plus recherchés qu'ils n'ont pas été reproduits dans la Collection des Mémoires relatifs à l'histoire de France. Goulas, gentilhomme ordinaire de Gaston, duc d'Orléans, a fait connoître dans ses Mémoires restés manuscrits, le duel dans lequel succomba l'auteur des Mémoires d'un favori. Cet événement eut lieu en 1627. (*Voyez* un fragment de ces Mémoires cité dans la *Bibliothèque historique* du P. Lelong, sous le n° 21395, t. 2, p. 449.)

envoya son chirurgien. Il y avoit alors des comédiens à Mantoue. Vis-à-vis de cette maison logeoit le *Pantalon* de cette troupe, dont la femme étoit fort jolie et de fort bonne composition. De son lit, Ruvigny la voyoit à la fenêtre. Dès qu'il put sortir, il y alla : dans trois jours l'affaire fut conclue, et ils en vinrent aux prises. Ruvigny fut malade trois mois de cette folie. Guéri, M. de Candale le fit aller à Venise pour faire une compagnie de chevau-légers : cela fut cause qu'il ne se trouva pas au siége de Mantoue.

Il ne mettoit pas mademoiselle de Rohan en danger de devenir grosse. Regardez quelle bonne fortune il avoit là ! Soigneux de la réputation de la belle, il prenoit garde à tout ; et il fut long-temps sans qu'on se doutât de rien, à cause, comme j'ai dit, qu'il étoit en quelque sorte de la maison. L'été, il alloit à l'armée par honneur ; cela le faisoit enrager d'être obligé de quitter. Ce commerce dura près de neuf ans.

Cette Rachel, dont nous avons parlé, s'étoit doutée de la grossesse de madame de Rohan, et long-temps après elle découvrit que l'enfant avoit été mené en Normandie, auprès de Caudebec, chez un nommé La Mestairie, père du maître d'hôtel de madame de Rohan. Mademoiselle de Rohan en parle à Ruvigny, qui, sous des noms empruntés, consulte l'affaire : il trouve qu'étant né *constant le mariage*, il seroit reconnu si on avoit la hardiesse de le montrer. Il lui dit que si elle veut l'envoyer aux Indes, il en prendra le soin ; après il communique la chose à Barrière (1), leur ami com-

(1) Gentilhomme devers le Bordelais, frère de madame de Flavacour, ci-devant Saint-Louis, fille d'honneur d'Anne d'Autriche. T.)

mun, qui avoit une compagnie au régiment de la marine, et ce régiment étoit en garnison vers Caudebec. Ruvigny lui donne trois hommes affidés, mais qui pourtant ne savoient point qui étoit cet enfant : il prend, avec cela, quelques soldats ; ils enfoncent la porte de la maison, et enlèvent Tancrède, âgé alors de sept ans. On le mène en Hollande. Là, Souvetat, frère de Barrière, capitaine d'infanterie au service des États, le reçoit et le met en pension comme un petit garçon de basse naissance. Je mettrai l'histoire de Tancrède (1) tout de suite. Quelques années après, mademoiselle de Rohan fut si étourdie qu'elle conta cette histoire à M. de Thou, comme pour lui en demander conseil. Il se moqua de la frayeur qu'elle en avoit, et cela fut cause que sur la fin elle négligea de payer sa pension, bien loin de l'envoyer aux Indes. M. de Thou, qui ne taisoit que ce qu'il ne savoit pas, l'alla, dès le jour même, conter à madame de Montbazon, qui y avoit intérêt à cause de la maison de Rohan, dont étoit M. de Montbazon. Barrière y étant allé : « Ah ! petit *Menin*, « lui dit-elle (tout le monde l'appeloit ainsi), vous faites « bien le fin ! » et lui conta tout. Il le nia. « Je le sais, « dit-elle, de M. de Thou, à qui mademoiselle de « Rohan l'a dit. » Barrière rapporte cela à Ruvigny, qui en gronda fort mademoiselle de Rohan. M. de Thou ne lui voulut jamais avouer ; mais elle le lui avoua. Ce *Saint-Jean-Bouche-d'Or* ne se contenta pas de cela ; il le dit à plusieurs personnes et même à la

---

(1) Il a été publié à Liége, en 1767, une Histoire de Tancrède de Rohan avec quelques autres pièces. (*Bibliothèque historique de la France*, n° 32051, t. 3, p. 181.)

Reine. Ainsi cela vint à madame de Lansac, qui le dit à madame de Rohan, quand sa fille fut mariée avec Chabot. M. de Candale donna à madame de Rohan, par son testament, ce qu'il put.

Revenons à mademoiselle de Rohan. Le mépris avec lequel elle traitoit sa mère l'avoit mise en une telle réputation de vertu qu'on croyoit que c'étoit la pruderie incarnée. Pour une petite personne, on n'en pouvoit guère trouver une plus belle avant la petite-vérole. Elle étoit fière; elle étoit riche; elle étoit d'une maison alliée avec toutes les maisons souveraines de l'Europe. Cela éblouissoit les gens. On la prenoit fort pour une autre, et jamais personne n'a eu de la réputation à meilleur marché; car elle a l'esprit grossier, et ce n'étoit à proprement parler que de la morgue. Le premier avec qui on proposa de la marier, ce fût M. de Bouillon; mais elle tenoit cela au-dessous d'elle.

Comme M. le comte de Soissons étoit à Sédan, on lui parla d'épouser mademoiselle de Rohan; que c'étoit le moyen, disoit-on, de grossir son parti, en y attirant M. de Rohan, et peut-être ensuite les huguenots. En effet, M. le comte envoya un gentilhomme, nommé Mézière, à Paris, qui avoit ordre d'aller d'abord chez madame de Rohan, et de lui dire que M. le comte vouloit s'approcher d'elle, le plus près qu'il lui seroit possible, et autres termes semblables, qui faisoient assez entendre la chose; mais il n'alla chez madame de Rohan qu'après avoir été partout où il avoit affaire, de sorte qu'étant pressé de partir, on n'eut pas le temps de rien traiter avec lui. On proposa la chose à M. le duc de Rohan, qui, alors, s'étoit retiré à Genève, sans expliquer si sa fille se feroit catholique ou non. Il en étoit ravi, et alloit pour faire que le duc de Weimar se joignît à M. le comte, quand au combat de Rheinfelden il fut blessé, comme j'ai dit, et mourut.

Le mécontentement de M. de Rohan venoit de ce qu'ayant demandé des dragons que Ruvigny devoit commander, on les lui refusa, et que faute de vingt mille écus on laissa périr ses troupes dans la Valteline. Le père Joseph et Bullion, qui ne vouloient point que le cardinal de Richelieu le mît dans le conseil, comme il en avoit le dessein, lui firent ce vilain tour. Mademoiselle de Rohan ne voulut point entendre à l'aîné de Nemours; elle prétendoit à plus que cela : d'un autre côté, M. de Nemours alla prier mademoiselle de Rambouillet de savoir, par le moyen de madame d'Aiguillon, si le cardinal, qui avoit témoigné avoir quelque intention de faire ce mariage, le vouloit faire simplement pour le marier avantageusement ou pour quelque intérêt d'État ; et, ayant été assuré qu'il n'y avoit nulle politique à cela, il ne s'y échauffa pas autrement. Elle disoit, en ce temps-là, que M. de Longueville, qui étoit demeuré veuf, étoit son pis-aller : elle prétendoit au duc de Weimar. Depuis la petite-vérole, qui ne l'a point embellie, on parla encore de M. de Nemours. Chabot étoit déjà fort bien avec elle, mais cela n'avoit pas éclaté.

Jusques à un an après la naissance du Roi, personne n'avoit eu aucun soupçon de mademoiselle de Rohan. Sillon, en prose, Gombauld et autres, en vers, se tuoient de chanter sa vertu.

Le premier qui se douta de la galanterie de Ruvigny, ce fut M. de Cinq-Mars, depuis M. le Grand. Madame d'Effiat lui ayant fait un si grand affront que de croire qu'il vouloit épouser Marion de l'Orme, et d'avoir eu des défenses du parlement, il sortit de chez elle et alla loger avec Ruvigny, vers la Culture-Sainte-Catherine. Presque toutes les nuits, il alloit donner la sérénade à Marion. Il remarqua que Ruvigny s'échappoit souvent, et que, quoiqu'il ne fût revenu qu'à une heure après minuit, il sortoit pourtant à sept heures du matin, et étoit toujours ajusté. Si c'étoit pour la mère, disoit-il en lui-même, car il savoit bien où il alloit, souffriroit-il que Jerzé (1) fût son galant tout publiquement; il en conclut donc que c'étoit pour la fille, et, pour s'en éclaircir, il dit un jour à Ruvigny : « J'ai « pensé donner tantôt un soufflet à un homme pour « l'amour de toi; il disoit des sottises de toi et de ma- « demoiselle de Rohan. » Ruvigny, qui vit où cela alloit, lui répondit : « Tu aurois fait une grande folie; « cela auroit fait bien du bruit pour une chose si éloi- « gnée de toute apparence. » Ensuite il lui dit qu'on ne lui faisoit point de plaisir de lui parler de cela ; aussi Cinq-Mars ne lui en parla-t-il jamais depuis.

Jersé, quand il se vit galant, établi et bien payé de la mère, en sema quelque bruit; car il trouvoit toujours en sortant le soir, bien tard, un laquais de Ruvigny, et ce laquais lui disoit : « Mon maître est là-

---

(1) René Du Plessis de La Roche Picmer, comte de Jerzé, personnage singulier, qui, en 1649, fit semblant d'être amoureux d'Anne d'Autriche. On l'exila, et il termina ses jours d'une manière très-malheureuse. Ayant obtenu en 1672 la permission de servir comme volontaire, il fut tué par une de nos sentinelles qui n'entendit pas sa réponse. Ce nom est écrit dans les Mémoires du temps *Jerzé, Jerzay* et *Jarzay*.

« haut. » Il savoit bien que ce n'étoit pas avec la mère;
il se douta aussitôt de quelque chose. La mère s'en
doutoit aussi : les laquais de Ruvigny répondoient franchement, car il ne leur disoit rien de peur qu'ils ne
causassent.

Un idiot d'ambassadeur de Hollande nommé Languerac dit un jour naïvement à mademoiselle de
Rohan : « Mademoiselle, n'avez-vous point perdu votre
« pucelage ? — Hélas ! monsieur, dit la mère, elle est
« si négligente qu'elle pourroit bien l'avoir laissé
« quelque part avec ses coiffes. »

Enfin, comme toutes choses ont un terme, mademoiselle de Rohan ne s'en voulut pas tenir à Ruvigny seul :
elle aimoit à danser ; il n'étoit nullement homme de bal,
ni de grande naissance, ni d'un air fort galant. Le prince
d'Enrichemont, aujourd'hui M. de Sully, y mena Chabot, son parent et parent de madame de Rohan. Sous
prétexte de danser avec elle, car il dansoit fort bien, il
venoit quelquefois chez elle le matin. Ruvigny, averti
de tout par Jeanneton, la femme-de-chambre, qui n'avoit été en aucune sorte de la confidence que depuis
que Chabot commençoit à en conter à mademoiselle de
Rohan, encore ne savoit-elle point que sa maîtresse eût
été éprise de Ruvigny, mais elle croyoit seulement que
ce qu'il en faisoit étoit pour empêcher qu'elle ne fît une
sottise; Ruvigny, voyant que la chose alloit trop avant,
lui en dit son avis plusieurs fois. Enfin, elle lui promit
de chasser Chabot dans quinze jours : au bout de ce
temps-là, c'étoit à recommencer (1). « Mais, mademoi-

(1) Dans le mal au cœur qu'avoit Ruvigny ne se souciant plus tant
de mademoiselle de Rohan, il voulut débaucher Jeanneton, qui étoit

« selle, lui disoit-il, je ne veux point vous obliger à
« m'aimer toujours, avouez-moi l'affaire; je ne veux
« seulement que ne point passer pour votre dupe. —
« Ah! répondit-elle, voulez-vous qu'il sache l'avan-
« tage que vous avez sur moi? il le saura si je le fais
« retirer, car il dira que je n'ai osé à vos yeux en aimer
« un autre : mais donnez-moi encore deux mois. —
« Bien, dit-il. » Et pour passer ce temps-là avec moins
de chagrin, il s'en alla en Angleterre voir le comte de
Southampton, qui avoit épousé madame de la Maison-
Fort, sa sœur [1]. Le prétexte fut le duel de Paluau,

jolie, et lui dit si elle ne feroit pas bien ce que sa maîtresse avoit fait, et qu'il le lui feroit, si non voir, du moins entendre. Elle le lui promit. Le lendemain, comme il entroit à sept heures du matin dans la chambre de mademoiselle de Rohan, les fenêtres étant fermées, il se fit suivre par cette fille, qui, pieds-nus, se glissa dans un coin. Ruvigny fit des reproches à mademoiselle de Rohan de sa légèreté, et lui dit qu'après ce qui s'étoit passé entre eux, etc., etc. Jeanneton fut persuadée de la sottise de sa maîtresse; mais pour cela n'en voulut pas faire une. (T.)

[1] La sœur de Ruvigny étoit une fort belle personne : elle fut mariée, en premières noces, avec un gentilhomme du Perche, nommé La Maisonfort. Cet homme s'enivra de son tonneau, et de telle sorte, que quand on lui dit qu'il y prît garde, il répondit qu'il falloit mourir d'une belle épée. Il en mourut en effet. La voilà veuve : c'étoit une coquette prude, je ne crois pas que personne ait couché avec elle; mais c'étoit *galanterie plénière*. Saint-Pradil, de la maison de Jussac, en Angoumois, a été le plus déclaré de tous ses galants : il lui donnoit fort souvent des divertissements qu'on appeloit des *Saintes Pradillades*; c'étoit des promenades où il y avoit les vingt-quatre violons et collation. Un jour qu'ils revenoient de Saint-Cloud un peu trop tard, ils versèrent sur le pavé, le long du Cours. Il y avoit sept femmes dans le carrosse : il crioit : « Madame de la Maisonfort, où êtes-vous ? » Chacune contrefaisoit sa voix, et disoit : « Me voici; » puis quand il l'avoit tirée, et qu'il voyoit que ce n'étoit pas elle, il les laissoit là brusquement, et avoit envie de les jeter dans l'eau. Il ne la trouva que toute la dernière.

aujourd'hui le maréchal de Clérambault, qu'il avoit servi contre Gassion, car le cardinal de Richelieu l'avoit trouvé fort mauvais. Au retour, il apporta des bagues de cornaline fort jolies. Mademoiselle de Rohan en prit une; mais il ne la trouva point convertie, au contraire. A quelque temps de là, il sut par le moyen de Jeanneton qu'elle avoit donné cette bague à Chabot.

Un jour il les trouve tous deux jouant aux jonchets; il se met à jouer, et voit la bague au doigt de Chabot. Il lui demande à la voir, et se la met au doigt. Chabot la lui redemande : « Je vous la rendrai demain, lui dit-« il. J'ai à aller ce soir en compagnie, j'y veux un peu « faire la belle main. » Chabot la redemande par plusieurs fois. « Voyez-vous, lui répond Ruvigny, je me « suis mis dans la tête de ne vous la rendre que de-« main. » Enfin, mademoiselle de Rohan la lui demanda, il la lui rendit. Il se retire : mademoiselle de Rohan lui envoie son écuyer à minuit pour le prier de venir parler à elle. « Je serai, répondit-il, demain au « point du jour chez elle si elle veut. » L'écuyer revient lui dire que mademoiselle le viendroit trouver s'il n'alloit lui parler. Il y va; elle le prie de ne point avoir de démêlé avec Chabot : il le lui promet. Quelques jours après il rencontre Chabot sur l'escalier de mademoiselle de Rohan, qui le salue et lui laisse la

---

Elle avoit de plaisants accès de dévotion. Au milieu d'une conversation enjouée, elle s'alloit enfermer dans son cabinet, et y faisoit une prière; puis elle revenoit.

Un grand seigneur d'Angleterre devint amoureux d'elle à Paris, et l'épousa. Elle est morte, il y a près de quinze ans, et a laissé deux filles qui ont été mariées en Angleterre. Elle avoit été accordée avec le marquis de Mirambeau. (T.)

droite; lui passe sans le saluer. Chabot fut assez imprudent pour se plaindre de cela à Barrière, qui étoit son parent. Ruvigny nia tout à Barrière qui ne se doutoit encore de rien. Mais mademoiselle de Saint-Louys, sa sœur, alors fille de la Reine, se doutoit bien de quelque chose.

Ruvigny, enragé, s'avisa de faire une grande brutalité; il leur voulut parler à tous deux, afin qu'ils n'ignorassent rien l'un de l'autre. Un jour, ayant l'épée au côté, il monte (1). Chabot étoit dans la ruelle avec des gens de la maison; elle étoit à la fenêtre; il l'appelle, et tout bas leur dit : « Monsieur, je suis bien « aise de vous dire, en présence de mademoiselle, que « vous êtes l'homme du monde que j'estime le moins, « et à vous, mademoiselle, en présence de monsieur, « que vous êtes la fille du monde que j'estime le moins « aussi. Monsieur, ayez ce que vous pourrez; mais « vous n'aurez que mon reste; et vous savez bien, ma- « demoiselle, que j'ai couché avec vous entre deux « draps. — Ah! dit-elle, en voilà assez pour se faire « jeter par les fenêtres. — Je n'ai pas peur, répliqua « Ruvigny en se reculant un peu, que vous ni lui ne « l'entrepreniez. » Chabot ne dit pas une parole. Elle fut assez sotte pour conter tout cela à Barrière, mot pour mot; Ruvigny le nia et conta la chose tout d'une autre sorte à son ami, et il dit que cela n'a éclaté qu'à cause que Chabot étoit bien aise de la décrier

(1) Saint-Luc tenoit la porte en bas, et avoit des chevaux tout prêts avec des pistolets à l'arçon de la selle : il faisoit un froid du diable; mais Ruvigny en revint si échauffé, qu'il n'avoit pas besoin de feu. Il étoit si transporté de colère, que vous eussiez dit un fou. (T.)

pour la réduire à l'épouser (1). Depuis cela, les sœurs de Chabot, madame de Pienne leur parente, aujourd'hui la comtesse de Fiesque, et mademoiselle de Haucour servirent Chabot, et, pour le voir plus commodément, mademoiselle de Rohan alla loger chez sa tante mademoiselle Anne de Rohan, bonne fille, fort simple, quoiqu'elle sût du latin et que toute sa vie elle eût fait des vers; à la vérité ils n'étoient pas les meilleurs du monde.

Sa sœur, la bossue (2), avoit bien plus d'esprit qu'elle : j'en ai déjà écrit un impromptu. Elle avoit une passion la plus démesurée qu'on ait jamais vue pour madame de Nevers, mère de la reine de Pologne. Quand elle entroit chez cette princesse, elle se jetoit à ses pieds et les lui baisoit. Madame de Nevers étoit fort belle, et elle ne pouvoit passer un jour sans la voir ou lui écrire, si elle étoit malade : elle avoit toujours son portrait, grand comme la paume de la main, pendu sur son corps de robe, à l'endroit du cœur. Un jour, l'émail de la boîte se rompit un peu ; elle le donna à un orfèvre à raccommoder, à condition qu'elle l'auroit le jour même. Comme il travailloit à sa boutique, l'émail *s'envoila* (3), comme ils disent, parce

(1) On conte une autre chose de Ruvigny, qui est un peu plus raisonnable. Quand M. le Grand fut arrêté, le grand-maître dit à Ruvigny : « Ah! pour cette fois-là on vous convaincra, car on a le traité « d'Espagne. — Monsieur, lui dit Ruvigny, je suis serviteur de M. le « Grand, quand je le verrois je démentirois mes yeux. » Le grand-maître en fit plus de cas encore qu'il n'avoit fait par le passé. (T.)

(2) Mademoiselle de Rohan la bossue avoit demandé la permission de faire une espèce de couvent de filles à une terre qu'elle avoit. On lui dit qu'on le vouloit bien, mais qu'après sa mort on donneroit cette terre au plus proche monastère de Dames. (T.)

(3) S'enleva, ne s'appliqua pas. (T.)

qu'une charrette fort chargée, en passant là tout contre, fit trembler toute sa boutique. Elle y alla pour le ravoir, et fit des enrageries épouvantables à ce pauvre homme, comme si c'eût été sa faute que ce portrait n'étoit pas raccommodé ; on le lui rendit en l'état qu'il étoit, et le lendemain elle le renvoya.

Elle pensa se jeter par les fenêtres quand madame de Nevers mourut, et on dit qu'elle hurloit comme un loup. Quand elle mourut, on l'enterra avec ce portrait. Elle disoit : « Je voudrois seulement être mariée pour un jour, pour m'ôter cet opprobre de virginité. » On dit qu'elle y avoit mis bon ordre.

Miossens (1) cependant avoit succédé à Jersay auprès de madame de Rohan qui le payoit bien. Il ne se contenta pas de cela ; c'est un garçon intéressé : ce fut lui qui porta madame de Rohan à faire une donation générale à sa fille, moyennant douze mille écus de pension tous les ans : il le faisoit, parce qu'il y avoit cinquante mille écus d'argent comptant dont il vouloit s'emparer. En effet, ces cinquante mille écus étant demeurés à la mère, elle lui acheta une compagnie aux gardes, du prix de laquelle il eut ensuite la charge de guidon des gendarmes ; puis, le maréchal de L'Hôpital ayant vendu sa lieutenance à Saligny, Miossens devint enseigne en payant le surplus de ce qu'il tira de la charge de guidon. Depuis, en 1657, il est devenu lieutenant, et après maréchal de France.

Quand cette donation se fit, il y avoit dans la maison cent dix mille livres de rente en fonds de terre

---

(1) Cadet de Pons, mari de madame de Richelieu, aujourd'hui le maréchal d'Albret. Ils sont d'Albret, mais bâtards, et de Pons par leur mère. (T.)

(mais en quelles terres !) outre les meubles et les cinquante mille écus. Miossens n'attendit pas son congé, comme Jersay; il se maria avec mademoiselle de Guenegaud. Quand madame de Rohan vit cette infidélité, elle envoya chercher Le Plessis-Guenegaud, alors trésorier de l'Epargne, frère de la demoiselle, et lui dit qu'il prît bien garde à qui il donnoit sa sœur; que Miossens étoit un perfide qui les tromperoit; qu'il n'avoit rien; que ce n'étoit qu'un misérable cadet; que sa charge n'étoit point à lui, qu'elle lui en avoit prêté l'argent; qu'il étoit vrai qu'elle n'en avoit point de promesse, mais qu'elle l'alloit obliger à faire un faux serment, et qu'au moins elle auroit la satisfaction de le faire damner.

On peut dire que madame de Rohan est celle qui a commencé à faire perdre aux jeunes gens le respect qu'on portoit autrefois aux dames, car, pour les faire venir toujours chez elle, elle leur a laissé prendre toutes les libertés imaginables.

Quoique veuve, elle tenoit table et avoit toujours quelque belle voix; il y avoit tous les jours chez elle sept ou huit godelureaux tout débraillés, car ces hommes étoient presque en chemise de la manière qu'ils étoient vêtus. Depuis on n'a pas tiré sa chemise sur ses chausses, comme on faisoit alors. Ils se promenoient en sa présence, par la chambre; ils rioient à gorge déployée, ils se couchoient; et, quand elle étoit trop long-temps à venir, ils se mettoient à table sans elle.

La retraite de mademoiselle de Rohan chez sa tante parut aux gens qui ne savoient pas l'affaire, une résolution digne du courage et de la vertu de mademoiselle de Rohan. La cabale de Chabot eut désormais ses coudées franches (1). Les femelles étoient toutes ou ses sœurs ou ses parentes : elles étoient toujours dans l'adoration. On les surprit un jour qu'elle étoit comme Vénus, et les autres comme les Grâces à ses pieds. Il y avoit un cabinet tout tapissé, par haut et par bas, de moquette : c'étoit là que la société faisoit ses conversations ; on équivoquoit sur le mot de *moquette*, qui est à double entente, et on appeloit cette cabale *la moquette*. Ce fut sur cela que le chevalier de Gramont, alors abbé de Gramont, fit un couplet où il demandoit à madame de Pienne, qui se nomme Gilonne, qu'on le reçût à la moquette. Il y avoit à la fin

>Ma reine Gillette,
>Que de la Moquette
>Je sois chevalier (2).

Il s'avisa de faire l'amoureux de madame de Rohan, et appela Chabot en duel : Chabot y va ; mais, comme il geloit, l'abbé lui dit qu'il avoit bien froid, et qu'il ne se vouloit plus battre. Le maréchal de Gramont, enragé de cela, disoit qu'il le vouloit envoyer à son père dans une valise par le messager, afin de le faire moine. Chabot s'étoit battu plus de deux fois avant cela, mais c'étoit des combats peu sanglans. On disoit que le vicomte d'Aubeterre, amoureux de sa sœur, qui vit encore, et lui, s'étoient battus, et que chacun

(1) Quand on découvrit que Chabot en vouloit à mademoiselle de Rohan, La Moussaye lui dit : « Vous vous engagez là à une grande « galanterie. — *Galanterie!* répondit l'autre, je prétends l'épouser. — « Ah ! ce sera bien fait à vous, reprit La Moussaye en souriant.—Vous « verrez, répliqua Chabot. » (T.)

(2) A cause de cela on l'appelle la reine Gillette. (T.)

alla dire qu'il avoit bien blessé son homme, et ils ne s'étoient pas fait une égratignure. Le comte d'Aubijoux en rendoit pourtant assez bon témoignage, car l'épée du comte s'étant faussée, Chabot lui donna le temps de la redresser. En revanche, Aubijoux, le pouvant désarmer ensuite, ne le fit pas.

Durant le temps de cette *moquette,* on disoit déjà assez de choses, car l'affaire de la bague avoit fait du bruit ; ils s'avisèrent de faire le procès à *on,* parce qu'ils entendoient dire : *on* dit que vous faites ceci, *on* dit que vous faites cela. Je pense que Mirandé, qui est premier commis de M. Servien, avoit fait cette bagatelle, car il n'y avoit là que lui qui sût les termes de pratique qui y étoient.

En ce temps-là, comme il ne tint qu'à Chabot d'épouser madame de Coislin (1), il fit fort valoir à mademoiselle de Rohan ce qu'il manquoit pour l'amour d'elle, et elle lui dit, sur cela, qu'il pouvoit tout espérer.

Ruvigny croit que Chabot a couché avec elle avant que de l'épouser ; mais je crois que son premier galant valoit bien celui-là, car il a la réputation de frère Conrart, au livre des *Cent Nouvelles,* et on appelle son bourdon à la cour, *le carré,* comme celui du baron du jour Brilland, peut-être à cause du conte d'un Brilland, dans *le Baron de Feneste.*

A la cour, on n'étoit pas fâché que cette glorieuse

---

(1) Quand il vit que l'affaire de M. de Laval étoit bien avancée, il fit dire au chancelier que le respect qu'il lui portoit l'avoit empêché d'y entendre. Dans la vérité Chabot étoit amoureux de madame de Sully, et point de mademoiselle de Rohan, non plus que de madame de Coislin. (T.).

se mésalliât, parce que, comme elle a de grandes terres en Bretagne, on craignoit qu'elle n'y rendît la maison de La Trimouille trop puissante, car le prince de Talmont, aujourd'hui le prince de Tarente, l'avoit recherchée; ou que M. de Vendôme, revenant de son exil, ne la mariât à l'un de ses fils, et l'on sait qu'ils ont des prétentions sur ce duché, à cause de leur mère qui est de Penthièvre de par les femmes, et qu'Henri IV, qui aimoit M. de Vendôme, lui avoit donné le gouvernement de Bretagne par contrat de mariage (1). Chabot servoit alors M. d'Enghien auprès de mademoiselle Du Vigean; de sorte que ce fut ce prince qui, prenant l'affaire à cœur, lui fit obtenir, comme nous le verrons par la suite, un brevet de duc, pour conserver le tabouret à mademoiselle de Rohan. Folle de son nom, elle vouloit un homme de qualité qui le prît. M. d'Orléans, à qui Chabot s'étoit toujours attaché, ne trouva pas trop bon qu'il se fût mis sous la protection de M. d'Enghien (2); mais enfin il s'apaisa.

Il y avoit un an ou environ que mademoiselle de Rohan s'étoit retirée chez sa tante, quand M. le Prince l'ayant fort pressée de conclure, et lui représentant

---

(1) Nonobstant tout le bruit qu'on avoit fait, M. d'Elbeuf, alors assez endetté, offrit le prince d'Harcourt, son fils, à mademoiselle de Rohan, qui le rebuta fort. Il y avoit, à Paris, je ne sais quel fou de la maison de Wirtemberg, avec qui Harcourt fut obligé de se battre à la Place-Royale, justement devant les fenêtres de mademoiselle de Rohan. Le prince d'Harcourt désarma l'autre, qui, quand il lui eut rendu son épée, lui donna des coups de plat d'épée sur sa bosse, et cela à la vue de la personne que ce pauvre homme vouloit épouser : on les sépara, et on traita l'autre de fou; effectivement, il a couru les rues depuis à Lyon. (T.)

(2) En août 1645. (T.)

qu'elle étoit perdue de réputation, après tout ce qu'on avoit dit ; que sa mère l'enlèveroit et la renfermeroit à Calais chez son parent Charrault, pour la marier à qui elle voudroit. Enfin, elle promit de l'épouser à la majorité (*du Roi*), qu'il pourroit être reçu duc de Rohan.

M. de Retz amusoit la mère, tandis que M. le Prince parloit à la fille ; elles étoient ensemble ce jour-là. En résolution de s'en aller en Bretagne avec sa tante, elle faisoit ses adieux ; elle étoit chez mademoiselle de Bouillon, en dessein de partir le lendemain, quand M. le Prince, qui la cherchoit, y vint et lui parla encore, mais peu ; elle fit bien des mystères pour qu'on ne s'en aperçût pas. Elle alla ensuite chez M. de Sully, qui, comme j'ai dit, étoit pour Chabot. On donna l'alarme à madame de Rohan, et ce fut, à ce qu'on dit, M. d'Elbeuf qui l'avertit que sa fille s'alloit marier à l'hôtel de Sully, et lui promit de l'enlever si elle la vouloit donner à son fils aîné. Cette mère épouvantée va vite à l'hôtel de Sully, parle à sa fille, mais n'en revient pas trop satisfaite. Ce divorce fit croire aux partisans de Chabot que l'heure étoit venue : on presse la fille, on lui donne parole du brevet (*de duc*), et on fait si bien qu'elle se laisse mener à Sully, où elle épousa Chabot. Sa tante, qui devoit aller avec elle en Bretagne, s'en alla toute seule, bien étonnée ; car, simple qu'elle étoit, elle n'avoit jamais rien voulu croire contre sa nièce.

On dit qu'à Sully, Chabot et sa femme entendirent que M. de Sully disoit à madame : « Je ne sais com-
« ment j'obligerai mes gens à appeler Chabot M. de
« Rohan, car le vieux cuisinier de feu M. de Sully,

« comme on lui a, ce matin, demandé un bouillon pour
« M. de Rohan, a dit que M. de Rohan étoit mort, et que
« les morts n'avoient que faire de bouillon ; que pour
« Chabot, il s'en passeroit bien s'il vouloit. » On ajoute
que cela avoit un peu mortifié la demoiselle (1).

Le peu de réputation de Chabot pour la bravoure, sa gueuserie, et la danse dont il faisoit son capital, faisoient qu'on en disoit beaucoup plus qu'il n'y en avoit. Il étoit bien fait, et ne manquoit point d'esprit. Le marquis de Saint-Luc, ami intime de Ruvigny, un jour au Palais-Royal, à je ne sais quel grand bal, comme on eut ordonné aux violons de passer d'un lieu dans un autre, dit tout haut : « Ils n'en feront rien, si « on ne leur donne un brevet de duc à chacun, » voulant dire que Chabot qui avoit fait une courante, et qu'on appeloit *Chabot la courante*, car il avoit deux autres frères, n'étoit qu'un violon.

Madame de Choisy dit à mademoiselle de Rohan, lorsqu'elle la vit mariée : « Madame, Dieu vous
« fasse la grâce de n'avoir jamais les yeux bien ou-
« verts, et de ne voir jamais bien ce que vous venez
« de faire. »

Elle avoit une demoiselle fort bien faite, qu'on appeloit Du Genet ; elle étoit ma parente. Cette fille la quitta, et lui dit : « Après la manière dont vous vous
« êtes mariée, j'aurois peur que vous ne me marias-
« siez à votre grand laquais. » Elle vint chez mon père, et nous la fîmes conduire en Poitou chez le sien, qui étoit un *nobilis* assez mince. Pour Jeanneton, elle

---

(1) Dans le contrat de mariage, elle a consenti que ses enfants fussent élevés à la religion catholique. (T.)

avoit été disgraciée, il y avoit long-temps, pour n'avoir pu se ranger du côté de Chabot (1).

Madame de Rohan-Chabot fit deux fois abjuration; la première fois à Sully, où l'on ne voulut point la marier qu'elle ne fût catholique, dont elle fit reconnoissance à Gergeau; et depuis elle fit encore abjuration à Saint-Nicolas-des-Champs, parce que le Pape ne donna dispense de parenté qu'à condition qu'elle se feroit catholique. Il fallut donc encore en passer par là, afin de rendre le mariage plus solennel. Je crois qu'on n'a pas su cette dernière abjuration à Charenton, car je doute qu'on se fût contenté d'une simple reconnoissance au consistoire comme on fit, car celle de Gergeau n'étoit pas faite à son église (Paris est son église).

Madame de Rohan, en colère, comme vous pouvez penser, contre sa fille (2), apprit de madame de Lansac qu'on lui avoit autrefois enlevé un fils. Dès qu'elle eut assurance qu'il vivoit, elle congédia Vardes, qui avoit succédé à Miossens, car elle ne pouvoit pas fournir à tant de dépense à la fois; elle envoie Rondeau, son valet-de-chambre, en Hollande, qui amena Tancrède; mais la grande faute qu'on fit, ce fut de n'avoir pas informé devant les juges des lieux, et venant ici on eût été reçu à preuve, c'est-à-dire on eût gagné le procès, car, avec de l'argent, on a des témoins. Et bien qu'il soit difficile de corrompre un ministre, il

---

(1) Depuis elle s'est fait traiter d'Altesse, elle qui ne s'en avisoit pas quand elle n'avoit point épousé Chabot. (T.)

(2) Car pour Chabot ni elle, ni madame de Sully, la bonne femme, ne dirent jamais rien contre lui. « Au contraire, disoient-elles, il a bien « fait. » (T)

falloit pourtant, quoi qu'il coûtât, avoir un extrait baptistaire; au lieu que ce devoit être le fils qui se plaignît d'avoir été éloigné et enlevé par sa mère, la mère se plaignit, disant qu'on lui avoit enlevé son fils. Chabot, par le moyen du coadjuteur, obligea le curé de Saint-Paul à donner l'extrait baptistaire de Tancrède Bon.

Madame de Rohan fit un manifeste que j'ai : mais c'est une plaisante pièce. Elle dit qu'on avoit celé la naissance de ce garçon à cause de la persécution que M. le Prince faisoit à madame de Rohan, car il avoit fait déjà mettre la coignée dans toutes leurs forêts, et on craignoit que voyant un fils qui pourroit être un jour chef du parti huguenot, il ne s'en défît d'une ou d'autre façon. Ce fut, ajoute-t-elle, ce qui empêcha de l'envoyer à Venise. Elle faisoit une grande parade d'un toupet de cheveux blancs que cet enfant avoit comme M. de Rohan.

Ce qu'il y eut de fâcheux pour Tancrède, c'est que mademoiselle Anne de Rohan déclara qu'elle n'avoit jamais ouï parler de cet enfant.

Madame Pilou disoit à madame de Rohan : « Ecou-
« tez, madame, je veux croire que ce garçon est à
« M. de Rohan, aussi bien que madame votre fille;
« mais j'ai vu M. de Rohan tenir votre fille sur ses ge-
« noux, et je ne lui ai jamais rien ouï dire de ce fils,
« ni de près ni de loin. » La vie de la mère nuisit fort à ce garçon, car tout le monde étoit persuadé qu'il étoit à M. de Candale.

Ce garçon avoit bonne mine, quoiqu'il fût petit, car sa mère et ses deux pères étoient petits; il avoit du cœur et de l'esprit. On dit qu'à Leyde, où il étoit entretenu fort pauvrement, un de ses camarades l'ayant appelé *fils de p.....* et *enfant trouvé,* il se battit fort et ferme, et il disoit qu'il se souvenoit bien d'avoir été en carrosse.

Tous ceux du côté de Béthune, et même le maréchal de Châtillon, comme ami de feu M. de Rohan, furent pour Tancrède; cela fit tort à cet enfant, car la cour ne vouloit point qu'il y eût un duc de Rohan huguenot.

A Charenton, il y avoit toujours une foule de sottes gens autour de ce garçon. Joubert fut chargé de la cause; il y eut un incident à savoir si ce seroit à la chambre de l'édit ou à la grand'chambre; on plaida au conseil. Dans le Louvre, l'avocat prit la chose si fort de travers, lui qui s'étoit vanté de faire un duc de Rohan sur le barreau, qu'on douta, mais on lui faisoit tort, s'il n'étoit point corrompu, car il avoit un gendre, Piles, cousin de Chabot. Il n'avoit pas eu assez de temps; il falloit lui laisser lécher son ours. Ordonné donc que ce seroit à la grand'chambre, madame de Rohan n'y comparut point. M. d'Enghien prit l'affirmative si hautement pour Chabot, qu'il disoit aux juges: « Etes-vous « pour nous? Si vous n'êtes pour nous, vous n'êtes pas « de nos amis, » et les menaçoit quasi. On donna arrêt contre Tancrède, avec défense de prendre le nom de Rohan, sur les peines de l'ordonnance.

Dans la vision de prendre tous ses avantages, on conseilloit à Chabot de faire crier cet arrêt à Charenton; c'étoit, je pense, Martinet, un des avocats; mais Patru s'en moqua. Gaultier eut l'insolence de dire qu'il falloit aller jusqu'au bout, et que *mors Conradini* étoit *vita Caroli.*

On imprima les trois plaidoyers; les deux premiers

sont pitoyables ; le troisième, mais qui n'est que de deux pages, est de Patru. Il le fit si court, parce qu'il n'étoit que pour les parents. Un homme qui eût voulu faire claquer son fouet eût plaidé comme si les autres n'eussent point parlé, car il étoit bien assuré qu'ils ne se fussent pas rencontrés à dire les mêmes choses : ainsi, il faut considérer cette pièce comme présupposant que les autres ont dit tout ce qu'ils ne dirent point.

Madame de Rohan la mère s'en tint là, et poursuivit l'instance de la donation, car avant qu'elle eût recouvré Tancrède elle avoit commencé ce procès-là pour faire révoquer la donation qu'elle avoit faite à sa fille. Elle perdit encore sa cause, car il étoit évident qu'elle ne vouloit avoir du bien que pour en disposer en faveur de ce garçon. Se voyant déboutée de toutes ses prétentions, elle se retira à Romorantin, dont elle demanda à la cour la capitainerie, et cela pour épargner quelque chose pour son fils.

L'année suivante, le nouveau duc de Rohan voulut présider aux Etats de Bretagne : pour cet effet il fit un voyage dans la province tant pour se faire reconnoître que pour s'acquérir des amis ; il alla aussi en Saintonge, où il se battit contre un gentilhomme huguenot et marié, qu'on appeloit pourtant le chevalier de La Chaise (1), pour le distinguer de ses frères. Il avoit été nourri page de feu M. de Rohan. En une compagnie, il soutint hautement le parti de madame de Rohan la mère et de Tancrède. Chabot sut cela, et assez vilainement acheta une dette contre cet homme, et pour s'en

---

(1) Parce qu'il avoit été chevalier de Malte.

venger envoya saisir tous ses bestiaux. Le chevalier s'en voulut ressentir, et M. de Chabot ayant passé à Saintes, il lui fit porter parole. Chabot la reçut, et alla au rendez-vous, car il avoit bien besoin de se mettre un peu en réputation. Il blessa le chevalier légèrement à la main ; mais les deux seconds, qui étoient de braves gens, se tuèrent tous deux. J'ai ouï dire à d'autres que Chabot avoit seulement prêté main-forte pour faire saisir la terre de ce gentilhomme.

Chabot vint après à la cour, où, trouvant M. d'Enghien de retour de Dunkerque, il le supplia de lui témoigner sa bienveillance dans le démêlé qu'il étoit sur le point d'avoir avec M. de Trimouille. M. d'Enghien lui répondit : « Dans vos affaires particulières, je vous « servirai toujours comme j'ai fait, mais je ne le puis « ni ne le dois, quand vous vous attaquerez à mes pa-« rents ; au contraire, je les saurois bien maintenir. » Sa grand'mère étoit de la Trimouille. Depuis, cette affaire s'accommoda, et en 1647 M. de Rohan présida. M. de La Trimouille prétend avoir donné cela à la prière de M. d'Enghien ; car il étoit de fort grande importance à M. de Rohan de présider cette année-là : mais il n'y eut pas toute la satisfaction imaginable ; car, comme il fut question de députer à l'ordinaire, pour apporter le cahier à la cour, on trouva bon de faire faire le compliment qu'on devoit à la Reine, en qualité de gouvernante, par celui qui seroit député. Cossé, cadet de Brissac, voulut avoir cet emploi, et lui fit demander sa voix de la part du maréchal de La Meilleraie, à qui il avoit obligation ; car le maréchal, à la prière de M. le Prince, l'avoit été recevoir à une demi-lieue hors la ville (c'étoit à Nantes), et avoit fait tirer le canon. Depuis, il avoit fort bien vécu avec lui. M. de Rohan, au lieu de dire qu'il accordoit tout à la prière de M. le maréchal, demanda vingt-quatre heures. Le maréchal crut que durant ce temps-là il vouloit cabaler contre Cossé. Il lui envoya Marigny-Malnoë, sur l'heure du dîner, qui aigrit un peu les choses, car il pressa fort, selon l'ordre qu'il avoit, de demander à M. de Rohan sa voix sur-le-champ, qui ne la voulut point donner. Le maréchal, dès l'après-dînée, fit présider Cossé sur une prétention mal fondée que ceux de Brissac ont renouvelée.

Depuis le support du maréchal, M. de Rohan n'eut ni l'esprit ni le cœur d'aller se présenter seul à la porte des Etats, pour, s'il étoit refusé, prendre la poste et venir faire ses plaintes à la cour. Non content de cela, le maréchal le chassa de Nantes. Madame de Rohan lui chanta pouille, et lui dit qu'il maltraitoit une personne d'une maison où c'est tout ce qu'il auroit pu prétendre que d'y être page. Le marquis d'Asserac, si je ne me trompe, et un autre accompagnoient madame de Rohan : c'étoient des braves, des gladiateurs. Asserac pensa dire que s'il n'étoit maréchal de France, il étoit du bois dont on les faisoit. « Vous avez raison, lui ré-
« pondit le maréchal, quand on en fera de bois, je
« crois que vous le serez. »

Cossé fut dépêché comme député à la cour. En partant, il fit dire par La Piaillière, capitaine des gardes du maréchal, à un brave, nommé Fontenailles, que Chabot avoit mené avec lui, que si M. de Rohan avoit quelque mal au cœur de ce qui s'étoit passé, M. de Cossé s'en alloit à Angers, et seroit six jours en chemin exprès, afin qu'on le pût joindre facilement. Cela décria un peu M. de Rohan, car Cossé n'est pas même en trop bonne réputation.

Le cardinal Mazarin, qui avoit dessein, peut-être dès ce temps-là, de faire alliance avec le maréchal, se déclara pour lui, et demanda à Cossé sa parole. Depuis, on voulut faire accroire à M. de Rohan qu'il vouloit cabaler avec le parlement de Bretagne, parce qu'il étoit mal satisfait des Etats ; c'est que le parlement prétendoit qu'il lui appartenoit de vérifier ce qu'on vouloit lever sur les fouages, outre le don gratuit; mais parce que la vérification étoit hasardeuse, qu'on étoit pressé d'argent, et que les partisans ne vouloient point traiter sans cela. Le maréchal offrit de lever ce droit sans vérification, et pour cela il eut tous les rieurs de son côté, et on lui envoya de la cour tout ce qu'il avoit demandé. Depuis, M. de Rohan et le maréchal firent la paix.

Il fut encore en Bretagne l'année suivante, où l'on fit une assez plaisante chose à madame de Rohan. Elle fut conviée à une comédie chez quelques particuliers; les comédiens, à la farce, représentèrent une héritière qui étoit recherchée par trois hommes : elle leur dit qu'elle se donneroit à celui qui danseroit le mieux. L'un danse la bourrée, le second la panavelle et le dernier la *chabotte;* elle choisit le dernier. Madame de Rohan, au lieu de dissimuler, fut si sotte qu'elle éclata et sortit de l'assemblée. On dit aussi que les Jésuites de Rennes, pensant bien obliger M. de Rohan, firent jouer par leurs écoliers toute l'histoire de ses amours.

Ils traitèrent ensuite du gouvernement d'Anjou; ils y vécurent fort simplement, mais mademoiselle Chabot étoit bien fière. A Rennes, une femme de conseiller, il y en a de bonne maison, voyant que cette fille vouloit passer devant elle, la retint par sa robe, et, prenant le devant, lui dit : « Mademoiselle, ce n'est « pas votre tour à passer : vous attendrez, s'il vous « plaît, que vous soyez mariée. »

Madame de Rohan devint laide, dès son premier enfant, et fort chagrine; peut-être étoit-ce de n'avoir eu qu'une fille (1).

La guerre de Paris leur alloit être funeste, car Tancrède, que sa mère renvoya à Paris, pour profiter de l'occasion, alloit être reçu duc de Rohan au Parlement, et eût bien fait de la peine à Chabot, car il étoit brave, et ses Bretons l'eussent mis en possession des terres de la maison de Rohan; mais il fut tué auprès du bois de Vincennes, en une misérable rencontre (2). Se sentant blessé à mort, il ne voulut jamais dire qui il étoit, et parla toujours hollandois. Il avoit été mené au bois de Vincennes.

Ce garçon disoit : « M. le Prince me menace, il dit « qu'il me maltraitera ; mais il ne me fera point quit- « ter le pavé. » Un jour que Ruvigny, qui s'étoit attaché à la mère, lui disoit qu'il se tuoit à faire tant d'exercices violents : « Voyez-vous, répondit-il, monsieur, en « l'état où je suis, il ne faut pas s'endormir ; si je ne « vaux quelque chose, il n'y a plus de ressources pour

---

(1) A la naissance de la seconde, pensant attraper sa mère, elle lui fit dire que si elle vouloit la présenter au baptême, M. de Rohan consentiroit qu'on la baptisât à Charenton, et qu'elle choisiroit tel compère qu'il lui plairoit. La mère répondit : « Très-volontiers; dites à ma « fille que je la tiendrai avec son frère. » (T.)

(2) Le 1er février 1649.

« moi. » On eut raison de dire à madame de Rohan, la fille, en des vers qu'on lui envoya :

> On termine de grands procès
> Par un peu de guerre civile (1).

C'est pourtant dommage, car le roman eût été beau, et c'eût été bien employé que cette orgueilleuse eût été humiliée de tout point ; ce n'est pas qu'elle ne passât assez mal son temps, car Chabot coquettoit partout, et elle étoit jalouse en diable ; d'ailleurs il lui coûtoit un million quand il est mort, quoiqu'il eût hérité de tous ses frères, et qu'il lui fût venu du bien.

Madame de Rohan envoya à Romorantin un gentilhomme breton, nommé Portman, faire compliment à sa mère sur la mort de Tancrède, mais comme de lui-même ; il ne lui dit rien de la part de monsieur ni de madame de Rohan, seulement il lui témoigna qu'ils avoient dessein de se remettre bien avec elle. Elle répondit qu'elle en verroit des preuves, lorsqu'elle seroit à Paris, parce qu'elle étoit résolue de poursuivre sa justification. A son arrivée à Paris, Portman l'assura que madame de Rohan sa fille, et monsieur son mari, se disposoient à lui donner satisfaction sur la reconnoissance de monsieur son fils, pourvu que de leur part ils fussent en sûreté, et qu'ils consentoient qu'on assemblât des avocats qui s'accordassent des formes, pour mettre à couvert l'honneur des uns et des autres, et que pour le bien on s'en rapporteroit à des arbitres. Madame

---

(1) Ces vers sont de Marigny. (T.)

de Rohan la mère demanda qu'il fût nommé deux arbitres de chaque côté; l'un de robe, et l'autre d'épée, et cela, afin que ces personnes de qualité jugeassent des difficultés que feroient les avocats, qui souvent, disoit-elle, en font de fort inutiles.

Trois jours après, le même gentilhomme retourna assurer madame de Rohan de tout ce qu'elle avoit proposé; mais quand ce fut au fait et au prendre, ils n'exécutèrent rien; dont la bonne femme se plaignit à la Reine, et se soumit, à en croire M. le Prince, au moins pour le bien. Pour la reconnoissance de son fils, elle disoit que ce n'étoit point une affaire d'animosité, mais une pure nécessité de ne pas demeurer dans le crime de supposition dont elle a été accusée; car, sur cela, on lui pourroit faire perdre son douaire.

Depuis, elle demanda qu'on lui laissât enterrer Tancrède à Genève avec son père, et qu'elle feroit les frais du tombeau et de l'épitaphe de son mari, dont sa fille s'étoit chargée. La cour promit d'être neutre en cette affaire; elle espéroit donc d'obtenir tout ce qu'elle voudroit de la république de Genève, quand à Bordeaux on trouva moyen d'obtenir une lettre du Roi, adressée aux seigneurs de Genève, fort injurieuse pour elle. Au retour de Bordeaux, elle en donna copie à Ruvigny, qui, avec madame de Chevreuse, qu'il fit agir, pressa fort le cardinal d'en parler à la Reine. Il vétilla, disant toujours qu'il ne savoit ce que c'étoit : la Reine le nia aussi. Brienne dit que si on le faisoit parler, il diroit qu'il avoit signé cette lettre. La bataille de Rethel vint là-dessus, et ensuite toute la seconde guerre de Paris. Depuis, madame de Rohan les fit rechercher d'accord avec le prince de Guémené.

Madame de Rohan la mère est fort inquiète; elle fut deux ou trois ans durant, tantôt à Alençon, tantôt ailleurs. Une fois elle ne savoit lequel prendre de Caen, d'Alençon, de Tours et de Blois; elle croit toujours que l'air est meilleur au lieu où elle n'est pas qu'au lieu où elle est; elle disoit plaisamment : « Hélas! j'allois autrefois à la petite poste de la cour de Charenton; mais j'y suis étouffée par cette foule d'Altesses de mademoiselle de Bouillon, de La Trimouille, de Turenne, etc., etc. »

Vers ce temps-là, un portier de Charenton, nommé Rambour, alla trouver Haucour, frère de mademoiselle d'Haucour, et lui demanda s'il vouloit voir le vrai fils de M. de Rohan; il dit que oui. Le portier lui amène un garçon de dix-sept à dix-huit ans, bien fait, mais qui avoit quelque chose de fou dans les yeux : il faisoit, disoit-on, un roman.

Madame de Rohan se plaignit de Haucour, et vouloit faire voir la fausseté de cette affaire, quand M. le premier président, qui crut que l'honneur d'un couvent où ce garçon avoit été nourri étoit engagé, en fit bien de la difficulté. On dit que ce garçon est fils de M. de Guise et de madame d'Amené.

Un jour de cène, elle rencontra sa fille, tête pour tête, allant à la communion ; cela l'outra : elle en pleura une grande demi-heure. La fille avoit accoutumé d'attendre, depuis leur rupture, que sa mère eût fait. Le reste, la mort de M. de Rohan-Chabot et la réconciliation de la mère et de la fille se trouveront dans les Mémoires de la Régence.

PARDAILLAN D'ESCANDECAT.

Armand, ou Pardaillan d'Escandecat, étoit d'une noblesse un peu douteuse, car on disoit que son père avoit fait fortune auprès de Henri IV, et que de son estoc c'étoit peu de chose. Il rompit avec madame de Rohan sur un rien : elle vouloit qu'il s'obligeât à lui laisser passer tous les hivers à Paris; peut-être prit-elle ce prétexte, et qu'elle avoit reconnu que ce n'étoit qu'un fat. Il épousa pourtant depuis la sœur du marquis de Malause qui vient d'un bâtard de Bourbon du sang royal. Cet homme, avec six criquets, vouloit passer tout le monde sur le chemin de Charenton. Il passe le comte de Roussy, qui, ce jour-là, n'avoit que quatre chevaux, mais bons ; le cocher du comte le repassoit de temps en temps : Pardaillan ne le put souffrir, et par une extravagance inouie, il monte sur un cheval qu'avoit son page, et, en passant au galop devant le carrosse du comte de Roussy, il cria d'un ton goguenard : *J'aurai au moins le plaisir d'être le premier à Paris.* Il ne dit pas vrai, car à peine fut-il dans le faubourg Saint-Antoine, que voilà un orage qui le mouilla comme une carpe avant qu'il pût se mettre à couvert sous un auvent, où le comte le trouva qui attendoit son carrosse.

A l'âge de quarante-cinq ans il fit un voyage à Paris, dans le temps que les dentelles étoient défendues. Il avoit un porte-feuille dans son carrosse ; il tiroit les rideaux, et, à la porte des maisons, il prenoit du linge à dentelles, puis l'ôtoit quand il étoit entré dans son carrosse.

Il se mit dans la tête qu'il étoit le meilleur comédien du monde, et, montant sur une table, il jouoit un rôle devant quiconque le vouloit ouïr.

On dit qu'à la terre où il demeuroit à la campagne, il y avoit d'ordinaire une sentinelle au haut d'une tour; et quand on découvroit quelqu'un qui venoit faire visite, la sentinelle sonnoit une cloche, et alors le maître, la maîtresse et leurs enfans se paroient pour recevoir la compagnie.

FONTENAY COUP-D'ÉPÉE,

LE CHEVALIER DE MIRAUMONT.

Fontenay fut nommé *Coup-d'Epée,* à cause de sa bravoure. J'ai appris que ce fut à cause d'un furieux coup d'épée dont il abattit une épaule à un sergent qui le vouloit mener en prison : il étoit sur un cheval de poste et revenoit de l'armée ; il avoit de l'or sur son habit, et l'or avoit été défendu depuis quelques jours. On dit qu'une fois un autre gladiateur et lui s'étant rencontrés tête pour tête au tournant du pont Notre-Dame, chacun voulut avoir le haut du pavé. Notre homme dit à l'autre d'un ton de rodomont pensant l'intimider : « Je m'appelle *Fontenay-Coup d'Epée.—*

« Et moi, répondit l'autre, *La Chapelle Coup de*
« *Canon.* » Ils mirent l'épée à la main, mais on les séPara.

Fontenay étoit de fort amoureuse manière : il a cajolé une infinité de personnes ; et quoique ce fût une fille à qui il en contoit, il ne l'appeloit jamais autrement que *Belle Dame.* La principale belle dame qu'il cajola ce fut madame de Bragelonne du Marais ; il fit mille folies pour elle ; et enfin n'en étant pas satisfait, sur quelque jalousie qu'il lui prit, un beau jour, comme elle entendoit la messe dans les Petits-Capucins (1), il s'alla mettre à genoux auprès d'elle, et lui dit, prenant Dieu à témoin, s'il n'étoit pas vrai qu'elle étoit la plus ingrate du monde de lui faire des infidélités comme elle lui en faisoit, » et en pleurant il lui rendit des bracelets et autres bagatelles qu'elle lui avoit données. « Mais il faut, lui dit-il, que vous me rendiez
« mon cœur ; je vous donne deux jours pour cela, et
« n'y manquez pas. »

Une fois il aimoit une femme dont il jouissoit ; cette femme, soit qu'elle fût lasse de lui, car il étoit fort quinteux, ou qu'en effet elle se voulût retirer, lui déclara qu'elle vouloit changer de vie, et le pria de ne plus venir chez elle. Lui n'en fit que rire : il y retourne, mais il trouve, comme on dit, visage de bois. Que fait-il ? Après avoir bien harangué, il trouve moyen d'avoir un pétard, et l'attache à la porte de cette femme. Elle qui connoissoit le pélerin, et qui étoit une espèce d'Amazone, ouvre une trappe de cave qui étoit

---

(1) L'église des Capucins du Marais, aujourd'hui la paroisse Saint-François.

à l'entrée de l'allée, et se tient au bout de l'ouverture avec deux pistolets. Je m'étonne qu'ils ne s'accordoient mieux, car c'étoit là une vraie nymphe pour un Coup d'Epée. Le pétard fait son effet, et le capitan entroit déjà par la brèche, criant : Ville gagnée! quand il trouve ce nouveau retranchement qui l'oblige à faire retraite.

Un autre extravagant, amoureux à Turin d'une femme logée devant ses fenêtres, n'en pouvant venir à bout, envoya emprunter deux fauconneaux du gouverneur de la citadelle, qui étoit François, tout aussi bien que lui. Il lui fit accroire que c'étoit pour un divertissement qu'il vouloit donner à sa dame. Quand il les eut, il les braque à la fenêtre de son grenier contre la maison de cette femme, et puis l'envoie sommer de se rendre.

Une autre fois, en une compagnie, au lieu d'entretenir les dames, Fontenay se mit à cajoler la suivante de la maison, et plus tôt qu'on ne s'en fût aperçu, il la poussa dans une garde-robe ; là, il se met en devoir de faire ce pourquoi il étoit entré, sans avoir seulement songé à fermer la porte. La fille crie; tout le monde veut aller au secours : Fontenay prend un chenet, et les épouvante, de sorte qu'on fut contraint de parlementer avec lui, et de le laisser sortir bagues sauves et tambour battant.

Il ne sortit pas à si bon marché d'une aventure qu'il eut auprès de l'Arsenal. Il étoit allé au sermon aux Célestins, où il voulut faire quelque insulte à un bourgeois qui, ne s'épouvantant pas de ses rodomontades, lui donna un beau soufflet : il n'osa faire du bruit dans l'église. Il sortit, et se mit à se promener sous les arbres du Mail en attendant que le sermon fût achevé.

Je vous laisse à penser s'il étoit en belle humeur : il se promenoit le manteau sur le nez et le chapeau enfoncé; c'étoit un dimanche, et il y avoit, entre autres menues gens, un garçon menuisier qui dit à l'autre en lui montrant Fontenay : « Ardez (1), en voilà un qui est en « colère. » Fontenay, dont la bile n'étoit déjà que trop émue, met l'épée à la main pour donner sur les oreilles à ce garçon; mais le menuisier avoit une estocade sous son bras : ç'avoit été un laquais-gladiateur; il se défend, et comme son épée étoit beaucoup plus longue, il blesse notre capitan à la cuisse et le laisse à terre. Ses amis, en ayant eu avis, le vinrent quérir, et il fut contraint de se railler lui-même d'avoir été battu en si peu de temps et de deux façons différentes par un bourgeois et par un garçon menuisier.

Il étoit un jour chez madame Des Loges; c'étoit un peu après le siége de La Rochelle. Madame Des Loges contoit fort agréablement un voyage qu'elle venoit de faire en Saintonge : elle y alloit, disoit-elle, de temps en temps, pour raccommoder ce que M. Des Loges avoit gâté. Une sotte femme d'un conseiller huguenot, nommée madame Madelaine, alla parler de l'embarras où les Huguenots étoient ici durant le siége de La Rochelle. « J'étois retirée, disoit-elle, chez mon oncle « d'Arbaud, secrétaire d'Etat, avec tous mes enfants; « nous n'avions qu'une chambre; ma fille me deman- « doit ses nécessités; je ne savois où mettre sa chaise. « — Fi! fi! vilaine, lui dit brusquement Fontenay, « ne parlez point ici de m..... »

Une fois il rencontra à onze heures du soir, dans la

---

(1) Expression populaire, pour dire *regardez*.

rue, une fille qui pleuroit ; sa maîtresse la venoit de chasser. Il la trouva assez jolie : il lui demanda si elle vouloit venir servir sa femme ; elle y va : mais elle fut bien étonnée quand elle vit que ce n'étoit qu'un garçon. Il lui offre la moitié de son lit ; elle le refuse : il l'enferme et la tient six semaines à la prendre tantôt par menaces, tantôt par douceur. Enfin, il en vient à bout, mais il s'en lassa bientôt, et lui demanda si elle vouloit continuer le métier ou se remettre à servir. Elle aima mieux se remettre à servir : il la paya bien, et lui fit trouver condition. Il étoit sujet à faire de ces tours-là. Il leur prit une plaisante vision au chevalier de Miraumont et à lui : ils firent attacher à la poulie de leur grenier un grand panier d'armée, et prirent deux gros crocheteurs, qui, quand il passoit quelque jolie fille, en riant, la mettoient dans ce panier, et puis la guindoient en haut. La fille n'avoit pas sitôt perdu terre qu'elle ne pensoit qu'à se bien tenir. Quand elle étoit en haut, si les deux galants, qui l'y attendoient, ne la trouvoient pas de leur goût, elle retournoit incontinent par la même voie ; mais si elle leur plaisoit, ils en faisoient ce qu'ils pouvoient.

Il cajola, je ne sais où, la veuve d'un bourgeois nommé Brunettière. Cette femme étoit jolie, jeune et sans enfants ; et quoique cet homme-là parût extravagant et mal bâti, car il étoit tout percé de coups et quasi estropié, elle se mit pourtant si bien dans la tête qu'il la vouloit épouser, que quoiqu'il lui eût dit depuis mille fois qu'il n'y avoit jamais pensé, et qu'il en disoit autant à toutes les veuves et à toutes les filles, elle ne laissa pas de le croire, de l'aimer et d'être dans une profonde mélancolie jusqu'à ce qu'elle l'eût vu marié avec une autre; après, elle se guérit quand elle n'eut plus d'espérance.

Voici comment Fontenay se maria : il eut connoissance d'une grosse mademoiselle Des Cordes, veuve d'un auditeur des comptes, qui étoit mort incommodé, de sorte que cette femme n'avoit pu retirer toutes ses conventions matrimoniales; elle vivotoit tout doucement, et alloit manger chez madame Rouillard et chez madame Le Lièvre, de la rue Saint-Martin, qui étoient des femmes riches et ses voisines. Fontenay, alors capitaine aux gardes, la trouva à son goût; elle étoit gaie et agissante. Le mariage fut fait du soir au matin : cette fois-là il trouva chaussure à son pied, car c'étoit une maîtresse femme qui le rangea si bien, qu'on dit que de peur il s'alla cacher une fois dans le grenier au foin. Cela excuse Barinière que Fontenay Coup-d'Epée ait choisi même retraite que lui. Il ne dura guère, et elle s'est remariée.

Pour le chevalier de Miraumont, son camarade, ce fut aussi un brave. Il y avoit certaines gardes d'épée qu'on appeloit *à la Miraumont*. C'étoit un assez plaisant homme. « Mon père, disoit-il, fit un jour ap-
« porter une demi-douzaine d'œufs frais pour déjeû-
« ner. J'en mangeai quatre; mon père me dit : —
« Vous êtes un sot. — Je lui répondis : « Vous avez
« menti, vieux b....., et quelques autres petites pa-
« roles de fils à père.. »

Un jour qu'une femme, à qui il devoit de l'argent, l'étoit venu trouver qu'il étoit encore au lit, pour l'empêcher d'y revenir une autre fois, il l'alla conduire jusqu'à la porte de la rue tout nu, car il couchoit toujours sans chemise ; elle ne put jamais s'en empêcher. « Je vous rendrai, lui disoit-il, ce que je « vous dois. »

On dit que lui, Fontenay, et quelques autres extravagants voulurent éprouver de quelle façon on tombe quand on est sur un arbre que l'on a coupé par le pied. On ne m'a su dire s'il y en eut de blessés.

FERRIER,

SA FILLE ET TARDIEU.

Ferrier étoit un ministre de Languedoc, qui avoit tant de dons de nature pour parler en public, que, quoiqu'il ne fût ni docte ni éloquent, il passoit pourtant pour un grand personnage dans sa province ; il étoit patelin, populaire, et pleuroit à volonté ; de sorte qu'il avoit tellement charmé le peuple, qu'il le menoit comme il vouloit.

Durant un synode où il présidoit, une des meilleures églises du Languedoc vaqua ; il y avoit un jeune proposant de sa connoissance qui ne savoit quasi rien alors, mais qui depuis fut un habile homme. Ferrier lui dit qu'il falloit avoir cette église : « Laissez-moi « faire. » Il dit à la compagnie que les députés d'une telle église avoient jeté les yeux sur un tel, qu'il falloit l'examiner. On donne un texte au jeune homme pour le lendemain. Ce garçon se défioit extrêmement de ses forces. Ferrier lui dit à peu près comme il s'y falloit prendre, tant pour le sermon que pour la prière. La prière faite, le président fait un grand soupir, comme s'il avoit été touché ; puis, dès le milieu de l'exorde, il s'écria : *Bon !* Tout le monde, qui le regardoit comme un oracle, ne douta pas que ce sermon ne fût bon, puisqu'il l'approuvoit ; et le jeune homme eut comme cela cette église.

M. Le Fauscheur, un de nos ministres de Paris, qui a fait le *Traité de l'action de l'orateur,* m'a dit qu'il s'étoit trouvé à un synode où l'on avoit ordonné à Ferrier de faire une lettre pour le Roi. Il la lut à l'assemblée, et sa belle voix leur imposa tellement, qu'ils en furent comme ravis ; un, entre autres, pria le modérateur qu'on lui laissât lire en son particulier cette lettre ; mais il en fut incontinent désabusé, et en donna avis aux principaux ; eux le dirent à Ferrier, et lui marquèrent les endroits. Il reprit sa lettre, et l'ayant relue en leur présence, ils furent encore dupés une seconde fois ; enfin, les plus sages s'avisèrent de la corriger sans en rien dire, et on n'y laissa pas une période entière, tant il y avoit de choses à changer. C'étoit l'homme du monde le plus avare, jusque là que quand il étoit député en quelque synode, il vivoit si mesquinement, et recherchoit avec tant de soin les repues-franches, qu'il épargnoit les deux tiers de ce qu'on lui donnoit pour sa dépense.

Un homme de cette humeur étoit aisé à corrompre : aussi, lorsque, après la mort de Henri IV, on eut résolu de sonder si on pouvoit gagner quelques ministres, celui-ci alla au-devant de ceux qui offroient des pensions de la cour. Pour cela et pour d'autres choses, il

fut déposé. Comme on parloit de le déposer, il dit :
« Je m'en vais les faire tous pleurer. » En effet, il
prôna si bien qu'ils pleurèrent tous ; mais cela n'empêcha
pas à la fin qu'on ne passât outre. Après il fit un
voyage à la cour, et en revint en poste avec un manteau
doublé de panne verte, pourvu de la charge de lieutenant
criminel au présidial de Nîmes. Le peuple, dont
la plus grande part est de la religion, quoique Ferrier
ne se fût point encore révolté, s'émut contre lui, et il
eut de la peine à se sauver. La nuit, par l'aide d'un de
ses amis, il sortit de la ville et alla faire ses plaintes à
la cour. Il ne retourna pas pourtant à Nîmes ; il vendit
sa charge, et il demeura à Paris. Là, il ne se fit pas
catholique tout d'abord ; il fit bien des cérémonies
avant que d'en venir là, et ne fit point abjuration qu'il
ne fût assuré d'une bonne pension que le cardinal Du
Perron lui fit donner par le clergé. Cependant, comme
il étoit fourbe, il les tenoit toujours en jalousie, et entretenoit
commerce avec M. Du Plessis-Mornay. Il
lui avoit fait si bien espérer qu'il reviendroit, que
M. Du Plessis avoit eu promesse d'une place de professeur
en l'académie de Bâle en Suisse, où Ferrier
lui faisoit accroire qu'il transporteroit tout son bien,
et qu'il s'y retireroit dès qu'il auroit vendu deux maisons
qu'il avoit à Paris : même il lui avoit promis de
faire imprimer la réfutation du livre qu'il avoit publié
en changeant de religion ; car, depuis sa déposition,
il avoit étudié et s'étoit rendu savant. Mais, lorsque
M. Du Plessis vint à Paris pour aller à Rouen à
l'assemblée des notables, il lui manqua de parole, et
montra bien qu'il ne faisoit cela que pour tenir, comme

j'ai dit, les autres en jalousie ; car M. Du Plessis lui ayant écrit qu'il le prioit de le venir trouver en maison tierce, afin de conférer à loisir et en secret, Ferrier épia l'heure que M. Du Plessis étoit avec des évêques et des chevaliers de l'ordre, et, entrant, courut l'embrasser, et lui dit tout haut qu'il n'y avoit point de différence de religion qui l'empêchât de lui rendre ce qu'il lui devoit, et fit tant que les catholiques qui se trouvèrent à cette visite crurent en effet que cet homme pourroit bien leur échapper, et pour le retenir, ils lui firent augmenter sa pension.

Depuis, il fut connu du cardinal de Richelieu, qui le mena au voyage de Nantes, durant lequel il coucha toujours dans sa garde-robe, et le cardinal le goûta tellement qu'il lui donna le brevet de secrétaire d'Etat ; auparavant il avoit fait beaucoup de dépêches, et pour quelque affaire qui survint, il eut l'ordre de prendre la poste pour se rendre à Paris le plus tôt qu'il lui seroit possible. Il avoit déjà de l'âge ; il n'étoit point accoutumé à ce travail, la fièvre le prit à son arrivée à Paris, et il en mourut au bout de huit jours avec un regret extrême de ne pouvoir jouir de l'emploi avantageux qui lui étoit destiné, et pour lequel il avoit pris tant de peine.

Sa femme demeura de la religion ; mais ses enfants, un fils et une fille, furent catholiques. Le fils, comme nous verrons ailleurs, ne dura guère ; la fille, devenue héritière, fut enlevée par un M. d'Oradour de Limousin, qui avoit aussi été de la religion, et que M. de La Meilleraye affectionnoit. Elle fit tant la diablesse qu'il fut contraint de la rendre. Il se paroit pour tâcher à lui plaire ; mais elle lui déchiroit son collet, et le menaçoit de lui arracher les yeux s'il en venoit à la violence.

Depuis, Tardieu, lieutenant-criminel, l'épousa, car on la lui avoit promise s'il la tiroit des mains de d'Oradour, et il y servit; mais cette réputation qu'elle s'étoit acquise par une si courageuse résistance, ne dura pas long-temps, car elle devint bientôt la plus ridicule personne du monde, et elle a bien fait voir que ç'a été plutôt par acariâtreté qu'autrement qu'elle résista à d'Oradour.

Son père étoit un homme libéral auprès d'elle ; elle a bien de qui tenir, car sa mère n'est guère moins avare qu'elle, et le lieutenant-criminel est un digne mari d'une telle femme. Elle étoit bien faite ; elle jouoit bien du luth ; elle en joue encore ; mais il n'y a rien plus ridicule que de la voir avec une robe de velours pelé, faite comme on les portoit il y a vingt ans, un collet de même âge, des rubans couleur de feu repassés, et de vieilles mouches toutes effilochées, jouer du luth, et, qui pis est, aller chez la Reine. Elle n'a point d'enfants ; cependant sa mère, son mari et elle n'ont pour tous valets qu'un cocher : le carrosse est si méchant et les chevaux aussi, qu'ils ne peuvent aller ; la mère leur donne l'avoine elle-même ; ils ne mangent pas leur soûl.

Elles vont elles-mêmes à la porte. Une fois que quelqu'un leur étoit allé faire visite, elles le prièrent de leur prêter son laquais pour mener les chevaux à la rivière, car le cocher avoit pris congé. Pour récompense, elles ont été un temps à ne vivre toutes deux que du lait d'une chèvre. Le mari dit qu'il est fâché de cette mesquinerie. Dieu le sait! Pour lui il dîne toujours au cabaret aux dépens de ceux qui ont affaire de lui, et le soir il ne prend que deux œufs. Il n'y a guère de gens à Paris plus riches qu'eux. Il a mérité d'être pendu deux ou trois mille fois. Il n'y a pas un plus grand voleur au monde.

Le lieutenant-criminel logeoit de petites demoiselles auprès de chez lui, afin d'y aller manger; il leur faisoit ainsi payer la protection.

Sa femme le suivoit partout : elle coucha avec lui à Maubuisson; le matin, comme ils partoient, les moutons alloient aux champs : « Ah! les beaux agneaux! « dit-elle. » Il lui en fallut mettre un dans le carrosse.

Elle demanda une fois à souper au valet-de-chambre d'un marquis qui avoit une affaire contre un filou qu'il vouloit faire pendre : il lui refusa; elle alla avec son mari souper chez leur serrurier.

Le lieutenant dit à un rôtisseur qui avoit un procès contre un autre rôtisseur : « Apporte-moi deux cou-« ples de poulets, cela rendra ton affaire bonne. » Ce fat l'oublia; il dit à l'autre la même chose; ce dernier les lui envoya avec un dindonneau. Le premier envoie ses poulets après coup; il perdit, et pour raison, le bon juge lui dit : « La cause de votre partie étoit meilleure « de la valeur d'un dindon. »

M. l'évêque de Rennes, frère aîné du maréchal de La Mothe, alla en 1659 pour parler au lieutenant-criminel; sa femme vint ouvrir, qui lui dit que le lieutenant-criminel n'y étoit pas, mais que s'il vouloit faire plaisir à madame, il la meneroit jusqu'à l'hôtel de Bourgogne, où elle vouloit aller voir l'*OEdipe* de Corneille. Il n'osa refuser, et, la prenant pour une servante, il lui

dit : « Bien, allez donc avertir madame. » Elle s'ajusta
un peu, et puis revint. Lui, lui disoit : « Mais madame
« ne veut-elle pas venir? » Enfin, elle fut contrainte de
lui dire que c'étoit elle. Il la mena, mais en enrageant.
Elle vouloit qu'il entrât avec elle; il s'en excusa, et lui
envoya le carrosse du premier qu'il rencontra pour la
ramener (1).

DU MOUSTIER (2).

Du Moustier étoit un peintre en crayon de diverses
couleurs; ses portraits n'étoient qu'à demi et plus petits que le naturel. Il savoit de l'italien et de l'espagnol;
je pense qu'il aimoit fort à lire, et il avoit assez de livres. C'étoit un petit homme qui avoit presque toujours une calotte à oreilles, naturellement enclin aux
femmes, sale en propos, mais bon homme et qui avoit
de la vertu. Il étoit logé aux galeries du Louvre

---

(1) Le lieutenant-criminel Tardieu et sa femme, aussi avare que lui, furent assassinés le 24 août 1665, dans leur maison du quai des Orfè- vres. Tout le monde connoît les beaux vers de la dixième satire dans lesquels Despréaux peint ce hideux couple. Tallemant fait connoître plusieurs traits de leur avarice qui avoient échappé au satirique.

(2) Daniel Du Moustier, célèbre peintre de portraits, né vers 1550, mort en 1631. Il excelloit pour le portrait au crayon en trois couleurs. (*voyez la Biographie universelle de Michaud.) L'auteur de l'article ne paroît pas avoir connu une seule des anecdotes racontées par Talle- mant. On conserve à la Bibliothèque Sainte-Geneviève deux volumes in-folio remplis de portraits dessinés par Du Moustier. Il y en a beau- coup qui ne sont qu'ébauchés; un grand nombre représentent malheu-

comme un célèbre artisan (1); mais sa manière de vivre et de parler y attiroit plus les gens que ses ouvrages. Son cabinet étoit pourtant assez curieux : il y avoit sur l'escalier une grande paire de cornes, et au bas : « Regardez les vôtres; » et au bas de ses livres : « Le diable emporte les emprunteurs de livres. »

Il y avoit une tablette où il avoit écrit : *Tablette des sots* : le père Arnoul, confesseur du Roi, qui étoit un glorieux Jésuite, lui demanda qui étoient ces sots. « Cherchez, cherchez, lui dit-il, vous vous y trouverez. » Un autre Jésuite s'y trouva effectivement, et lui ayant demandé pourquoi, sans se nommer, Du Moustier lui répondit en grondant, car il n'aimoit point les Jésuites : « Parce qu'il a dit que Henri IV avoit été nourri de « biscuits d'acier. » A propos de livres, il contoit lui-même une chose qu'il avoit faite à un libraire du Pont-Neuf, qui étoit une franche escroquerie; mais il y a bien des gens qui croient que voler des livres ce n'est pas voler, pourvu qu'on ne les revende point après. Il épia le moment que ce libraire n'étoit point à sa boutique, et lui prit un livre qu'il cherchoit il y avoit long-temps. Je crois que la plupart de ceux qu'il avoit lui avoient été donnés.

Il savoit par cœur plus de la moitié de deux volumes in-folio de deux ministres, Aubertin et Le Fau-

---

reusement des personnages inconnus. Le père de Du Moustier étoit peintre, et dessinoit le portrait dans le même genre. Le Recueil de Sainte-Geneviève contient beaucoup de portraits du temps de Charles IX, qui sont nécessairement les ouvrages du père.

(1) Le mot *artisan* exprimoit encore, sous la minorité de Louis XIV, un excellent ouvrier dans les arts libéraux. *Artiste*, dans le sens d'ouvrier, qui travaille avec esprit et avec art, se trouve dans le Dictionnaire de Richelet; Genève, 1680.

cheur, sur la matière de l'Eucharistie, et il les avoit peints, et un autre aussi nommé Daillé. Du Moustier n'étoit catholique qu'à gros grains.

Il avoit un petit cabinet séparé plein de postures de l'Arétin. Outre cela il savoit toutes les sales épigrammes françoises. J'ai vu un de ses cousins germains à Rome, du même métier, qui savoit aussi mille vers comme cela.

Il n'aimoit pas plus les médecins que les Jésuites, et il les appeloit *les magnifiques bourreaux de la nature*.

Le premier président de Verdun (1) désira de le voir; un de ses amis le voulut mener. « Je ne suis ni aveu-« gle ni enfant, j'irai bien tout seul, » répondit-il. Il y va; le premier président donnoit audience à beaucoup de monde; enfin, il dit : « J'ai mal à la tête. » On fit donc sortir tout le monde; il n'y eut que Du Moustier qui dit qu'il vouloit parler à monsieur le premier président qui avoit souhaité de le voir; il vient et avoit fait dire que c'étoit Du Moustier. Le premier président lui dit : « Vous, M. Du Moustier ! Vous êtes un « homme de bonne mine pour être M. Du Moustier! » Lui regarde si personne ne le pouvoit entendre, et, s'approchant de M. de Verdun, il lui dit : « J'ai meil-« leure mine pour Du Moustier que vous pour pre-« mier président (2). — Ah ! cette fois-là, dit le « président, je reconnois que c'est vous. » Ils causèrent deux heures ensemble le plus familièrement du monde.

(1) Nicolas de Verdun, premier président du Parlement de Paris avoit succédé à Achille de Harlay. Il mourut le 16 mars 1627.

(2) Verdun avoit la bouche de côté.

Quand il peignoit les gens il leur laissoit faire tout ce qu'ils vouloient; quelquefois seulement il leur disoit : « Tournez-vous. » Il les faisoit plus beaux qu'ils n'étoient, et disoit pour raison : « Ils sont si sots qu'ils « croient être comme je les fais, et m'en paient mieux. »

Il avoit peint M. de Gordes, capitaine des gardes-du-corps, par le commandement du feu Roi : « Autre-« ment, disoit-il, je ne m'y fusse jamais résolu, car il « est trop laid. » Il l'appeloit *le cadet du diable*.

Une fois qu'il étoit chez M. d'Orléans, Du Pleix, l'historiographe, y vint; M. d'Orléans lui fit des complimens sur son histoire [1]. « Il n'y a, dit Du Pleix, « que cet homme-là, montrant Du Moustier, qui soit « mon ennemi. — Votre ennemi! répondit Du Mous-« tier; vous ne m'avez fait ni bien ni mal. A la vérité, « je ne saurois souffrir qu'étant créature de la reine « Marguerite, vous la déchiriez comme vous faites; « puis, elle est de la maison royale : si j'avois du crédit « en France, je vous ferois châtier. Et puis, vous allez « dire qu'autrefois en France tous les hommes étoient « sodomistes, et ne se marioient qu'après s'être lassés « de garçons! »

Il avoit mis sous le portrait de mademoiselle de Rohan : *La princesse Gloriette*, et sous celui du comte de Harcourt : *Le parangon des princes cadets;* au bas de celui d'une madame de la Grillière, il avoit écrit : « Elle n'a oublié qu'à payer. »

Vaillant, peintre flamand, natif de Lille, qui peint au crayon comme lui, à celles qui ne le payoient pas,

---

[1] M. de Bassompierre, dans la Bastille y avoit fait des remarques de bien des impertinences. (T.)

il faisoit comme des barreaux sur leurs portraits, et disoit qu'il les tenoit en prison jusqu'à ce qu'elles eussent payé.

La plus belle aventure qui lui soit arrivée, c'est que le cardinal Barberin, étant venu légat en France, durant le pontificat de son oncle, eut la curiosité de voir le cabinet de Du Moustier et Du Moustier même. Innocent x, alors monsignor Pamphilio, étoit en ce temps-là dataire et le premier de la suite du légat; il l'accompagna chez Du Moustier, et voyant sur la table l'Histoire du concile de Trente, de la superbe impression de Londres, dit en lui-même : « Vraiment c'est « bien à un homme comme cela d'avoir un livre si « rare! » Il le prend et le met sous sa soutane, croyant qu'on ne l'avoit point vu; mais le petit homme, qui avoit l'œil au guet, vit bien ce qu'avoit fait le dataire, et, tout furieux, dit au légat « qu'il lui étoit extrê- « mement obligé de l'honneur que Son Eminence lui « faisoit; mais que c'étoit une honte qu'elle eût des « larrons dans sa compagnie; » et sur l'heure, prenant Pamphile par les épaules, il le jeta dehors en l'appelant *bourgmestre de Sodome*, et lui ôta son livre.

Depuis, quand Pamphile fut créé pape, on dit à Du Moustier que le pape l'excommunieroit et qu'il deviendroit noir comme charbon. « Il me fera grand plaisir, « répondit-il, car je ne suis que trop blanc. » Malherbe, comme vous avez vu, dit quasi la même chose à M. de Bellegarde, et le maréchal de Roquelaure avant eux eut la même pensée. Henri iv lui dit un jour : « Mais d'où vient qu'à cette heure que je suis roi « de France paisible, et que j'ai tout à souhait, je n'ai « point d'appétit, et qu'en Béarn, où je n'avois point

« du pain à mettre sous les dents, j'avois une faim en-
« ragée? — C'est, lui dit le maréchal, que vous étiez
« excommunié; il n'y a rien qui donne tant d'appétit.—
« Mais si le pape savoit cela, reprit le Roi, il vous ex-
« communieroit.—Il me feroit grand honneur, répon-
« dit l'autre, car je commence à être bien blanc, et je
« deviendrois noir comme en ma jeunesse. »

A la mort de Du Moustier, le chancelier, par l'ins-
tigation des Jésuites, fit acheter tous les livres qu'il
avoit contre eux et les fit brûler.

LE PRÉSIDENT LE COGNEUX (1).

Le père du président Le Cogneux étoit maître des
comptes (2); il y a deux ans ou environ que son fils,
reçu président au mortier comme lui (3), en une audience de l'édit, menaça un avocat de l'envoyer en
bas. Les avocats, irrités de cela, recherchèrent sa naissance, et ils trouvèrent que le père du maître des
comptes étoit procureur et fils d'un potier d'étain, qui
fut surnommé *Le Cogneux*, à cause qu'il cognoit sans
cesse (4).

(1) Le véritable nom est le Coigneux. Tallemant l'écrit comme on
avoit l'habitude de le prononcer.

(2) Antoine Le Coigneux, maître des comptes, en 1572, père du président.

(3) Le fils fut reçu président à mortier le 20 août 1652.

(4) Guillaume le Coigneux, marchand potier d'étain, mourut en 1505,
et Sara Ral, sa femme, en 1517; on voyoit leur épitaphe au charnier

Le feu président, comme j'ai dit ailleurs, eut sa charge pour rien. Etant chancelier de Monsieur, et étant veuf pour la seconde fois, il prétendoit être cardinal (1). Puy-Laurens et lui, voyant qu'on se moquoit d'eux, firent aller leur maître en Lorraine. Puy-Laurens, amoureux de la princesse de Phalsbourg, croyoit l'épouser, et vouloit être beau-frère de son maître. Le Cogneux, dit-on, s'opposa au mariage de la princesse Marguerite, aujourd'hui madame d'Orléans, et ce fut pour cela qu'on l'envoya à Bruxelles pour cabaler avec la Reine-mère et l'infante; et après on lui manda qu'il y demeurât.

C'a été toujours un homme assez extraordinaire. Il lui prit envie à Bruxelles, étant en colère contre ses gens, d'essayer si on ne pouvoit vivre sans valets. Il donna congé à tous ses domestiques pendant trois mois, se mit dans une chambre tout seul, faisoit son lit, alloit au marché et mettoit son pot au feu; mais il en fut bientôt las.

Il avoit un peu la mine d'un arracheur de dents; cela n'empêcha pas qu'avant d'aller en Lorraine, comme il étoit en crédit chez Monsieur, il n'eût eu une belle galanterie avec une madame Guillon, femme d'un conseiller au parlement, qu'on appeloit *le teston rogné du palais,* parce qu'il n'avoit point de lettres.

des Innocens. Gilles Le Coigneux, leur fils, a été procureur au Parlement, et leur petit-fils est devenu conseiller.

(1) On m'a dit que le cardinal de Richelieu dit une fois : « M. « Cogneux ne sauroit être d'église. » C'est que Le Cogneux avoit épousé clandestinement la fille d'un sergent, si je ne me trompe, qui étoit fort belle; elle s'appeloit Marie Droguet. On ajoute qu'il s'en défit gaillardement afin de n'avoir plus cet obstacle à sa fortune. (T.)

Cet homme l'avoit épousée pour sa beauté, fut déshérité à cause de ce mariage; mais, après la mort du père, son frère et lui s'accommodèrent. Elle étoit aussi belle que personne de son temps; la Reine-mère (1) disoit : « *È bella sta Guillon mi ressemble.* »

Le Cogneux, veuf de sa première femme, pour voir plus commodément madame Guillon, acheta cette maison à Saint-Cloud qu'il a eue jusqu'à sa mort, parce qu'elle étoit vis-à-vis de celle de Guillon. Au fort de cette amourette il se marie avec une demoiselle de Ceriziers (2). C'est la mère de Bachaumont, qui n'étoit guère moins belle que madame Guillon. Au commencement cette femme ne bougeoit d'avec la maîtresse de son mari, et la croyoit la plus honnête femme du monde; enfin, l'imprudence des amants lui découvrit toute l'histoire. Le Cogneux n'osoit plus aller chez ses amours qu'en cachette; mais madame Guillon, pour faire dépit à cette femme, voulut qu'elle sût que Le Cogneux la voyoit toujours; mais le mari ne vouloit point donner ce déplaisir-là à sa femme.

Au bout de quelque temps, Le Cogneux eut jalousie de ce qu'un avocat nommé Des-Estangs, de leurs amis, et qui étoit de l'intrigue, avoit couché à Saint-Cloud chez madame Guillon, et, de rage, il porte à sa femme toutes les lettres de madame Guillon, et jure de ne la plus voir : voilà cette femme au désespoir. Elle fit durant quelques années toutes les choses imaginables pour

---

(1) Marie de Médicis.
(2) Marie Ceriziers, dont le père étoit maître des comptes. (T.)

lui parler, et elle étoit si transportée que son confesseur fut obligé de lui permettre de parler à cet homme, de peur qu'elle ne se désespérât; mais elle n'en put jamais venir à bout. Enfin, le temps la guérit, et elle se mit dans la dévotion : je pense qu'elle vit encore. Elle disoit à madame Pilou : « Ma chère, quand je revins de « ma folie, j'étois aux champs; ah! disois-je, je pense « que voilà de l'herbe; ce sont là des moutons : avant « cela je ne voyois pas ce que je voyois. »

Comme il étoit en Angleterre avec la Reine-mère, il lui vint fantaisie de se marier, et il épousa sa troisième femme, qui étoit fille d'honneur de la Reine-mère. Un gentilhomme, nommé Sémur, l'alloit épouser; elle le pria de trouver bon qu'elle prît M. Le Cogneux, puisque c'étoit son avantage. En revanche, le président donna sa fille à Sémur.

Cette troisième femme a eu ensuite du bien par succession. Le président revint après la mort du cardinal de Richelieu, et fut rétabli dans tous ses biens.

Il s'avisa une fois de vouloir être dévot; quelques jours après il se promenoit à grands pas dans sa salle, et tout rêveur : « Qu'avez-vous? lui dit-on.—Ma foi! « répondit-il, je n'y trouve pas mon compte, je n'y suis « pas propre : il faut aller son train ordinaire. »

Il appeloit sa femme *Présidentelle,* parce qu'elle est petite : c'est une honnête femme et fort complaisante. Il l'amena de deux cents lieues d'ici, ayant la petite-vérole : « Tu iras bien, on t'enveloppera dans « le carrosse. » Elle n'avoit apparemment que la petite-vérole volante.

Il se mit une fois en tête de planter à Saint-Cloud, qu'il a fait assez ajuster, sans considérer qu'il présidoit

à l'édit (1). Pour cela il falloit coucher assez souvent à
sa maison. Le matin il partoit à quatre heures avec sa
Présidentelle, alloit au Palais, et retournoit dîner à
Saint-Cloud; et elle, tandis qu'il étoit au Palais, s'alloit habiller au logis. On ne sauroit trouver une plus
généreuse belle-mère; elle a fait faire aux enfants de
son mari tous les avantages qu'ils pouvoient souhaiter,
encore qu'elle eût une fille et un fils.

Il aimoit les fêtes comme un écolier, et étoit assez las
de son métier de président. Étant travaillé d'une courte
haleine, il alla bâtir une grande maison au bout du
Pré-aux-Clercs pour avoir un grand jardin où se promener, comme on lui avoit ordonné de respirer l'air
tout à son aise. A ce bâtiment on verra bien qu'il y
avoit quelque chose qui n'alloit pas bien dans sa tête.
On disoit en riant: « N'a-t-il pas raison? car il y a une
« si longue traite de Paris à Saint-Cloud, qu'il faut bien
« se reposer en chemin. » Pour lui, il disoit : « Je n'ai
« affaire qu'à deux sortes de gens, aux plaideurs, qui me
« viendront chercher en quelque lieu que je sois: ne
« voilà-t-il pas une grande discrétion? et à mes amis, qui
« iroient bien plus loin pour me voir. » Un jour que Ruvigny dînoit chez lui, il le tire à la fenêtre et lui dit :
« Vous ne sauriez croire combien je suis sujet aux
« vertiges ! »

Son fils aîné étant reçu en survivance, épousa la
veuve d'un secrétaire du conseil, nommé Galand,

---

(1) La chambre de l'édit étoit mi-partie, et composée de magistrats
catholiques et réformés. Les causes des protestants étoient portées à
cette chambre. Ces chambres cessèrent d'exister dès avant la révocation
de l'édit de Nantes.

homme de fortune, et elle fille d'un notaire (1) : elle pouvoit avoir deux ans plus que lui; mais, hors qu'elle est trop grosse, elle n'étoit point mal faite et n'avoit point eu d'enfants (2). Il eut un rival, c'étoit Cossé, cadet de Brissac, qui, faisant l'offensé, prit la campagne avec la résolution de tuer Le Cogneux, s'il ne lui donnoit dix mille écus; il disoit que ce n'étoit pas par avarice, et qu'il les donneroit aux pauvres, mais seulement pour punir l'outrecuidance de ce bourgeois. Le Cogneux, d'un autre côté, se mit dans la garde du parlement, et ne marchoit qu'avec escorte. Tout le monde accuse le maréchal de La Meilleraye de cette extravagance, car, comme nous verrons ailleurs, ce fut lui qui fit bailler au Plessis-Chivray vingt mille écus par madame de La Basinière; mais il y avoit bien de la différence, car il y avoit quelque chose d'écrit, et ici celle que Cossé prétendoit étoit mariée. Le père disoit que quand il auroit donné des coups de bâton au maréchal, il ne seroit pas en si grand danger, que seroit le maréchal s'il l'avoit touché du bout du doigt. Cette fois le maréchal avoit trouvé des gens aussi fous que lui. On dit qu'en ce temps-là cinq ou six officiers aux gardes, tous enfants de Paris, prirent la querelle de Le Cogneux, mais que Cossé ne voulut pas leur faire l'honneur de tirer l'épée avec eux. Ils en firent

---

(1) Ce notaire s'appeloit Le Camus. (T.)

(2) Elle alla au conseil à M. le président de Nesmond, qui aimoit son mari, pour savoir qui elle épouseroit de M. de Maisons, ou de M. Le Cogneux. « Ne venez-vous point ici, lui dit-il, madame, après avoir « pris votre resolution ? — Non, monsieur. — Si cela est, reprit-il, « M. de Maisons est bien mieux votre fait. — Mais M. de Maisons a « des enfants, dit-elle en l'interrompant. — Oh! je vois bien que votre « résolution est prise. » Et n'en voulut plus parler. (T.)

des railleries tout haut au Palais-Royal, et se disoient l'un à l'autre, pour dire une chose impossible : « Tu « feras aussitôt cela que de faire que Cossé se batte. » Cossé, voyant qu'on se moquoit de cette levée de bouclier, s'en alla en Bretagne sans revenir à Paris, pour faire qu'on crût qu'il en étoit sorti en ce dessein. Depuis, cela s'accommoda.

La femme de Le Cogneux fut bientôt repentante de ce qu'elle avoit fait, et elle a bien payé la gloire d'être présidente au mortier. Il est coquet naturellement. J'ai entendu dire à un de ses amis que, dès qu'il voyoit une eleveure (1), il se faisoit donner un lavement; si est-il pourtant aussi noir qu'un autre, et la mine aussi brutale qu'on la sauroit avoir, et sa mine ne trompe point. Il a de l'esprit quand il veut; pour la conscience, vous en jugerez par ce que je vais écrire, et ce que vous en verrez dans les autres Mémoires de la Régence. Je dirai cependant que Bachaumont (2), son cadet, lui vola quatre cents pistoles, et en un temps qu'il n'en avoit guère. Ce jeune homme s'en confessa à un Jésuite, qui dit à Le Cogneux, qui avoit fait mettre ses valets en prison, qu'il les en fît sortir, et qu'ils n'étoient point coupables, mais son frère; Bachaumont soutenoit qu'il n'avoit point pris cet argent. Les porteurs, qui avoient porté Bachaumont après le vol, disoient que quand il retourna d'où il étoit allé, il étoit beaucoup plus léger. Lui disoit : « C'est que je n'avois

---

(1) *Éleveure*, ou bouton qui se lève à la peau.

(2) Boischaumont, on dit vulgairement Bachaumont. (T.) — Bachaumont a eu quelque part au *Voyage* de Chapelle. Ce joli ouvrage n'auroit pas dû porter les noms de deux auteurs.

« pas été à la garde-robe, et que j'y fus dans cette
« maison. »

Revenons à la femme de Le Cogneux le jeune : elle eut huit jours du plus beau temps du monde, car le mari eut huit jours de complaisance. Il a l'esprit agréable quand il lui plaît ; elle étoit aussi contente qu'on se le peut imaginer ; mais, au bout de ce temps-là, on dit qu'en une compagnie il dit, pensant dire une plaisante chose : « Je vais revoir ma vieille ; » qu'elle le sut, et qu'elle en pensa enrager, car, outre qu'elle a toujours été jalouse, et qu'elle a bien donné de l'exercice à son mari sur cet article, elle a quelque chose de fort bourgeois, et elle s'est toujours prise pour une autre. Quand Le Camus l'aîné, son frère, voulut épouser la fille de De Vouges, l'apothicaire, elle, qui se voyoit dans l'opulence, car son mari avoit déjà fait fortune, comme si le fils d'un notaire, à qui on assuroit cent mille livres après la mort du père, eût été bien gâté de prendre la fille d'un apothicaire avec vingt-cinq mille écus et assez jolie, lui qui n'étoit qu'un idiot (il l'a bien fait voir, car il s'est ruiné depuis), elle s'y opposa, fit fermer la porte du jardin qui alloit chez son père, et fut un an sans vouloir voir ni le père ni le fils. M. de Maisons le père la voulut épouser, et aussi le procureur-général Fouquet. Elle ne voulut point être belle-mère. Feu Noailles, Cossé et M. de Schomberg y pensèrent ; elle disoit que les gens de la cour la mépriseroient. Son beau-frère Galand lui dit toute l'humeur de Le Cogneux, et ajouta : « Je
« sais bien que vous ne manquerez pas de le lui redire ;
« mais je veux acquitter ma conscience. » Elle n'y manqua pas. Le Cogneux dit à Galand : « Vous ne

« me connoissez pas mal ; mais si votre belle-sœur
« veut être tant soit peu complaisante, je vivrai fort
« bien avec elle. »

Le grand vacarme arriva du temps de Pontoise (1),
où Le Cogneux étoit, pour un paquet que Le Camus
apporta au secrétaire de Le Cogneux. Ce secrétaire
avoit été tout petit à elle ; il y avoit dedans une lettre
par laquelle il ordonnoit à cet homme d'aller trouver
je ne sais quelle femme, et de lui donner de l'argent
pour faire aller madame de Boudarnault à Mantes (2).
Ce secrétaire qu'elle fit venir lui dit : « Madame, si
« vous me croyez vous dissimulerez ; un autre recevra
« la commission qu'on me donne, et n'aura pas pour
« vous toutes les considérations que j'aurai ; laissez-moi
« faire, vous vous en trouverez bien avec le temps. »
Elle ne le veut point croire, et écrit à son mari une
lettre où il y avoit quelque chose d'assez plaisant, et
quelque chose aussi de fort offensant, et elle appeloit
ces femmes en trois endroits, *vos putains* ; il y avoit
que ce seroit une belle chose que de voir arriver tout
cet attirail dans une petite ville, où rien ne se peut cacher, et Le Cogneux, piqué de cette lettre, ordonne
quelque temps après à ce secrétaire de fermer la porte
du jardin dont nous avons déjà parlé, car il logeoit chez
sa femme, sous prétexte qu'encore qu'en allant à Pontoise on eût ôté tout le meilleur de la maison, on pouvoit pourtant soustraire beaucoup de choses dont il
étoit chargé par le contrat de mariage ; il voulut faire
retirer en même temps les papiers ; mais une dame,

---

(1) En 1652, qu'une partie du Parlement y alla. (T.)
(2) Madame de Boudarnault étoit fort décriée. (T.)

chez qui on les avoit mis, dit que comme elle les avoit reçus du mari et de la femme tout ensemble, elle ne pouvoit les rendre que par l'ordre de l'un et de l'autre. Madame Le Cogneux prend cela pour un grand outrage, comme si le mari n'étoit pas le maître de la communauté, et s'il n'avoit pas les papiers en sa puissance. Le secrétaire, ayant reçu l'ordre de faire fermer la porte du jardin, dit à madame Le Cogneux qu'il en étoit au désespoir; elle lui dit qu'il la fît boucher; mais à peine cette porte étoit-elle à demi bouchée qu'elle fait l'enragée, veut battre les maçons, et la porte demeura ainsi jusqu'au retour du président, qui la fit boucher tout-à-fait.

Madame Pilou, qui, après, se mêla de les accommoder, dit que madame Le Cogneux mettoit en fait que ce mauvais traitement venoit de ce qu'elle n'avoit pas voulu donner tout son bien à Bachaumont, qui l'eût redonné à son frère. Le président répondoit à cela qu'il ne le voudroit pas quand sa femme le voudroit; qu'après tout Bachaumont en seroit le maître, et que n'ayant que deux ans moins que sa femme, il ne vivroit apparemment guère plus qu'elle. Elle disoit aussi qu'il ne lui donnoit que six pistoles par mois pour ses menus plaisirs. Le secrétaire a fait voir à madame Pilou les comptes qu'elle arrête elle-même, puis le mari les signe. Elle a pris dix pistoles par mois pour son jeu; mais il n'a tenu qu'à elle d'en prendre davantage. Par malice elle avoit fait mettre sur ce compte: « *A madame* « *la présidente*, pour faire ses dévotions le premier di- « manche du mois,   3 liv..........

Trois sottes femmes, sa sœur, femme de Galand, cadet du mari de madame Le Cogneux, car ils avoient épousé les deux sœurs, madame Garnier (1) et madame Le Camus, qui sont deux de Vouges, sœurs, ont mis de l'huile dans le feu, mais surtout la Galand. C'étoit une assez belle femme, mais un peu colosse, et toujours parée comme la foire Saint-Germain, qui faisoit la jolie quoiqu'elle eût l'air furieusement bourgeois, et l'esprit encore plus. Son mari n'en étoit pas trop le maître, et ne lui a jamais montré les dents que quand, averti du scandale que causoit un nommé Mazel, espèce de violon qui étoit son galant, il le chassa de chez lui, et donna quelque horion à la donzelle. On n'a jamais parlé que de celui-là.

On dit que cette acariâtre a tenu garnison quelquefois des quinze jours entiers dans la chambre de sa sœur, et n'alloit pas seulement à la messe de peur que le mari ne lui fît fermer la porte, et il lui est arrivé d'y faire mettre le pot-au-feu.

Durant ce divorce, Le Cogneux et quelques-uns de ses amis entendirent par la cheminée que la Galand disoit : « Otez-moi ma robe, je lui veux aller donner « des coups de bâton. » Lui, sans s'émouvoir autrement, fit apporter des verges. « Si elle vient, leur dit-« il, vous verrez beau jeu. »

Quand Camus fut mis en prison pour vingt-deux mille livres, la présidente pesta terriblement : « Le beau-« frère d'un président au mortier, le laisser mener en « prison comme cela ! » disoit-elle. Le Cogneux répondoit à ceux qui lui en parloient : « On ne l'a fait qu'à cause « que cet homme vit mal avec moi ; mais que ma femme « m'en prie, et je le ferai sortir dans deux heures. »

(1) Cette Garnier est celle qui a fait le mariage. (T.)

Elle ne voulut pas lui en avoir l'obligation : Galand paya pour Camus (1).

Ces sottes femmes, en parlant d'elles, disent : *Des femmes de notre condition,* et ces femmes de condition ont laissé mourir quasi sur un fumier leur cadet, le petit Camus ; à peine eut-il une bière. Ce fut mademoiselle de Bussy, dont il avoit été un peu épris, qui lui fit administrer les sacrements à ses dépens.

Enfin, l'année de Pontoise ne finit point que madame la présidente ne se mît dans un couvent ; ce fut aux filles de Saint-Thomas, près la porte de Richelieu : elle y entra par surprise, car l'archevêque crut que c'étoit pour quelque retraite de dévotion, et lui accorda cela comme à la belle-sœur de madame de Toré (2), qu'il connoissoit fort à cause de Saint-Cloud. Le Cogneux y fut promptement ; elle lui dit qu'elle ne s'étoit pas mise dans un couvent pour en sortir, et lui tourna le dos. Lui, fit faire aux religieuses toutes les significations nécessaires. L'archevêque la voulut faire sortir ; il ne voulut pas, car il la pouvoit tirer de là quand il eût voulu. Elle et sa sœur dirent cent sottises à la grille à madame Pilou, qui y fut pour mettre les holà. Elle parloit pourtant de son mari avec respect, et s'en remit à M. de Mesmes et à M. de Novion, et prétend sur toutes choses que le secrétaire sorte. Lui, ne la voulut recevoir que comme il lui plaisoit, sans conditions, car il vouloit mettre des gens affidés auprès d'elle pour

---

(1) Il s'étoit ruiné à faire le beau, et à se fourrer parmi les gens de cour. (T.)

(2) Madame de Toré étoit sœur du président Le Cogneux. (T.)

empêcher ses parents de la voir : il fallut en passer par là.

L'été suivant, comme il eut acheté la terre de Morfontaine, vers Senlis, ils eurent dispute sur les meubles qu'il y vouloit faire porter; cela alla à rupture, et il s'aperçut quelques jours après qu'elle enlevoit tantôt dans son carrosse, tantôt dans les carrosses de ses amies, ce qu'elle avoit de meilleur. Il s'y opposa, disant qu'il en étoit chargé; ils s'échauffèrent; elle demanda à se séparer, et nomma pour arbitres le président de Novion et le président Bailleul, et lui le président de Champlâtreux et un autre. La chose fut réglée à quinze mille livres de pension (1). Le Cogneux, depuis cela, a payé pour plus de trois cent mille livres de taxes; il en rapporte les quittances : mais il n'en a rien payé; le Roi lui en fit don. Voilà déjà sur treize cent mille livres qu'elle avoit trois cent mille livres et plus d'escroquées. Elle lui a donné l'habitation de sa maison par contrat de mariage. Elle a mis deux cent cinquante mille livres dans la communauté; elle est morte depuis, en 1659, chez sa sœur, où on la fit venir pour être plus en liberté. Là, M. Joly, le curé, fit que Le Cogneux l'alla voir comme elle étoit malade de la maladie dont elle mourut. Elle y fit un testament où il y a bien des

---

(1) On est surpris que deux écrivains du temps, Tallemant et Conrart, aient pris la peine de nous transmettre des querelles de ménage du président Le Cogneux. Ils ne se sont cependant pas entendus entre eux, car on a vu plus haut, dans l'article sur Conrart, que Tallemant s'étoit brouillé avec le premier secrétaire perpétuel de l'Académie françoise. Les lecteurs pourront rapprocher cette partie des Mémoires de Tallemant de ceux de Conrart insérés au tome 48 de la deuxième série de la *Collection des Mémoires relatifs à l'histoire de France*, pages 192 et suivantes.

legs pieux; ils montent jusqu'à deux cent cinquante mille livres.

On ne dispute point ce qui est des taxes payées dont Le Cogneux rapporte les quittances; on n'a garde d'accepter la communauté, car il est assez homme de bien pour faire pour un million de fausses dettes; de sorte qu'il gagne, en comptant son préciput, six cent mille livres, sans l'habitation d'une maison de cinq mille livres de loyer. Elle donne deux cent mille livres aux deux aînés de sa sœur, à condition d'en faire dix mille livres de rente à leur oncle, Le Camus, homme ruiné, mais qui n'a que quarante-huit ans, et se porte aussi bien qu'eux; de sorte que quand cet homme sera mort et le président Le Cogneux, la succession d'une femme si opulente pourra valoir quatre cent mille livres tout au plus; mais c'est du pain bien long.

Au bout de six semaines, il se remaria avec la fille du feu marquis de Rochefort, beau-frère de la maréchale d'Estrées; elle étoit veuve du comte de Carces (1).

---

(1) Jean de Pontevez, comte de Carces, grand-sénéchal, et lieutenant du roi en Provence. Marie d'Aloigny-Rochefort, sa veuve, remariée au président Le Cogneux, mourut le 13 mai 1675, et le président prit une dernière alliance avec une nièce du maréchal de Navailles, qui lui a survécu. (Voyez *l'Histoire généalogique de la maison de France*, t. 7, p. 617.)

M. D'EMERY.

M. d'Emery s'appeloit Particelli, fils d'un banquier de Lyon, italien, ou du moins originaire d'Italie, qui fit une célèbre banqueroute. Il trouva moyen de devenir trésorier de l'argenterie chez le Roi. M. de Rambouillet (1) m'a dit que cet homme lui disoit sans cesse : « Monsieur, si vous vouliez, nous ferions bien nos af- « faires tous deux; mais ce M. de Souvray (2) est le « plus pauvre homme du monde. » MM. de Rambouillet et de Souvray étoient tous les deux maîtres de la garde-robe.

Il prenoit ce M. de Souvray, mais sottement, et le troisième maître de la garde-robe étoit encore un idiot. Or, après les fournitures des noces de la reine d'Angleterre (3), toutes les friponneries de Particelli se découvrirent. Il vint trouver M. de Rambouillet, comme le Roi étoit à Lyon (4), et lui dit : « Monsieur, je suis

---

(1) *Voyez* plus haut l'article du marquis de Rambouillet, tome 2, page 207.

(2) Gilles, maréchal de Souvray, ou Souvré, grand-maître de la garde-robe, mort en 1626.

(3) Henriette de France, sœur de Louis XIII, épousa Charles 1er, roi d'Angleterre, le 11 mai 1625.

(4) Ce devoit être en 1629. Louis XIII passa à Lyon vers le milieu de février pour se rendre à l'armée de Savoie. (*Voyez* l'Itinéraire des rois de France dans les *Pièces fugitives du marquis d'Aubais*, tome 1, pag. 123.)

« perdu si vous ne me sauvez ; M. de Souvray a tout
« avoué et demandé pardon au Roi. M. de Marillac,
« garde des sceaux, a décerné une commission à un
« maître des requêtes, son parent, pour informer con-
« tre moi. » M. de Rambouillet va trouver ce maître
des requêtes, à qui il dit qu'on avoit tort d'entreprendre sur sa charge, et il fit si bien que le maître des requêtes et lui en vinrent aux grosses paroles, et il le
menaça exprès de lui donner des coups de bâton. « Je
« vais dépêcher un courrier à la cour, dit le maître
« des requêtes. — Et moi aussi, dit le marquis ; nous
« verrons qui aura raison. » Particelli fournit un
homme qui courut si bien qu'il devança l'autre d'un
jour. Particelli, qui avoit de l'esprit, écrivit un galimatias à M. de Luynes (1), où il inséroit qu'il étoit im-
portant pour son service qu'on révoquât la commission
décernée contre Particelli, et que, quand la cour seroit
de retour, il lui en diroit les raisons. M. de Luynes fit
révoquer la commission, et la chose s'évanouit tout doucement.

Après, il voulut être maître des comptes ; mais, à
cause de ses friponneries, on ne le voulut pas recevoir :
il devint secrétaire du conseil. M. d'Effiat ne l'aimoit
point ; mais, dans une rencontre, ayant fait une parti-
tion d'une grande somme sans encre ni papier, il en
fit cas, et vit bien que cet homme avoit l'esprit vif. Bullion le trouvoit trop habile.

---

(1) Tallemant tombe ici dans une erreur. Le connétable de Luynes
étoit mort le 15 décembre 1621, après la levée du siége de Montauban.
C'étoit le cardinal de Richelieu qui avoit la direction des affaires, au
moment qui vient d'être indiqué.

Quand le cardinal le voulut faire intendant des finances, il en dit au Roi mille biens ; le Roi lui dit : « Hé « bien ! mettez-y ce M. d'Emery. On m'avoit dit que « ce coquin de Particelli y prétendoit. » Il y en a qui ajoutent que le cardinal dit : « Ah ! Sire, Particelli a « été pendu ! » mais je n'y vois pas d'apparence.

Etant intendant, il fut envoyé aux États, en Languedoc, et y fit révoquer la pension de cent mille livres qu'ils donnoient au gouverneur. Cela et autres choses qu'il fit à M. de Montmorency désespérèrent ce seigneur, et le portèrent à faire ce qu'il fit après. Aussi, madame la princesse de Condé, sans considérer que d'Emery avoit ordre de harceler ainsi son frère, le haïssoit terriblement.

S'en allant faire un voyage, pour n'avoir pas la peine d'écrire à sa femme par les chemins, il laissa plusieurs lettres à Darsy, un de ses commis, pour les donner selon leur ordre à madame d'Emery. Darsy, qui étoit un mauvais agent, ne considéra pas que cette femme étoit tombée malade, et que les lettres du mari ne pouvoient plus servir ; il lui donna une lettre où il y avoit : « Je « suis ravi d'apprendre que vous êtes toujours en bonne « santé. » Cela fit un bruit du diable.

Il n'étoit point libéral, et Marion (1) ne subsistoit que des affaires qu'il lui faisoit faire.

Ses amourettes se trouveront par-ci par-là dans les historiettes des femmes qu'il a aimées ; son exil et son retour, dans les Mémoires de la régence : mais il faut parler de son fils. Ce garçon devint amoureux de la

---

(1) Marion de l'Orme, célèbre courtisane, dont on verra plus bas l'article.

fille du président Le Cogneux, qui étoit ici chez une madame Du Boulay, pendant que son père étoit en Angleterre, avec la feue Reine-mère. M. d'Emery ne voulut jamais souffrir qu'il l'épousât; et pour lui faire oublier cette maîtresse, il le fit venir à Turin, où il étoit ambassadeur auprès de Madame (1), un peu après la mort du duc de Savoie. Ce fut là que Toré, car il portoit le nom d'une terre de la maison de Montmorency, fit sa première folie. Il devint amoureux de Madame, et se cacha dans sa chambre pour tenter la fortune après que tout le monde seroit sorti. A peine Madame fut-elle seule, qu'il se jette sur le lit; elle le reconnut, car il y a toujours de la lumière dans la chambre des princesses comme elle (2); elle cria; on le mit dehors. Son père, dès la même nuit, le fit passer en France. Lui, pour s'excuser, disoit tantôt qu'il avoit la fièvre chaude, tantôt qu'il étoit amoureux d'une des filles de Madame, et qu'il avoit pris une chambre pour l'autre; la vérité est qu'il étoit fou, mais qu'il ne l'étoit pas toujours.

Il a fait quelques éclipses, et, en celle de 1644, on dit qu'il étoit amoureux d'une épingle jaune; qu'il l'avoit fait dorer, et qu'il lui rendoit tous les devoirs qu'on

---

(1) Christine de France, fille de Henri IV, duchesse de Savoie.
(2) On appelle ce flambeau-là le mortier. (T.) — On appelle, chez le « roi, *mortier de veille*, un petit vaisseau d'argent ou de cuivre, qui a « de la ressemblance au mortier à piler; il est rempli d'eau où surnage « un morceau de cire jaune, ayant un petit lumignon au milieu, et ce « morceau de cire, s'appelle aussi *mortier*. On l'allume quand le roi « est couché, et il brûle toute la nuit dans un coin de sa chambre, con-« jointement avec une bougie, qu'on allume dans le même temps dans « un flambeau d'argent au milieu d'un bassin d'argent qui est aussi à « terre. » (*Dictionnaire de Trévoux*.)

peut rendre à une maîtresse. Je crois que cela est vrai, parce que je ne sache personne qui le pût inventer (1). Sa mère est presque innocente ; c'est une dévote. J'ai vu à Rome un Particelli dans l'hôpital des fous, et il étoit devenu fou par amour. Pour Toré, M. d'Emery avoit résolu de s'en défaire de quelque façon que ce fût ; et comme ce garçon étoit malade à la maison de Petit, son *factotum*, au faubourg Saint-Antoine, il manda à Petit : « Faites enterrer une bûche au lieu de mon fils, « et l'envoyez dans quelque couvent bien loin. » Petit n'en voulut rien faire, et dit qu'il espéroit le faire revenir en son bon sens. Depuis, Toré a voulu faire un procès à Petit, sans considérer le service qu'il lui avoit rendu.

Il étoit déjà président aux enquêtes quand il fut prié par hasard à une collation à Meudon, où il vit sa première maîtresse, mademoiselle Le Cogneux, qui étoit mariée à un gentilhomme de Champagne nommé Sémur (2). J'ai dit ailleurs comment ce mariage avoit été fait (3). Sémur, en ce temps-là, étoit à l'armée. Toré se renflamme, la traite, et devient assez familier avec elle. Elle est jolie, spirituelle, elle a bien du feu ; alors

---

(1) On a dit d'un M. d'Esche, frère de madame de Villarceaux, dont le mari a fait tant de fracas avec les femmes, que lorsque le curé qui l'épousa lui demanda s'il n'avoit point donné sa foi à une autre, qu'il répondit qu'il ne l'avoit jamais donnée qu'à une épingle jaune. Ainsi Toré ne seroit que le second. Ce d'Esche voulut une fois faire un haras de mulets. (T.)

(2) Elle dit qu'ayant à prétendre quelque récompense de la feue Reine, comme M. d'Emery régloit les prétentions des créanciers, elle s'adressa à M. de Toré qui s'éprit tout de nouveau. (T.)

(3) *Voyez* plus haut l'article sur le président Le Cogneux et sur son fils.

elle n'étoit pas si *espritée*. On croit qu'il auroit réussi, car elle étoit gueuse ; mais la mort du mari l'exempta de cette peine. Elle fut remariée six semaines après ; et, comme on disoit au président Le Cogneux : « Pourquoi avez-vous remarié votre fille sitôt ? — Ne savez-vous pas bien, répondit-il, que je ne fais pas les choses comme les autres ? »

Le bonhomme Le Camus (1), le riche, alla voir M. Le Cogneux ; il étoit père de madame d'Emery. C'étoit un homme d'assez basse naissance qui étoit venu dans le bon temps aux affaires ; il étoit de Rheims, et vint à Paris avec vingt livres. Il l'a conté cent fois lui-même, car il n'étoit point glorieux. Il dit au président deux choses assez extraordinaires : qu'il avoit quatre-vingts ans, et que depuis l'âge de vingt ans il n'avoit pas eu la moindre petite incommodité ; et l'autre, qu'il venoit de partager neuf millions à ses enfants, après s'être gardé quarante mille livres de rente. « Pour vos neuf millions, je ne vous les envie pas ; mais pour vos soixante ans de santé, j'avoue qu'il n'est rien que je ne donnasse pour cela. » Ce bonhomme, à quatre-vingts ans, alloit encore voir les mignonnes ; il ne leur donnoit autrefois qu'un écu-quart ; mais quand les quarts-d'écus valurent vingt sous, il leur donna quatre livres. De ces enfants, dont il a parlé, il y en avoit qui,

---

(1) Nicolas Le Camus, secrétaire du Roi en 1617, conseiller d'État en 1620, mort à l'âge de quatre-vingts ans en 1648, laissant de Marie Colbert, sa femme, morte en 1642, six fils et quatre filles. Marie Le Camus, l'une d'elles, avoit épousé Michel Particelli, seigneur d'Emery. Le cardinal Le Camus, évêque de Grenoble, et le lieutenant-civil au Châtelet de Paris, du même nom, étoient leurs petits-fils.

ne sachant que faire, se mettoient quelquefois au lit après dîner.

Madame de Toré fut visitée de tout le monde ; quelques-uns y furent pour se moquer de sa tapisserie de velours cramoisi à crépines d'or. On a su d'une parente de M. de La Vrillière, que madame de Toré, soit qu'elle ne sût pas le monde, ou qu'elle ignorât que M. d'Angoulême, le bonhomme, s'étoit remarié, demanda à madame d'Angoulême où elle logeoit et qui étoit son père, et le tout de si mauvaise grâce que la dame d'honneur de madame d'Angoulême lui demanda : « Et vous, madame, étiez-vous jamais ve-« nue à Paris ? »

Toré, le lendemain de ses noces, dit « qu'il pen-« soit trouver........ ; mais qu'il n'avoit rien trouvé de « tout cela. » En effet, elle étoit plus maigre encore qu'elle n'est à cette heure : elle s'est bien engraissée chez M. d'Emery. A deux jours de là, Toré avoua que c'est une sotte chose que de se marier, et qu'il étoit déjà bien las de sa femme.

Il contoit familièrement qu'il donnoit à sa femme, avant que de l'épouser, quasi toutes ses hardes, et que quand son mari mourut, il étoit tout près d'en avoir les dernières faveurs ; qu'il ne craignoit rien d'elle, parce qu'il connoissoit tous ses galants. Cependant, au bout de quelque temps, il lui ôta tout ce qu'elle avoit de domestiques avant qu'elle fût mariée.

Pour le père, il faisoit tant de civilités à cette belle-fille, que Toré disoit que s'il avoit à être jaloux, ce seroit plutôt de son père que de personne. Il le fut bien pourtant de l'abbé Pellot, frère d'un beau-frère de madame d'Emery. Ce garçon, qui étoit fort jeune, s'étoit couché sans pourpoint sur des chaises durant les chaleurs, dans la chambre de madame de Toré. La dame vint, et lui, en riant, lui alla sauter au cou : le mari arriva en ce moment-là, et se mit à coups de poing sur l'abbé, qui se sauva comme il put. M. d'Emery disoit : « Elle sera si sotte, qu'elle ne se « divertira pas, et pourtant le fera croire à tout le « monde. »

Durant la maladie dont mourut son père, il fit lever, à minuit, la serrure de la chambre de sa femme, pour voir s'il n'y avoit personne avec elle : le père le pensa enrager, et cela augmenta son mal. Toré fut si sot que de dire après la mort de son père : « C'est le « plus damné des hommes : il a été deux fois surinten- « dant, et laisse pour deux cent mille écus de dettes. » Il est vrai que depuis M. d'Effiat, c'étoit le surintendant qui, à proportion, laissoit le moins de bien; mais il ne vouloit pas se tourmenter pour madame de La Vrillière, une bonne commère, et pour ce fou de fils. Il n'avoit rien épargné pour en faire quelque chose; il avoit fait venir Blondel, le ministre, pour l'instruire; cela n'avoit servi de rien.

La Rivière, aujourd'hui M. de Langres, dînant une fois chez M. d'Emery, comme on fut venu à parler de musique, dit, prenant Toré pour Berthod *le châtré* : « Vraiment, il nous sied bien de parler de cela devant « M. Berthod (1). » Toré ressemble à un gros châtré, et il n'a point d'enfants.

Durant les fronderies, madame de Toré disoit : « Mon Dieu, M. de Toré ne fera-t-il rien pour se faire

---

(1) Tallemant parle ailleurs du musicien Berthod ou Bertaut.

« chasser? car je me trompe fort si je le suivrois. » Elle lui disoit une fois : « Voyez-vous, si vous faites du « bruit, tout cela retombera sur vous ; laissez-moi « vivre à ma fantaisie, et ne vous faites point connoître « par votre femme. »

Une fois, qu'elle étoit revenue de la ville, il alla demander au cocher qui dételoit ses chevaux : « Co-« cher, d'où vient madame ? — Monsieur, répond le « cocher, voilà le meilleur cheval que j'aie jamais vu. « — Je demande d'où vient madame? — Monsieur, il « a toujours été à courbettes, il n'y en eut jamais un « de même. — Ce n'est pas ce que je te demande. — « Monsieur, il vaut cent écus. » Il n'en put jamais tirer autre chose. Elle a gagné tous ses gens, et ceux de son mari ; aussi elle se divertit sourdement, car je ne sais point de ses galanteries qui aient fait éclat. Elle est plaisante. Rambouillet (1), l'ami de l'abbé Testu, est un garçon doucereux qui tortille toujours, et qui fait cent façons pour approcher des gens. « Eh ! Monsieur, « lui dit-elle, en le contrefaisant, avancez, avancez, « nous n'en mourrons pas pour cette fois ; n'ayez pas « peur de vous tuer tout du premier coup. »

Toré a fait cent extravagances à sa femme. Un jour que le comte Carle Broglio, Gentri et quelques autres jouoient avec elle, il n'étoit que sept heures du soir, ce maître-fou entre, jette l'argent par la place, et ôte les flambeaux de dessus la table : elle n'en fit que rire, et eux aussi. Ils se retirèrent pourtant, et envoyèrent le soir même savoir s'il ne l'avoit point battue ; ils

---

(1) Il s'est fourré à la cour et croit y réussir ; mais bien des gens s'en moquent. (T.)

trouvèrent qu'il n'avoit pas dit un mot depuis, comme s'il n'étoit rien arrivé.

Il dort tous les soirs. L'année passée, à Tanlay, où il passe les vacations, Jeannin (1) les fut voir. Jeannin est coquet. Toré y prenoit un peu garde. Sa femme dit à Jeannin, en sa présence : « Encore faut-il que nous « vous remerciions d'une chose, c'est que M. le prési- « dent est sans comparaison plus éveillé depuis que « vous êtes ici, qu'il n'étoit auparavant. » A propos de dormir, un jour Bois-Robert lui dit : « Monsieur le « président, je vous viens de voir en votre lit de jus- « tice.—Eh bien ! dit le président. — En vérité, reprit « l'abbé, vous ne dormiez pas, non, vous ne dormiez « pas. » Voilà toute la louange qu'il lui donna.

Toré se pique de belles-lettres. Il disoit au petit Boileau (2) que la harangue de Patru à la reine de Suède ne valoit pas grand'chose : « Mais je vous veux, « ajouta-t-il, montrer un poème que j'ai fait pour « une histoire que je voulois faire; il n'y a rien de plus « beau au monde. » MM. Valois jugent encore plus mal de cette harangue, car ils disent qu'elle n'est point bien écrite, parce que le verbe n'est jamais à la fin.

Quand Boileau eut fait la lettre contre Conrart,

---

(1) C'est vraisemblablement Jeannin de Castille, trésorier de l'Epargne, du temps de Fouquet.

(2) Gilles Boileau a fait preuve de mauvais goût dans cette lettre, en rejetant les observations judicieuses de Conrart sur un sonnet adressé au premier président Pomponne de Bellièvre, qui commence par ce vers :

Quand je te vois assis au trône de tes pères, etc.

Toré lui dit : « Envoyez-la-moi, et je vous la renverrai « avec mes observations, et si je n'y trouve rien à dire, « faites-la imprimer hardiment. » L'autre est encore à la lui envoyer (1).

Toré a entrepris de grands procès contre M. de La Vrillière et contre Petit, le plus ridiculement du monde ; apparemment cela le fera retomber tout-à-fait dans sa folie : qu'il y prenne garde ! car si cela lui arrive, ses héritiers ne l'épargneront pas. Sa jalousie s'augmentant, il s'en alla cet été chez Montelon, l'avocat, où il y avoit une noce, et dit tout haut : « Monsieur, je viens vous demander conseil ; je ne « sais ce que je dois faire de ma femme que je trouvai « l'autre jour couchée avec son grand laquais. » Montelon lui fit des réprimandes, et Le Cogneux, qui le sut, lui alla dire : « S'il n'y avoit très-long-temps que « vous passez pour fou, on vous feroit faire amende « honorable à votre femme ; mais pourtant, contenez-« vous, s'il vous plaît, car vous savez bien comment « on traite les fous. »

Au printemps de 1659, sa femme et lui eurent un grand démêlé pour le bel appartement ; il le vouloit avoir, et cela alla si loin qu'il la chassa. Un jour que madame d'Emery étoit venue, de concert avec lui, pour les raccommoder, il lui prit une nouvelle vision : il défendit à son portier d'ouvrir à qui que ce soit qui demanderoit sa femme. Bois-Robert, qu'elle avoit mandé, y va ; le portier dit l'ordre de monsieur ; il s'arraisonne avec lui, et comme l'autre n'y songeoit

---

(1) Voyez *les OEuvres posthumes de Gilles Boileau*, publiées par Despréaux ; Paris, Barbin, 1670, p. 126 et 161.

pas, il le pousse et entre. Or, le président avoit convié trois ou quatre je ne sais qui à dîner; que firent Bois-Robert et la présidente? ils se mirent au passage, et escroquèrent les meilleurs plats.

Bois-Robert dit que Toré est si maladroit, que, voulant gourmer son cocher, il se gourmoit lui-même.

Depuis, il se remit bien avec sa femme; puis il tomba en folie. Il vouloit qu'un homme d'affaires, nommé Béchamel, son allié et son voisin, coupât ses moustaches pour les lui donner, afin de les mettre comme des cornes, et il vouloit qu'on lui fît un haut-de-chausses rouge. Vers la Saint-Martin 1659, il devint plus fou que jamais : elle le tient à Tanlay, et par ordonnance des médecins, quatre valets, dès qu'il entre en bon accès, le fouettent dos et ventre. Ce qu'il y a de plus plaisant, c'est que ces mêmes valets, aussitôt qu'ils l'ont bien étrillé et qu'il est revenu, sont auprès de lui dans le plus grand respect du monde. Ses parents vouloient en être les maîtres; mais le président Le Cogneux a maintenu sa sœur; aussi, elle se venge des tourments qu'il lui a donnés. On dit qu'il a de longs intervalles, et que cela ne lui prend que comme la fièvre quarte, mais sans manquer; de sorte qu'on l'enferme de bonne heure.

Il commença par son bailli, qu'il prit pour M. de La Vrillière, avec lequel il est en procès; il se jeta sur cet homme et le voulut étrangler; l'autre, voyant qu'il n'avoit plus de raison à lui, se mit à le battre de son côté, et, à force de coups, le fit rentrer en son bon sens. Une fois il pensa tuer sa femme d'une assiette qu'il lui jeta à la tête.

Bois-Robert y étant, il eut un accès de folie; il dit qu'il étoit Bertaut : l'abbé le prit par un de ses *gemini*, et le fit bien crier : « Pardieu, dit le fou, vous pouviez
« bien me faire sentir un peu plus doucement que je
« n'étois point Bertaut (1). »

Bois-Robert dit que d'abord il trouva que sa femme faisoit la dolente, et qu'elle pleuroit. « Eh! lui dit-il,
« madame, ne jouez point la comédie devant vos bons
« amis; ce qui me fâche, c'est que cet homme déclaré
« fou, vous ne serez plus maîtresse de son bien; au
« moins c'est l'avis de M. Champion. — Je ne crois
« pas, répondit-elle brusquement, qu'il en sache plus
« long que M. Pucelle, qui est de l'opinion contraire.
« — Ah! lui dit alors Bois-Robert, voilà parlé comme
« il faut; vous ne jouez plus la comédie à cette heure. »
Il est vrai que, pour une habile femme, elle ne s'est guère souvenue du précepte du Grand-Duc, qui dit à la Reine-mère : *Fate figliuoli in ogni modo.*

A Paris, il est encore plus fou qu'à la campagne. L'autre jour, il pensa attraper le petit Boileau, dont il a quelque jalousie. Il est quasi toujours en fureur; il se lâcha un matin, et se déchira toute sa chemise : car il étoit au lit, et tout nu, montrant toute sa vergogne, il vouloit aller au Palais.

Plusieurs fois, il a jeté des assiettes à la tête de sa femme. On le va enfermer. Madame de La Vrillière disoit : « Ce ne sont que des vapeurs; » elle s'alla jouer à lui, et il la pensa dévisager.

Ces dernières vacations, il avoit prié Boileau d'aller avec eux à Tanlay; quand il fallut monter en carrosse,

---

(1) Voyez plus haut, p. 124 de cet article.

et que la présidente pensoit se mettre au fond auprès de lui, sa folie le prend; il lui dit qu'il ne vouloit pas qu'elle y allât. « Mais, monsieur, répondit-elle, vous « m'avez fait envoyer toutes mes hardes, la maison de « céans est démeublée. — Je ne veux pas que vous y « veniez; » et comme elle descendoit de carrosse, il lui donna deux coups de pied au cul. Il dit à Boileau: « Ne voulez-vous pas venir? — Dieu m'en garde, vous « m'assommeriez. » Aussitôt voilà une révolte générale du domestique: cocher, postillon, laquais, tout l'abandonne. Elle, qui vouloit qu'il s'en allât, fit si bien, car les gens disent tout haut que sans elle ils ne demeureroient pas dans la maison, que le cocher se résolut à mener le président. Un grand laquais servit de postillon, car le postillon ne voulut jamais, et un autre laquais le suivit; il n'eut que cela pour tout train. La présidente, voyant beaucoup de témoins de dehors, car il y avoit assez de gens, rend sa plainte. Le président écrivit de Juvisy à sa femme et à Boileau; et enfin, comme on le vit bien repentant, tous deux allèrent le trouver à Tanlay.

On a su par cette aventure que la dame avoit eu plusieurs fois sur son toquet; mais elle prend patience, parce qu'en effet elle est la maîtresse; lui se plaint de la dépense qu'elle fait, et elle sait qu'il dépense sans comparaison plus qu'elle, car il veut coucher avec madame de Maintenon et autres, et il lui en coûte son bon argent (1).

---

(1) Tallemant a écrit ce passage en 1659, il est superflu de faire observer que madame Scarron n'a fait l'acquisition de la terre de Maintenon qu'en 1674.

Bois-Robert se rendit à Tanlay. Le président devint bientôt jaloux de Boileau, dont la présidente se moque, sans doute; car c'est un petit garçon, qui a tout l'air d'un écolier, et qui se prend pour un homme galant.

Le succès de ce qu'il a fait contre Ménage lui a donné tant de vanité, qu'il ne croit pas qu'il y ait au monde un si bel esprit que lui. A la vérité, ce qu'il a fait est plaisant; mais la matière de soi étoit fort plaisante. C'est pourtant une étrange introduction dans le monde que d'y entrer par une médisance. Les gens n'ont pas été fâchés que Ménage eût trouvé son *Ménage*. Il veut faire des vers, ce petit monsieur, et il n'y est nullement né. Il a de l'esprit et du feu. Il dit une fois une plaisante chose à un de ses amis qui avoit un fort méchant chapeau, et qui s'excusoit en disant: « Mon chapelier m'a trompé. — Mais, lui dit-il, il y a « deux ans qu'il vous a trompé. » Une autre fois, pour vous montrer qu'il n'est pas sûr de son bâton, il écrivit une lettre où, pour dire qu'il étoit reclus dans son cabinet, il disoit qu'il étoit un ermite du troisième étage, et qu'il voyoit des montagnes vertes dans son désert: c'étoient des tables de livres peintes de vert.

Madame de Vitry et madame de Maulny furent aussi quelque temps à Tanlay; elles firent bien des caresses à Boileau; cela l'a achevé. Au retour, il ne parloit que de grandes dames et que de la cour. Elles s'en divertissent, et lui pense que c'est tout de bon. Il est constant que M. de Maulny disoit à Boileau: « Voyez « comme M. de Vitry est jaloux de vous; » et que Vitry lui disoit: « Voyez ce pauvre M. de Maulny: vous lui « mettez bien martel en tête. »

Il seroit bien aise qu'on crût qu'il est fort bien dans l'esprit de la présidente, et il semble qu'il veuille qu'on y entende du mal, car il lit de ses lettres, et passe certains endroits.

Je ne doute point, quoique la présidente lui ait écrit des billets assez obligeants, que ce ne soit purement par vanité ce qu'elle en a fait : lui-même commence à se plaindre de ses inégalités. Des femmes moins hupées qu'elle s'en sont moquées.

Au retour, Bois-Robert, qui y avoit été deux mois avec quatre chevaux de carrosse, et Boileau, qui n'y avoit pas été moins, en faisoient des contes.

Boileau, qui veut s'ériger en petit Bois-Robert, alloit par les maisons pour jouer le président ; il disoit que madame de Toré le prenoit par-dessous la gorge, et lui disoit : « Que tu es pédant ! »

Toré et sa femme font lit à part ; cet homme lui envoya dire un soir qu'il ne pouvoit dormir, qu'il avoit des visions d'esprit, qu'elle vînt coucher avec lui. « Dites-lui, répondit-elle, que si j'y allois, je trou-
« verois un corps qui m'incommoderoit fort. » Il ajoutoit, sans épargner Bois-Robert, avec lequel il faisoit profession d'amitié, que lui et le président se disoient toujours leurs vérités. Toré disoit à Bois-Robert : « Pour toi, tu ne te piques pas d'être honnête homme ;
« si tu l'étois, étant prêtre comme tu l'es, irois-tu
« faire le Trivelin comme tu fais ? »

Le petit Boileau alla un jour faire tous ces contes-là chez M. Laisné, conseiller de la grand'chambre, qui tient bon ordinaire et est un homme d'honneur. Ce bonhomme ne trouva cela nullement plaisant, et dit au petit avocat la première fois qu'il le rencontra :

« Monsieur, prenez un autre train que celui-là ; il n'y
« a rien de plus vilain. » Je pense qu'enfin Boileau
pourroit bien trouver son Boileau, comme Ménage
son *Ménage*.

Il se fait haïr dans sa famille, et a été faire des contes du plaidoyer du fils de Dongois, son cousin-germain. Or, ce Dongois est un greffier, fort homme d'honneur, à qui ils ont tous de l'obligation (1); car, quand le père Boileau mourut, ce fut un peu avant le premier président, tout le monde dit : « Dongois, « voilà qui vous regarde. — Eh ! messieurs, dit-il, « M. Boileau le père, après quarante ans de service, « a bien peu mérité, s'il n'a mérité qu'on le considérât « dans la personne de son fils aîné. » Le premier président acheva l'affaire. L'aîné Boileau jouoit en ce temps-là avec les grands seigneurs et perdoit. Il s'est retiré du jeu, mais non pas tout-à-fait (2).

(1) Boileau Despréaux continua, lui, à être l'obligé de Dongois; car il logea chez lui de 1679 à 1687. Il le consulta sur les termes de pratique pour la rédaction de son *Arrêt burlesque*.

(2) On n'a pas besoin de faire remarquer que dans tout le cours de cet article il n'est question que de Gilles Boileau, le frère aîné de Despréaux, membre de l'Académie françoise. Despréaux, son jeune frère, ne s'étoit pas encore fait connoître. La première édition de ses *Satires* est de 1666.

DES BARREAUX.

Des Barreaux (1) se nomme Vallée, et est fils d'un M. Des Barreaux, qui étoit intendant des finances du temps de Henri IV. En sa jeunesse c'étoit un fort beau garçon ; il avoit l'esprit vif, savoit assez de choses, et réussissoit à tout ce à quoi il se vouloit appliquer ; mais ayant perdu trop tôt son père, il se mit à fréquenter Théophile et d'autres débauchés qui lui gâtèrent l'esprit, et lui firent faire mille saletés. C'est à lui que Théophile écrit dans ses lettres latines où il y a la suscription : *Theophilus Vallœo suo*. On ne manqua pas de dire en ce temps-là que Théophile en étoit amoureux, et le reste.

Quelque temps après la mort de ce poète, en une débauche où étoit le feu comte Du Lude, Des Barreaux se mit à criailler, car ç'a toujours été son défaut; le comte lui dit en riant : « Ouais, pour la veuve de « Théophile, il me semble que vous faites un peu bien « du bruit. »

On l'avoit fait conseiller, mais ce métier ne lui plaisoit guère, et il mit au feu l'unique procès qui lui fut distribué ; car, comme il vit qu'il y avoit tant de griffonnage à déchiffrer, il prit tous les sacs et les brûla l'un

(1) Jacques Vallée, sieur Des Barreaux, né en 1602, mort le 9 mai 1673.

après l'autre. Les parties étant venues pour savoir s'il les expédieroit bientôt : « Cela est fait, leur dit-il; ne « pouvant lire votre procès, je l'ai brûlé. — Ah! nous « sommes ruinées! dirent-elles. — Ne vous affligez « pas tant; il ne s'agissoit que de cent écus, les voilà, « et je crois en être quitte à bon marché. » Depuis, il n'en vouloit plus ouïr parler, et disoit plaisamment que le Roi alloit plus souvent au Palais que lui. Il ne garda pas sa charge long-temps, car il fit tant de dettes qu'il la fallut vendre.

Ce fut lui qui mit Marion de l'Orme à mal. Il fut huit jours caché chez elle dans un méchant cabinet où l'on mettoit du bois : là, elle lui apportoit à manger, et la nuit il alloit coucher avec elle. Depuis, comme elle eut plus de hardiesse, elle l'alloit trouver en une maison au faubourg Saint-Victor, qu'il avoit fait fort bien meubler, et où il y avoit un grand jardin. Il appeloit ce lieu l'*Ile de Chypre*. Elle devint grosse trois ou quatre fois; mais elle se faisoit avorter. Une fois, elle s'en avisa trop tard, et quoiqu'elle eût pris assez de drogues pour tuer un Suisse, elle fit pourtant un gros garçon qui se portoit le mieux du monde, et qui crioit le plus fort.

Des Barreaux a toujours été impie ou libertin, car bien souvent ce n'est que pour faire le bon compagnon. Il le fit bien voir dans une grande maladie qu'il eut, car il fit fort le sot, et baisa bien des reliques. Quelques mois après, ayant ouï un sermon de l'abbé de Bonzez, il lui fit dire par madame de Saintot qu'il vouloit faire assaut de religion contre lui. « Je le veux « bien, répondit l'abbé, à la première maladie qu'il « fera. »

Il étoit insolent et ivrogne. A Venise, il alla lever la couverture d'une gondole, qui est un crime dans ce pays de liberté ; aussi fut-il bien battu. Il dit qu'il étoit conseiller de France, et ce fut à cette rencontre-là, à ce qu'on dit, que pour la première fois on dit en Italie : *O povera Francia, mal consigliata!*

Son ivrognerie lui a fait courir mille périls et recevoir mille affronts. Un jour qu'il avoit bu, il vit un prêtre qui, portant *corpus Dei*, avoit une calotte; il s'approcha de lui, et au lieu de se mettre à genoux, il lui jeta sa calotte dans la boue, et lui dit « qu'il étoit bien insolent de se couvrir en présence de son Créateur. Le peuple s'émut, et sans quelques personnes de considération qui le firent sauver, on l'eût lapidé.

En une débauche, il dit quelque chose à Villequier, aujourd'hui le maréchal d'Aumont, qui lui rompit une bouteille sur la tête, et lui donna mille coups de pied. Des Barreaux le jour même pria Bardouville, son ami, gentilhomme de Normandie, homme d'esprit, mais libertin, de faire un appel à Villequier. Bardouville [1], qui connoissoit le pélerin, lui promit tout ce qu'il voulut, et le fit coucher. Le lendemain, il le va trouver ; le galant homme dormoit le plus tranquillement du monde, et depuis ne s'en est pas souvenu.

---

[1] Saint-Ibal dit, à la naissance du fils de Bardouville, qu'il lui falloit mettre des entraves quand on le baptiseroit, qu'autrement il regimberoit contre l'eau bénite. (T.)

Le gentilhomme dont parle Tallemant étoit Henri d'Escars de Saint-Bonnet, seigneur de Saint-Ibal. Il a été fort mêlé dans les troubles de France, du temps du cardinal de Richelieu et de la régence d'Anne d'Autriche.

(1642) Il pouvoit avoir trente-cinq ans quand il fit partie avec un nommé Picot, et d'autres qui leur ressembloient, d'aller écumer toutes les délices de la France ; c'est-à-dire de se rendre dans chaque lieu dans la saison de ce qu'il produit de meilleur. Balzac, qu'ils virent en passant, appela Des Barreaux *le nouveau Bacchus*. Ils passèrent à Montauban, et dans le temple de ceux de la religion ils se mirent, un jour de prêche, à chanter des chansons à boire au lieu de psaumes. Ils ne pouvoient pas être ivres, car c'étoit à huit heures du matin. Sans un M. Daliez, galant homme de ce pays-là, on les alloit jeter par les fenêtres. Il a continué ces sortes de voyages assez long-temps.

A un bal, à Paris, quelques années après, il fut battu plus que partout ailleurs. Il disoit auprès d'une dame tout ce qui lui venoit dans l'esprit : il disoit d'une fort grande fille que c'étoit la reine Esther, et qu'il l'avoit vue mille fois en des pièces de tapisserie. Dans cette belle humeur, il alla ôter la perruque à un valet-de-chambre qui servoit de la limonade. Ce valet, qui faisoit le beau, se sentit si outragé de cet affront, qu'un quart-d'heure après, ayant ouvert une porte, couverte de la tapisserie, qui étoit justement derrière Des Barreaux, il lui donna cinq à six grands coups de bâton, dont un le blessa à la tête, et puis se sauva, sans que personne le pût attraper, car il tira la porte sur lui. Le coup fut dangereux, et il pensa être trépané.

L'été suivant, il fut en grand danger d'être assommé par des paysans en Touraine. Il étoit allé voir un de ses amis à la campagne, chez lequel il vint coucher deux Cordeliers. Il dit au maître du logis qu'il vouloit faire l'athée, pour rire de ces bons pères ; il n'eut pas grand'peine à cela, et dit tant de choses que les religieux déclarèrent qu'ils ne logeroient point sous le même toit que ce diable-là, et s'en allèrent chercher gîte chez le curé. Les villageois en eurent le vent, et par malheur pour Des Barreaux, les vignes ayant été gelées, ils crurent que c'étoit ce méchant homme qui en étoit la cause, et se mirent à l'assiéger dans la maison de leur seigneur même; ils s'y opiniâtrèrent si bien qu'on eut de la peine à faire sauver le galant homme, qu'ils poursuivirent assez long-temps.

Il y a plus de douze ans qu'il est si déchu, que la plupart du temps il ne dit plus que du galimatias; il criaille, mais c'est tout, et c'est rarement qu'il fait quelque impromptu supportable. Il joue, il ivrogne, mange si salement qu'on l'a vu cracher dans un plat, afin qu'on le lui laissât manger tout seul; il se fait vomir pour remanger tout de nouveau, et est plus libertin que jamais. Il dit qu'il ne fit le bigot à sa maladie, que pour ne pas perdre quatre mille livres de rente qu'il espéroit de sa mère. Cette femme étant morte, les beaux-frères de Des Barreaux furent contraints de retenir ce bien et de lui donner seulement une pension, afin qu'il ne se pût ruiner entièrement.

Il avoit un oncle paternel huguenot, nommé M. de Chenailles, qui mourut garçon et fit beaucoup d'avantages à des neveux de la religion qu'il avoit, de sorte que Des Barreaux et ses sœurs n'eurent pas grand'chose. Il en fut fort en colère, et disoit à ses sœurs : « Encore, pour vous autres, vous aurez le plaisir de « croire qu'il est damné; mais moi, je ne le saurois « croire. » De ce qu'il en eut pourtant, il en acheta un bénéfice et ne s'en cachoit pas.

Bien loin de s'amender en vieillissant, il fit une chanson où il y a :

> Et, par ma raison, je butte
> A devenir bête brute.

Il prêche l'athéisme partout où il se trouve, et une fois il fut à Saint-Cloud chez la Du Ryer passer la semaine sainte, avec Miton, grand joueur, Potel (1), le conseiller au Châtelet, Raincys, Moreau (2) et Picot, pour faire, disoit-il le carnaval.

Picot mourut à peu près comme il avoit vécu : il tomba malade dans un village ; il fit venir le curé et lui dit qu'il ne vouloit point qu'on le tourmentât et qu'on lui criaillât aux oreilles, comme on faisoit à la plupart des agonisans : le curé en usa bien, et il lui donna par son testament trois cents livres ; mais comme il vit que le curé, le croyant expédié, ou peu s'en falloit, se mettoit à criailler comme on a de coutume, il le tira par le bras, et lui dit : « Sachez, galant homme, « si vous ne me tenez ce que vous m'avez promis, « qu'il me reste encore assez de vie pour révoquer « la donation. » Cela rendit le curé plus sage, et l'abbé expira assez en repos.

Pour Des Barreaux, il a eu tout le loisir de chanter la palinodie ; il a bien fait le fou en mourant, comme il le faisoit quand il étoit malade (3).

---

(1) Il est revenu de cela. (T.)

(2) Il est mort trop tôt, pour nous avoir pu persuader qu'il en fût bien revenu. C'étoient des jeunes gens qui vouloient faire les bons compagnons. (T.)

(3) Des Barreaux s'amenda dans sa dernière maladie, et il composa ce beau sonnet si connu qu'il seroit superflu de le citer.

CHENAILLES.

Chenailles étoit un président des trésoriers de France de Paris. Cet homme faisoit le galant et le bel esprit ; il écrivoit une fois à madame Des Loges (1) : « Ah! qu'on est heureux quand on peut s'abreuver des « eaux qui s'écoulent de vous, madame! » Il avoit parlé devant de ses torrents d'éloquence. Dans une déclaration d'amour, il disoit : « Ma plume s'échappe de moi, « madame, je ne la puis plus retenir; elle veut vous « écrire que, etc. »

A l'âge de soixante-six ans, il menoit une jeune fille du carrosse au temple à Charenton, et Galand l'aîné dit en voyant cela : « Il faut que jeunesse se passe. »

Je fus une fois à Chenailles, où il recevoit assez bien les gens. Le soir, il affectoit de faire la prière sur-le-champ. Il disoit quelquefois les meilleurs galimatias du monde, et je ne riois jamais tant qu'en priant Dieu.

Un jour de prêche, qu'il avoit cette fille dans son carrosse, il mena Daillé le ministre. On chanta le seizième psaume, et à la fin, au lieu de dire, *et en la main,* il dit, en lui mettant la main sur la gorge :

> Et en ton sein est et sera sans cesse
> Le comble vrai de joie et de liesse.

Le ministre le chapitra d'une terrible façon.

La même dont on a lu l'article, p. 22 de ce volume.

MARION DE L'ORME (1).

Marion de l'Orme étoit fille d'un homme qui avoit du bien, et si elle eût voulu se marier, elle eût eu vingt-cinq mille écus en mariage; mais elle ne le voulut pas. C'étoit une belle personne, et d'une grande mine, et qui faisoit tout de bonne grâce; elle n'avoit pas l'esprit vif, mais elle chantoit bien et jouoit bien du théorbe. Le nez lui rougissoit quelquefois, et pour cela elle se tenoit des matinées entières les pieds dans l'eau. Elle étoit magnifique, dépensière et naturellement lascive.

Elle avouoit qu'elle avoit eu inclination pour sept ou huit hommes et non davantage: Des Barreaux fut le premier, Rouville après; il n'est pas pourtant trop beau : ce fut pour elle qu'il se battit contre La Ferté Senectère; Miossens, à qui elle écrivit par une fantaisie qui lui prit de coucher avec lui; Arnauld, M. le Grand (2), M. de Châtillon, et M. de Brissac.

Elle disoit que le cardinal de Richelieu lui avoit donné une fois un jonc de soixante pistoles qui venoit de madame d'Aiguillon. « Je regardois cela, disoit-

---

(1) Marion de l'Orme naquit à Châlons en Champagne, vers 1611; elle mourut au mois de juin 1650. (*Voyez* plus bas la note relative à sa mort, p. 143.)
(2) Cinq-Mars.

« elle, comme un trophée. » Elle y fut, déguisée en page. Elle étoit un peu jalouse de Ninon.

Le petit Quillet (1), qui étoit fort familier avec elle, dit que c'étoit le plus beau corps qu'on pût voir.

Elle avoit trente-neuf ans quand elle est morte, cependant elle étoit aussi belle que jamais. Sans les fréquentes grossesses qu'elle a eues, elle eût été belle jusqu'à soixante ans. Elle prit, un peu avant que de tomber malade, une forte prise d'antimoine pour se faire avorter, et ce fut ce qui la tua. On lui trouva pour plus de vingt mille écus de hardes; jamais gants ne lui duroient plus de trois heures. Elle ne prenoit point d'argent, rien que des nippes. Le plus souvent on convenoit de tant de marcs de vaisselle d'argent.

Sa grande dépense et le désordre des affaires de sa famille l'obligèrent à mettre en gage le collier que d'Emery lui avoit donné. Elle disoit de ce gros homme qu'il étoit d'agréable entretien et qu'il étoit propre. Il lui fit faire quelques affaires, et ce collier ne fut pas donné tout franc; ce fut en quelque façon comme cela; mais il ne fit rien pour ses frères.

Housset, trésorier des parties casuelles, aujourd'hui intendant des finances, retira ce collier, puis il le retint; il étoit amoureux d'elle, mais il n'osoit en faire la dépense.

Le premier président de la cour des aides, Amelot, étoit après à traiter avec elle quand elle mourut. Un peu auparavant La Ferté Senectère, se prévalant de la nécessité où elle étoit, pensa l'emmener en Lorraine; mais on lui conseilla de s'en garder bien, car il l'eût

(1) Claude Quillet, auteur du poème de *la Callipédie*.

mise dans un sérail. Chevry (1) étoit toujours son pis-aller, quand elle n'avoit personne.

Lorsqu'elle fut solliciter le feu président de Mesmes de faire sortir son frère Baye (2) de prison, où il avoit été mis pour dettes, il lui dit : « Eh! mademoiselle, se « peut-il que j'aie vécu jusqu'à cette heure sans vous « avoir vue? » Il la conduisit jusques à la porte de la rue, la mit en carrosse, et fit son affaire dès le jour même. Regardez ce que c'est : une autre, en faisant ce qu'elle faisoit, auroit déshonoré sa famille ; cependant comme on vivoit avec elle avec respect, dès qu'elle a été morte, on a laissé là tous ses parens, et on en faisoit quelque cas pour l'amour d'elle. Elle les défrayoit quasi tous.

Elle se confessa dix fois dans la maladie dont elle est morte, quoiqu'elle n'ait été malade que deux ou trois jours : elle avoit toujours quelque chose de nouveau à dire. On la vit morte durant vingt-quatre heures, sur son lit, avec une couronne de pucelle. Enfin, le curé de Saint-Gervais dit que cela étoit ridicule (3).

---

(1) Le président de Chevry, de la chambre des comptes. (*Voyez* plus haut son article, p. 261 du tome 1.)

(2) Nom d'une terre du père. (T.)

(3) Ces détails, demeurés inconnus jusqu'à présent, confirment la mention faite par Loret (*Muse historique*, n° du 30 juin 1650), de la mort de Marion de l'Orme, en ces termes :

> La pauvre Marion de l'Orme,
> De si rare et plaisante forme,
> A laissé ravir au tombeau
> Son corps si charmant et si beau.

Ainsi se trouve détruit le ridicule roman qui prolonge l'existence

Elle avoit trois sœurs, toutes bien faites. La cadette étoit fille, et le (1) sera toujours à la mode de sa sœur; elle est gâtée de petite vérole; mais elle ne laisse pas que d'être *bonne robe* (2).

Madame de la Montagne, qui étoit l'aînée, étoit si sotte que de dire comme on dit proverbialement : « Si « nous sommes pauvres, nous avons l'honneur. » Cependant M. de Moret se pensa rompre une fois le cou en montant avec une échelle de corde à une chambre, au troisième étage, où elle lui avoit donné rendez-vous. Son autre aînée fut mariée à Maugeron, qui a quelque charge à l'artillerie (3), et qui logeoit à l'Arsenal. Le grand-maître, aujourd'hui M. le maréchal de La Meilleraye, durant son veuvage, en devint amoureux. On dit que lui ayant prêté des pendants d'oreille de diamants, le lendemain, comme elle les lui vouloit rendre, il la pria de les garder, et après la pressa de

---

de Marion de l'Orme jusqu'à l'âge de cent trente-quatre ans, et la fait mourir à Paris, sur la paroisse Saint-Paul en 1741; ainsi disparoît l'assistance de Marion à son propre enterrement, ses trois mariages, tant en Angleterre qu'en France; enfin toutes ces bizarres aventures racontées dans une pièce facétieuse intitulée : *Lettre de Marion de l'Orme aux auteurs du Journal de Paris*, imprimée dans le *Recueil de pièces intéressantes pour servir à l'histoire des règnes de Louis* XIII *et de Louis* XIV, publié en 1781, par Delaborde. Toutes les biographies ont répété ce roman à l'appui duquel on n'a pu cependant citer le témoignage d'aucun contemporain.

(1) On lit dans le manuscrit de Tallemant : « La cadette étoit fille, et « *la* sera toujours à la mode de sa sœur. » Ainsi Tallemant ne se soumettoit pas plus que madame de Sévigné à la règle de grammaire nouvellement introduite.

(2) *Bonne robe*, expression italienne; *buona* ou *bella roba* se dit d'une femme, belle ou non, qui se conduit mal. (*Dict. d'Alberti.*)

(3) Il étoit trésorier de l'artillerie. (T.)

telle sorte que, n'en pouvant rien obtenir, il lui donna un soufflet, en lui reprochant que son argent étoit aussi bon que celui du duc de Retz (1). On avoit médit de celui-ci. Le grand-maître ne se contenta pas de cela; il chassa le mari de l'arsenal, et a nui à toute la famille en toute chose.

FEU M. DE PARIS.

Jean-François de Gondy, premier archevêque de Paris (2), étoit bien fait, et avoit de l'esprit; mais il ne savoit rien : il disoit les choses assez agréablement. Il a toujours vécu licencieusement pour ce qui étoit des femmes.

Il falloit qu'il eût quelque reconnoissance, car on a remarqué qu'il envoyoit souvent un page pour savoir des nouvelles d'une personne peu considérable avec qui il avoit eu autrefois commerce, et il en a toujours eu du soin.

On dit qu'un jour qu'il étoit convenu avec madame de Bassompierre de ce qu'il lui donneroit pour une nuit, il y fut bien; mais il se trouva mal, et ne put rien faire : il voulut y retourner le lendemain, sans financer de nouveau; mais elle lui manda, comme on

---

(1) Frère aîné du cardinal. (T.)

(2) Oncle et prédécesseur du fameux cardinal de Retz; né en 1584, mort en 1654.

fait aux auberges, que son assiette avoit mangé pour lui (1).

M. de Paris avoit fait autrefois beaucoup de dépense : il avoit musique et grand équipage; il en retrancha un peu, et rompit sa musique. On dit que ses affaires nettoyées, il lui resta plus de cent mille livres de rente ; cependant il se traitoit si mal qu'il n'eût osé donner à dîner à personne sans être averti. Il a toujours fort bien entretenu ses maisons de plaisance : Noisy, vers Villepreux, que Bossuet, secrétaire du conseil, a acheté, et le jardin de Saint-Cloud.

Nonobstant la fine v..... qui le rongeoit, il n'a pas laissé de vivre assez long-temps. Depuis quelques années, le vice l'avoit quitté absolument; il n'y avoit plus moyen de rire.

Si c'eût été un homme de bonne vie, il arriva une chose à Saint-Cloud qui l'eût fait passer pour saint ; on eût dit que c'étoit un miracle. Un pauvre diable qu'on alloit pendre à Saint-Cloud voulut avoir la bénédiction de M. l'archevêque; par hasard, il y étoit alors : on le lui mène ; il se jette à g.noux, et lui demande la vie. « Je ne puis, dit l'archevêque; « mais je te donne ma bénédiction. » On jette le galant, la potence se rompt, le peuple le sauve. Depuis on demanda à ce pendu à quoi il avoit pensé quand on l'eut jeté. « Je croyois, dit-il, assister à une *penderie* en « l'autre monde. »

On dit que ce fut à cet archevêque qu'un jésuite dit : « Pour vous, monseigneur, vous êtes le plus grand

---

(1) Le Plessis Guénégaud s'amusoit à payer cette grosse tripière comme un tendron ; c'est parce qu'elle étoit de qualité. (T.)

« falot de l'Église; les autres ne sont que de petites lu-
« mières. » Mais on fait ce conte de bien des gens.

Passant par le bois de Boulogne, il vit un laquais de madame la maréchale de Themines avec des garces; il le fit venir, et lui fit réprimande. Ce laquais le laissa dire, et puis dit, en haussant les épaules : *Patientia*. Après il reprit, et acheva la sentence : *Patientia vincit omnia*. « Camarade, lui dirent à demi-haut les laquais
« même de l'archevêque, ne lui en dis pas davantage,
« c'est temps perdu, il n'entend pas le latin. »

Le cardinal de Richelieu eut envie d'avoir son archevêché, et proposa de donner celui de Lyon à l'abbé de Retz, depuis son coadjuteur. Cela fut en quelque façon traité; puis le cardinal ne s'en tourmenta pas trop, car cet homme ne lui nuisoit en rien, et il étoit bien assuré, en cas de vacance, ou qu'il l'auroit, ou qu'il le donneroit à qui il lui plairoit.

A la Régence, il fit son neveu son coadjuteur; mais il s'en repentit bientôt et eut une jalousie enragée contre lui. Un jour qu'en descendant de carrosse il se fut laissé tomber voulant s'appuyer sur Ménage : « Ah!
« dit-il, de quoi m'avisé-je de vouloir m'appuyer sur
« un homme qui est à mon coadjuteur? »

LE FEU ARCHEVÊQUE DE ROUEN.

François de Harlay, archevêque de Rouen (1), étoit fils de ce M. de Chanvallon, qui fut le plus célèbre galant de la reine Marguerite. Ce M. de Chanvallon, persuadé du mérite du marquis de Bréval (2) et de l'archevêque de Rouen, ses enfants, disoit en parlant de la cour : « Je leur ai donné des hommes : que ne s'en « servent-ils ? »

M. de Bréval s'est plus piqué de lettres que de guerre ; il avoit traduit Tacite ; mais il eut bien de la peine à trouver qui le voulut imprimer, car on savoit déjà que d'Ablancourt y travailloit ; ce fut ce qui le fit hâter : ce livre ne s'est point vendu.

Pour M. de Rouen, il n'y eut jamais un plus grand galimatias. On écrivit sur un de ses livres : *Fiat lux, et lux facta non est*. Il avoit envoyé un de ses livres manuscrits à quelqu'un pour lui en dire son avis. Cet homme avoit mis en un endroit à la marge : « *Je n'entends point ceci.* » M. de Rouen ne se souvint pas d'effacer l'observation, et l'imprimeur l'imprima. Cela faisoit rire les gens de voir qu'à la marge d'un livre il y eût : *Je n'entends point ceci*, car il sembloit que ce fût l'auteur lui-même qui l'eût dit.

(1) Né en 1585, mort en 1653.
(2) Achille de Harlai, marquis de Bréval, seigneur de Chanvallon, mourut le 3 novembre 1657.

Un jour qu'il avoit promis d'expliquer la Trinité le plus clairement du monde en un sermon, il dit du grec, puis ajouta : « Voilà pour vous, femmes. »

C'est le plus prolixe prédicateur, harangueur et compositeur de livres qu'on ait jamais vu. A Gaillon, qu'il appelle *notre palais royal et archiépiscopal de Gaillon*, il a une imprimerie qu'il appelle aussi *notre imprimerie archiépiscopale.*

Il fit une fois je ne sais quel livre où il étoit peint avec sa barbe longue et étroite ; car, quoique jeune, il la portoit longue. On l'appelle barbe de natte, car elle étoit d'un blond fort doré. (1) Le pape Urbain, à qui il fit présenter ce livre, n'en dit autre chose, sinon : *Bella barba.* — Mais, saint Père, lui dit-on, que vous semble de ce livre ? — *Veramente, bellissima barba.* L'archevêque, mal satisfait de cela et de quelque autre chose encore, écrivit un livre de la puissance des papes, où il les vouloit réduire au rang des évêques. Le pape

(1) Voici ce que fit M. d'Albi (d'Elbène), celui qui se sauva en Catalogne du temps de M. de Montmorency.

Épitaphe de M. de Rouen faite de son vivant.

> Ci-gît un prélat honoré
> Qui porta la barbe prolixe,
> De couleur de vermeil doré,
> Brillant comme une étoile fixe.
> Prêchant sur un événement
> Il sermona si longuement,
> Qu'il en trépassa de détresse,
> Non sans laisser un savoir mon
> Laquelle des deux choses est-ce
> Qui fut plus longue en son espèce,
> De sa barbe, ou de son saint Vinon. (T.)

s'en plaignit, et le nonce eut charge de le citer à Rome : ses amis accommodèrent la chose, et il fut conclu qu'en présence de deux Jésuites il feroit satisfaction au Pape et écriroit une rétractation. Cette rétractation fut imprimée; mais elle étoit si obscure, qu'il ne savoit ce que c'étoit, et il eût pu se vanter, s'il eût voulu, de ne s'être point rétracté. Le Pape, pourtant, s'en contenta. Depuis, il s'avisa mal-à-propos de se mêler entre Balzac et Du Moulin, qui s'écrivirent quelques lettres, et fit je ne sais quel petit écrit intitulé : *Avis judicieux*. En ce temps-là, il lui vint une vision de faire certaines conférences à Saint-Victor; il étoit là comme un régent dans sa classe.

Une fois que Bois-Robert lui louoit fort la politique du cardinal de Richelieu, il lui dit : « Vous con- « noissez de plus grands politiques que lui; vous en « voyez. » Bois-Robert eut la malice de feindre toujours de ne pas entendre qu'il vouloit qu'on lui dît : « Qui? vous? » Et, au lieu de cela, il lui dit : « Mais que « blâmez-vous à sa politique? — Baillez-le-moi mort, « baillez-le-moi mort, répondit-il, et je vous le dirai. »

Une autre fois il entreprit de prouver que Démosthènes, Cicéron, et tous les plus grands orateurs de l'antiquité, n'avoient rien entendu à l'éloquence en comparaison de saint Paul, et dit un million de choses grotesques. Balzac, qui y étoit allé par curiosité, ne put s'empêcher d'en faire des contes, et de là vint la grande querelle. Il voulut faire passer Balzac pour un écolier, et Balzac fit *le Barbon*, que depuis il a donné lorsque Ménage persécuta tant Montmaur le grec : c'est pour cela qu'on y trouve si peu de choses qui conviennent à ce pédant.

Madame Des Loges disoit de l'archevêque de Rouen que c'étoit une bibliothèque renversée; mais il n'y a rien qui représente mieux l'humeur de cet homme que le sonnet acrostiche de ce fou de Dulot (1).

SONNET

Où le poète royal et archiépiscopal Dulot fait bouffonner monseigneur l'archevêque de Rouen dans toute l'étendue de son acrostiche.

Franc de haine, d'amour, ris, pleurs, espoir et crainte,
Rentrons au cabinet et lisons saint Thomas.
Apporte-moi, laquais, de tout ce grand amas,
Nicolas de Lira, Pline et la Bible sainte.
Certes, le trait est bon, ma chandelle est éteinte.
Oh! oh! dedans si peu, vraiment trompé tu m'as.
Ici du feu, mes gens, ma robe de Damas.
Six heures ont sonné, disons prime en contrainte.
Dieu! que j'ai mal au cœur! qu'on m'apporte du vin.
Entre ce qu'aujourd'hui j'ai lu de plus divin,
Hilaire de Poitiers m'a ravi par sa plume.
Aristote est là faux : voyez, ce papillon
Rouanne à nos flambeaux comme c'est sa coutume.
Ce trait est excellent! avalons ce bouillon.
Apprête les chevaux, cocher. Le beau volume!
Irénée est charmant, retournons à Gaillon.

Il y avoit pourtant du bon en ce *mirifique* prélat; il étoit bon homme, franc et sincère; mais jamais il n'eut un grain de cervelle.

Une fois qu'il fit quelque entrée à Dieppe, le ministre du lieu le harangua et lui plut extrêmement.

(1) Dulot, inventeur des bouts-rimés, n'est guère connu que par le poème de Sarrasin, intitulé : *Dulot vaincu, ou la Défaite des bouts-rimés*, badinage ingénieux d'un poète très-spirituel.

Quand cet homme eut achevé : « Voilà, dit-il, en se
« tournant vers les ecclésiastiques qui le suivoient,
« voilà haranguer cela ; » et se mit à leur remarquer
toutes les parties de l'oraison : « voilà haranguer, cela,
« et non pas vous autres, qui manquez en ceci, en
« cela, et qui ne parlez qu'à la bonne chère. » Il ne la
faisoit pourtant pas mauvaise, la chère, à Gaillon. Il
avoit toutes ses heures réglées pour ses occupations
sérieuses et pour ses divertissemens. Il recevoit des
nouvelles de tous les endroits de l'Europe. Il avoit musique, et n'étoit jamais sans quelques gens de lettres.

Sur la fin, il se laissoit si fort gouverner à je ne sais
quelle femme qui étoit sa ménagère, qu'il commençoit
à l'incommoder, et elle à s'accommoder très-fort.
Enfin, on le fit résoudre à donner son archevêché à
son neveu Chanvallon, qui étoit déjà son coadjuteur ;
il le fit, et mourut bientôt après. Son successeur ne
lui en doit guère pour l'éloquence [1]. Patru, qui l'a
entendu prêcher, dit qu'il n'a admiré qu'une chose en
lui, c'est comme il peut retenir par cœur tout ce qu'il
dit, car il n'y a ni pied ni tête à son discours, et il récite tout cela avec une insolence qui n'est pas imaginable. Il avoit écrit sur la porte de Gaillon : *Legem
non observabo, sed adimplebo.*

[1] Harlay de Chanvallon, archevêque de Rouen, devint archevêque de Paris en 1671. Il mourut en 1695.

BALZAC.

Balzac se nomme Jean Louis Guez (1); il est fils d'un homme d'Angoulême qui avoit du bien; mais M. de Montausier dit que cet homme a été valet chez M. d'Espernon. Balzac est une terre. Ce M. Guez a vécu plus de cent ans. Quelques années devant que de mourir, il écrivit à M. Chapelain pour faire, disoit-il, amitié avec lui, au moins par lettres, et qu'après avoir ouï dire tant de bien de lui à son fils, il vouloit avoir cette satisfaction-là en mourant.

On connut Balzac par son premier volume de lettres; il étoit alors à feu M. d'Espernon, à qui il ne put s'empêcher d'envier deux lettres qu'il avoit écrites pour lui au Roi (1). Il est certain que nous n'avions rien vu d'approchant en France, et que tous ceux qui ont bien écrit en prose depuis, et qui écriront bien à l'avenir en notre langue, lui en auront l'obligation. Celles qu'il a faites depuis ne sont pour l'ordinaire ni si gaies ni si naturelles, et il a eu tort d'avoir eu pour ses ennemis la complaisance de n'écrire plus de la même sorte.

Le cardinal ne trouva nullement bon qu'il ne lui eût

---

(1) Balzac, né à Angoulême en 1594, mourut dans la même ville le 18 février 1655.

(2). Elles sont placées à la fin du deuxième livre des lettres de Balzac. (*OEuvres de Balzac*, in-folio, tom. 1, p. 63 et suivantes.)

point dédié *Le Prince* ni ses lettres. « Se croit-il assez « grand seigneur pour ne point dédier ses livres? » Son humeur à louer trop de gens le choqua; mais, ce qui le fâcha le plus, ce sont ces deux lettres qui sont au bout du *Prince,* où il se mêle de parler de la Reine-mère et du cardinal. Il y a un endroit où il dit : « Le « Roi qui, à votre prière, a pardonné à quarante mille « coupables, n'a pu obtenir d'elle qu'elle pardonnât à « un innocent. — Votre ami, dit le cardinal à Bois-« Robert, est un étourdi : qui lui a dit que je suis mal « avec la Reine-mère? Je croyois qu'il eût du sens; « mais ce n'est qu'un fat. »

Malherbe dit un jour à Gomberville, à propos des premières lettres de Balzac : «Pardieu ! pardieu ! toutes « ces badineries-là me sont venues à l'esprit; mais je « les ai rebutées. » Il fit imprimer les fragments du *Prince,* qui étoient beaux pour fragments, avec une préface de Faret, où il y avoit que dans le premier livre il feindroit qu'un Anglois avec un bonnet blanc, etc. Depuis, il a dit que cette aventure étoit véritable. Il disoit comme cela ce que contiendroit chaque livre; le dernier devoit être *le Ministre.* Or, le cardinal de Richelieu, étant mal satisfait de lui à cause de ces deux lettres qui sont au bout du *Prince,* et aussi à cause qu'il ne le lui avoit pas dédié, ne se soucia plus de lui; cela fut cause que ce *Ministre* ne parut point. Depuis, il le fit imprimer sous le nom d'*Aristippe*, mal satisfait du cardinal Mazarin, dont il fait comme le portrait; on l'a vu depuis sa mort.

Les moines furent tous contre lui à cause d'un endroit où il dit : « Que les moines sont dans le monde « ce qu'étoient les rats dans l'arche. » Le père Goulu, général des Feuillants, qui cherchoit à faire claquer son fouet, se mit à écrire contre lui, et je pense que c'est le meilleur. Il lui dit en quelque lieu qu'il n'a guère de cervelle de s'attaquer à un corps qui ne meurt jamais. Il donna belle prise aux gens sur ses vanités. Sorel (1), qui n'avoit alors que dix-huit ans, a voulu, dans le Francion, railler de lui en la personne de son pédant Hortensius. Je pense qu'il s'en avisa devant le Feuillant.

Il a été un temps que c'étoit la mode d'écrire contre Balzac. A Bruxelles même, Saint-Germain ne l'épargna pas, à cause qu'il louoit le Roi et le cardinal de Richelieu. Il y eut je ne sais quel barbouilleur de papier, je ne sais quel bavard Saintongeois, qui se mêla aussi de faire un méchant petit livre contre lui et contre le père Goulu tout ensemble. Il le fit bâtonner dans sa propre chambre, au saut du lit, par un gentilhomme de ses amis nommé Moulin Robert; et après, car le cavalier n'avoit point déclaré de la part de qui il lui faisoit ces caresses, il fit imprimer une espèce de nouvelle intitulée : *La Défaite du paladin Javerzac* (2), par

---

(1) Auteur du *Berger extravagant*. (T.)

(2) Nom de ce garçon. (T.) — *La Défaite du Paladin Javerzac* est imprimée au tome second, pag. 172 du supplément aux OEuvres de Balzac. On ne peut convenir avec Tallemant que cette pièce soit *une jolie chose;* c'est une série de plaisanteries lourdes et même grossières sur un sujet qui pouvoit ne pas déplaire à une époque où les coups de bâton venoient quelquefois à l'appui de la critique. On y voit que cette ridicule punition fut infligée à Javerzac, le 11 août 1628. Balzac avoit conservé du regret de cette action barbare; car au lit de mort il fit appeler Javerzac, et le pria de lui rendre son amitié. (Voyez *la Relation de la mort de M. de Balzac*, à la suite de ses OEuvres.)

les alliés et confédérés du prince des Feuilles. C'est une des plus jolies choses qu'il ait faites.

Le père Goulu s'étoit nommé Philarque, voulant dire *général des Feuillants;* et l'autre malicieusement traduisoit à la lettre *Prince des Feuilles.* Enfin, cela alla si avant qu'Ogier le prédicateur, son ami, entreprit de faire son apologie. Il y en avoit déjà cinq ou six feuilles d'imprimées. Gomberville m'a dit qu'il les avoit, quand Balzac, arrivant ici, ne trouva point cela à sa fantaisie : il défit tout le discours, et ne se servit que de la matière. Cela n'avoit garde de ne pas réussir, car Ogier est fort capable de choisir bien ses matériaux, et Balzac de faire fort bien le discours; aussi est-ce une des plus belles pièces que nous ayons. Ogier a voulu soutenir qu'il avoit tout fait; mais il a été assez bon pour imprimer d'autres ouvrages, et il ne faut que conférer; et puis, pour peu qu'on s'y connoisse, on voit bien qu'autre que Balzac ne peut avoir fait cette apologie. *Le Prince* avoit grand besoin d'Ogier, car c'est le plus pauvre dessein d'ouvrage qu'on ait jamais vu, et il n'est beau que par endroits.

Depuis, il changea, comme j'ai dit, de façon d'écrire, pour montrer qu'il n'étoit pas ignorant, comme on lui avoit reproché (1); mais en récompense, il est ferré en quelques endroits, et cette affectation d'érudition n'est que trop souvent désagréable; cependant vous ne sauriez ôter de la tête à la plupart des gens que Balzac n'étoit point savant. Frémont m'a dit qu'un trai-

---

(1) Dans tous les volumes qu'on a imprimés de lui, il y a toujours quelque chose de ces accusations; cela lui tenoit terriblement au cœur.

(T.)

teur (¹), chez qui il logea une fois à Angoulême, lui dit que Balzac n'étoit point profond : il a eu beau écrire bien des lettres latines, et faire un gros recueil de vers latins dont il se seroit bien passé ; il a eu beau écrire contre Heinsius, tout cela n'a pas effacé la première impression que les lettres de Goulu ont donnée de lui. Ce même homme ajoutoit que quelquefois ayant été à Balzac pour quelque festin, le valet de M. de Balzac lui avoit fait voir son maître composant ; mais c'étoit, disoit-il, une plaisante chose à voir que ses grimaces.

On trouve, dans ce qu'il a fait depuis l'*Apologie*, bien des grotesques ; cependant il plaît toujours : il n'y eut jamais une plus belle imagination. Il a l'oreille fine ; il ne manque jamais à mettre les choses en grâce ; mais on pouvoit mieux savoir le fin de la langue qu'il ne le savoit. Ses derniers ouvrages ne sont pas si exactement écrits, pour le langage même, que les premiers, et il prend quelquefois la liberté de mettre un etc., tout comme feroit un notaire.

Le *Barbon* a fait voir bien clairement que le bonhomme avoit de la peine à lier les choses, car ce livret est plein de lacunes. Il nous a fait accroire que c'étoit les ruines de son cabinet, et, au lieu de les réparer, il nous donne lui-même ses fragments. Sur la fin il n'ose plus faire de lettres ; il les déguise en *Entretiens*, et souvent il fait semblant de vuider ses tablettes et parle de lui-même fort avantageusement en tierce personne en plusieurs endroits de ce livre.

(¹) On lit *traiteur* au manuscrit. Il faut prendre ce mot dans le sens de *traitant*.

Pour reprendre où nous en étions, Ogier, surnommé *le Danois*, frère du prédicateur, étant en Danemark avec feu M. d'Avaux, s'avisa, pour se divertir, d'écrire à Balzac que la cour du roi de Danemark, où il y avoit beaucoup de gens de qualité qui savoient le français, s'étant partagée pour Balzac et pour le père Goulu, le Roi, dans une assemblée célèbre de tous ceux qui étudioient notre langue, avoit jugé en faveur de Balzac. Notre homme prit cela pour argent comptant, et dans ses *Entretiens* il en parle de cette sorte : « Nous recevons, dit-il, des lettres dorées datées « de Constantinople; on nous estime en Grèce et en « Orient, aux dernières parties du septentrion, sur le « rivage de la mer Baltique. Pour répondre en un « mot à tant de choses, je souffre où je suis, on m'es- « time où je ne suis pas. Peut-être que j'avois la fièvre « le jour que le Roi de Danemark jugea en ma fa- « veur la cause qui fut plaidée devant lui à Copenha- « gue; comme au contraire il se peut faire que j'étois « à l'ombre et prenois le frais le jour que le marquis « d'Ayetonne brûla mon livre (1) dans un conseil qui « fut tenu à Bruxelles. »

Ce livre fut aussi brûlé en Angleterre. On m'a dit qu'il y eut des Anglais assez zélés pour la mémoire de la reine Elisabeth, pour avoir eu la pensée de venir en France donner des coups de bâton à Balzac.

Le cardinal de Richelieu fut choqué de ce qu'il louoit trop de gens; il disoit que c'étoit *l'élogiste général*. Le cardinal de Richelieu ne fit rien pour lui, et en cela il eut tort, car cet homme n'avoit péché

---

(1) *Le Prince.* (T.)

que pour avoir trop envie de plaire, et le cardinal se fût fait honneur en lui donnant un évêché. Cela fut cause que Balzac se retira à Balzac, où il demeura presque toujours.

Le cardinal ne fut pas plus tôt mort, que, sans considérer qu'il lui avoit donné tant de louanges, il fit une grande pièce à la Reine où il disoit bien des choses contre lui. C'est une des moindres pièces qu'il ait faites. Maynard, qui est son ami Ménandre, à qui il adresse tant d'Entretiens, en fit tout de même en vers; car le cardinal n'avoit rien fait pour lui, il le trouvoit trop cagnard (1). Sans doute le cardinal de Richelieu eut tort de ne donner à Balzac qu'une misérable pension qui finit avec lui. Je ne pense pas qu'il crût ce dont Théophile l'accuse dans une lettre; je ne dis pas seulement l'amour des garçons, mais même le larcin qu'il lui reproche d'avoir fait au gendre du docteur Baudius, en Hollande. On ne peut pas dire que Balzac n'ait vécu moralement bien; mais, outre ce que j'ai marqué, le cardinal, comme nous avons dit ailleurs, n'estimoit guère la prose.

Au commencement de la régence, après ses discours, dont quelques-uns sont dédiés à madame de Rambouillet, à qui il parle comme à une personne familière, et il ne l'a jamais vue; depuis, il l'a connue par lettres seulement, il fit imprimer deux volumes de *Lettres choisies*, où il a mis une préface qu'il feint être de M. Girard, théologal d'Angoulême, son ami : il a fait cette feinte pour se louer tout à son aise, sous le nom

---

(1) *Cagnards*, gens aimant leurs foyers. *Hauteroche*, cité dans le Dictionnaire comique de Le Roux.

d'autrui. Cette préface est fort bien écrite, car quand il écrit sous le nom d'autrui, il ne cherche pas midi à quatorze heures, comme il fait quelquefois lorsqu'il ne se déguise point. Ces lettres choisies n'étoient pas autrement *choisies*, je crois, que, hors les lettres à M. Chapelain, qu'il appeloit *ad Atticum* (1), et qui ont été données après sa mort, il ne lui en restoit pas une après ces deux derniers tomes. Pour faire tout valoir, il feint d'avoir écrit des lettres qu'il n'a jamais écrites : tel qui n'en a jamais reçu qu'une de lui en trouve trois ou quatre qui lui sont adressées. Il y en a une quantité à je ne sais combien de révérends Pères dont on n'a jamais ouï parler. Pérapède, Du Bure et un tas de sots y sont loués, et il écrit, dit-il, à tous ces gens-là le cœur sur le papier.

Les louanges lui étoient bonnes de quelque part qu'elles vinssent, et jamais il n'étoit assez *paranymphé* (2) à sa fantaisie. Voiture, Conrart et d'autres montoient sur des échasses pour le louer ; vous diriez qu'ils se vont rompre le cou à tout bout de champ, tant ils font de rudes cascades.

Dans une de ses lettres, il y a une plaisante vanité, car si jamais il y eût un *animal gloriæ* (3), c'est celui-ci : « Quand vous me donneriez, dit-il, autant de terre

---

(1) Il y a tant d'étoiles, qu'un goguenard disoit que c'étoit le firmament. Ce n'est pas grand'chose. (T.)

(2) *Paranymphé*, loué. Cette expression étoit empruntée du *paranymphe*, ou discours solennel qui se prononçoit à la fin de chaque licence dans les facultés de théologie et de médecine, dans lequel le licencié adressoit des compliments, ou le plus souvent des épigrammes aux autres licenciés. (Voyez *le Dict. de Trévoux*.)

(3) La gloire personnifiée en bête brute.

« que la comtesse Alix(1) en donna à mon quarantième
« aïeul, etc. »

Il imprima ensuite le *Socrate chrétien*; il y mit un avant-propos, où il parle à un homme qu'il appelle *Monseigneur*, sans queue. Il prétendoit que M. Servien devineroit que c'étoit lui; et dans ce même volume, où il y a plusieurs autres pièces, il y a un traité de ce mot *Monseigneur*, où il en blâme l'abus, et ne met que *monsieur mon cousin* à M. le président de Nesmond. A cette dissertation sur les sonnets de Job et d'Uranie, il ne vouloit mettre pour titre que *Dissertation sur les deux sonnets*, disant qu'on savoit assez qui ils étoient. Il y a de pauvres choses dans cette dissertation.

Voici encore une chose qui ne s'accorde guère avec le *Socrate chrétien*. Un avocat d'Angoulême, en plaidant contre lui, avoit dit quelque chose d'un peu fort. Balzac le rencontre par la ville et lui donne un coup de houssine; sans les grands seigneurs du pays qui s'en mêlèrent, et qui prirent le parti de Balzac, il n'en eût pas été bon marchand.

En récompense, le Roi, la Reine et le cardinal Mazarin lui firent, à ce qu'il dit, bien des honneurs quand on alla à Bordeaux en 1650, au mois d'août.

Depuis sa mort, on a publié l'*Aristippe*, qui est un fragment du *Prince*, qu'il a fait pour donner sur les doigts aux rois fainéans et à leurs ministres, pour ne pas dire à leurs maires du palais. Il a cru, le bonhomme, qu'il y avoit en lui de quoi faire un Socrate et un Aristippe tout ensemble; cependant cet homme qui est

(1) Je pense que c'étoit une comtesse de Toulouse. (T.)

si sage, cet homme qui a tant de vertus, s'avise de faire une lâcheté, où personne ne l'a imité, non pas même Costar : il signe en écrivant au cardinal Mazarin : « De « Votre Eminence le très-humble, très-obéissant et « très-obligé serviteur et *pensionnaire*. »

Lionne, ami de Chapelain, avoit fait donner à Balzac une pension de cinq cents écus, dont il fut fort mal payé à la fin. Il faut bien manquer de cœur pour faire une bassesse comme celle-là, lui qui avoit de quoi vivre, et qui a tant de soin de faire savoir dans ses lettres familières qu'il avoit quatre chevaux de carrosse. Avec tout ce raffinement de lâcheté, il ne put pourtant avoir pour sa sœur de campagne la récompense de la lieutenance aux gardes de son neveu, qui fut tué à Lens avec le maréchal de Gassion. La solitude, où l'on n'a que soi pour objet, où l'on ne se compare avec personne, avoit gâté cet esprit, qui déjà n'étoit que trop plein de lui-même.

Les juste-au-corps lui ayant semblé commodes, il en avoit de toutes façons, de treillis (1), de tabis (2), de bleus et d'incarnats.

Il a des visions jusques aux moindres petites choses : il demanda de l'aigre de cèdre (3) à M. Conrart, qui étoit devenu son commissionnaire après M. Chapelain; car il y eut je ne sais quoi entre M. Chapelain et lui,

---

(1) *Treillis*, toile fine d'Allemagne, lustrée et satinée, dont en petit deuil on faisoit le dessus du pourpoint. (*Dict. de Trévoux.*)

(2) *Tabis*, gros taffetas ondulé par l'application d'un cylindre sur lequel des ondes étoient gravées. (*Dict. de Trévoux.*)

(3) *Aigre de cèdre*, liqueur composée de jus de citron, de limon et de cédrat, qui, mêlée avec de l'eau et du sucre, fait une boisson très-agréable. (*Dict. de Trévoux*)

et il ne pouvoit s'empêcher de dire à tout bout de champ qu'il ne faisoit rien de naturel, qu'il n'avoit point de génie. Il lui faisoit entendre, sans faire semblant de rien, que si les pots dans lesquels il lui enverroit cet aigre de cèdre étoient bleus et blancs, ils lui plairoient davantage.

Il écrivit jusqu'à huit lettres pendant qu'on imprimoit ses vers latins, pour faire qu'un placard de deux petits anges qui se baisoient pût se rencontrer à la fin. Il a eu aussi une bonne fantaisie de faire imprimer ces vers-là en petit, croyant que le monde souhaitoit cela avec passion. M. Conrart lui manda que Courbé étoit disposé à le satisfaire; mais qu'il étoit obligé de lui mander que ses vers ne se vendroient point in-quarto, et qu'on n'en avoit vendu qu'un seul exemplaire. Balzac répondit en ces mots : « Si j'étois aussi amoureux de la « gloire que je l'ai été autrefois, votre lettre me seroit « une grande mortification. » Il fallut pourtant faire cette impression en petit; il se consola en voyant *Editio seconda*. Il a fait mettre au commencement que le libraire l'a voulu absolument. Il vouloit obliger Ménage à dire plus de choses à sa louange dans l'épître qu'il fit à la reine de Suède, en lui dédiant les vers latins de Balzac. Il y a au bout de ce livre ce qu'il appelle *liber adoptivus*, sans expliquer que ce sont diverses pièces d'auteurs, ou qu'il ne connoît point, ou dont il dissimule le nom. Il n'a pourtant pas mal fait, car il n'y a guère que cela de bon dans son livre.

Il eut une plaisante curiosité dans l'impression de ses discours; il n'y a pas une ligne qui ne soit finie par un mot entier; il n'y a jamais de mot coupé en deux.

La reine de Suède dit à Chanut, notre résident,

qu'elle le prioit de s'informer quels auteurs il falloit lire pour bien savoir notre langue, et que Balzac ne la contentoit point, qu'il n'étoit point naturel, qu'il étoit toujours guindé, et toujours dans la fleurette. Il le sut, et elle lui écrivit que ce qu'on avoit dit étoit faux. Cela est cause qu'il n'a pas changé dans l'*Aristippe* les louanges qu'il lui donnoit. Voici une lettre qu'il écrivit à M. Conrart sur le séjour de la cour à Bordeaux, sous le nom du même M. Girard (1) dont nous avons déjà parlé. Ce que je mettrai à côté est ce que m'a dit M. le marquis de Montausier, témoin oculaire.

« Monsieur,

« A moins que d'avoir à vous donner des nouvelles
« de M. de Balzac, je n'aurois pas rompu mon silence
« ni violé le respect que je vous dois. Ce n'est pas que
« je ne sache combien il y a d'honneur à recevoir de
« vos lettres, et combien les honnêtes gens se glorifient
« d'en être favorisés ; mais j'ai encore plus de considé-
« ration pour vous que je n'en ai pour moi-même, et
« quoique je ne sois pas insensible à mon propre bien,
« j'aurois mieux aimé m'en priver que de vous être
« importun, en exigeant de vous pour une mauvaise
« lettre quelqu'une de vos belles réponses. Voilà, mon-
« sieur, comme j'en eusse usé, si la discrétion de votre
« ami n'eût fait violence à la mienne : elle m'oblige à
« vous dire de lui ce qu'il a omis, sans doute, dans la
« dernière lettre qu'il vous a écrite.

(1) Guillaume Girard, archidiacre d'Angoulême, avoit été secrétaire du duc d'Epernon. Il a laissé une vie de son maître, imprimée à Paris en 1655 en un volume in-folio, et en 1663 en trois volumes in-douze. Elle est, comme elle devoit être, toute favorable au duc d'Epernon.

« Vous savez, monsieur, que nous avons eu la cour
« depuis peu de jours en cette ville. Lorsque la Reine (1)
« en approcha de deux journées, elle commanda ex-
« pressément qu'on ne donnât aucun logement aux
« troupes qui accompagnoient Leurs Majestés dans les
« terres de M. de Balzac (2). Sa faveur ne fut point
« bornée à ces petits soins, elle ordonna (3) à M. de
« Saintot, maître des cérémonies (il faisoit aussi la
« charge de grand-maréchal-des-logis), de la loger dans
« la maison de M. de Balzac (4). Ce commandement
« fut si exprès qu'il ne se put exécuter sans quelque
« désordre : les logis étoient déjà faits à l'arrivée de
« M. de Saintot. L'évêché étoit marqué pour la Reine;
« le Roi étoit dans une maison contiguë ; les autres lo-
« gemens étoient marqués et déjà occupés ; mais il
« fallut tout changer pour satisfaire au désir de la Reine
« et honorer M. de Balzac absent.

« A l'arrivée de Sa Majesté, il fut demandé avec ins-
« tance. Sa Majesté ne vouloit recevoir aucune des
« excuses qu'on donnoit à sa retraite (5). Enfin, comme

---

(1) Elle qui ne sait pas lire, et ne les connoît point. (T.) — Cela veut dire apparemment que la Reine, étant espagnole, lisoit peu les livres françois.

(2) Ne diriez-vous pas qu'il en a autant dans ce pays-là que M. de La Rochefoucauld? Cependant Balzac, qui n'est point paroisse, est à Roussines son frère aîné ; et dans la paroisse d'Asnières, Forgues, son parent, a un fief, et Balzac loge dans un autre, qui est, je pense, à sa sœur. La seigneurie est au Chapitre d'Angoulême. Ce fut M. de Montausier qui, avec bien de la peine, en fit déloger les gens de guerre. (T.)

(3) Cela est faux. (T.)

(4) La maison étoit alors à son père, et est présentement à l'aîné ; c'est la plus commode de la ville. D'abord on alla à l'Evêché ; mais le logement n'étoit pas si aisé. Ce n'est pas la première fois que la cour a occupé cette maison. (T.)

(5) Elle ne songea pas à lui. (T.)

« il n'y eut plus d'espérance de le voir, elle n'eut pres-
« que plus d'entretien qu'avec ses proches, qui furent
« jugés très-dignes de son alliance (1). M. le cardinal
« ne s'en arrêta pas là ; après s'être long-temps in-
« formé s'il ne pourroit point satisfaire au désir qu'il
« avoit de long-temps de connoître le visage d'une per-
« sonne si généralement estimée, il se résolut enfin de
« l'envoyer visiter par un gentilhomme des siens, nom-
« mé le chevalier de Terlon. Ce gentilhomme alla à la
« maison de M. de Balzac, à trois lieues de la ville, et
« lui dit que M. le cardinal, son maître, lui avoit com-
« mandé de le venir assurer de son service très-humble;
« qu'il avoit une forte passion de le voir et de l'entre-
« tenir à Angoulême, où il avoit appris son indisposi-
« tion; qu'il seroit venu lui-même s'en assurer en sa
« maison, s'il n'eût appréhendé de l'incommoder;
« mais qu'il seroit fâché qu'on lui reprochât d'avoir
« passé si près du plus grand homme de notre siècle
« sans avoir eu dessein de lui rendre cette petite civi-
« lité (2).

« M. de Balzac, dont la discrétion ne vous est pas
« moins connue que le mérite, ne pouvoit attribuer un
« si grand excès de civilité qu'à la courtoisie de l'am-

---

(1) A la vérité elle leur parla comme à des gens qui sont des principaux de la ville. (T.)

(2) M. de Montausier, qui étoit alors à Angoulême, dit que la vérité
est que Lionne, pour faire plaisir à Chapelain, son ami, fit faire ce
voyage au chevalier de Terlon, et que toute la civilité vint de lui et
de M. Servien. Le cardinal n'usa jamais de termes si obligeants pour
les princes du sang même. « Si le cardinal avoit fait cela, disoit le mar-
« quis, il seroit digne de tout ce que Balzac a écrit depuis contre lui. »
Il est bien vrai que le cardinal dit quelque chose d'élégant, mais tout
cela venoit de Lionne. (T.)

« bassadeur, et, sans doute, ces faveurs lui eussent été
« suspectes, si M. le cardinal n'en eût dit autant, et aux
« mêmes termes, à M. de Roussines, frère de M. de
« Balzac. J'étois présent, et plusieurs honnêtes gens de
« la cour furent témoins lorsque Son Eminence lui
« redit les mêmes paroles que M. de Terlon avoit avan-
« cées, faisant ainsi de sa bouche à une personne non
« suspecte des compliments qui ne pouvoient plus être
« suspects.

« M. Servien enchérit beaucoup au-delà chez M. le
« marquis de Montausier (1); mais M. de Lionne ne
« fut pas plus tôt arrivé qu'il envoya son premier com-
« mis vers M. de Balzac, pour lui témoigner le désir
« impatient qu'il avoit de le voir; qu'il y avoit vingt
« ans que ce désir faisoit une de ses plus violentes pas-
« sions; qu'il avoit fait le voyage de Guyenne avec
« plaisir, quelque juste indignation qu'il eût d'ailleurs
« contre le voyage, pour voir le plus grand homme du
« monde, etc.; qu'il le prioit de lui mander positive-
« ment (ce furent les termes de son envoyé) s'il lui fe-
« roit déplaisir de l'aller visiter en sa maison, parce
« qu'il n'y avoit que sa défense absolue qui pût l'en em-
« pêcher. M. de Balzac, usant de la liberté qu'il lui don-
« noit, le supplia de n'en point prendre la peine (2);
« et cette excuse, qui eût peut-être déplu à un moins
« honnête homme que n'est M. de Lionne, lui donna ma-
« tière d'une lettre, en laquelle, parmi quelques douces
« plaintes du rigoureux traitement qui lui est fait, il

---

(1) En parlant à Roussines. (T.)

(2) Véritablement, voilà bien répondu. M. de Montausier dit qu'il
n'a jamais écrit en ces termes-là à personne. (T.)

« l'assuroit de tous les respects, de toute la vénération
« et de tout ce qui est au-dessous du culte et de l'ado-
« ration : ce sont les termes obligeants d'une fort lon-
« gue et fort belle lettre.

« Je ne vous parle point des compliments de M. l'évê-
« que de Rodez, de ceux de M. de La Motte Le Vayer
« ni de toutes les autres personnes de mérite qui sont
« auprès de Leurs Majestés. Ma gazette seroit trop lon-
« gue, monsieur ; ce que j'y ajoute du mien, c'est la
« joie que j'ai sentie de voir toute la cour faire la cour
« à notre ermite, et de voir ce généreux ermite au-
« dessus de toutes les faveurs et de toutes les recher-
« ches de la cour. Il n'en a pas pour cela quitté une
« seule de ses calottes ; il n'en a pas eu plus de com-
« plaisance pour lui-même. J'ai passé depuis ce temps-
« là plusieurs jours en sa compagnie ; mais je ne me
« suis pas aperçu que c'étoit à lui que tous ces honneurs
« avoient été rendus ; et si je n'en eusse été le témoin,
« je serois en danger d'ignorer long-temps une chose si
« glorieuse à mon ami et si avantageuse à tous ceux
« qu'il aime. Il ne sait pas même que je vous écris toutes
« ces circonstances ; et quoique je lui aie dit que je vou-
« lois vous mander cette partie de son histoire, je n'o-
« serois lui faire voir cette partie de ma relation, tant
« il a de peine à souffrir les choses qui le favorisent. Il
« ne veut pas même que j'attribue à sa modestie l'in-
« différence qu'il a eue pour les caresses du grand
« monde ; son chagrin et son dégoût ne méritent point,
« à ce qu'il dit, un si beau nom, et il aime mieux que
« nous l'appellions insensible que de consentir aux té-
« moignages que nous devons à sa vertu. Ajouterai-je
« encore à ceci les compliments extraordinaires qu'il

« reçut, il n'y a pas long-temps, du comte de Pigne-
« randa ? Cet ambassadeur, fameux par la rupture de
« la paix de l'Europe, ayant passé à Angoulême, s'en-
« quéroit, à l'ordinaire des étrangers, de ce qu'il y avoit
« de plus remarquable dans le pays. On lui proposa
« incontinent M. de Balzac comme la chose la plus rare:
« il repartit qu'il avoit appris ce nom-là en Espagne,
« long-temps avant que d'en partir; qu'il ne l'avoit pas
« trouvé moins célèbre en Allemagne, d'où il venoit,
« et lui envoya incontinent un Minime walon, homme
« de lettres, qui lui servoit d'aumônier, pour lui dire
« qu'il souffroit, avec plus de peine qu'il n'en avoit eu
« pendant tout son voyage, la défense de faire des visi-
« tes; que s'il lui eût été libre d'en faire, il fût venu
« de bon cœur en sa chambre pour voir une personne
« si célèbre dans tous les lieux où les grandes vertus sont
« en estime. Ce compliment ne fut pas borné à ce peu
« de paroles. Mais qu'ai-je affaire d'emprunter de la
« bouche de nos ennemis des louanges pour un homme
« qui a peine d'en souffrir des personnes qui lui sont
« les plus chères? Il se contente de leur amitié comme
« de la vôtre, monsieur, de celle de M. Chapelain, et
« de peu d'autres.

« Oserois-je vous supplier de faire part de ma rela-
« tion à M. Chapelain? Je sais qu'il aime ce que nous
« aimons, comme il en est aimé aussi; je sais qu'il me
« fait l'honneur de me vouloir du bien. Permettez-moi,
« je vous supplie, de l'assurer de mon très-humble ser-
« vice, et croyez, s'il vous plaît, que je serai toute ma
« vie, etc. (1). »

(1) Balzac a envoyé jusqu'à cinq copies de cette lettre, et toutes de

Quand le chevalier de Méré mena le maréchal de Clairambault voir Balzac à la campagne, cet auteur étoit dans le jardin; le maréchal le trouva si extravagamment habillé qu'il le prit pour un fou, et il ne vouloit pas avancer; le chevalier l'encouragea : il en fut après très-satisfait, et dit qu'il n'avoit jamais vu un homme de si agréable conversation.

Il fit, un peu après le voyage de Bordeaux, un poëme latin de dévotion qu'il envoya à M. de Montausier, à Paris, et le pria de supplier M. de Grasse de le mettre en vers françois. Trois jours après, il écrivit au secrétaire de M. de Montausier qu'il le prioit de lui renvoyer cette lettre, qu'il y vouloit changer quelque chose; après, il en envoya une autre où il ne parloit plus de M. de Grasse, et cela exprès, afin que cette lettre ne demeurât point, et qu'on crût que M. de Grasse avoit traduit ce poème de son propre mouvement, parce qu'il en avoit été charmé. Cette seconde lettre eut le loisir de venir avant que M. de Montausier eût écrit à M. de Grasse; lui qui ne trouvoit pas la requête trop civile, envoya pour excuse à M. de Grasse la lettre de Balzac sans la relire, croyant que ce fut la même : cela fit un terrible galimatias.

Depuis, quand M. le Prince fût mis en liberté, il lui envoya une lettre latine imprimée, avec deux petites

---

la main de Toulet, son copiste, de peur qu'elle ne fût perdue. Son libraire eut le soin de les faire rendre à M. Conrart. Après ces cinq copies il en envoya encore une, disant que M. Girard y avoit fait quelques changements. Il n'y avoit que deux syllabes de changées (T.) — Cette lettre, monument de l'orgueil le plus extraordinaire, ne paroît pas avoir été imprimée : au moins n'en trouve-t-on aucune trace dans les OEuvres de Balzac. On sera peut-être parvenu à lui en faire sentir tout le ridicule.

pièces de vers latins aussi imprimées : l'une sur sa prison, l'autre sur la mort de madame la princesse sa mère, où, à son ordinaire, il donnoit à dos à celui qui avoit le dessous, et traitoit le cardinal Mazarin de *semi-vir;* et, pour montrer à M. le Prince qu'il a fait ces vers-là durant sa prison, il en prend M. l'évêque d'Angoulême à témoin. Dans ces vers, il appelle le cardinal *imbelle caput,* comme si un cardinal devoit être guerrier ; et puis, celui-là a été à la guerre.

Sur la fin de ses jours il eut une grande mortification de voir le grand applaudissement qu'avoient les lettres de Voiture ; il ne put se tenir de le témoigner. Ce fut ce qui produisit la dissertation latine de Girac et la *Défense de Voiture* que Costar lui adressa malicieusement à lui-même, car il se moque de lui en cent endroits. Ce fut une nouvelle recharge au pauvre homme, et cela avança ses jours de quelque chose. Dans l'historiette de Costar, nous parlerons de cette querelle plus amplement.

Balzac et Girac étant allés dîner avec M. de Montausier à Angoulême, M. de Montausier parla de l'édition de Voiture, et dit qu'il falloit demeurer d'accord que c'étoit l'original des lettres galantes : cela déplut furieusement à Balzac. Au sortir de là, il répéta les mots que M. de Montausier avoit prononcés, et ajouta : « Que deviendront donc mes lettres ? » Il pria Girac de lire Voiture et de lui en dire son avis. Le lendemain Balzac en envoya donc un exemplaire à Girac, avec un billet latin, où il le prioit de lui en dire son sentiment en latin. Girac le fit ; mais il prétend que Balzac y a mis quelque chose du sien : Balzac envoya ce prétendu jugement de Girac à Paris. Costar, qui ne demandoit pas mieux que de faire claquer son fouet, composa la *Défense de Voiture*. D'abord Balzac, plein de lui-même, et persuadé de la déférence que Costar avoit pour lui, prit cet ouvrage pour une pièce à sa louange ; et comme on l'imprimoit, il écrivit à Conrart de corriger tels et tels endroits, où l'on y parloit de lui, afin qu'ils fussent mieux, et il les croyoit bien corrigés. On lui dit qu'il n'y avoit plus moyen, et que tout étoit tiré : après il se désabusa.

Non content d'avoir déjà, au sortir d'une grande maladie, envoyé, il y avoit quelque temps, à Notre-Dame des Ardillières, une lampe de cent écus, avec des vers latins gravés dessus, où son nom est en grosses lettres, il donna, un an au plus avant que de mourir, des preuves authentiques de sa vanité. Il écrivit à Conrart qu'il avoit deux mille livres à Paris, et qu'il en vouloit constituer une rente de cent francs, et instituer une espèce de jeux floraux de deux ans en deux ans, et que, pour cela, il donneroit dix thèmes sur lesquels on harangueroit ; que l'Académie délivreroit les deux cents livres à celui qui feroit le mieux. Ce sont matières de piété : par exemple, que la gloire appartient à Dieu seul, et que les hommes en sont les usurpateurs.

Patru et les plus sensés vouloient se moquer de cette fondation de *bibus*, car il y avoit un million de difficultés pour la sûreté, et aussi bien du chagrin à lire les compositions d'un tas de moines ; mais les cabaleurs Chapelain et Conrart l'emportèrent. Cela fut fait après la mort de Balzac.

Il fut six mois à se voir mourir tous les jours : il s'étoit fait transporter aux Capucins d'Angoulême ; il se confessoit fréquemment, et pourtant songeoit bien autant à ses jeux floraux qu'à sa conscience. En mourant, car on a ses dernières paroles dans une relation qu'un avocat d'Angoulême, nommé Morisset, a faite (1), il dit qu'il ne savoit où il alloit, mais qu'il espéroit que Dieu lui feroit miséricorde.

Ogier le prédicateur, comme on lui demandoit s'il ne feroit point l'épitaphe de Balzac : « Je m'en gar-« derai bien, dit-il, j'aurois peur qu'il ne se l'attri-« buât encore. » Il disoit cela à cause de l'*Apologie*.

Conrart voulut faire un Recueil de vers à sa louange : il en demanda à assez de gens qui en firent ; mais c'est si peu de chose que tout est demeuré là (2).

---

(1) Cette relation est imprimée à la suite des OEuvres de Balzac, t. 2, pag. 213 du supplément.

(2) Ce jugement de Tallemant est trop sévère. Gilles Boileau a déploré la mort de Balzac dans une élégie adressée à Conrart, qui offre quelques beautés; elle n'a pas été insérée par Despréaux dans les œuvres posthumes de son frère; mais on l'avoit imprimée dans la troisième partie des *Poésies choisies*, publiées chez Sercy en 1658. Tristan l'ermite fit aussi d'assez belles strophes sur la mort de Balzac; les trois meilleures ont été citées dans la Notice sur Conrart placée à la tête de ses Mémoires, dans le quarante-huitième volume de la deuxième série de la Collection des Mémoires relatifs à l'histoire de France.

LE PRÉSIDENT PASCAL

ET BLAISE PASCAL.

Le président Pascal portoit ce titre parce qu'il avoit été président à Clermont en Auvergne ; c'est un homme qui a eu d'assez beaux emplois : il étoit homme de bien et de savoir surtout ; il s'étoit appliqué aux mathématiques ; mais il a été plus considérable par ses enfants que par lui-même, comme nous verrons par la suite.

Quand on fit la réduction des rentes, lui et un nommé de Bourges, avec un avocat au conseil dont je n'ai pu savoir le nom, firent bien du bruit, et à la tête de quatre cents rentiers comme eux, ils firent grand peur au garde des sceaux Séguier et à Cornuel. Le cardinal de Richelieu fit mettre dans la Bastille les deux autres ; pour Pascal, il se cacha si bien qu'on ne put le trouver et fut long-temps sans oser paroître. En ces entrefaites, les petites Saintot [1] et sa fille, qui est à cette heure en religion, jouèrent une comédie, dont cette fille qui n'avoit que douze ans avoit fait presque tous les vers.

Le cardinal de Richelieu en ce temps-là eut la fan-

---

[1] Ce devoit être la fille de Saintot, le maître des cérémonies de France.

taisie de faire jouer *le Prince déguisé* (1) à des enfants. Bois-Robert en prit le soin. Il choisit, comme vous pouvez penser, cette petite Pascal ; il prit aussi une des petites Saintot, Socratine, et le petit Bertaut, son frère (2). La représentation réussit ; mais la petite Pascal fit le mieux. Comme on la louoit, elle demande à descendre, et d'elle-même, sans en avoir rien dit à personne, elle se va jeter aux pieds de Son Éminence et lui récite en pleurant dix ou douze vers de sa façon, par lesquels elle demandoit le retour de son père. Le cardinal la baisa plusieurs fois, car elle étoit *bellotte*, la loua de sa piété, et lui dit : « Ma mignonne, écrivez à « votre père qu'il revienne, je le servirai. » En effet, il le servit et le continua dix ans à l'intendance par moitié de Normandie, car il s'étoit défait de sa charge en faveur d'un de ses frères. Ils étoient tous d'Auvergne.

Sa fille fit d'autres vers, j'en ai quelques-uns (3).

(1) Une pièce de Scudéry. (T.)

(2) Le frère et la sœur de madame de Motteville. On l'appelle *Socratine*, à cause de sa sévérité. Elle est carmélite à cette heure. (T.)

(3) On lit dans Benserade des stances que mademoiselle Pascal fit à l'âge de treize ans *pour une dame de ses amies, sous le nom d'Amaranthe, amoureuse de Thyrsis*. Benserade y fit une réponse dans laquelle il suppose que mademoiselle Pascal s'est cachée sous le nom d'Amaranthe, et que Thyrsis n'est pas autre que lui-même. On y lit cette stance, où Benserade nous apprend l'âge que mademoiselle Pascal avoit alors :

Qu'une fille *à treize ans* d'amour soupire et pleure,
 C'est souvent un défaut ;
Mais pour une qui fait des vers de si bonne heure,
 C'est vivre comme il faut.

(*OEuvres de Benserade*, 1698, in-8°, t. 1, p. 49.)

Enfin, à dix-huit ans, elle se mit en dévotion, et, comme j'ai dit, elle se fit religieuse.

Le président Pascal a laissé un fils, Blaise Pascal (1), qui témoigna dès son enfance l'inclination qu'il avoit aux mathématiques. Son père lui avoit défendu de s'y adonner qu'il n'eût bien appris le latin et le grec. Cet enfant, dès douze à treize ans, lut Euclide en cachette, et faisoit déjà des propositions; le père en trouva quelques-unes; il le fait venir et lui dit : « Qu'est-ce que « cela ? » Ce garçon, tout tremblant, lui dit : « Je ne m'y « suis amusé qu'aux jours de congé. — Et entends-tu « bien cette proposition? — Oui, mon père. — Et où « as-tu appris cela? — Dans Euclide, dont j'ai lu les « six premiers livres (on ne lit d'ordinaire que cela « d'abord). — Et quand les as-tu lus? — Le premier « en une après-dînée, et les autres en moins de temps « à proportion. » Notez qu'on y est six mois avant que de les bien entendre.

Depuis, ce garçon inventa une machine admirable pour l'arithmétique. Pendant les dernières années de l'intendance de son père, ayant à faire pour lui des comptes de sommes immenses pour les tailles, il se mit dans la tête qu'on pouvoit, par de certaines roues, faire infailliblement toutes sortes de règles d'arithmétique; il y travailla et fit cette machine qu'il croyoit devoir être fort utile au public; mais il se trouva qu'elle revenoit à quatre cents livres au moins, et qu'elle étoit si difficile à faire, qu'il n'y a qu'un ouvrier, qui est à Rouen, qui la sache faire; encore faut-il que Pascal y soit présent. Elle peut être de quinze pouces de long

---

(1) Blaise Pascal, né à Clermont en 1623, mort à Paris en 1662.

et haute à proportion. La reine de Pologne en emporta deux; quelques curieux en ont fait faire. Cette machine et les mathématiques ont ruiné la santé de ce pauvre Pascal le jeune.

Sa sœur, religieuse à Port-Royal de Paris, lui donna de la familiarité avec les Jansénistes : il le devint lui-même; c'est lui qui a fait ces belles lettres au Provincial que toute l'Europe admire, et que M. Nicole a mises en latin. Rien n'a tant fait enrager les Jésuites. Long-temps on a ignoré qu'il en fût l'auteur; pour moi, je ne l'en eusse jamais soupçonné, car les mathématiques et les belles-lettres ne vont guères ensemble. Ces messieurs du Port-Royal lui donnoient la matière, et il la déposoit à sa fantaisie. Nous en dirons davantage dans les Mémoires de la régence.

BERTAUT,

NEVEU DE L'ÉVÊQUE DE SÉEZ.

Ce petit Bertaut, qui étoit de la comédie (1), étoit neveu de Bertaut le poète, qui fut évêque de Séez. Il avoit une sœur, femme-de-chambre de la Reine, qui, pour sa beauté et sa bonne réputation, fut mariée avec le premier président de la chambre des comptes de

(1) *Voy.* l'article qui précède celui-ci, p. 175.

Rouen, qui étoit fort vieux, nommé Motteville (1). Elle n'en eut point d'enfants et revint à la cour.

Lui et sa sœur Socratine étoient en nécessité quand quelqu'un dit au cardinal de Richelieu qu'il y avoit des enfants d'un frère de Bertaut qui étoient bien pauvres. Il les fit venir : la fille étoit fort jolie et avoit bien de l'esprit ; le garçon étoit passable. Ils jouèrent quelques scènes du *Pastor fido,* de fort bonne grâce. Le cardinal donna pension à la fille, et entretint le petit garçon au collége. Ce garçon eut assez d'industrie pour faire habiller un petit laquais, qu'il prit des livrées *éminentissimes;* et quand on le rebutoit à la porte du cardinal, il faisoit passer son laquais devant. Cela plut au cardinal, auquel, par ce moyen, il fit fort sa cour ; et quoiqu'il eût découvert que leur mère étoit une mademoiselle Bertaut, qu'il avoit vue chez la Reine-mère, et qu'il haïssoit fort, il continua pourtant à leur faire du bien.

Après la mort du cardinal, au commencement de la régence, madame de Motteville, sa sœur, eut avis d'un prieuré qui vaquoit ; M. de Bassompierre l'avoit eu aussi. Elle le rencontre, comme il l'alloit demander à la Reine. Elle lui demanda, par hasard, quelle affaire l'amenoit ; il le lui dit. « Eh ! monsieur, dit-elle, je « l'allois demander pour mon frère ; c'est si peu de « chose, et il en a si grand besoin ! » Le maréchal répondit qu'il ne vouloit pas, sur ses vieux jours, être moins civil aux dames qu'en sa jeunesse, et il se retira. Ce prieuré étoit pourtant fort bon. On dit

---

(1) La véritable orthographe du nom est Mauteville ; voir précédemment tome 1, p. 288, note 1.

qu'il vaut cinq mille livres de rente. Elle l'obtint. Elle lui fit donner encore la charge de lecteur du Roi qu'avoit eue son oncle, l'évêque de Séez, avant que d'être évêque.

Il fut avec M. de La Tuillerie en Suède. Là, comme c'est un doucereux, il voulut, je pense, dire des fleurettes à la Reine, et il fit si bien qu'elle sut qu'il chantoit et jouoit du luth. Elle l'en pria un jour ; il fit bien des cérémonies ; enfin, il prit un luth, et badina tant avant que de chanter, que quand il voulut chanter tout de bon, la Reine, qui en étoit lasse, ne l'écouta point, ou ne l'écouta que par manière d'acquit. Au retour, comme la Reine lui demandoit des nouvelles de la reine de Suède, il dit qu'elle n'étoit pas laide, qu'elle pouvoit même passer pour agréable. « Mais, dit-il « tout bas à la Reine en s'approchant familièrement « de son oreille, elle a un peu la taille gâtée. » Quelqu'un dit en riant à M. le cardinal qui étoit là : « Votre « Eminence n'a-t-elle point d'ombrage de ce galant « homme ? Je m'offre pour votre second. »

Il ne manque pas d'esprit ; mais il est ennuyeux en diable et plein de vanité. Par malheur pour lui, il y a un des principaux musiciens de la chapelle nommé aussi Bertaut (1). Pour les distinguer, on appeloit celui-ci *Bertaut l'incommode*, et l'autre *Bertaut l'incommodé*, parce qu'il est châtré. On appeloit ainsi tous les châtrés de ces comédies en musique que le cardinal Mazarin faisoit jouer. Feu madame de Longueville s'avisa la première, ne voulant pas prononcer le mot de châtré, de dire *cet incommodé*, en montrant un châtré qui

---

(1) C'est Berthod, mais on prononce Bertaut. (T.)

chantoit fort bien, et qui vint à la cour du temps du cardinal de Richelieu. « Mon Dieu, disoit-elle à ma-
« demoiselle de Senecterre, que cet *incommodé* chante
« bien ! »

Ce petit Bertaut fait des vers, mais pas trop bien, et c'est un grand diseur de fleurettes. Quand la cour alla à Poitiers, en 1652, un nommé Du Temple, qui a la plus belle femme de la ville, et qui est fort jaloux, alla au-devant des fourriers, pour les prier de lui donner M. Bertaut; il entendoit Bertaut *l'incommodé*; mais il n'y étoit pas; eux lui dirent : *Volontiers*. Il alla faire un tour je ne sais où, et quand il arriva chez lui, il trouva un petit jeune homme qui disoit des douceurs à sa femme.

LE MARÉCHAL DE GUÉBRIANT (1).

Le maréchal de Guébriant étoit de Bretagne, et bien gentilhomme. Il avoit étudié, et, s'il eût eu assez de bien pour cela, il auroit été conseiller à Rennes; mais il n'avoit que deux mille livres de rente.

Un jour, étant à Paris, la nuit il entendit du bruit dans la rue, comme de gens qui se battoient; il descendit, et, voyant un homme assez mal accompagné attaqué de de plusieurs autres, il se met du côté du plus foible,

---

(1) Jean-Baptiste Budes, comte de Guébriant, maréchal de France, né en 1602, mort en 1643.

et le tire de leurs mains : c'étoit le baron Du Bec (1) que le marquis de Praslin, qui fut tué à la bataille de Sedan, assassinoit par jalousie; car ils étoient rivaux, et le baron étoit mieux traité que lui. On reconnut ensuite l'épée du marquis (2), qui étoit demeurée sur la place. Guébriant dit au baron que s'il découvroit jamais qui lui avoit fait un si lâche tour, et qu'il s'en voulût ressentir, il le prioit de lui faire l'honneur de le prendre pour son second. En effet, ils se battirent et ils eurent l'avantage (3).

Ce duel obligea le baron à se retirer à la campagne chez sa sœur qui étoit nouvellement démariée d'avec M. des Spy (ou *Chepy*), homme de qualité. Cette affaire ne fut pas trop honorable à la dame; car elle dura dix ans, et elle est retournée plus d'une fois avec son mari. Enfin, il consentit à la dissolution, et épousa une fille. En ayant eu un enfant, il envoya prier mademoiselle Du Bec de la présenter au baptême. Elle répondit qu'elle le feroit volontiers, si elle croyoit que cet enfant fût de lui. Elle s'éprit de Guébriant, qui étoit bien fait, l'épousa et lui acheta une compagnie aux gardes : elle avoit peut-être cinquante mille écus de bien.

Durant le désordre de Corbie, il se jeta dans Guise,

---

(1) La maison du Bec Crespin, en Normandie, est une bonne maison; ils viennent des Grimaldi, de la famille du prince de Monaco. (T.)

(2) Le marquis de Praslin étoit brave, mais méchant; il empoisonna avec de l'antimoine je ne sais combien de *Wourmans* en Hollande; il en avoit été battu en je ne sais quelle rencontre, où il avoit fait l'insolent. (T.)

(3) Je pense que Guébriant eut tout l'honneur du combat, car le baron étoit méchant soldat : témoin La Capelle, qu'il défendit si mal.
(T.)

et rendit par ce moyen un grand service, car la place eût été attaquée et prise sans ce secours. Au retour de là, sa femme, qui a toujours eu de l'ambition, et qui vouloit pousser son mari, crut qu'il en falloit faire un *titolado*(1); et, pour le faire appeler *Monsieur le comte*, elle s'avisa de feindre qu'elle avoit perdu un chien, et fit dire au prône que quiconque l'auroit trouvé le portât chez M. le comte de Guébriant.

Après cela, Guébriant fut envoyé dans la Valteline avec qualité de maréchal-de-camp. Il dit d'abord à M. de Rohan qui y commandoit : « Monsieur, je suis « assuré que je vous obéirai bien ; mais je vous avoue « que je ne sais point le métier de maréchal-de-camp : « daignez prendre la peine de m'instruire. » Cela plut fort à M. de Rohan.

Depuis, il fut envoyé en Allemagne mener un secours de deux mille hommes au duc de Weimar, qui, voulant avoir deux maréchaux-de-camp françois, demanda Guébriant, sur le témoignage que M. de Rohan lui en rendit, quand il le fut trouver un peu avant la bataille de Rheinfelden.

Le duc de Weimar fit bien voir le cas qu'il en faisoit, car il lui laissa en mourant (2) son cheval et ses armes. Il oublioit son épée; mais Feret, son secrétaire françois, l'en fit ressouvenir, et il la lui laissa aussi. Guébriant, que nous appellerons *le comte de Guébriant*, par respect et par politique, ne voulut jamais monter sur ce cheval, et le faisoit même mener en

---

(1) Un homme titré.

(2) Bernard de Saxe, duc de Weimar, mourut de la peste, le 18 juillet 1639. On prétend qu'il fut empoisonné.

main à l'abreuvoir. Cela lui gagna terriblement le cœur des Weimariens; car, quand ils voyoient passer ce cheval, ils lui ôtoient le chapeau.

Feret, secrétaire françois du duc de Weimar, dit qu'il légua bien ses armes à Guébriant, mais qu'il légua son cheval au Roi, et qu'il fut amené à la grande écurie. Il lui avoit coûté trois mille livres. Il étoit fort doux pour Weimar; mais il ne vouloit point souffrir qu'un autre le montât, au moins y avoit-on bien de la peine. Guébriant le monta, dit Le Laboureur; et après sa mort il fut mené chez le Roi, où il est mort (1).

Le comte commanda cette armée en la place du duc de Weimar. Sa feinte ivrognerie lui servit aussi beaucoup; car, quoiqu'il ne bût d'ordinaire que de l'eau, avec eux pourtant il faisoit la débauche, et escamotoit si adroitement qu'il leur faisoit accroire qu'il s'enivroit, puis il se laissoit tomber sous la table (2). On dit qu'ils en étoient charmés.

Il défit Lamboy, et fut fait maréchal de France, du temps que le cardinal de Richelieu avoit M. Le Grand et toute sa cabale sur les bras. En reconnoissance de

(1) Ce cheval s'appeloit *le Rabe*, en allemand *le Corbeau*. « Le comte, « dit Le Laboureur, le monta dans tous les combats où il se trouva de-« puis, où l'on a pu dire qu'il combattoit sous son maître, puisque l'on « a souvent remarqué qu'il accabloit des ennemis sous ses pieds, ou « bien qu'il les mordoit à sang. Il a souvent rapporté des blessures qui « n'ont pas été sans récompense, puisque le comte, son maître, le « voyant vieillors de sa mort......... le laissa au Roi par testament, et « pria Sa Majesté de le faire nourrir le reste de sa vie dans sa grand'-« écurie. Il étoit fort gros et grand; il avoit l'encolure courte et ra-« massée, la tête grosse, et étoit entier. » (*Histoire du maréchal de Guébriant*; Paris, 1656, in-folio, p. 128.)

(2) Le duc de Weimar avoit deux buveurs d'eau maréchaux de-camp, Guébriant et Montausier. (T.)

la dignité qu'il venoit d'avoir, il envoya assurer le cardinal à Perpignan que lui et tous ceux qu'il commandoit étoient à son service; qu'ils se rendroient où il voudroit à point nommé.

On dit que ce fut M. de Chavigny qui le proposa au cardinal pour gouverneur du Roi, et que le cardinal avoit dessein de lui donner cet emploi.

M. de Noirmoutier en conte une chose qui me l'auroit bien fait estimer autant qu'autre qu'il ait faite. « Un peu avant sa mort, disoit-il, moi qui étois maré-
« chal-de-camp dans les troupes de Rantzau en Alle-
« magne, je lui écrivis pour quelque affaire, et lui
« donnois du *monseigneur*. La première fois qu'il me
« rencontra, il me dit que je me faisois tort, et qu'il
« me prioit de ne plus le traiter ainsi. Je répondis que
« je lui devois cela, que je le reconnoissois pour chef
« de la noblesse, et que tous les gentilshommes qui ne
« donneroient pas du *monseigneur* à messieurs les ma-
« réchaux de France, se feroient tort à eux-mêmes. —
« Pour moi, répliqua-t-il, je n'ai eu cette dignité que
« par pur bonheur, et une personne de la maison de La
« Trimouille (1) ne me doit point donner du *monsei-
« gneur*. M. le marquis de Montausier, qui est maré-
« chal-de-camp sous moi, ne m'écrit que *monsieur*, et
« si vous me traitez autrement, vous m'obligerez à me
« plaindre de lui : enfin, je brûlerai vos lettres, si vous
« ne me promettez ce que je vous demande, et je vous
« en serai infiniment obligé. » Je ne crois pas que M. de Noirmoutier lui ait écrit depuis, car le maréchal fut tué malheureusement au siége de Rothweil,

---

(1) Noirmoutier en est. (T.)

peu de temps après. La Reine, car c'étoit au commencement de la régence, alla voir la maréchale, et on enterra le maréchal dans Notre-Dame (1), honneur qu'on n'avoit fait encore qu'au maréchal de Brissac.

MADAME D'ATIS.

Madame D'Atis avoit été jolie en sa jeunesse, et on en avoit un peu médit. Son mari, qui étoit Viole (2), avoit toujours maillé à partir avec elle, et il engrossoit toujours quelque servante; cependant elle en parloit comme d'un Mausole. « Je l'aimois si fort, disoit-elle
« (car il n'y eut jamais une créature plus *phébus*), que
« si j'eusse pu, me faisant servante, le faire empereur,
« je l'eusse fait; je lui étois attachée par de si beaux
« liens que la chair et le sang n'y avoient aucune
« part. »

Un jour qu'on parloit du cardinal de Richelieu :
« C'étoit un grand génie, dit-elle ; mais la grande con-
« noissance qu'il avoit du mérite des hommes m'a
« coûté bien cher ; il choisit M. d'Atis, et il ne pou-
« voit faire autrement, pour aller établir le roi de Por-

(1) Cette cérémonie eut lieu dans l'église Notre-Dame de Paris, le 8 juin 1644. L'Oraison funèbre du maréchal y fut prononcée par Grillié, évêque d'Uzès. Imprimée en 1656 dans le même format que l'histoire du maréchal, elle y est ordinairement réunie.

(2) C'est une maison de robe et d'épée tout ensemble. (T.) — C'étoit une famille du Parlement de Paris.

« tugal. » La vérité est qu'Atis avoit fait ici un grand exploit, car il avoit tué un des portiers du Pont-Rouge pour ne pas payer un double. Il alla en Portugal, où la disette de gens le fit considérer ; il y fut tué commandant quelques corps de François en petit nombre. Après sa mort, le Roi envoya son ordre à son fils, et donna pension à la mère. Elle se disoit veuve d'un général d'armée et d'un gouverneur de province ; et, allant consoler madame la maréchale de Guébriant, c'étoit environ en même temps : « Ah ! madame, lui « dit-elle, vous avez perdu le héros du Rhin, et moi « j'ai perdu le héros du Tage ! » Or, comme elle faisoit chez elle l'oraison funèbre de son héros, dont elle ne faisoit que d'apprendre la perte, sa sœur Du Menillet, autre savante, s'amusoit avec quelqu'un au coin du feu à démêler l'intrigue du Cid.

Elle faisoit, disoit-elle, lit à part, quoiqu'elle n'eût qu'un seul enfant, parce que M. D'Atis étoit d'une trop bonne maison pour faire des gueux. Jamais elle n'a appelé sa cuisine, quoique fort médiocre, que des offices. Elle a montré vingt ans durant jusqu'à sa mort le plan d'une maison magnifique qu'elle devoit faire bâtir. Un jour qu'elle parloit de cela, je ne sais quel sot, car il falloit qu'elle rencontrât une fois en sa vie quelqu'un qui lui damât le pion en fait de phébus, je ne sais quel impertinent, voyant que son fils avoit été taillé, lui dit sérieusement, pensant lui dire une belle chose, que tout contribuoit à contenter la passion qu'elle avoit de bâtir, et qu'il n'y avoit pas même jusqu'aux reins de monsieur son fils qui ne lui voulussent fournir des pierres pour ses bâtiments.

Ce fils étoit assez grand et assez débauché. Elle ne le

vouloit pas laisser aller à la guerre : il s'en alla un beau matin en Hollande sans lui dire adieu : « Ah ! disoit-elle, » il étoit bien difficile de retenir ce jeune lion. » En Hollande, il empruntoit de l'argent à l'ambassadeur de Portugal, et disoit : « Ma putain de mère ne me donne rien. » De là il alla en Portugal, où il mourut de trois coups d'épée, après avoir tué, à ce qu'elle dit, le capitaine d'une compagnie de chevau-légers et mis le lieutenant hors de combat. On le voulut porter dans un couvent de religieux là auprès. Ces religieux ne vouloient recevoir personne ; mais, dès qu'il se fut nommé : « C'est, « dirent-ils, le fils de ce généreux François ? qu'il « vienne. » Il mourut là de ses blessures, qui étoient toutes par devant. « Le père et le fils, ajoutoit-elle, « me coûtent plus de cent mille livres, et je perds la « terre d'Atis, qui étoit substituée à ce pauvre garçon. »

Elle, qui s'en étoit plainte mille et mille fois durant sa vie, après qu'il fut mort, en disoit des merveilles ; c'étoit la plus grande perte du monde. « Il me dit, di« soit-elle, un peu devant que de s'en aller, une chose « qui mérite d'être gravée en lettres d'or sur le mar« bre. Je lui reprochois ses dettes ; il me dit : Je n'en « ferai plus ; mais, promettez-moi de payer celles que « j'ai faites ; car, quoique je n'aie pas l'âge, il n'y a « point de minorité devant Dieu. »

Elle disoit d'un pauvre livre du père Du Bosc sur la matière de la grâce, dont l'épître au cardinal Mazarin avoit été toute refaite par Patru : « Le livre est « bon, mais l'épître est ridicule. » Elle disoit au même père Du Bosc : « C'est l'opinion de *Molinus*. — Vous « m'excuserez, répondit-il, c'est celle de *Jansenia*. »

Je fus une fois chez elle avec Patru ; elle nous dit

« qu'une sotte femme qu'on appeloit madame d'Atis
(elle ne croyoit pas dire si vrai), « avoit fait deux ré-
« flexions sur le cardinal Mazarin : l'une, qu'il avoit in-
« venté le *hoc*, que la France étoit bien malheureuse
« d'être gouvernée par un homme qui avoit le loisir
« d'inventer des jeux ; l'autre, qu'il avoit mis sa biblio-
« thèque au-dessus de ses écuries, et que c'étoit par-
« fumer les Muses avec du fumier. »

Elle mourut en 1656, et un certain pédant gascon,
nommé Solon, qui étoit son domestique, on ne sait
pourquoi, prit la peine de voler sa cassette quand il
vit la dame à l'extrémité.

M. DE BELLEY [1].

L'évêque de Belley étoit fils d'un M. Le Camus-
Pont-Carré, qui avoit été intendant des finances. Quand
il étoit à son évêché, en Bresse, il voyoit M. de Genève,
François de Sales, qu'on a béatifié depuis. Ce saint
homme un jour s'étant plaint à lui de ce qu'il n'avoit
plus de mémoire : « Pour moi, lui dit-il, j'ai autant de
« mémoire que jamais, mais je manque un peu de ju-
« gement. — Vraiment ! dit l'autre, vous êtes un vrai
« Israélite auquel il n'y a point de fraude [2]. »

En prêchant à Saint-Magloire, le jour de ce saint, il

---

[1] Jean-Pierre Camus, évêque de Belley, né à Paris en 1582, mort en 1652.

[2] Cet aveu naïf, qui n'est pas sans fondement, est bien dans le caractère de simplicité de ce vertueux prélat.

prit ce texte : *Meam gloriam non dabo* (je ne donnerai point ma gloire); et il joua toujours là-dessus.

Une fois, en prêchant devant M. d'Orléans, il dit que les bonnes intentions ne suffisoient pas ; que cela étoit bon pour Dieu, en qui vouloir et faire n'étoient qu'une même chose. « Par exemple, monseigneur, on dira
« quand vous n'y serez plus, car les princes meurent
« comme les autres hommes : M. d'Orléans avoit les
« meilleures intentions du monde, mais il n'a jamais
« su rien faire qui vaille. » Il y avoit là quelques évêques qui firent ce qu'ils purent pour irriter M. d'Orléans ; au lieu de cela, il manda à M. de Belley qu'il l'iroit encore entendre le lendemain. Le bonhomme se douta de quelque chose, ou peut-être en eut-il avis. Il prêcha, et se mit à parler des curés. « Quand un curé
« ne réside point, qu'il ne veut point obéir, on a re-
« cours à monseigneur son évêque ; on écrit à monsei-
« gneur à Paris, qu'un tel, etc. Monseigneur ful-
« mine, etc. Voilà qui est bien, cela ; voilà qui est selon
« les canons. Mais monseigneur le prélat qui ne résidez
« point, que peut-on dire de vous ? » M. d'Orléans rioit comme un fou, et les pauvres évêques, car ils y étoient, étoient dans la plus grande confusion du monde.

Enfin, il permuta son évêché pour d'autres bénéfices de peu de valeur ; mais ce ne fut pas pour faire le courtisan à Paris. Il avoit du bien de patrimoine ; il en épargnoit tout le revenu à cinq cents livres près, et, avec celui de ses bénéfices, il le donnoit tout aux pauvres. De ces cinq cents livres, il payoit pension à l'hôpital des Incurables, où il s'étoit retiré pour assister les malades. Il n'y avoit point de valet, couchoit sur une paillasse piquée ; un de ceux de la maison le servoit, et avoit soin de lui donner un caleçon des pauvres quand il falloit mettre le sien à la lessive, car le bon prélat n'en avoit qu'un. Il se retiroit à cinq heures, et personne ne le voyoit; il alloit l'été passer quelques jours chez M. de Liancourt, et ailleurs étoit toujours gai, mais se retiroit régulièrement à cinq heures.

Les moines, qui le haïssoient comme la peste, à cause du livre intitulé : *De l'ouvrage des Moines* (1), qu'il a fait contre eux, ont épluché bien exactement sa vie; mais ils n'y ont jamais trouvé à mordre.

Il lui prit une fantaisie autrefois de faire des romans spirituels pour détourner de lire les profanes. Cette vision lui vint quand *l'Astrée* commença à paroître. Il faisoit un petit roman en une nuit, et il en a beaucoup fait. C'est un des hommes de France qui a le plus fait de volumes.

Il prêchoit un peu à la manière d'Italie; il bouffonne sans avoir dessein de bouffonner; il fait des pantalonnades quelquefois; mais il reprend bien les vices, et est toujours dans le bon sens. Un jour, il rencontra en son chemin le chevalier Bayard; il ne fit plus que parler de lui, et oublia tout le reste. Une autre fois il fit je ne sais quelle comparaison d'un berger qui paissoit ses brebis dans un vallon; il se mit à décrire ce vallon, puis un bois, puis un ruisseau, et à la fin, revenant à lui : « Messieurs, dit-il, je vous ai menés bien « loin; mais je vous y ai menés par des chemins bien « agréables. »

Le cardinal de Richelieu lui envoya un brevet de conseiller d'État, et ensuite deux mille francs pour une

(1) C'est un Commentaire sur le livre de saint Augustin. (T.)

année de sa pension; il les refusa. « Ah! dit le cardi-
« nal, je ne le croyois pas si désintéressé! » Et ensuite
il l'envoya chercher : « Il faut que nous vous canoni-
« sions, monsieur de Belley, lui dit-il. — Je le voudrois,
« monseigneur, nous serions tous deux contents; vous
« seriez pape, et je serois saint. »

Il refusa un évêché que M. de Chavigny lui vouloit
faire donner, disant qu'il en étoit indigne, et que c'étoit
pour cela qu'il s'étoit défait du sien.

Le cardinal de Richelieu, qui avoit trouvé cet homme
plaisant, l'envoyoit quelquefois quérir, même de Ruel,
quand il étoit las de Bois-Robert et de tous les autres
divertissements; car bien souvent il lui est arrivé de
dire à Bois-Robert : « Ah! mon Dieu! le méchant bouf-
« fon! mais ne sauriez-vous me faire rire? » C'étoit
comme ce noble Vénitien qui disoit : *Sta cosa è troppo
seria, buffon malinconico, fa me rider.* Il envoyoit
aussi chercher quelquefois le père Bernard, qui étoit
un fou de dévotion, et lui faisoit conter l'histoire des
prisonniers et des pendus qu'il avoit assistés au supplice. Ce père Bernard avoit été autrefois très-débau-
ché; puis il s'étoit jeté dans la dévotion, faute de bien,
et son zèle et son emportement l'avoient canonisé
parmi le peuple avant sa mort. Il prêchoit dans les
salles et sur l'escalier de la Charité, et une fois il dit :
« Il faut finir, car voilà l'heure qu'on va pendre un
pauvre *passement d'argent,* et se mit à crier un demi-
quart-d'heure : *Passement* (1) *d'argent.* A sa mort on
vendit trois ou quatre guenilles qu'il avoit au poids de
l'or. Il avoit laissé ses souliers à un pauvre homme;

---

(1) Il faut l'*e* ouvert. (T.)

les dames les lui mirent en pièces pour en avoir chacune un morceau, et lui donnèrent de quoi avoir des souliers pour le reste de sa vie. Pour faire le conte bon, on disoit qu'une d'elles avoit acheté son prépuce tout ce qu'on avoit voulu. Quelque temps durant, on disoit qu'il se faisoit des miracles à son tombeau; enfin, cela se dissipa peu à peu. Il disoit que le cardinal l'avoit reçu comme un prêtre, et M. le chancelier comme un valet de bourreau.

Revenons à M. de Belley. Quand M. d'Orléans alla loger au Luxembourg, il le fit prêcher. Cela ne lui étoit arrivé il y avoit long-temps, car les moines avoient eu assez de crédit pour lui faire défendre la chaire. On dit que M. d'Orléans, le jour de la Passion, étant au sermon entre La Rivière et Tubœuf, qui étoient pourtant assez éloignés de lui, il dit, comme s'il eût parlé à Jésus-Christ : « Je vous vois là, Monseigneur, entre deux bri-« gands. » Prêchant le Carême dans le cabinet de Madame, en parlant des femmes qui se faisoient porter leur robe : « Je conseillerois, dit-il, aux pages et aux « laquais qui leur lèvent la queue, de leur lever aussi « la chemise, et de leur donner le fouet. »

Ayant vu prêcher M. de Grasse sur la matière de la grâce, il dit :

> Voilà un sermon de la Grâce,
> Prononcé de fort bonne grâce
> Par monsieur l'évêque de Grasse,
> Qui n'a pas la mine trop grasse.

Il persévéra et mourut aux Incurables en 1652.

M. PAVILLON (1).

Je dirai un mot de M. Pavillon de Paris, évêque d'Alet en Languedoc, qui n'a d'ordinaire ni cheval ni mule, et donne tout son revenu aux pauvres. Il apaise les querelles, il court après les gentilshommes qui ont pris la campagne. Ce n'est point un cagot. Un seigneur de son diocèse, homme de cœur, se vouloit retirer du monde : « Gardez-vous-en bien, lui dit-il, « vous êtes utile au monde, vous y donnerez bon « exemple, vous apaiserez les querelles. » Et en effet, il l'y fit demeurer.

M. GAUFFRE.

Un maître des comptes, fils d'un procureur des comptes, nommé Gauffre, prit la place du père Bernard, et fit son Oraison funèbre, où il concluoit toujours que le Père Bernard étoit fou, sans expliquer

---

(1) Nicolas Pavillon, évêque d'Alais (que Tallemant et ses contemporains écrivoient autrement), mourut le 8 décembre 1677. Ce vertueux prélat résista avec beaucoup de force aux entreprises de Louis XIV, pour l'extension de la régale.

autrement que c'étoit *stultus propter Christum*. Ce M. Gauffre étoit amoureux d'une femme, qui depuis a été madame de Mauric (1), et par désespoir il se jeta dans la dévotion. Ce qu'il a fait de plus remarquable, c'est que s'étant commis un meurtre dans Notre-Dame, il fit l'amende honorable pour le criminel qu'on ne tenoit pas, et fut la corde au cou dans l'église.

LE GÉNÉRAL DES CAPUCINS.

Il passa, en 1647, un Italien à Paris qui étoit général des Capucins, et en grande réputation de sainteté. Le pape Innocent x lui avoit ordonné de donner sa bénédiction à quiconque la lui demanderoit. Le peuple étoit si persuadé de la sainteté de cet homme, qu'il lui fallut donner des gardes pour empêcher qu'on ne lui coupât tous ses habits; mais il ne faut pas s'étonner de cela après ce que je m'en vais écrire.

Il y avoit sur le pont Notre-Dame une enseigne de Notre-Dame, comme il y en a en plusieurs lieux; durant un grand vent, je ne sais quels sots se mirent en tête qu'ils avoient vu cette image aller d'un bout à l'autre du fer où elle étoit pendue; chose qui ne se pouvoit naturellement, car le vent peut bien faire aller une enseigne de côté et d'autre, ou l'arracher tout-à-fait,

(1) M. de Mauric étoit un vieux conseiller d'Etat. (T.)

mais non pas la faire couler le long de ce fer. Après cela, ils s'imaginèrent qu'elle avoit pleuré et jeté du sang; enfin cela alla si loin, que M. de Paris fut contraint de se la faire apporter, de peur qu'on n'en fît une Notre-Dame à miracles. Pour une bonne fois, il devoit défendre de mettre des choses saintes aux enseignes, comme la Trinité et autres semblables.

Un fou de cabaretier de la rue Montmartre avoit pris pour enseigne la *Tête-Dieu;* le feu curé de Saint-Eustache eut bien de la peine à la lui faire ôter : il fallut une condamnation pour cela.

LE MARÉCHAL DE L'HOPITAL.

Il est le second fils de M. de Vitry, qui quitta le parti de la Ligue le premier; l'aîné fut le maréchal de Vitry. Depuis étant bien avec Henri IV, dont il étoit capitaine des gardes, comme il appeloit ses deux fils François et Nicolas, le Roi ne les appeloit jamais autrement.

Le père, sur ses vieux jours, s'étant retiré, Nicolas, puisque Nicolas y a, fut si fou que de quitter l'abbaye de Sainte-Geneviève, dont il étoit pourvu, et l'assurance de l'évêché de Meaux. On dit qu'il eût eu cent vingt mille livres de rente en biens d'église, et cela à Paris, ou aux portes de Paris, pour se contenter d'une légitime de quatre mille livres de rente tout au plus;

mais il se sentoit porté aux armes. Dans ce dessein, toutes choses étant paisibles en France, il demanda la permission à son père d'aller voyager, en attendant les occasions de guerre que la France lui présenteroit, et que ce seroit toujours du temps utilement employé. « Je « commencerai, ajouta t-il par l'Espagne, si vous le « trouvez à propos. » Le père y consent; mais il l'avertit de prendre garde d'être reconnu, « car vous savez « bien, ajouta-t-il, que j'ai donné autrefois un soufflet à « un seigneur espagnol, en présence de la boiteuse de « Montpensier, à Paris, parce qu'il m'accusoit de n'être « pas ferme dans le parti. » Ce seigneur est d'âge à vivre encore, et apparemment il sera à la cour. A Madrid, ce même seigneur reconnut un gentilhomme nommé le capitaine Champagne, qui étoit avec M. Du Hallier (c'est ainsi qu'on appeloit alors le maréchal). Il avoit vu ce capitaine avec M. de Vitry, durant la Ligue. L'Espagnol lui fit de grandes caresses, et voulut savoir où logeoit son maître; le capitaine le lui dit, ne croyant pas qu'on pût deviner qu'il étoit fils de M. de Vitry; mais l'Espagnol pénétra cela aisément, l'alla voir le lendemain, et lui fit tant de civilités et d'offres de service, que M. Du Hallier, en lui rendant sa visite, ne put se cacher plus long-temps, et lui dit son nom et son dessein, et qu'avant huit ou dix jours il faisoit état de partir pour aller voir toutes les belles villes d'Espagne. Ce seigneur le régala, et le jour de son départ, après lui avoir fait des excuses de ne pouvoir l'accompagner à cause qu'il étoit obligé de suivre le Roi, il lui laissa un paquet plein de lettres du Roi à tous les gouverneurs des lieux où notre voyageur devoit passer. Partout on lui rendoit mille honneurs, et enfin il fut obligé de passer incognito.

J'ai dit ailleurs que ce fut lui qui tua le maréchal d'Ancre. Lauzières, cadet de Themines, disoit tout haut, parlant du maréchal de Vitry : « Ne me donnera-« t-on jamais personne à assassiner traîtreusement et « méchamment pour me faire après maréchal de « France ? »

La grande fortune des deux frères vient de cette belle action, car, sans parler de l'aîné, M. de L'Hôpital a gagné à la cour quarante mille écus de rente. Sa femme, à la vérité, avoit quelque chose. Il a eu plusieurs emplois; il a été gouverneur de Bresse et de Lorraine, ensuite commandé de petites armées avant que d'être maréchal de France. C'est un homme d'humeur douce, sévère à ceux qui s'en font accroire, et qui a empêché le désordre quand il a eu l'autorité. Il est d'une conversation médiocre, et il conte naïvement ce qu'il a vu et ce qui lui est arrivé, comme quand il dit que les gens du poil (roux) dont il avoit été en sa jeunesse avoient de l'avantage quand ils vieillissoient. C'est un vieillard qui n'a pas mauvaise mine; mais il ne l'a pas fort relevée, et c'est un génie assez médiocre pour toutes choses, mais pitoyable sur le chapitre de l'amour.

Il a été fou d'une certaine madame de Vilaine, vilaine de nom et d'effet, et jusque-là que trois ou quatre jeunes gens de la cour ayant, par folie, gagé à qui en feroit le plus en une nuit, après avoir pris des drogues pour cela, on dit que ce fut elle qui leur servit de quintaine. Il en mourut deux, je pense, et les autres furent bien malades.

Il fut comme accordé avec une sœur du maréchal d'Aumont d'aujourd'hui, veuve de M. de Sceaux (1), secrétaire d'État, belle, jeune, et qui avoit cent mille écus et un douaire de huit mille livres par an. Il n'y avoit plus qu'à signer ; il y alloit, quand il trouva madame de Vilaine en chemin, qui, l'appelant *infidèle Birène* (2), le fit revenir, et il s'envoya excuser. Cette veuve épousa depuis le comte de Lannoi (3), et leur fille a été la première femme de M. d'Elbeuf (4) d'aujourd'hui. Cette madame de Vilaine le posséda encore trois ans. Cette femme devint grosse durant l'exil de son mari, car il fut relégué à Raguse. Pour couvrir cela, elle fit le voyage, et ne revint qu'après être accouchée. On ne disputa point l'état de son fils. C'est ce fou de marquis de Vilaine que nous voyons partout. Ce n'est pas le vrai Vilaine du pays du Maine ; ils sont de la ville, mais de famille ancienne : le père avoit été de quelque cabale. Pour l'accompagner à Raguse, elle mena avec elle un Italien nommé Benaglia, commis de M. Lumagne. Ce garçon, qui n'avoit vu père ni mère depuis vingt-cinq ans, passa aux portes de leur ville sans y entrer, disant que ce n'étoit pas pour cela qu'il étoit venu en Italie. On conte de lui que quand on le menoit pour deux mois aux champs, il portoit soixante

---

(1) Anne d'Aumont, veuve d'Antoine Potier, seigneur de Sceaux.

(2) Allusion à la princesse Olympie, abandonnée par Birène sur une plage déserte. (*Orlando furioso*, canto 10.)

(3) Charles, comte de Lannoi, conseiller d'État, premier maître-d'hôtel du Roi, gouverneur de Montreuil, mourut en 1649.

(4) Charles de Lorraine, duc d'Elbeuf, épousa, en 1648, Anne Élizabeth, comtesse de Lannoy, veuve de Henri Roger Du Plessis, comte de La Roche-Guyon. Il la perdit le 3 octobre 1654.

paires de chaussons, et ainsi du reste. Il fut deux ans sans parler, puis tout d'un coup il parla fort bien françois; on s'en étonna. « C'est, dit-il, que je n'ai point « voulu parler que je ne susse bien la langue. »

Après cela, il devint amoureux de madame Des Essars (1), que le cardinal de Guise, à ce qu'elle prétendoit, venoit de laisser veuve avec trois ou quatre enfants : l'abbé de Chailly, le comte de Romorantin, le chevalier de Lorraine et madame de Rhodes (2). Pour l'amour d'elle, le cardinal de Guise donna un soufflet à M. de Nevers dans la contestation du prieuré de La Charité, où elle avoit quelques prétentions pour son fils (3).

C'est d'elle que veut parler Maynard quand il dit :

> Et la pauvrette s'est donnée
> D'un ... tout au travers du corps ;

car on dit que, pour se consoler de la mort du cardinal, elle coucha avec un valet-de-chambre qui lui ressembloit. Elle étoit fille de madame de Cheny, de la maison de Harlay (4), qui étant veuve eut une galanterie

(1) Charlotte Des Essars, dame de Sautour, comtesse de Romorantin, mariée au maréchal de L'Hôpital.

(2) *Voyez* Dreux Du Radier, *Histoire des reines et régentes*, article de Charlotte Des Essars, comtesse de Romorantin.

(3) Voyez *les Mémoires de Marolles*, pag. 45 de l'édition in-folio, et Dreux Du Radier au lieu déjà cité.

(4) Charlotte de Harlay, veuve de Jean de La Rivière, seigneur de Cheny, bailly de Sens, étoit fille de Louis de Harlay, seigneur de Cesy et de Champvallon, et de Louise de Carre (ou Car), dame de Saint-Quentin. D'après le Père Anselme, qui n'est pas suspecté de trop de complaisance, elle auroit épousé François Des Essars, seigneur de Sau-

avec un M. de Sautour de Champagne, d'où vint madame Des Essars, qui se disoit légitime, mais il n'y avoit jamais eu de mariage.

Beaumont-Harlay, allant en ambassade en Angleterre, y mena sa femme et cette fille aussi qu'il tira de religion : elle s'appeloit alors mademoiselle de La Haye ; elle devint grande et si belle qu'il n'y avoit que madame Quelin et madame la Princesse qui en approchassent (1). Elle eut deux filles, madame de Fontevrault et madame de Chelles (2). Madame la Princesse avoit plus d'agrément que pas une, mais les deux autres étoient plus belles : madame de Beaumont (3) en étoit terriblement jalouse.

Henri IV, dès le temps que mademoiselle de La Haye étoit en Angleterre, ouït parler de cette beauté ; quand elle fut ici, il fit son traité pour trente mille écus, je pense : après cela elle se nomma madame Des Essars, disant que c'étoit une terre de M. de Sautour, son père. On dit qu'elle se faisoit frotter par tout le corps par trois ou quatre gros coquins, et après, les pores étant bien ouverts, elle s'oignoit depuis les pieds jusqu'à la tête de cette pommade qu'on appelle encore

---

tour, lieutenant de roi en Champagne, et de cette alliance seroit issue la comtesse de Romorantin. Tallemant est d'une opinion contraire.

(1) Voir tome 1, p. 105 et 106.

(2) Marie Moreau, femme de Nicolas de Harlay, seigneur de Sanci et de Beaumont, ambassadeur en Allemagne et en Angleterre, colonel-général des Suisses, etc., etc. Elle mourut en 1629.

(3) La comtesse de Romorantin eut deux filles du Roi, Jeanne-Baptiste de Bourbon, abbesse de Fontevrault, en 1637, et Marie Henriette de Bourbon, abbesse de Chelles, en 1627. (*Voyez* le Père Anselme, t. 1, p. 151.)

la pommade de madame Des Essars : rien ne fait la peau si douce.

Elle avoit une antipathie naturelle pour les châtrés, et quand elle en voyoit un, si elle ne s'évanouissoit pas, il ne s'en falloit guère.

Le feu Roi voyant M. Du Hallier épris de cette femme, dit : « Il ne sauroit aimer qu'une *vilaine*. » Ce n'étoit que pour l'âme cette fois-là, car elle étoit encore belle. Comme il ne se pouvoit résoudre à l'épouser, elle l'alla trouver sur le chemin de Lyon, quand le Roi y fut si malade, et le soir après souper, quand ils furent seuls, elle prit un couteau, et lui dit qu'elle le tueroit, s'il ne lui promettoit de l'épouser le lendemain matin ; il le promit ; pensez que ce ne fut pas par frayeur. En effet, il l'épousa, et disoit que p..... pour p....., il aimoit mieux celle-là qu'une autre. Au sortir d'une grande maladie, elle fut travaillée d'une insomnie qui dura long-temps. Un jour, comme elle s'en plaignoit, un Jésuite assez gaillard, nommé le Père Geoffroy, lui dit en riant : « Madame, j'ai re-
« marqué qu'à mes sermons vous n'en faisiez qu'un
« article : vous dormiez depuis le texte jusqu'à la bé-
« nédiction ; voulez-vous que nous voyions tout-à-
« l'heure s'ils auroient encore la même vertu, » et en même temps, il dit : *In nomine Domini,* etc. Il prêche, elle s'endort, et dormit toujours bien depuis. Madame de Clermont d'Entragues, la bonne amie de madame de Rambouillet, alloit sans cesse au sermon, et y dormoit aussi sans cesse, puis ne dormoit point la nuit. On disoit que c'étoit la personne du monde qui avoit le plus couru de sermons, et qui en avoit le moins ouï.

Il a deux neveux qui ont aussi fait des mariages avec des personnes où il y avoit à refaire. Persan-Bournonville a quitté une bonne abbaye pour la Chazelle, et Vitry a épousé la petite de Rhodes, dont la naissance étoit si peu certaine qu'il fallut donner vingt mille écus à Senecterre pour l'empêcher de prendre requête civile.

La feue maréchale gouvernoit absolument son mari, lui faisoit traiter ses enfants de princes : elle n'en a point eu de lui ; et, pour frustrer M. de Vitry, elle lui faisoit vendre ses terres et en acheter d'autres, afin qu'ils fussent acquêts de la communauté. Il avoit même accordé la petite de Romorantin, fille d'un fils de la maréchale, au fils de M. de Brienne ; mais, depuis, ce mariage se rompit.

Cette extravagante se faisoit servir sept à huit potages dans des bassins, et après on apportoit un poulet d'Inde, deux poulets et une fricassée, et au dessert, un fromage mou et des pommes ou des confitures. Elle s'avisa, en 1650, de se vouloir purger au printemps, et dit au fils de son apothicaire, dont le père venoit de mourir : « Faites-moi une médecine comme votre père faisoit. » On ne sait si ce garçon fit quelque quiproquo, mais tant il y a qu'elle y fut plus de cinquante fois, fit bien du sang, et pensa rendre tripes et boyaux. Enfin, elle mourut l'année suivante ; son mari trouva assez de dettes, à quoi il ne s'attendoit pas. Il n'y avoit point d'ordre avec cette femme, et de plus, il lui falloit toujours quelqu'un qui sans doute vouloit être bien payé. A Vitry, dont il étoit gouverneur particulier, quoiqu'il fût seul lieutenant de roi sous M. le prince de Conti,

cette vieille *dagorne* (1) fit semblant de vouloir montrer quelque chose à un jeune cavalier qui avoit dîné avec le maréchal; et quand elle se vit seule avec ce garçon : « Tr...... moi, lui dit-elle. — Allez au dia-
« ble, vieille chienne, lui répondit-il ; allez chercher
« ailleurs. »

MENANT ET SA FILLE.

C'étoit un homme d'affaires dont on conte d'assez plaisantes choses. Au commencement de sa fortune, il s'associa avec un nommé Alix. Menant voulut tenir la bourse, et quand ce fut à rendre compte, il fit un si gros cahier de frais que l'autre ne put s'empêcher d'en murmurer, et de dire qu'il n'aimoit pas qu'on le dupât. Menant s'en tint si offensé, qu'il lui dit qu'il le vouloit voir l'épée à la main : « Volontiers, » dit l'autre. Les voilà bien échauffés : cependant ils prennent six semaines de temps pour mettre ordre à leurs affaires; pendant ce temps-là, Menant estocadoit tous les jours contre la quenouille de son lit, et le jour du combat étant venu, ils vont tous deux au Pré-aux-Clercs. Comme ils furent en présence, Menant demanda à Alix s'il étoit en l'état où un homme de bien devoit être, et en même temps il déboutonna son pourpoint; l'autre marchandoit : Menant l'approche,

(1) *Dagorne*, terme populaire et injurieux qu'on dit à une femme vieille, laide et de mauvaise humeur. (*Dictionnaire de Trévoux*.)

et lui trouve une main de papier sur l'estomac. Le voilà à l'appeler lâche et poltron ; Alix lui répond qu'il eût été bien sot de se mettre en danger pour une badinerie. « Le diable emporte le duel ! dit-il ; j'aime « mieux vous passer votre cahier, et ôtez-vous cette « folie de la tête. » Menant se laisse persuader, et de ce pas ils allèrent déjeûner ensemble.

Long-temps après, Menant eut un grand procès contre un nommé Bajasson et contre un nommé Parnajon. Cette affaire lui avoit tellement frappé la cervelle, que la première chose qu'il disoit aux gens, c'étoit : « Je ruinerai Bajasson, et je ferai pendre Par- « najon. » Ce Bajasson avoit marié sa fille avec feu M. Bignon, avocat-général au Parlement : cela faisoit qu'il n'espéroit pas pouvoir le faire pendre. Enfin M. Bignon avec Berger, frère de Menant, conseiller au Parlement, résolut de faire un si gros compromis pour mettre cette affaire en arbitrage, que personne ne s'en pût dédire. Pour tiers, il trouva ce M. Alix, dont nous venons de parler. Alix, qui connoissoit le pélerin, leur remontra que s'ils ne donnoient à Menant quelque chose plus qu'il ne lui appartenoit, ils n'en viendroient jamais à bout. Cela fut fait comme il l'avoit dit ; mais Menant ne s'en contenta point, et ne se voulut point tenir à la sentence arbitrale ; il alléguoit pour ses raisons que Bignon étoit un finet, Berger une grosse bête, et qu'Alix se souvenoit peut-être de leur duel.

L'âge le rendit plus extravagant, et sur ses vieux jours il s'imaginoit tous les ans, durant deux ou trois mois, qu'il étoit dans le néant. Une fois, il alléguoit en pleine audience, pour une ouverture à une requête civile, que sa partie avoit fait donner cet arrêt pendant qu'il étoit dans son *néant.*

En colère contre Monceau, son gendre, et le frère de Monceau, gendre de M. Rambouillet (1), parce qu'ils avoient pris la ferme des Aides qu'il vouloit avoir, et le conseil le traitoit de fou, il alla trouver M. Rambouillet, et lui dit qu'il avoit une petite grâce à lui demander : « C'est que vous ne trouviez pas mau- « vais que je fasse pendre votre gendre avec le mien, « car ils ne valent rien tous deux. »

Il avoit prêté autrefois au feu Roi, dans une affaire pressante, jusqu'à quatre cent mille livres, qui furent portées à l'Epargne. Plusieurs fois, on lui voulut donner des assignations sur d'autres fonds; mais il vouloit être payé à l'Epargne, où l'on ne paie que de petites parties. Il s'y opiniâtra si bien qu'il n'en toucha jamais un sou. Comme le feu Roi étoit à l'extrémité, Menant alla trouver messieurs du conseil, et leur dit qu'ils n'avoient point de charité, de laisser mourir le Roi sans faire restitution.

Il avoit une fille qui, dès l'âge de dix ans, fut cajolée par ce La Vallée, qui a été depuis l'homme du Roi auprès du maréchal de La Mothe en Catalogne. C'étoit un huguenot, fils d'un officier de feu M. le prince de

---

(1) Ce financier célèbre étoit le père d'Antoine Rambouillet de La Sablière, auteur de madrigaux fins et spirituels, et mari de la célèbre madame de La Sablière. Le père avoit créé dans le hameau de Reuilly, au faubourg Saint-Antoine, un magnifique jardin, dont il ne reste plus que la porte d'entrée. Sa famille étoit alliée à celle de Tallemant; elle étoit tout-à-fait distincte de la maison d'Angennes de Rambouillet. (*Voyez* la Vie de La Sablière à la tête de l'édition de ses *Poésies diverses*, publiées par M. Walckenaer; Paris, Nepveu, 1825.)

Condé, qui fut empoisonné à Saint-Jean d'Angely. Il avoit gagné une gouvernante qui lui faisoit donner des rendez-vous par cet enfant dans l'écurie. La mère n'étoit qu'une bête; la fille avoit quatorze ans, et la chose étoit si publique qu'on ne croyoit pas que personne voulût penser à une fille de qui on disoit tant de sottises. Un des plus riches garçons de Charenton, nommé Monceau, y pensa. La Vallée lui fit un jour belle peur, car comme il connoissoit toute la cour, M. de Montmorency et M. de Monat lui prêtèrent des gens pour épouvanter son rival; on en informa, et on passa outre. La mère du garçon alla s'en conseiller à tous ses amis; personne ne lui conseilla de faire ce mariage : il fut conclu pourtant. La Vallée demanda des dépens, dommages et intérêts; car il avoit toujours doublé ses manteaux de panne bleue à cause que c'étoit la couleur de la demoiselle, et il avoit beaucoup dépensé à faire broder ses manteaux de doubles *M*, pour dire *Marie Menant*. Cela s'accommoda, et le lendemain des noces, la belle-mère montra à tout le monde les marques du pucelage aux draps, en disant :
« Si on ne les y avoit point trouvées, on l'eût renvoyée
« chez ses parents. »

LE MARÉCHAL DE GASSION (1).

Le maréchal de Gassion étoit d'une bonne famille de la robe. Son aïeul étoit second président du parlement de Navarre. Comme il étoit huguenot, on lui disputa cette place qui lui appartenoit par ancienneté; mais il s'avisa d'un bon expédient. Un dimanche, étant parti de chez lui pour aller au prêche, au lieu d'y aller il alla à la messe, en disant : « N'y a-t-il que cela à « faire ? » Mais il ne continua pas, et n'alloit ni à prêche ni à messe. Il exerça par commission la charge de premier président, car Henri IV, par quelque considération, ne la lui voulut pas donner en titre. Son fils aîné le suivit, et possède aujourd'hui cette charge (2).

La mère du maréchal étoit une bossue, qui ne manquoit pas d'esprit et faisoit la goguenarde. On dit qu'un jour elle vit une femme qui boitoit des deux côtés : « Hola ! lui dit-elle, ma commère, vous qui allez de côté « et d'autre (et en disant cela elle la contrefaisoit), dites-« nous un peu des nouvelles. — Dites-nous-en vous-« même, vous qui portez le paquet, » lui répondit cette

---

(1) Jean de Gassion, né à Pau en 1609, tué devant Arras en 1647.
(2) Les neveux du maréchal, qui portent l'épée, fils du président son frère, ont fait faire sa Vie trop ample et misérablement écrite par l'abbé de Pure. Ils affectent de faire passer leur maison pour être d'ancienne noblesse, et font une généalogie telle qu'il leur plaît. (T.)

femme. On fait ce conte de plusieurs personnes, et on en a même fait une épigramme.

Gassion étoit le quatrième garçon, et avoit un cadet. Après qu'il eut fait ses études, on l'envoya à la guerre ; mais on ne le mit pas autrement en bon équipage. Son père lui donna pour tous chevaux un vieux courtaut, qui pouvoit bien avoir trente ans : il n'y avoit plus que celui-là en tout le Béarn, et on l'appeloit par rareté *le courtaut de Gassion*. Il y a apparence que le jeune homme n'étoit guère mieux pourvu d'argent que de monture. Le gentil coursier le laissa à quatre ou cinq lieues de Pau : cela n'empêcha pas qu'il n'allât jusqu'en Savoie, où il se mit dans les troupes du duc de Savoie, le bossu, car alors il n'y avoit point de guerre en France. Mais le feu Roi ayant rompu avec ce prince, tous les François eurent ordre de quitter son service : cela obligea notre aventurier à revenir au service du Roi. A la prise du Pas de Suze, il fit si bien, n'étant que simple cavalier, qu'on le fit cornette ; mais l'accommodement fut bientôt fait entre le Roi et le duc, et la compagnie dont il étoit cornette cassée, il vient à Paris, demande une casaque de mousquetaire ; on la lui refuse à cause de sa religion. De dépit il passe avec quelques François en Allemagne ; et quoique dans la troupe il y eût des gens plus qualifiés que lui, sachant parler latin, on le prit partout pour le principal de sa bande. Un de ceux-là fit les avances d'une compagnie de chevau-légers qu'ils vinrent lever en France pour le roi de Suède. Il en fut le lieutenant : son capitaine fut tué, le voilà capitaine lui-même. Il se fit bientôt connoître pour homme de cœur, et de telle sorte qu'il obtint du roi de Suède qu'il ne recevroit l'ordre que de Sa Majesté seule. Ce fut à la charge de marcher toujours à la tête de l'armée, et de faire, en quelque sorte, le métier d'enfants perdus. Dans cet emploi il reçut ce furieux coup de pistolet dans le côté droit, dont la plaie s'est rouverte par plusieurs fois, tantôt avec danger de sa vie, tantôt cette ouverture lui servant de crise aux autres maladies, car il en eut plusieurs, et une même un peu avant sa mort (1).

Le roi de Suède, au bout de six mois, le fit colonel d'un régiment composé de huit compagnies de cavalerie.

Après la mort du roi de Suède, il accompagna le duc de Weimar en France. La première fois qu'il y vint à la tête de son propre régiment, le cardinal de Richelieu le voulut attirer dans le service du Roi ; et quoique françois, il fut toujours payé et traité en étranger, et la justice militaire lui en fut accordée à l'exclusion de tous autres juges, comme aussi de donner les charges qui vaqueroient dans ce régiment, ce qui lui a été toujours conservé, quoique ce régiment se trouvât à la fin monté jusqu'à dix-huit cents chevaux en vingt compagnies. La plupart des étrangers qui venoient servir le Roi voulloient être sous sa charge, tant il leur rendoit bien la justice ; aussi étoit-il seul en France qui, étant fran-

(1) Il s'étoit fait traiter de ce coup avec la poudre de sympathie ; cela lui laissa un sac. (T.) — La poudre de sympathie est une des fables les plus ridicules de la médecine du dix-septième siècle. C'étoit un mélange de *couperose verte*, dite aujourd'hui *sulfate de fer*, pulvérisée et mélangée de gomme arabique. On répandoit cette poudre sur un linge trempé dans l'humeur qui sortoit de la plaie, et on prétendoit que le malade éprouvoit un grand soulagement. (Voyez le *Discours par le chevalier Digby touchant la guérison des plaies par la poudre de sympathie* ; Paris, 1681, in-12.)

çois, eût le nom de colonel, excepté le colonel des Suisses. Quand quelqu'un avoit offensé le moindre de ses cavaliers, il menoit avec lui ce cavalier, et lui faisoit faire raison d'une façon ou d'autre.

Il faut avouer que ce lui fut un grand avantage de venir de l'armée du roi de Suède, et d'avoir un corps étranger; cela contribua beaucoup à en faire faire l'estime qu'on en fit d'abord. Jamais homme n'a mieux entendu à tourmenter les ennemis que lui. Pendant un hiver, étant maréchal de France, il leur enleva dix-sept quartiers.

Pour preuve de cela, il étoit au siége de Dole, simple colonel; cependant tout le monde disoit qu'il n'y avoit que lui qui fît si bien que ses travaux et ses batteries réussissoient toujours; cela venoit de ce qu'il n'y avoit que lui qui fît du bruit. Il enlevoit des quartiers, il couroit partout. A l'arrivée de feu M. le Prince à Dijon, après avoir levé le siége, on ne regardoit que Gassion. Le Prince et le grand-maître de La Meilleraye en pensèrent enrager. Il y eut un avocat qui se jeta à genoux devant lui, et lui dit, en lui montrant des dames du nombre desquelles étoit sa femme, qu'il n'y en avoit pas une qui ne voulût avoir un petit Gassion dans le corps pour servir le Roi et la patrie. A son hôtellerie il trouva tant de gens qu'il fut long-temps sans pouvoir gagner sa chambre, et le soir des dames bien faites et bien accompagnées le vinrent voir chez un gentilhomme du pays nommé Guerchy. Il les salua vergogneusement, car il n'y eut jamais homme moins né à l'amour. La première, qui étoit femme d'un conseiller, et l'une des plus jolies de la ville, lui dit : « J'ai plus de joie que vous m'ayez baisée que si on

« m'avoit donné cent mille livres. — Que diable feriez-
« vous donc, lui dit Guerchy, s'il vous avoit......? »

Il mena admirablement les gens à la guerre. J'en ai ouï conter une action bien hardie et bien sensée tout ensemble. Avant que d'être maréchal-de-camp, il demanda à quinze ou vingt volontaires s'ils vouloient venir en partie avec lui : ils y allèrent. Après avoir couru toute une matinée, sans rien trouver, il leur dit : « Nous sommes trop forts, les partis fuient devant « nous ; laissons ici nos cavaliers et allons-nous-en tous « seuls. » Les volontaires le suivent. Ils s'avancent jusqu'auprès de Saint-Omer. Quand ils furent là, voilà deux escadrons de cavalerie qui paroissent et leur coupent le chemin, car Saint-Omer étoit à dos de nos gens. « Messieurs, leur dit-il, il faut périr ou passer. « Mettez-vous tous de front; allez au grand trot à eux, « et ne tirez point. Le premier escadron craindra, « voyant que vous ne voulez tirer qu'à brûle pourpoint; « il reculera et renversera l'autre. » Cela arriva comme il l'avoit dit. Nos gentilshommes bien montés forcent les deux escadrons et se sauvent tous à un près. En voici un autre qui est bien aussi hardi, mais il me semble un peu téméraire. « Ayant eu avis que les Cravates « emmenoient les chevaux du prince d'Enrichemont, « depuis duc de Sully, il voulut aller les charger ac-
« compagné seulement de quelques-uns de ses cava-
« liers; et s'étant trouvé un grand fossé entre lui et les « ennemis, il le fit passer à la nage à son cheval sans « regarder si on le suivoit, tellement qu'il alla seul aux « ennemis, en tua cinq, mit les autres en fuite, et re-
« vint avec trois des nôtres qu'ils avoient pris, et qui « lui aidèrent peut-être dans le combat : il ramena

« tous les chevaux. » Il fut envoyé avec quatre mille hommes et la fleur de la noblesse de Normandie pour châtier les Pieds-nus à Avranches. Peu de gens l'arrêtèrent quatre heures et demie à l'entrée d'un faubourg, où ils n'avoient pour toute défense qu'une méchante barricade, et ils étoient battus de la ville. Il y courut grand danger, car un des rebelles, vaillant autant qu'on le peut être, et tellement dispos qu'il sautoit partout où il pouvoit mettre la main, tua le marquis de Courtaumer, croyant que c'étoit le colonel Gassion. Ce galant homme sauta quatre fois la barricade, et après se sauva. Gassion fit tout ce qu'il put pour le trouver, lui faire donner grâce et le mettre dans ses troupes; il n'osa s'y fier. Au bout de quelques mois, il fut pris dans un cabaret en Bretagne, où, étant ivre, il se vanta d'avoir tué Courtaumer. Le chancelier, qui avoit été envoyé en Normandie avec Gassion, le fit rouer vif à Caen. Tous les autres s'étoient fait tuer, à dix près qui furent pris. On donna la vie à un à condition qu'il pendroit les autres; il eut de la peine à s'y résoudre : enfin, il le fit. Il y en avoit un qui étoit son cousin-germain ; quand ce vint à lui : « Hé cousin! lui dit-il, ne me « pends pas. » Cela passa en proverbe. Cet homme quitta le pays et se fit ermite.

Après la bataille de Sédan, on lui permit de traiter de la charge de mestre-de-camp de la cavalerie légère, qu'avoit le marquis de Praslin qui y fut tué. Le cardinal de Richelieu, en parlant à lui, ne l'appeloit presque jamais que *la Guerre,* et M. de Noyers (car ils étoient amis, et le maréchal l'alla voir à Dangu après sa disgrâce) lui disoit que sans la religion on pourroit faire quelque chose pour lui; mais il étoit ferme, et on a trouvé après sa mort qu'il avoit fait beaucoup de notes sur la Bible. Quand il eut traité de cette charge, il vint voir mon père : « Monsieur, lui dit-il, j'ai ce matin « été au palais pour ce traité. Jésus ! que de bonnets « carrés ! cela m'a fait peur. » Regardez si cela étoit raisonnable pour un homme qui étoit frère, fils et petit-fils de présidents.

Gassion, étant maréchal-de-camp, maltraita un commissaire de l'artillerie ; cet homme s'en voulut ressentir. Le cardinal défendit à Gassion de se battre contre celui-là. Paluau, aujourd'hui le maréchal de Clairambault, plutôt pour essayer si Gassion étoit aussi vert-galant à l'épée qu'au pistolet, l'appela pourtant pour cet homme. Gassion dit la défense du cardinal : « Mais « pour vous, monsieur, je vous en donnerai le divertis-« sement quand vous voudrez. » Ruvigny servit Paluau ; Paluau fut blessé au bras, et ils en étoient aux prises et ne se pouvoient faire de mal l'un à l'autre, quand ils prirent Ruvigny pour témoin de l'état où ils se trouvoient. Ruvigny étoit à les regarder, car Saurin, officier du régiment de Gassion, lâcha le pied. Gassion le cassa.

Quand il eut persuadé à M. le duc d'Enghien de donner la bataille de Rocroy, en lui représentant que, quel qu'en fût le succès, on ne punissoit point des gens de sa qualité, pour lui, il butoit à se faire maréchal de France, en mettant M. d'Enghien de son côté.

Un gentilhomme, pris par les Espagnols, fut mené au comte de Fontaine, qui lui demanda plusieurs choses, et principalement si Gassion y étoit. « Oui, « monsieur, il y est. — Si vous le dites, je vous ferai « donner du pistolet par la tête. » Nous parlerons de cette bataille, dont il eut le plus grand honneur, dans les Mémoires de la régence.

A Thionville, comme il vit un siége (1) : « Ah ! « dit-il, n'est-ce que cela ? » Et il comprit en peu de temps le métier d'assiégeur de villes : il y reçut une grande blessure à la tête, dont il pensa mourir.

On surprit une lettre de Francesco de Melo qui disoit : « Nous avons perdu Thionville, mais les enne-« mis y ont perdu Gassion, le lion de la France et la « terreur de nos armées. » Cette lettre lui fut envoyée par la Reine à Bagnolet, où il achevoit de se guérir. L'hiver suivant il fut fait maréchal de France par le crédit de M. d'Enghien.

On dit que comme Gassion pressoit fort le cardinal Mazarin pour le bâton, le cardinal lui dit : « M. de « Turenne, qui doit aller devant, n'est pas si hâté. — « M. de Turenne, répondit Gassion, honorera la « charge, et moi j'en serai honoré. »

Notre nouveau maréchal fit deux choses quasi en même temps qui ne se rapportoient guère, car il alla à la cène devant le prince Palatin, qui a épousé la princesse Anne, et le dimanche suivant ayant trouvé sa place prise, il ne voulut jamais souffrir qu'un gentilhomme en sortît, et alla chercher place ailleurs; mais cela vient de ce qu'il n'étoit né que pour la guerre.

Il étoit tout l'hiver en Flandre, et ne venoit point comme les autres à la foire Saint-Germain. C'étoit peut-être un des hommes du monde le plus sobres. La

---

(1) Cependant il avoit été à Dole. Je crois que cela arriva à Dole au lieu de Thionville. (T.)

Vieuville, depuis surintendant des finances, lui donna son fils aîné pour lui apprendre le métier de la guerre. Ce jeune homme le traita à l'armée magnifiquement. « Vous vous moquez, dit-il, monsieur le « marquis : à quoi bon toutes ces friandises ? Mor-« dioux ! il ne faut que bon pain, bon vin et bon « fourrage. »

C'étoit un des plus méchants courtisans de son siècle. A la cour, beaucoup de filles, qui eussent bien voulu de lui, le cajoloient et lui disoient : « Vraiment, mon-« sieur, vous avez fait les plus belles choses du monde. « — Cela s'entend bien, » disoit-il. Une ayant dit : « Je voudrois bien avoir un mari comme M. de Gas-« sion. — Je le crois bien, » répondit-il.

Ségur, fille de la Reine, de la maison d'Escars, avoit quelque espérance de l'épouser, assez mal fondée pourtant, car elle n'étoit ni jeune ni belle. Lui disoit : « Elle me plaît, cette fille, elle ressemble à un « Cravate. » A la vérité, il n'a jamais été d'aucune cabale ; mais il n'avoit point de discrétion pour le cardinal ; et un jour, sans considérer qu'il y avoit des espions autour de lui, il dit en recevant un gros paquet du cardinal : « *Que nous allons lire de baga-*« *telles !* » Aussi croit-on que le cardinal le vouloit perdre ou lui ôter son emploi.

Il avoit eu le malheur de se brouiller avec M. le Prince. Nous en dirons tout le particulier ailleurs : il n'étoit pas trop compatible et avoit le commandement rude : nous rapporterons des exemples.

Comme j'ai remarqué, il étoit fort sobre ; il n'étoit point joueur non plus, ni adonné aux femmes. « Fem-« mes et vaches, disoit-il, ce m'est tout un, mor-

« dioux! » Et Marion Cornuel (1) disoit : « Bœufs et
« Gassions, ce m'est tout un. »

Madame de Bourdonné (2), femme du gouverneur
de La Bassée, du temps du cardinal de Richelieu, le
pensa faire enrager. M. le comte de Harcour et lui
dînoient à La Bassée ; cette femme se mit à parler des
faits de Gassion. Déjà cela ne lui plaisoit guère ; il n'é-
toit point fanfaron. Ensuite, après en avoir demandé
pardon à son mari, elle dit qu'elle n'auroit pas de plus
grande joie au monde que d'avoir un fils de la façon
d'un si brave homme. Le voilà qui rougit, qui se dé-
ferre, et ne pouvant plus endurer cela, il monte sur
son grand cheval, en disant : « Mordioux ! mordioux !
« cette femme est folle. »

Quand Bougis, son lieutenant de gendarmes, demeuroit trop long-temps à Paris l'hiver, il lui écrivoit : « Vous vous amusez à ces femmes, vous périrez
« malheureusement ; ici, vous verriez quelque belle
« occasion. Quel diable de plaisir d'aller au Cours et
« de faire l'amour ! Cela est bien comparable au plai-
« sir d'enlever un quartier ! »

Pour le bien, il n'a pas volé ; mais il ne pouvoit se
résoudre à perdre. Il fit dire à un marchand de Paris,
qui lui fit banqueroute de dix mille livres avant qu'il
fût maréchal, qu'il lui seroit impossible de laisser au
monde un homme qui lui emporteroit son bien. Il fut
payé. Avec tout cela, il n'avoit guère de revenu : les
salines de Béarn, un engagement de douze mille livres

---

(1) Elle étoit fille du premier mariage de M. Cornuel. (*Voyez* plus
bas l'article de *madame Cornuel*.)

(2) Elle avoit de la barbe. (T.)

de rente, La Motte-au-Bois, en Flandre, dont il jouissoit, qui fut perdue pour ses héritiers. Tout ce qu'il a laissé ne vaut pas huit cent mille livres. Il y eut des gens à la cour qui vouloient qu'on mît la main dessus.

Il fit avoir à son frère l'abbé, qui étoit le plus jeune de tous, l'évêché d'Oleron et l'abbaye du Luc en Béarn. Pour celui qui portoit les armes, et qu'on appeloit Bergère, car le second étoit marié dans le pays et n'a point paru, il ne l'a point trop bien traité. Celui-ci avoit été avocat; enfin, il suivit son frère. Au commencement il n'y alloit pas trop bien. Gassion, alors colonel, en une occasion lui ordonna d'aller à la charge avec cinquante maîtres, et lui déclara que s'il lâchoit le pied, il lui passeroit l'épée au travers du corps. Bergère fit de nécessité vertu, et depuis alla aux coups comme un autre : c'étoit son aîné. En quelques rencontres il n'a pas trop pris son parti. Bergère étoit un bon garçon, mais sans jugement, aussi beau que son frère étoit laid. Le maréchal étoit petit et noir, mais il avoit la mine guerrière. Ce frère ne parloit que de *mon frère le maréchal*. Je me souviens qu'il disoit une fois : « Je prétends bien être maréchal de France « aussi, avant que la guerre finisse. — Hélas ! dit ma « mère naïvement, que nous avons donc à souffrir ! » Il n'en fit que rire, et dit : « Certes, vous me l'avez « donnée bonne. »

Il en usa fort bien en une rencontre. Il avoit un parent nommé Cimetières, auquel il faisoit toucher des appointements assez considérables. Ce garçon enleva la fille d'un marchand basque appelé Tossé, qui demeure à Calais, chez qui le maréchal avoit logé. M. de Gassion ôta à Cimetières tous ses appointements, le poursuivit lui-même en justice, et ne lui voulut jamais pardonner que Tossé ne l'en eût prié. Les ennemis le regrettèrent et disoient que c'étoit un ennemi de bonne foi, et qui étoit doux aux prisonniers. On lui fit un tombeau dans le cimetière de Charenton, où l'on mit aussi Bergère, qui mourut un peu après lui à Paris.

Il avoit fait son testament à la hâte, en allant à Landrecy, dont il croyoit attaquer les lignes. Il laissoit la moitié de son bien à son frère le président, qui s'en plaint et dit que la coutume de Béarn lui donnoit davantage, car tout ce qui se trouvoit dans le pays lui appartenoit, et cela montoit à plus que la moitié : ce fut ce qui obligea le maréchal d'en user ainsi. Ce président assiégea Bergère malade, et se fit donner tout ce qu'il put, jusqu'à lui faire retrancher une partie de ce qu'il laissoit à ses gens et aux pauvres. Pour ne pas payer un chirurgien, il fit embaumer le corps de Bergère par un valet-de-chambre qui le *chaircuta* de la plus horrible façon du monde. A propos de Bergère, on disoit que quand le maréchal le verroit déjà arrivé en l'autre monde, lui qui en étoit si las en celui-ci, qu'il lui diroit : « Hé quoi ! mordioux ! vous voilà déjà ; me « suivrez-vous éternellement ? »

On fit porter les deux corps dans une chambre tendue de deuil à Charenton ; ils y furent assez long-temps parce qu'on vouloit engager le président à faire un tombeau magnifique au maréchal. Lui, pour s'exempter de cette dépense, demandoit ce qu'on lui refusa, qu'on lui permît de l'enterrer dans le Temple, où l'on ne pouvoit mettre qu'une tombe tout unie. Durant cette dispute, il se lassa de payer le louage des draps funèbres ;

il les rendit, et en fit mettre d'autres tout en lambeaux qui lui coûtoient dix sols moins par jour. Voyez le beau ménage : au lieu d'acheter du drap qui eût servi à habiller ses gens. Enfin, il fit faire un petit caveau entre deux portes dans le vieux cimetière, et il y a fait élever en pierre une espèce de tombeau qui ressemble à un regard de fontaine ; la pierre en est déjà bien mangée. Il les fit enterrer un jour de prêche sans aucune solennité, ni sans qu'on pût dire qu'on y étoit allé pour eux. Il avoit tenu le monde trois mois en attente pour ces funérailles. Pour quatre livres par an cet homme s'est mis mal avec sa mère, lui qui a huit cent mille livres de bien dont les deux-tiers viennent de ses frères, à qui il n'avoit pas donné seulement leur légitime.

LUILLIER

(PÈRE DE CHAPELLE).

Luillier étoit de bonne famille, fils d'un conseiller au grand-conseil, qui après fut maître des requêtes, puis procureur-général de la chambre, et enfin maître des comptes. Voyez quelle bizarrerie ! sa femme, qui avoit obligé le procureur-général, dont elle étoit fille, à se démettre de sa charge en faveur de son mari, fut si sotte que de mourir de chagrin, voyant l'inconstance de cet homme. Ce bon homme étoit débauché, et eut la v..... en même temps que son cousin Tambonneau, dont nous parlerons ailleurs. Il avoit assez bon nombre d'enfants, et, entre autres, un garçon fort aimable qui, ne pouvant souffrir sa ridicule humeur, alla voyager, fit naufrage auprès de Rhodes et se noya.

Luillier, dont nous allons écrire l'historiette, demeura seul garçon avec deux filles. Le garçon ressembloit à son père, au moins en deux choses, en *garçaillerie,* et en inquiétude pour les charges. Il fut d'abord trésorier de France à Paris, et vendit sa charge pour assister Des Barreaux; ils en mangèrent une bonne partie ensemble. Après il se fit maître des comptes, et enfin conseiller à Metz.

Étant maître des comptes, il eut une amourette avec une de ses parentes qui étoit mal avec son mari : il en eut un fils, et, par son crédit, quoique cet enfant fût adultérin, il le fit légitimer, et lui assura de quoi vivre par le consentement de ses sœurs. Ses sœurs lui envoyoient, sous prétexte de lui faire des confitures, une jolie suivante qui demeuroit deux mois tous les ans avec lui. Il n'avoit que des femmes chez lui, et disoit qu'elles étoient plus propres.

Il avoit eu un carrosse, mais il n'en vouloit plus avoir, parce que, disoit-il, il ne sortoit jamais quand il vouloit à cause que son cocher ne se trouvoit point au logis lorsqu'il avoit affaire, et qu'il n'arrivoit jamais quand il vouloit à cause des embarras. Il avoit des lettres, savoit et disoit les choses plaisamment. Il étoit un peu cynique; il disoit : « Ne me venez point voir un « tel jour, c'est mon jour de bordel. » Il y mena son fils, et lui fit perdre son p....... en sa présence.

Il étoit vêtu comme un simple bourgeois, alloit toujours à pied, et avoit pourtant dix-huit mille livres de rente. Il assistoit quelques gens de lettres, mais il étoit avare : il disoit qu'il travailloit à faire en sorte que son bien ne lui donnât point de peine, et j'ai logé dans la quatrième maison qu'il a bâtie à dessein de les revendre. Voyez quel repos d'esprit, quand ce ne seroit que d'avoir à criailler, et souvent à plaider contre toutes sortes d'ouvriers. Pour mon particulier, j'ai fort à me louer de lui. Il disoit lui-même que nous avions fait un marché du siècle d'or. Il est vrai qu'en le traitant généreusement, je faisois qu'il se piquoit d'honneur, et que j'en avois tout ce que je voulois; il disoit : « Je ne « comprends point comment nous l'entendons : j'ai loué « autrefois une maison à un évêque (1) qui ne me payoit « point ; j'en ai loué une autre à un huguenot : il me « paie par avance. »

Quand il lui prit fantaisie de se faire conseiller à Metz, il en parla à MM. Du Puy, qui s'en moquèrent, et lui dirent qu'il se mettoit en danger d'être pris tous les ans, et qu'il lui en coûteroit dix mille écus pour sa rançon. Il les quitta là, et de ce pas il va signer le contrat. Il en avoit aussi parlé à Chapelain, en présence de Guiet (2) (celui qui disoit que s'il eût été Juif, il auroit appelé de la sentence de Pilate *à minima*). Guiet

---

(1) M. D'Auxerre. (T.)

(2) Précepteur du cardinal de La Valette, homme de lettres. Ce Guiet disoit qu'il montreroit qu'il y avoit je ne sais combien de livres de *l'Énéide* qui n'étoient point de Virgile, et retranchoit une des comédies de Térence. « Que ne travaillez-vous, lui dit un des messieurs Du Puy, « chanoine de Chartres, sur le bréviaire? vous me feriez grand plaisir. » (T.)

dit que comme Chapelain vouloit détourner Luillier de se faire conseiller, l'autre lui dit : « Mordieu, je « vous ai laissé faire de méchants vers toute votre vie, « sans vous en rien dire, et vous ne me laisserez pas « changer de charge à ma fantaisie ! » Je crois pourtant que Chapelain ne l'entendit pas, car ils ont toujours vécu en amis depuis cela.

J'ai dit ailleurs qu'il disoit que La Mothe Le Vayer étoit prêtre ou charlatan, et qu'il avoit des souliers noircis avec un habit de panne, et Chapelain un maquereau.

J'ai vu une estampe de Rabelais, faite sur un portrait qu'avoit une de ses parentes, qui ressembloit à Luillier comme deux gouttes d'eau, car il avoit le visage chaffouin et riant comme Luillier. Pour l'humeur, vous voyez qu'il y a assez de rapport.

Il fit son bâtard (1) médecin, parce que, disoit-il, en cette vocation-là on peut gagner sa vie partout. Ce garçon lui ressemble fort pour l'humeur et pour l'esprit.

Luillier étoit inquiet à un point qu'il disoit franchement : « Dans un an je ne sais où je serai, peut-être « irai-je me promener à Constantinople. » Il ne mentoit pas, car un beau jour, sans rien dire à personne, il part. Ses gens disoient qu'il s'étoit allé promener pour quatre ans. Il alla bien se promener pour plus longtemps, car il est encore à revenir. Il alla en Provence

---

(1) Chapelle. (T.) — Claude-Emmanuel Luillier, dit Chapelle, né en 1626 au village de La Chapelle, près de Paris, mort en 1686. C'est l'ami de Bachaumont, et de tous les grands hommes de son temps; épicurien aimable, il s'est acquis une réputation immortelle par son *Voyage* et quelques poésies légères, naturelles et faciles.

trouver son bâtard, qu'il avoit donné à instruire à Gassendi, son intime, qui avoit logé ici chez lui si longtemps. Il disoit pour ses raisons que son parlement de Toul et ses amis l'occupoient trop à solliciter leurs affaires. Il fut bien malade à Toulon; de là il passa en Italie, fut encore malade à Gênes, et enfin mourut à Pise. Il n'y a jamais que lui au monde qui se soit fait conseiller à Toul pour aller mourir à Pise.

LA MARÉCHALE DE THÉMINES.

La maréchale de Thémines (1) étoit fille de M. de La Noue, fils de La Noue *Bras de Fer* (2). Je conterai quelque chose de ces deux gentilshommes qui étoient gens de grand mérite, avant que de parler d'elle.

La Noue, *Bras de Fer,* avoit fort mauvaise mine, et étoit toujours vêtu de chamois. Comme il heurtoit au cabinet, un jour que le Roi l'avoit envoyé chercher pour venir au conseil de guerre, un jeune cavalier, le voyant si mal bâti, se mit à le railler et lui dit : « On « n'attend plus que vous, sans doute, pour conclure « là dedans. » La Noue sourit. L'huissier ouvre : il entre. Le jeune homme vit bien qu'il avoit fait une

---

(1) Elle s'appeloit Marie de La Noue.
(2) François, seigneur de La Noue, dit *Bras de fer*, mort en 1591. Ayant eu le bras fracassé au siége de Fontenai-le-Comte, en 1570, on lui avoit fait un bras de fer, avec lequel il pouvoit tenir la bride de son cheval.

sottise ; mais il se résolut d'en attendre le succès. La Noue sort et demande si on ne savoit point ce qu'étoit devenu ce gentilhomme qui lui avoit parlé quand il heurtoit. L'autre s'approche. « Vous aviez raison, lui « dit-il, de dire qu'on n'attendoit que moi, car le Roi « m'a choisi pour un tel dessein, et m'a permis d'y « mener qui je voudrois. Vous serez, s'il vous plaît, « de la partie. » Ils y furent, et le jeune homme y fit fort bien.

On conte de lui que la veille d'une bataille, ne se trouvant point d'argent, il envoya vendre deux chevaux. L'un d'eux fut vendu bien cher. Il dit à son écuyer : « Qui l'a acheté ? — Un tel. — Tiens, lui « dit-il, ce cheval ne coûte que tant ; va rendre le « reste à ce cavalier. Le désir qu'il a de bien faire de-« main, lui a fait tant donner d'un cheval qu'il con-« noît, et dont il espère tirer bon service. » Et effectivement il renvoya la plus grande partie de l'argent.

Quand il revint de Tournai, où il fut si long-temps prisonnier [1], Henri IV le voulut marier avec une riche héritière. Il l'en remercia et dit qu'il avoit donné sa foi à la nièce du gouverneur de Tournai, parce qu'elle avoit de beaucoup allégé la rigueur de sa prison : il avoit quatre-vingt mille livres de rente dont il fut obligé de vendre une grande partie.

---

[1] Le brave La Noue fut fait prisonnier, au mois de juin 1580, par Philippe de Melun, vicomte de Gand, qu'on appeloit le marquis de Risbourg. Quoiqu'il fût parent de La Noue, le marquis abusa de sa victoire au point de faire massacrer sous les yeux de La Noue plusieurs des gentilshommes qui avoient combattu avec lui, et il livra ensuite son prisonnier aux Espagnols. (Voyez *la Vie de François de La Noue*, par Amirault; Leyde, Jean Elzévier, 1661, in-4°, p. 263.)

Son fils (1) fut aussi prisonnier de guerre, et dans la prison il fit ce méchant dictionnaire des rimes, qui fut imprimé. Il fit imprimer aussi un Recueil de ses vers qui ne valent rien non plus (2). Il étoit brave comme son père et vêtu de chamois comme lui ; mais il étoit bien fait de sa personne. Ces deux hommes-là ne juroient jamais, et étoient toujours à la guerre. Il eut affaire, comme son père, à un jeune homme ; mais l'affaire alla bien plus loin : c'étoit un étourdi qui, pour se mettre en réputation, le fit appeler en duel sur une vétille, et même il avoit cherché querelle. La Noue, sur le pré, lui fit une petite remontrance, mais en vain ; comme il vit cela, il lui donne un bon coup d'épée. Ce garçon avoit un oncle, maréchal de France ; je n'en ai pu savoir le nom. Cet oncle l'envoya à M. de La Noue, pieds et poings liés.

Ce M. de La Noue eut un fils qui vit encore, mais il n'a point de garçons. Il est bien fait ; mais le jeu est sa seule passion : il a la vue fort courte ; cela l'a empêché de s'attacher à la guerre. A dix-sept ans il commandoit un régiment de cavalerie en Allemagne ; le colonel Esbron étoit un de ses capitaines. Aujourd'hui on l'appelle La Noue *Bras de laine*.

Revenons à la maréchale. Son père la maria assez ridiculement ; car elle n'avoit que treize ans quand il

---

(1) Odet de La Noue-Téligny.

(2) Ce Recueil est intitulé : *Poésies chrétiennes* ; Genève, 1594, in-8°. Il avoit publié en 1588 un petit volume de quarante-sept pages, ayant pour titre : *Paradoxe, que les adversités sont plus nécessaires que les prospérités : et qu'entre toutes l'état d'une prison est le plus doux et le plus profitable* ; Lyon, Jean de Tournes, petit in-8°. C'est une pièce très-médiocre, mais fort rare.

la donna à un gentilhomme de cinquante-cinq ans, qui se nommoit Chambret, et étoit de la maison de Pierre Bussières en Limousin. Cet homme étoit de mauvaise humeur, et tout plein de cautères : il ne pouvoit pas même avantager sa femme, car il n'avoit que quatre mille livres de rente en fonds de terre, sans argent ni meubles. Son plus grand bien consistoit en gouvernements, en pensions et en bénéfices; ceux de la religion en tenoient encore en ce temps-là par tolérance.

Elle n'avoit que dix-huit ans quand elle fut délivrée de cet homme, dont elle eut un fils et une fille. On appeloit cet homme *le brave Chambret.* Il étoit si brutal, et d'une mine si farouche, qu'un sommelier qui avoit été laquais de sa veuve, ayant vu son portrait au bout de vingt ans, se mit à trembler comme une feuille.

Il avoit une fois querelle avec un M. de Saint-Bonnet ; il prit justement le temps que Saint-Bonnet traitoit des gens, et avec un cor alla comme le sommer au combat. Saint-Bonnet sort de table, et dit aux autres : « Ayez patience, je vous apporterai bientôt l'épée et les éperons de Chambret. » Il y va, charge son pistolet de dragées, tire le premier (car l'autre, aussi bien que Grillon, faisoit toujours tirer son homme). Saint-Bonnet lui en farcit le visage et les yeux. Chambret, tout étourdi, tombe : il lui ôte son épée et ses éperons.

Un autre vieux mari, et plus vieux que le premier, l'attrapera bientôt. Il y avoit à la cour un vieux gentilhomme, âgé de quatre-vingts ans, ou peu s'en falloit, qu'on appeloit M. de Bellengreville [1]; il étoit grand

---

[1] Le sieur Bellengreville fut reçu dans la charge de prévôt de l'hô-

prévôt de l'hôtel, homme veuf sans enfants, et un des plus accommodés du royaume (1); plusieurs veuves de qualité étoient après; mais il étoit difficile. Il vouloit une veuve de bonne maison, jeune, belle, et qui depuis peu eût eu des enfants. En ce dessein, il trouva un nommé Jouy, son voisin à la campagne, qui étoit de la connoissance de madame de Chambret, et qu'elle avoit prié de lui faire raccommoder un petit portrait qu'elle lui avoit envoyé. Il le portoit à raccommoder, quand il fut rencontré par M. de Bellengreville, auquel il le montra. « Est-elle aussi belle que cela? lui « dit le bonhomme. — Oui, » répondit l'autre. En effet, c'est une des plus aimables personnes du monde, et le seul défaut qu'elle a eu, hors qu'elle n'a jamais eu assez d'embonpoint, étoit d'avoir les cheveux mêlés de blanc dès vingt ans. D'ailleurs, elle étoit d'humeur douce, et ne manquoit pas d'esprit; elle avoit de la générosité.

Durant quelque temps, car il prit ce portrait, il l'adora dans son cabinet. Après, il envoya un de ses amis qui avoit vu autrefois madame de Chambret, pour voir si elle étoit aussi belle que ce portrait. Cet homme dit tout à la veuve, qui, ne songeant alors qu'à jouir de la liberté où elle se trouvoit, ne s'en tourmenta pas autrement, et dit qu'elle seroit bientôt à Paris. En effet, elle y vint trouver sa mère, qui y étoit pour un procès. Cette mère lui avoit mandé : « Ma fille, apportez-moi

---

tel, en 1604. (Voyez *le Prévôt de l'hostel*, par Pierre de Miraulmont; Paris, 1615, p. 146.)

(1) Il étoit homme de service, mais il ne savoit pas lire. Il prenoit dans les heures le calendrier pour les litanies. (T.)

« de l'argent de mes fermiers. » Quand elle fut arrivée :
« Hé bien ! sommes-nous bien riches ? — Madame, il faut
« voir, voici ce qui me reste. » On trouva environ vingt
écus. Elle avoit amené un train de *Jean de Paris* (1).

Le vieil amoureux est aussitôt averti de son arrivée :
il la vient voir, il presse ; elle, qui n'a jamais été intéressée, avoit de la peine à se résoudre. Sa mère lui dit :
« Ma fille, je vous ai mal mariée une fois, je ne m'en
« veux point mêler ; voyez ce que vous avez à faire. »

M. de Luçon, qui bientôt après fut le cardinal de
Richelieu, lui fit dire « qu'elle seroit une innocente de
« laisser échapper une si belle occasion. » Nonobstant
la diversité de religion, le mariage se fit.

Elle a dit depuis qu'elle trouva les lèvres de ce bonhomme le jour de ses noces aussi froides qu'un glaçon.
Le lendemain la Reine-mère et la princesse de Conti,
qui étoit devenue son amie, lui firent mille questions :
« Mais comment a-t-il fait ? Mais êtes-vous madame
« de Bellengreville ? » Je ne sais ce qu'elle fit ou ce
qu'il voulut faire, mais il ne dura que cinq semaines.
Il avoit beaucoup d'argent et beaucoup de meubles ;
elle étoit commune (*en biens*), et y gagna, outre son
douaire, qui étoit gros, plus de quatre cent mille
livres.

Voilà déjà deux vieux maris ; elle en aura encore
un vieux, mais plus qualifié que les deux premiers,
et cela arrivera d'une façon assez bizarre. Le marquis
de Thémines (2), fils du maréchal, ayant été blessé
dans les guerres de la religion, mourut de sa bles-

---

(1) Livrée de couleur jaune.
(2) Le marquis de Thémines mourut le 11 décembre 1621.

sure (1), et en mourant il pria son père d'assurer madame de Bellengreville, dont il étoit amoureux, qu'il étoit mort son serviteur. Le maréchal s'acquitte de sa commission, devient amoureux d'elle et l'épouse (2). Outre qu'elle aimoit le jeu, qu'elle perdoit, qu'elle payoit bien et se faisoit mal payer, le maréchal lui aida à manger son bien. Il fut cause aussi qu'elle changea de religion (3).

Chaban (4) s'étoit mis les controverses dans la tête et disputoit avec beaucoup de douceur. Le maréchal dit à sa femme qu'il souhaitoit qu'elle entendît cet homme;

(1) Celui qui tua Richelieu. (T.)
(2) Ce mariage fut célébré au mois de septembre 1622.
(3) Ce maréchal de Thémines se nommoit de Lauzières, en son nom; il avoit été fait maréchal de France et gouverneur de Bretagne, pour avoir arrêté M. le Prince. Le marquis Pompeo Frangipane disoit assez plaisamment : « *Non ho mai visto sbirro cosi ben pagato.* » Ce même Italien disoit : « Qu'à la cour de France c'étoit une chose ennuyeuse. « *Di star sempre dritto e scappellato come un cazzo.* » Quand on lui demandoit si madame la princesse de Guémenée ou madame la princesse n'étoient pas de belles personnes : « *Si*, disoit-il, *ma quel Pongibo e un « bel cavalier.* » C'étoit un cadet du feu comte Du Lude. (T.)
(4) Il portoit l'épée, mais on l'accusoit d'avoir été violon ou joueur de luth. Un jour il s'avisa de faire des propositions au conseil, car il se mêloit de bien des choses, pour je ne sais quelles fortifications qu'on pouvoit faire, disoit-il, à bien meilleur marché qu'on ne les faisoit. Alcaume, bon mathématicien, qui y étoit employé, dit : « Messieurs, « nous ne sommes pas au temps d'Amphion où les murailles se bâtis- « soient au son du violon. » Tout le monde se mit à rire, et Chaban fut contraint de se retirer. Ce pauvre homme fut tué depuis par L'Enclos, père de Ninon, avant que d'avoir eu le loisir de se défendre.

Ce conte me fait souvenir d'une naïveté qu'on attribuoit au feu marquis de Nesle, gouverneur de La Fère, qui étoit pourtant un brave homme : c'est que, comme on eut proposé de faire une demi-lune, il dit : « Messieurs, ne faisons rien à demi pour le service du Roi, faisons- « en une tout entière. » (T.) — Molière s'est heureusement emparé de ce mot dans ses *Précieuses ridicules.*

elle l'entend : il fait quelques progrès. On lui amène ensuite le père Veron (1), qui, violent et farouche, lui alla dire que son père et son grand-père étoient damnés. Elle qui les avoit vu estimer si gens de bien partout le monde, fut si touchée de cela qu'elle en pleura. Enfin, elle se fit catholique plutôt par condescendance qu'autrement.

Elle fut choisie pour aller avec madame de Chevreuse mener la reine d'Angleterre dans son royaume. Là, elle vit Du Moulin, qui, trouvant en elle beaucoup de dispositions à récipiscence, la remit tout-à-fait dans le bon chemin, et au bout de trois mois qu'elle eut changé de religion, elle en fit reconnoissance à Charenton.

Le maréchal ne fut guère avec elle. On dit qu'en mourant il disoit naïvement : « Seigneur, au moins je « ne l'ai jamais offensée que de galant homme. »

La voilà donc veuve pour la troisième fois. En ce temps-là elle avoit de plaisants ragoûts : elle mangeoit du pain, après l'avoir tenu long-temps à la fumée d'un fagot bien vert ; elle aimoit l'odeur des boues de Paris, et quand les boueurs étoient dans sa rue, on ouvroit toutes les fenêtres de sa chambre. Une fois la Reine-mère, comme elles passoient sur de la boue, lui demanda en riant : « Madame la maréchale, celle-là est-« elle de la fine ? — Non, madame, répondit-elle en « riant aussi, elle n'est pas encore assez faite. » Depuis, elle se défit de ces belles amitiés.

En ce troisième veuvage elle se divertissoit à jouer,

(1) Un fou qui n'a jamais rien fait de plaisant qu'un livret qu'il appeloit *la Courte joie des huguenots*. C'est qu'il avoit pensé mourir.
(T.)

à se promener et à faire souvent des concerts : elle avoit déjà Le Pailleur (1) avec elle qui étoit fort savant dans la musique ancienne et dans la moderne. Il l'avoit apprise comme une partie des mathématiques ; il chantoit même fort bien. Elle avoit une femme-de-chambre qui avoit de la voix, et elle disposoit absolument de deux autres personnes qui en avoient aussi. Un jour que Porchères (2) avoit ouï cette musique domestique, il dit à la maréchale : « Madame, voilà qui « est trop bon pour n'en faire part à personne ; allons « donner la sérénade à M. de Nemours, votre voisin : « il a la goutte, cela le guérira. — Mais je ne le connois « point familièrement, dit-elle. — Qu'importe, répli- « qua-t-il, venez ; il ne faut que passer par les écuries, « nous nous mettrons sous les fenêtres de sa chambre (3). » M. de Nemours en fut averti aussitôt ; mais il ne fit pas semblant de savoir qui c'étoit, et il envoya faire mille civilités. Porchères proposa ensuite d'aller chez la princesse de Conti : on y va. Elle en fut ravie, et dit qu'il falloit faire entendre cela à la Reine. La Reine a un balcon, et, ne voulant pas faire semblant de savoir qui c'étoit, dit qu'elle étoit fort obligée à ceux qui lui avoient bien voulu donner un si agréable divertissement.

Le lendemain, M. de Nemours (4) envoya faire des

---

(1) Ce Le Pailleur étoit un homme singulier auquel Tallemant consacre un article à la suite de celui-ci.

(2) François de Porchères d'Arbaud, membre de l'Académie françoise. Les ouvrages de ce poète sont répandus dans les Recueils du temps.

(3) Elle logeoit dans la rue Christine. (T.) — M. de Nemours habitoit l'hôtel de Nevers, sur le terrain duquel a été construit l'hôtel de la Monnoie.

(4) Il avoit alors soixante-cinq ans. (T.)

compliments à la maréchale, et la prier de l'excuser si par le passé il avoit su si mal se prévaloir de l'avantage qu'il avoit d'être son voisin; et quelques jours après il la vint voir à demi-guéri. C'étoit le soir en été : avant qu'il entrât, des cornets à bouquin avoient joué le plus agréablement du monde dans la cour de la maréchale. Le Pailleur, qui s'étoit douté d'abord de ce que c'étoit, envoya dire qu'on fît boire les menestriers. Le bon prince en entrant dit : « Madame, j'ai trouvé « là-bas des cornets à bouquin qui s'en alloient; les « auriez-vous congédiés? — Non, monsieur, répondit- « elle. — Vraiment, madame, si j'eusse su cela, je les « eusse fait revenir. — Mais voudriez-vous entendre « des violons? on tâcheroit d'en avoir. — Hé ! La « Barre (1), dit-il, voyez si vous trouveriez des vio- « lons. » Aussitôt on entend ronfler les vingt-quatre violons; le bonhomme devint amoureux d'elle. Il la venoit voir fort souvent, quoiqu'il ne pût aller sans être aidé par quelqu'un. Un jour en montant il se laissa tomber. Elle, qui du second étage descendoit dans sa chambre, s'en aperçut; mais pour lui faire plaisir elle retourna sur ses pas sans faire semblant de rien. En se relevant il demanda à son écuyer La Chaise : « Ma- « dame ne m'a-t-elle point vu? — Non, monsieur. » La maréchale étant descendue : « Madame, lui dit- « il, n'avez-vous point ouï tomber quelqu'un? La « Chaise a fait un beau *par terre*. »

Un jour il demanda à la maréchale si elle ne vouloit point s'aller promener en quelque maison. « Je le « veux bien, répondit-elle : envoyons chercher de nos

---

(1) C'étoit un musicien, grand danseur qui étoit à lui. (T.)

« voisines. » Ces voisines venues : « Où irons-nous ?
« Vous plairoit-il aller vers la porte Saint-Antoine ?
« Après voudriez-vous aller à Bagnolet, à Charonne
« ou à Conflans ? — Où vous voudrez, dit la maré-
« chale. — Cocher, va donc à Conflans. » Les y voilà
arrivés. On heurta long-temps sans qu'il vînt personne :
les dames commençoient à s'ennuyer ; lui feignit des
impatiences étranges. Il appelle une paysanne. « Ma
« grande amie, n'y a-t-il personne ? ne sauroit-on en-
« trer ? ne sauriez-vous nous donner du lait chez vous ? »
Enfin, on ouvre une petite porte, et une femme dit
assez malgrâcieusement que M. le premier président y devoit (1) coucher. « Hé ! ma grande amie,
« nous ne voulons que nous promener et qu'on nous
« donne du lait. — Bien, monsieur, pourvu que vous
« n'y soyez guère. » Après il vint un homme qui, d'un
air assez rude, lui dit : « Que demandez-vous, mon-
« sieur ? » et en même temps dit à cette femme : « Re-
« tirez-vous, vous n'êtes qu'une bête. » M. de Nemours lui dit ce qu'il avoit dit à cette personne. « Oui
« da ! monsieur, répondit l'autre, oui da. » On entre
donc. Les dames, et surtout Le Pailleur, sentirent bien
je ne sais quelle odeur de sauces. Le bon seigneur, qui
ne pouvoit se promener, les fit tenir dans une salle où
l'on ne servit d'abord que du lait et quelques autres
bagatelles. Après, voici des gens qui, au son du violon
et en cadence, mettent le couvert, et servent une collation toute feinte. Cela fait, il prie les dames d'aller

---

(1) Le château de Conflans, qui est devenu depuis la maison de campagne des archevêques de Paris, appartenoit alors à Nicolas Le Jay,
premier président au Parlement. Ce magistrat mourut en 1640.

faire un tour dans le jardin : au retour elles trouvèrent une véritable collation qui étoit magnifique. Il y avoit des galanteries à la vieille mode, car on servit des pâtés pleins de petits oiseaux en vie, qui avoient au col des rubans des couleurs de la maréchale; il y en avoit aussi un de petits lapins blancs en vie avec des rubans de même. Il fit présenter après la collation des bassins de gants d'Espagne, et n'oublia rien de tout ce dont il put s'aviser pour divertir celle à qui il vouloit plaire.

Ce M. de Nemours avoit étudié l'art de faire des ballets; il en avoit fait plusieurs, et avoit eu la curiosité d'en faire de grands livres, où toutes les entrées étoient peintes en miniature. Il avoit été de tous les carrousels, soit de France, soit de Savoie.

Le feu roi (*Louis XIII*) fit une fois chez lui un concert où tous ceux de la musique de la chambre chantoient; il en avoit mis M. de Mortemart et M. le maréchal de Schomberg : lui-même aussi en étoit. M. de Nemours, par grande grâce, y fit entrer Le Pailleur, et il avoit dit au Roi qu'il s'entendoit fort bien en musique. On y chanta sur la fin des airs du Roi. Le Pailleur, pour faire sa cour à demi-haut, dit : « Ah! que ce der« nier air mériteroit bien d'être chanté encore une « fois! » Le Roi dit : « On trouve cet air-là beau, re« commençons-le. » On le chanta encore trois fois. Le Roi battoit la mesure. Il avoit proposé de faire une symphonie depuis les plus bas instruments jusques aux trompettes, et il vouloit qu'il n'y entrât personne qui ne sût la musique, et pas une femme; « car, disoit-il, « elles ne peuvent se taire. — Ah! Sire, dit M. de Ne« mours, madame la maréchale de Thémines en doit

« être. — Pour elle, répondit le Roi, je le veux
« bien. »

Un artisan devint amoureux d'elle à Charenton, en la voyant dans sa place où elle se démasquoit quelquefois. Cet homme, emporté par sa passion, s'en va chez elle, demande à lui parler, et, tout interdit, ne put jamais lui dire autre chose, sinon qu'il avoit un procès contre elle. Elle fait appeler Le Pailleur, demande ce que ce pouvoit être. Le Pailleur s'informe de cet homme, il n'y trouvoit aucune raison : il revint plusieurs fois et ne savoit que leur dire. Il rôda long-temps autour du logis, et enfin on le trouva mort derrière les murailles de Luxembourg. Elle logeoit alors auprès des Carmes-Déchaussés.

Voici une histoire encore plus étrange. La fille d'un gentilhomme de Beausse nommé Herville devint amoureuse en tout bien et tout honneur du ministre de Châteaudun nommé Lamy, qui étoit un homme bien fait, mais pauvre. Le père de la fille ne pouvant consentir à ce mariage, elle tomba dans une telle mélancolie, qu'enfin, de peur d'accident, il fut contraint de s'y résoudre. Le père lui porte donc des articles à signer. « Ah ! dit-elle, il n'est plus temps. » A trois jours de là, on la trouva noyée sur le bord du Loir.

Un abbé de Calvières, en Languedoc, ayant su que mademoiselle de Gouffoulens, de la maison d'Hauterive, dont il étoit amoureux, étoit morte, protesta qu'il ne lui survivroit pas long-temps. En effet, il refusa toutes sortes d'aliments durant quelques jours, avec une grande constance, et en mourut. On dit pourtant qu'on lui avoit persuadé enfin de manger, mais que les passages se trouvèrent bouchés; tous les boyaux s'étoient rétrécis.

Vous voyez que la maréchale, en maris et en galants, n'a jusqu'ici que des vieillards; mais elle eut un jeune galant lorsqu'elle ne fut plus jeune : c'est Monferville, fils du frère de Blainville, premier gentilhomme de la chambre ou grand-maître de la garde-robe, qui fut ambassadeur en Angleterre. C'étoit un fort beau garçon, mais un peu trop doucereux et trop normand. Il ne passoit pas pour un homme fort friand de la lame. Il ne manque pas d'esprit. On ne sait s'ils étoient mariés ou non, car on n'a vu ce garçon se marier qu'après la mort de la maréchale; cependant il sembloit qu'il cherchât à se marier. La connoissance venoit de ce que ce garçon logeoit avec sa sœur dans une maison qui étoit à la maréchale, et elle logeoit dans une autre tout contre qui étoit aussi à elle. On l'accusoit d'avoir dit qu'une fois il avoit eu une côte enfoncée en portant des sacs d'argent qu'une dame lui avoit donnés. Le Pailleur, qui voyoit que la maréchale, par facilité, se laissoit accabler à toute la parenté de cet homme, trouva moyen de le faire sortir de cette maison et de faire passer à la maréchale une partie de l'année à la campagne.

La maréchale alla mourir à Poitiers, sept ou huit ans après (1). Elle avoit juré de ne rentrer d'un an dans sa maison de Paris, à cause de la mort d'une vieille fille qui étoit à elle il y avoit trente ans; on l'appeloit Boisloré; elle étoit bâtarde d'un gentilhomme. La maré-

(1) En 1652. (T.)

chale étoit d'un tempérament doux et mélancolique ; cette fille étoit fort sage et fort aimable. Aussi la maréchale l'aimoit jusqu'à lui faire des bouillons quand elle étoit malade, et elle l'étoit souvent. La maréchale lui avoit donné une petite terre que l'autre lui rendit par son testament.

La maréchale n'avoit que cinquante-sept ans quand elle est morte ; mais il étoit temps qu'elle mourût, car elle ne pouvoit plus subsister : le jeu et Monferville l'avoient incommodée ; cependant elle n'a pas laissé un sou de dettes. Quand elle alloit faire un voyage, elle payoit tout ce qu'elle devoit. Elle tomba malade à Poitiers en passant ; elle vouloit aller voir ses parents. Elle mourut faute de sang ; on ne lui en trouva pas une goutte dans les veines.

LE PAILLEUR.

Le Pailleur, dont nous avons déjà parlé plusieurs fois, étoit fils d'un lieutenant de l'élection de Meulan. Il étudia jusqu'en logique ; il écrivoit bien : on le met aux finances ; le voilà petit commis de l'épargne. Il ne put souffrir les *pillauderies* qu'on y faisoit, car on griveloit sur les pensions qui s'y payoient ; il se retira chez le feu président L'Archer, père du dernier mort ; il étoit un peu son parent.

Le Pailleur savoit la musique, chantoit, dansoit, faisoit des vers pour rire (1); il chanta quatre-vingt-huit chansons pour un soir de carnaval. Il fit la débauche à Paris assez long-temps. Las de cette vie, il va en Bretagne avec le comte de Saint-Brisse, cousin-germain du duc de Retz. Ce comte avoit fait connoissance avec lui à Paris, et ayoit tant fait qu'il l'avoit résolu à le suivre. Il y étoit le tout-puissant; mais comme il vit que cet homme faisoit trop de dépense, il lui dit qu'il falloit se régler. « Je ne saurois, lui répondit le « comte. — Permettez-moi donc de me retirer, lui dit « Le Pailleur, car ayant le soin de vos affaires, on dira « que c'est Le Pailleur qui vous a ruiné. » Il y fut pourtant encore deux ans à remettre de trois mois en trois mois.

Il alla avec le comte voir le maréchal de Thémines, alors gouverneur de la province. La maréchale le prit en amitié; il étoit gai, il faisoit des ballets, et mettoit tout le monde en train: elle lui demanda s'il vouloit être intendant du maréchal; il ne le voulut pas, car il dit que c'étoit la mer à boire que d'entreprendre de mettre l'ordre dans cette maison.

Le maréchal mourut à Paris; Le Pailleur y étoit revenu. La maréchale le pria d'aller avec elle en Touraine; « car j'ai grand'peur, lui dit-elle, de m'en« nuyer en une maison où j'ai tant souffert en pre« mières noces. » Il y fut, et elle jura qu'elle ne s'y étoit pas ennuyée un moment. Des demoiselles de la

---

(1) On a imprimé dans les OEuvres de Dalibray, Paris, 1653, in-8º, une Épître en vers de Le Pailleur, auquel ce poète a adressé une partie de ses médiocres ouvrages.

maréchale lui dirent, comme on revenoit à Paris :
« Mais ne demeureriez-vous pas bien avec nous? »
Ainsi, insensiblement il s'attacha à la maréchale, et y
demeura jusqu'à sa mort (1), sans gages ni appointements, mais seulement comme un ami de la maison :
il est vrai qu'il faisoit toutes ses affaires.

Le Pailleur étoit de si belle humeur, avant que la
gravelle, dont il fut fort travaillé quand il vint sur
l'âge, le tourmentât, que le messager de Rennes à
Paris le vouloit mener pour rien à cause qu'il avoit
toujours fait rire la compagnie depuis là jusqu'à Paris.
Je lui ai ouï conter qu'une fois en une débauche en
Bretagne, où étoit le duc de Retz, quelqu'un ôta son
pourpoint, puis dit : « Brûlons nos chemises. » Le
Pailleur, comme le duc vouloit aller brûler la sienne,
lui dit : « Donnez, je la brûlerai avec la mienne; »
mais au lieu de cela, il ne jette que la sienne dans le
feu, et met celle du duc dans ses chausses. Ils allèrent
tous sans chemise à un bal : tout le monde s'enfuit; ils
prirent les chandelles et se retirèrent. Le lendemain
Le Pailleur met la chemise du duc, où il y avoit une
belle fraise, et va à son lever. Les valets-de-chambre
vouloient gager que c'étoit la chemise de M. le duc. Le
Pailleur rioit; le duc se mit à rire aussi, et lui dit :
« Ma foi! vous n'étiez pas si ivre que nous. »

Un jour Le Pailleur dit bien des choses contre le
mariage. Le lendemain un jeune homme, fils d'un
conseiller, le vient trouver : « Monsieur, lui dit-il, je
« vous viens remercier. J'étois accordé, mon père me
« donnoit sa charge; mais ce que vous dîtes hier me

---

(1) Durant vingt-cinq ans. Il ne lui survécut que de deux ans. (T.)

« toucha si fort que je l'allai prier sur l'heure de faire
« mon frère l'aîné et de me donner l'abbaye qu'il
« avoit ; cela est conclu. Sans vous j'allois faire une
« grande sottise, je vous en aurai de l'obligation toute
« ma vie. »

Il s'étoit adonné aux mathématiques dès son enfance : il les apprit tout seul. Il n'avoit que vingt-neuf sols quand il commença à lire les livres de cette science, et il échangeoit les livres à mesure qu'il les lisoit. Il avoit écrit assez de choses, mais il n'a daigné rien donner : il faisoit des épîtres burlesques fort naturelles.

LE COMTE DE SAINT-BRISSE.

Le comte de Saint-Brisse étoit le second fils du marquis de Ruffec, d'Angoumois, et de la belle du Lude ; il étoit cadet. Ruffec fut pour l'aîné, et lui eut des terres en Bretagne. C'étoit un homme de plaisir et grand danseur de ballets. Il mourut de la goutte après avoir été sept ans dans son lit sans qu'on le pût jamais remuer ; tout pourrissoit sous lui ; on dit qu'il y vint des champignons.

Le neveu de ce comte, fils du marquis de Ruffec, n'étoit pas mal avec le feu roi (*Louis XIII*) ; et quand le maréchal d'Ancre fut tué, le Roi lui dit : « Tu n'en
« oserois faire autant à ton oncle, l'abbé de la Cou-
« ronne, qui couche avec ta mère. » Ce jeune homme,

dépité de ce que le Roi lui avoit dit, part avec des coupe-jarrets; et, comme l'abbé lisoit une lettre qu'ils lui avoient présentée, les coquins lui jettent une serviette au cou. L'abbé étoit un homme fort et vigoureux; il leur faisoit de la peine, et l'exécution étoit un peu longue. Le marquis, impatient, entre dans la chambre et crie : « Joue du poignard. » Au bout d'un an ce garçon mourut comme fou. Comme le Roi l'aimoit, on n'osa poursuivre.

LE MARÉCHAL DE CHATILLON (1).

M. de Châtillon, petit-fils de l'amiral, avoit assez de bien; mais il en dissipa la plus grande partie : il vendit à M. de Montmorency pour peu de chose l'amirauté de Guyenne; il étoit débauché et d'amoureuse manière. Il fut un des principaux galants de la Choisy; il l'alloit voir dans une maison fossoyée à la campagne. Le vieux La Haye, surnommé *des Assemblées*, à cause qu'il avoit été souvent député aux assemblées des huguenots, étant ami de la maison de tout temps, lui dit plusieurs fois que les frères de cette fille lui pourroient jouer un méchant tour, et, le pont levé, lui faire épouser leur sœur par force. Il en fut quitte pourtant pour y laisser bien des plumes. Il avoit aussi un régiment d'infanterie, en Hollande, que

---

(1) Gaspard III, comte de Coligny, né en 1584, mort en 1646.

ses enfants ont eu depuis l'un après l'autre. En je ne sais quelle retraite, à la vue du prince Maurice, il fit tout ce qu'on pouvoit faire; le prince Maurice le loua fort, et dit : « Ce sera quelque jour un bon capi-« taine. » On verra par la suite que la prophétie n'a pas été trop bien accomplie. A Londres, quelque temps après, le prince d'Orange, Henri, père du dernier mort, et lui, furent pris dans un lieu d'honneur par le commissaire du quartier.

Il n'y avoit personne dans le parti huguenot si considérable que lui. Il avoit toute la faveur de son père et de son aïeul; en un rien il pouvoit mettre quatre mille gentilshommes à cheval. Il tenoit Aigues-Mortes; mais il la rendit pour être maréchal de France. La Haye en enrageoit, et tenant le petit Dandelot [1], qui étoit fort joli, entre ses bras, dans la galerie de Châtillon, il lui enseignoit à dire : « Je veux ressembler à « celui-là, montrant son grand-père, et non pas à mon « papa; » et il disoit à cet enfant : « Pauvre petit gar-« çon, que je te plains! tu n'as point d'Aigues-Mortes « à vendre; » et cela en présence du maréchal, car ce bonhomme étoit diseur de vérités.

Le maréchal avoit l'honneur d'être assez prompt pour être appelé brutal; c'étoit pourtant un fort bon homme, mais qui étoit incapable de direction et de discipline : il jouoit, et il lui est arrivé bien des fois, quand il perdoit, de faire semblant d'aller à ses nécessités; et il descendoit dans le jardin où il se mettoit à secouer un arbre un gros quart-d'heure durant.

Il s'étoit marié un peu par amour. Sa femme étoit

---

[1] Depuis M. de Châtillon, tué à Charenton. (T.)

belle et vertueuse; mais il disoit lui-même qu'il eût mieux aimé qu'elle eût été un peu plus complaisante et un peu moins honnête femme. Le comte de Carlisle, au mariage de la reine d'Angleterre, témoigna tant d'estime pour elle, que si c'eût été un homme moins sérieux, on eût pu dire qu'il en étoit épris; il la surnomma l'*Incomparable*. Quoi qu'on ait chanté parmi les huguenots, cette femme-là n'étoit pas si grand chose qu'on disoit; l'histoire de ses enfants en fera foi. Mais sa vertu et son zèle, quelquefois assez inconsidérés, faisoient que le petit troupeau en étoit persuadé à un point étrange.

Elle se mit en tête d'entendre la Sainte-Ecriture, et pour cela elle s'enfermoit des après-dînées entières avec un grand ministre mal bâti, qu'on appeloit M. Le Veilleux, et cela si souvent qu'on commençoit à en dire des sottises. Elle s'étoit laissé empaumer par une vieille mademoiselle Du Chesne, qui avoit été gouvernante des sœurs du maréchal; c'étoit une dévote qui, par affectation, se mettoit toujours à prier Dieu quand il falloit dîner, afin qu'on dît: « Elle est en oraison, « il la faut laisser achever. » Ce M. Le Veilleux étoit un homme qui, sans affectation, faisoit pourtant ses oraisons aussi à contre-temps que cette demoiselle. Lui et la maréchale (1) se promenoient quelquefois trois heures durant dans le parc, et on les trouvoit souvent en oraison au pied d'un arbre. Cet homme étoit un peu fou, et en priant Dieu il demeuroit quelquefois en extase. Il lui échappoit parfois de belles choses; c'étoit un gentilhomme plein de charité.

(1) Ce n'étoit point une habile femme; elle ne faisoit que prier Dieu. Le maréchal fut contraint de lui ôter le soin de sa maison. (T.)

Il avoit près de quatre-vingt mille livres de rente qu'il employoit à assister les pauvres, et il ne se maria que quand il eut dissipé une partie de son bien, afin de faire des gueux. Le maréchal ne prit point plaisir à ces promenades de sa femme et y mit ordre.

C'étoit un homme intrépide que le maréchal ! Au siége d'Arras, il reçut un coup de mousquet dans son écharpe ; la balle s'arrêta au nœud. Il ne pouvoit porter des armes, tant il étoit gros, et puis il n'en eût pas voulu. Il eut un cheval tué entre ses jambes d'un coup de canon : « Ah ! dit-il, sans s'émouvoir, ces gens-là « sont importuns ; cela n'est point plaisant. J'avois là « un bon cheval. »

M. de Chaulnes, qui étoit le plus ancien maréchal (1), lui vint dire, le fort de Rousseau étant pris : « Monsieur, tout est perdu, les ennemis sont dans les « lignes. — Bien, bien, répondit-il, je les aime mieux « là qu'à Bruxelles. Allons, allons, monsieur de « Chaulnes, il ne faut pas s'effrayer de cela. » C'étoit en effet le plus confiant des hommes. Il disoit toujours : « Laissez-les venir, » et on avoit une peine étrange à le faire monter à cheval ; peu prévoyant, et qui ne jouoit point du tout de la tête, il assuroit toujours de prendre, et dans peu de temps, et souvent il ne prenoit que fort tard, ou point du tout. Ma foi ! ce n'étoit ni son grand-père ni son père (2).

Il fut un temps qu'il n'y avoit que luiet le maréchal de La Force, car on étoit si ignorant, qu'à Saint-Jean-

---

(1) Ils étoient trois : Chaulnes, Châtillon et Brézé. (T.)
(2) Son fils Dandelot le sauva à la bataille de Sédan. (T.)

d'Angely personne ne savoit comment on faisoit des tranchées.

Le cardinal de Richelieu lui a donné de l'emploi à faute d'autre, car je ne crois pas qu'il trouvât trop bon que le maréchal fût le seul qui ne l'appelât que *Monsieur,* et il n'étoit pas persuadé qu'il fût à lui. C'étoit un bon François, et qui, depuis qu'il se fut accommodé avec la cour, n'a brouillé en aucune sorte. La Reine, au commencement de la régence, lui donna le brevet de duc. Il avoit voulu tenter si le Parlement le recevroit durant la minorité; c'étoit une folle entreprise; on l'estimoit, mais c'eût été faire la planche pour les autres. Il mourut quelque temps après; sa femme se jeta à ses genoux pour lui demander pardon si..... etc. « Ah! ma mie, lui dit-il, vous vous moquez; ce seroit « bien plutôt à moi. »

LA COMTESSE DE LA SUZE (¹)

ET SA SOEUR, LA PRINCESSE DE WIRTEMBERG.

La fille aînée du maréchal de Châtillon fut mariée en premières noces avec un jeune garçon de la maison des Hamilton. Ses parents, car il étoit orphelin, l'avoient envoyé étudier au collége de Châtillon : le maréchal y

---

(¹) Henriette de Coligny, comtesse de La Suze, née en 1618; morte en 1673.

entretenoit un petit collége pour ceux de la religion. Là, étant encore enfant, il vit mademoiselle de Châtillon et en devint amoureux ; quand il eut dix-huit ans, il retourna dans son pays ; il fit trouver bon à ses tuteurs qu'il recherchât cette fille. Le nom de Châtillon fait bien du bruit, et surtout en pays d'huguenots ; les tuteurs écrivent au maréchal ; le maréchal y consent. Il avoit alors cent mille livres d'argent comptant qu'il vouloit donner ; mais on ne le lui conseilla pas, car en Ecosse les maris ne rendent point le mariage de leurs femmes, si elles viennent à mourir sans enfants, et puis les tuteurs dirent que leur pupille avoit assez de bien, et demandèrent seulement que le maréchal fît les frais des noces.

Ce jeune seigneur étoit comte d'Adington, et sa femme avoit le tabouret chez la Reine ; il emmène sa femme ; mais il ne dura qu'un an, car il étoit pulmonique, et je crois qu'elle ne l'épargna guère. Il lui fit en mourant tous les avantages qu'il lui pouvoit faire.

Au bout de quelque temps la voilà de retour à Paris, avec quelque somme d'argent, quelques pierreries, et dix mille livres de douaire. La reine d'Angleterre étoit déjà à Saint-Germain ; notre jeune veuve la visitoit souvent, parce qu'elle y avoit le tabouret, et qu'on lui faisoit force caresses.

Cette Reine, toujours zélée pour la propagation de la foi, pense incontinent à gagner cette âme à Dieu et à la faire épouser à quelqu'un de ceux qui avoient suivi sa fortune ; elle tâche donc à la marier avec le fils de la comtesse d'Arondel. Cette dame logeoit assez près de madame de Châtillon, au faubourg Saint-Germain ;

elle visite la veuve, la cajole, et se met fort en ses bonnes grâces : mais un jeune Ecossois, nommé Esbron (1), neveu du colonel Esbron, qui étoit mort au service de la France, avoit déjà fait un grand progrès auprès de la comtesse d'Adington. La maréchale, sa mère, car le père étoit déjà mort, eut avis de tout, et tâchoit d'empêcher que ces étrangers ne vissent sa fille. Un jour il y eut bien du désordre, car la comtesse d'Arondel et madame de Châtillon la jeune avoient mené la comtesse d'Adington entendre les Ténèbres. La maréchale, qui, d'ailleurs, savoit bien des choses, lui donna un soufflet et l'emmena à La Boulaye chez sa sœur de La Force, où, de peur qu'elle ne changeât de religion, elle la maria au comte de La Suze, tout borgne, tout ivrogne, et tout endetté qu'il étoit ; mais c'étoit à faute d'autre ; et puis il est parent de madame de La Force. Durant qu'on parloit de l'affaire, Esbron lui écrit, elle fait réponse. Il va à La Boulaye pour tâcher à se battre contre La Suze ; il n'en peut venir à bout ; il écrit encore ; on ne lui fait point de réponse ; il se dépite, montre toutes les lettres de la dame et s'en rit partout.

Nous reprendrons la comtesse de La Suze après que nous aurons parlé de sa sœur ; car ce qui est arrivé à sa sœur lui est arrivé durant la vie de la mère, et la mère morte, nous verrons les beaux exploits de la comtesse.

Mademoiselle de Coligny, en son enfance, avoit eu une maladie la plus étrange du monde ; elle gravissoit, quand son mal lui prenoit, le long d'une tapisserie, comme un chat, et faisoit des choses si extraordinaires

---

(1) Le vrai nom est *Hailbrun*. (T.)

qu'on ne savoit qu'en croire. A cet âge-là la *mère* (1) ne fait point de si prodigieux effets. La maréchale croyoit que c'étoit un sort, et sa fille, quand elle fut guérie, dit qu'une femme de Châtillon, en colère de ce qu'elle ne vouloit pas qu'elle allât librement dans le parc, lui avoit donné un sort, et qu'il lui avoit semblé qu'elle avaloit un boulet de feu (2).

Cette fille, étant grande, n'étoit pas si bien faite que sa sœur; mais elle avoit bonne mine, et la qualité y fait. Sa mère lui donna trop de liberté, elle qui n'en vouloit pas donner à ses garçons, et qui leur fit haïr les sermons à force de les y faire aller. Elle eut grand tort de la laisser aller de son chef chez madame la Princesse.

Vineuil, qu'on appeloit à la cour M. le marquis de Vineuil, secrétaire du Roi, garçon qui a pourtant de l'esprit, et qui est bien fait, dès le vivant du maréchal avoit gagné une madame de Briquemaut, qui étoit pauvre et qui étoit familière chez le maréchal. Cette femme leur fournissoit des rendez-vous. Boccace, capitaine des gardes du maréchal, s'aperçut de l'affaire, et dit à la demoiselle que si elle continuoit il en avertiroit monsieur son père. Elle le prévint, dit au maréchal que Boccace étoit amoureux d'elle, et que s'il dit quelque chose, c'est à cause qu'elle ne l'a pas voulu écouter. Le maréchal la croit, et brutalement il dit en présence de Boccace : « Qu'il donnera de l'épée dans le « ventre à quiconque lui fera des contes de sa fille (3). »

(1) *Mère* est pris ici dans le sens de l'organe de la femme où se forme le fœtus. (Voyez le *Dict. de Trévoux.*)

(2) La mère croyoit que sa fille avoit été délivrée par ses prières. (T.)

(3) Il vouloit que ses filles fussent comme des garçons. (T.)

Après que le père fut mort, la maréchale étant logée auprès de la Foire chez une madame Cousin, marchande de bois, qui leur louoit une grande maison et logeoit dans un petit corps-de-logis séparé, cette fille faisoit semblant d'être catholique, et disoit à sa mère qu'elle étoit malade quand il falloit aller à Charenton. Madame Cousin, croyant que ce fût tout de bon que mademoiselle de Coligny se vouloit convertir, faisoit entrer Vineuil, déguisé en prêtre, qui, tout à son aise, catéchisoit la demoiselle. Une demoiselle de madame de La Force, qui, par hasard, étoit demeurée chez madame de Châtillon pour se faire traiter de quelque incommodité, découvrit tout le mystère, et en avertit la maréchale, qui étoit alors à La Boulaye pour marier sa fille aînée, car la demoiselle, pour un mal d'yeux, étoit demeurée à Paris. La marquise de La Force vint à Paris et emmena la demoiselle à La Boulaye, et crut qu'elle étoit grosse. La mère lui donna à son arrivée quatre soufflets et un coup de pied dans le ventre, et lui fit mille reproches; car cette pauvre femme lui avoit fait confidence des sottises de l'aînée, et lui avoit dit: « Vous êtes ma seule consolation. » Peu après on fut assuré qu'elle n'étoit point grosse. De La Boulaye madame de Châtillon fut à Béfort, où elle alloit pour mettre ordre à cette petite ville que le feu Roi avoit donnée au feu comte de La Suze. Jamais voyage ne fut plus heureux que celui-là pour la maréchale, car elle trouva là ce qu'elle n'eût pas trouvé en France. Un comte Georges, frère du comte de Montbelliard, de la maison de Wirtemberg, qui a vingt mille livres de rente, prit cette fille avec ses droits.

La maréchale étant morte, ce prince Georges et sa

princesse Georgette vinrent à Paris pour voir s'il n'y auroit rien à recueillir : ce bon Tudesque ne la perdoit pas de vue. Toute la consolation de la pauvre chrétienne étoit de parler de son chancelier : elle étoit fort éveillée en sa jeunesse; elle ne voulut point voir Vineuil. On dit qu'elle a plus de sens que l'autre.

Madame de La Suze, qui paroissoit stupide en son enfance, et qui en conversation ne disoit quasi rien il n'y a pas trop long-temps encore, fit des vers dès qu'elle fut en Ecosse; elle en laissa voir, dès qu'elle fut remariée, qui n'étoient bons qu'à brûler. Depuis elle a fait des élégies les plus tendres et les plus amoureuses du monde, qui courent partout. Le premier dont on a parlé fut un garçon de notre religion, nommé Laeger; il est à cette heure conseiller à Castres : il a de l'esprit et fait des vers, mais médiocres. D'ailleurs, c'est un gros tout rond, et qui n'est nullement honnête homme. Il étoit allé à Lumigny avec un de ses amis qui connoissoit madame de La Suze. Là cette folle s'éprit de Laeger; on le lui dit. Elle lui a écrit un million de lettres et des vers les plus passionnés qu'on puisse voir; mais ses belles-sœurs les empêchoient de se joindre. Elle vint ici; il alloit la voir et portoit une lettre; elle se tenoit sur le lit, lui auprès, et mettoit cette lettre dans sa mule de chambre droite, et en prenoit une autre dans la gauche. Il la vit, déguisé sur les chemins, et une autre fois comme il faisoit semblant d'aller à la chasse. Il se ruinoit en laquais et en messagers qu'il a fallu quelquefois envoyer jusqu'à Béfort. Ce galant homme avoit conté cette histoire à Frémont, qui ne le croyoit pas, car c'est un des plus grands menteurs du monde ; mais il n'en douta plus par une aventure assez plaisante que voici :

Comme il étoit en Champagne, un Anglois lui demanda la passade. « J'avois, lui dit-il en mauvais fran-
« çois, une attestation de M. l'agent du roi d'Angle-
« terre ; mais on me l'a déchirée à Lumigny. » Frémont, qui étoit peut-être le seul homme en Champagne qui sut cette affaire, lui demanda comment cela étoit arrivé. « Comme je fus à Lumigny, deux demoiselles me
« demandèrent si j'avois des lettres de *M. Laeger,*
« j'entendis *M. l'agent ;* je tire mon attestation ; elles
« se jettent dessus, et en se l'arrachant l'une à l'autre,
« la déchirent ; après cela la plus jeune (on l'appeloit
« mademoiselle de Nermanville) vint à moi avec une
« lettre, et me dit : — C'est de Laeger et non de l'a-
« gent que je vous demande une lettre, donnez-la-moi ;
« en voilà une pour lui (elle faisoit cela pour voir s'il
« n'en avoit point). — Je lui jurai que je ne savois ce
« que c'étoit. » La comtesse, après, trouva moyen de lui parler ; elle lui parla en anglois, lui donna une lettre pour Laeger, lui enseigna son logis, et lui jura qu'il l'assisteroit. Il les servit depuis, et porta quelque temps leurs lettres. Déjà Laeger s'étoit servi de ces pauvres Anglois qui vont demandant leur vie, et c'est pourquoi les deux filles demandèrent des lettres à celui-ci.

Le comte de La Suze est un homme où jamais il n'y a eu ni rime ni raison. Lui et sa femme avoient plus de quatre-vingt mille livres de rente. Pour s'acquitter, on lui proposa de se contenter de douze mille écus par an pour quelques années ; jamais il n'y voulut entendre. Il avoit cent personnes chez lui, cent cinquante chiens avec lesquels il n'a jamais rien pris, grand nombre de méchants chevaux. Là-dedans on n'est point surpris quand on vous annonce de vous coucher sans souper, tant toutes choses y sont bien réglées. Il buvoit un temps du vin, un autre de la bierre, en un autre de l'eau. On dit qu'il est assez plaisant en débauche : « Quand je n'aurai plus rien, disoit-il, j'irai « avec les Allemands. » Béfort lui valoit quarante mille livres de rente ; mais ayant pris le parti de M. le Prince, il a tout perdu.

Après une ivrognerie célèbre à Brissac, comme il s'en retournoit, un troupeau de cochons l'ayant renversé sur le pont, lui passa sur le corps, et il crioit : « Quartier, cavalerie, quartier ! »

L'aînée de La Suze se retira avec une sœur qu'elle a mariée en Bretagne. La cadette demeura encore quelque temps ; mais elle quitta sa belle-sœur, et mourut bientôt après. Elle étoit fort aimable.

On parla ensuite d'un greffier du conseil, nommé Potet, garçon fort médiocre ; mais il fit de la dépense pour elle, et la suivit au Maine. Je crois qu'il n'en a rien eu : mais le comte Du Lude, qui parut après sur les rangs, en eût apparemment tout ce qu'il voulut.

De Vannes Matharel, qui étoit familier chez le maréchal de Châtillon, lui fit un jour des reproches de sa façon de vivre, car elle avoit fait cent sottises. Elle lui dit : « Vois-tu, ce n'est pas ce que tu penses ; ce n'est que pour « tâter, que pour baiser, pour badiner ; du reste, je ne « m'en soucie point. Mon mari me le fit douze fois ; c'étoit « comme s'il l'eût fait à une bûche. Si on m'avoit ma-« riée comme j'eusse voulu, je ne ferois pas ce que je

« fais. » Elle lui confessa que le comte Du Lude, en avoit tout eu ; depuis, elle le lui nia, et lui dit : « Que c'étoit un coureur qui avoit eu la v....., s'il ne l'avoit encore. » Mais ce que je sais de mieux, c'est ce qu'elle a fait à Rambouillet, celui qu'on appela depuis Rambouillet-Candale. Elle lui dit une fois qu'elle étoit entièrement persuadée de son mérite ; depuis elle lui écrivit cent extravagances. Il ne lui fit aucune réponse ; mais il y fut un jour qu'elle l'en avoit fort prié : elle étoit au lit. Elle fit si bien qu'en présence de ses demoiselles qui ne sortoient jamais de la chambre (elles étoient un peu espionnes), elle mit le rideau sur lui, de sorte qu'elle se fit voir à lui toute nue. Elle a le corps beau ; mais pour le visage il y a de la moue de son père.

Elle fut après pour le voir, et le pressa de se trouver en un lieu où ils pussent être en liberté. Lui, qui croyoit qu'il n'y faisoit pas trop sûr, et qui étoit engagé ailleurs, fut long-temps sans s'y pouvoir résoudre. Enfin il fallut pourtant cesser de faire le cruel : il n'alla point un dimanche à Charenton, et il s'assura de la cour de derrière du logis de son père. Après avoir fermé soigneusement toutes les fenêtres et toutes les portes qui donnoient sur cette cour, et avoir fait dire qu'il n'y étoit pas, il prit ensuite des porteurs affidés dont la chaise étoit marquée 20 [1], et les envoya chez madame de Revel, veuve d'un avocat-général de Grenoble. Or, la comtesse devoit aller chez cette dame en chaise, et renvoyer tout son monde, faisant semblant d'y vouloir passer l'après-dînée ; ce qu'elle fit. Après

---

[1] Toutes les chaises ont leur numéro. (T.)

avoir été un moment en haut, elle dit à madame de Revel : « Qu'elle étoit montée plutôt pour savoir si « elle la retrouveroit dans deux heures que pour lui faire « une visite; car, dit-elle, j'ai une affaire qui presse. »

Après elle descend et crie : *Mes porteurs*; c'étoit le mot; elle entre dans la chaise, va chez Rambouillet : on la porte jusque sur l'escalier, car l'appartement du galant répond sur le derrière, et est par bas. Il la caressa tant qu'il put. Dans le déduit il lui disoit : « Voilà « le sang de Coligny bien humilié! » Il dit qu'elle n'est point badine, et qu'elle ne lui sut jamais dire que : « Ah! mon cher, que je vous aime! » Il lui dit : « Qu'il ne lui avoit pas autrement d'obligation de « ce qu'elle avoit fait pour lui, et que le comte Du « Lude en avoit eu autant. » Elle souffrit cela sans se fâcher. Elle ne lui avoua pourtant rien, et lui dit seulement qu'en causant de l'amour avec sa belle-sœur de Nermanville, la pucelle lui disoit : « Mais, ma « sœur, à vous ouïr, je pense que si vous vous trouviez « avec un homme que vous aimassiez, vous lui per- « mettriez toute chose. Peut-être, disoit-elle ; je n'en « voudrois pas répondre. » Rambouillet fut quinze jours sans y aller : il lui dit qu'il y avoit été trois fois. Elle le crut bonnement, car on lui fait accroire tout ce qu'on veut; mais il ne lui fit rien, et, ce qui est étonnant, ils se sont vus cent fois depuis, et elle n'a jamais fait semblant de se souvenir de ce qui s'étoit passé entre eux.

Un Saint-d'Hierry, fils de feu Roques, écuyer du cardinal de Richelieu, a été son galant ensuite. Les demoiselles se relâchoient, et tout alloit à l'abandon. De Vannes se tourmenta tant qu'il lui fit donner l'ordre de se retirer. Depuis, ses parents la pressant d'aller trouver son mari, qui avoit passé en Allemagne, elle dit à madame de La Force qu'elle avoit du mal. Regardez quelle effronterie! Cela pouvoit être vrai. On disoit qu'elle avoit donné une vache à lait à l'abbé d'Effiat. Elle a dit depuis à Rambouillet qu'elle avoit dit cela pour ne pas aller avec son mari, et au même temps elle lui avoua qu'elle avoit couché avec le comte Du Lude.

Enfin elle changea de religion, afin qu'on ne la fît point sortir de Paris. Elle fut quelque temps aux Carmélites, à condition de ne point quitter ses mouches, et de sortir deux fois la semaine. Un nommé Hacqueville (1) étoit alors son galant. Les dévotes, voyant qu'elle ne prioit point Dieu les matins, et qu'elle ne faisoit que se mirer, lui ôtèrent ses miroirs. Le lendemain elle n'en trouva pas un; on lui dit qu'elle n'en auroit qu'après avoir prié Dieu.

J'ai oublié de dire qu'on trouva dans la cassette de mademoiselle de Nermanville cent lettres d'amour de la comtesse que ses belles-sœurs gardoient pour tâcher à faire rompre le mariage ; c'est pour cela qu'elles vouloient avoir des lettres de Laeger. Ce fou se vante qu'il a couché avec elle. Elle dit qu'il avoit été assez impertinent pour lui dire qu'il avoit été cruel à la reine de Suède pour lui être fidèle. Il a été quelque temps en Suède.

La meilleure aventure qui soit arrivée à la com-

---

(1) Il est vraisemblable que ce d'Hacqueville est l'ami du cardinal de Retz et de madame de Sévigné, celui qui se multiplioit si bien pour ses amis qu'on l'appeloit *les d'Hacqueville*.

tesse, ce fut quand Bertaut, l'*incommode* (¹), à la première visite, après maints beaux propos sur ses mérites, lui sauta au cou, et lui voulut lever la jupe. Elle appelle ses gens tout en colère ; mais, à leur vue, elle se retint, et leur dit seulement : « Raccommodez ce « feu. » C'étoit l'hiver. Quand ils se furent retirés : « Ne vous repentez-vous point ? lui dit-elle. Sans la « considération de madame de Motteville, je vous per-« drois. » Après, elle alla conter sa déconvenue à madame de Revel, qui lui dit : « Voilà bien de quoi ! « Madame de Savoie a bien été colletée (²). »

M. de Guise lui en conta huit mois durant ; mais ils sont si visionnaires l'un et l'autre, qu'on ne sauroit dire s'il en est rien arrivé. Rambouillet l'avertit que dès qu'elle lui auroit fait quelque faveur, il la laisseroit là. Le maréchal d'Albret y alla ensuite.

Un nommé Des Colombys, grand brutal, lui en conta et lui donna sur les oreilles une fois. L'abbé de Bruc, frère de madame Du Plessis-Bellièvre et de Montplaisir (³), s'y attacha ensuite. Il y va tant de gens, que c'est une vraie cohue. Elle devient fort grosse ; elle a des affectations insupportables. Elle ne parle qu'à certaines gens ; ailleurs, elle dit les choses si languissamment, et avec une telle négligence, qu'elle ne daigne pas former les paroles.

Le reste est dans les Mémoires de la régence.

(¹) On a vu plus haut, p. 177, l'article de Bertaut, le frère de madame de Motteville.

(²) Allusion à l'anecdote de ce fou de président Toré, fils du surintendant d'Emery. (Voyez plus haut, p. 120.)

(³) René de Brue, marquis de Montplaisir, poëte assez distingué, passe pour avoir eu quelque part aux ouvrages de la comtesse de La Suze.

LE MARÉCHAL DE SAINT-LUC (1).

Le maréchal de Saint-Luc s'appeloit d'Epinay ; c'est une bonne maison de Normandie. C'étoit un étrange maréchal de France. On disoit qu'il y avoit en lui de quoi faire six honnêtes gens, et qu'on ne pouvoit pas dire pourtant que ce fût un honnête homme. Il étoit bien fait, dansoit bien, jouoit bien du luth, étoit adroit à toutes sortes d'exercices, avoit de l'esprit, et se mêloit même [d'écrire en vers et en prose; mais il ne faisoit rien avec grâce (2).

On conte de lui qu'ayant traité à Fontainebleau tous les princes lorrains, ils se firent tous jolis garçons. L'ambassadeur d'Espagne le vint voir après dîner. M. de Guise, croyant ôter son chapeau pour le saluer, ôta sa perruque, et demeura la tête rasée. Cet ambassadeur en sortant, comme M. de Saint-Luc le conduisoit, lui dit : « Vous n'irez pas plus avant, et je vous « en empêcherai bien ; il n'y a guère de plus forts « hommes que moi. » Le maréchal, un peu soûl, lui

---

(1) Timoléon d'Épinay de Saint-Luc, né en 1580, mort à Bordeaux le 12 septembre 1644.

(2) M. de Termes avoit promis des vers à quelqu'un pour le carrousel; l'autre les lui demanda. « Ma foi, répondit-il, Saint-Luc a depuis quel-« ques jours tellement gourmandé les Muses, que je n'en ai pu avoir « raison. (T.)

qui se piquoit d'être grand lutteur (1), crut que cet homme lui offroit le collet ; il le prend, et le culbute en bas des degrés. Cela fit bien du bruit ; mais on apaisa tout en disant que le maréchal avoit bu. « Je croyois, « disoit-il, qu'il me défioit à la lutte. »

Il étoit un plaisant homme en fait de femelles. M. de Bassompierre, son beau-frère, lui écrivoit de Rouen : « Venez vite pour mon procès ; j'ai besoin de vous ; « venez en poste le plus tôt que vous pourrez. » Il part. Le voilà dès sept heures du matin à Magny ; c'est la moitié du chemin : il demande un couple d'œufs. Une servante assez bien faite lui ouvre une chambre. « Ah ! ma fille, lui dit-il, que vous êtes jolie ! « Quel bruit est-ce que j'entends céans ? — Il y a une « noce, monsieur. — Danserez-vous ? — Vraiment, « répondit-elle, je n'en jetterois pas ma part aux « chiens. » Il dit qu'il vouloit en être, oublie M. de Bassompierre, s'habille comme pour le bal, et gambade jusqu'au jour. Par bonheur l'affaire avoit été différée.

Une autre fois, passant en poste par Brives-la-Gaillarde, il demanda à boire à une hôtellerie ; la fille de la maison lui plut : il lui demanda si elle avoit des sœurs. « J'en ai deux qui valent mieux que moi. » Il descend de cheval, et y demeura trois jours, un jour pour chacune, et disoit qu'il ne se pouvoit lasser de manger des pigeonneaux que ces divines mains avoient lardés. Par ces sortes de visions il faisoit enrager ses gens : ils disoient tout ce qu'ils vouloient, il ne s'en fâchoit jamais.

(1) Il disoit un jour à propos de cela, qu'il étoit un Samson. « Au « moins, dit M. de Guise, avez-vous une mâchoire d'âne. » (T.)

La Hoguette (¹), celui qui a fait le Testament d'un bon père à ses enfants, étoit à lui. Un jour que le maréchal fut six heures chez une femme, il fit un impromptu qui disoit à la fin :

Il .... ses gens et ne .... pas la belle.

Il épousa en deuxièmes noces madame de Chazeron, une des plus belles femmes qu'on pût voir, mais qui avoit une fine v..... Il disoit : « Si elle me donne des « pois, je lui donnerai des féves. » Il en tenoit aussi. Il en fut long-temps amoureux. Un jour il envoya un page pour savoir de ses nouvelles : le page lui rapporta qu'il l'avoit trouvée à table tête à tête avec le maréchal de Brézé, et qu'ils mangeoient des perdrix en carême. Il pesta terriblement contre elle : son fils aîné, le comte d'Estelan, âgé alors de vingt-deux ans, se mit à rire : « De quoi riez-vous ? — C'est que je me « suis souvenu de certaines personnes qui, après avoir « plus pesté que vous, ne laissoient pas d'épouser les « gens. » Aussi l'épousa-t-il ensuite. Cette v..... lui avoit été donnée par son mari, jeune homme qu'on avoit envoyé voyager en Italie après l'avoir marié à dix-sept ans ; il en apporta ce beau présent à sa femme. Huit mois durant en secondes noces elle se porta assez bien ; elle engraissa ; on la croyoit guérie ; mais depuis elle ne fit qu'empirer. Elle étoit tourmentée avant cela d'une faim canine, et ce fut à cause que M. de Saint-Luc avoit le meilleur cuisinier de la cour qu'elle l'é-

---

(¹) Pierre Fortin de La Hoguette. Son livre est intitulé : *Testament, ou Conseils d'un père à ses enfants*, 1655, in-12.

pousa. Enfin elle rendoit tout deux heures après. Il lui falloit faire je ne sais combien de repas par jour, et, pour dormir, prendre de l'opium le soir.

Son fils, le comte d'Estelan, voyant que sa survivance de Brouage viendroit bien tard, et que son père avoit d'assez bonnes dents pour tout manger, prit la soutane à la persuasion de M. de Bassompierre, qui le trouvoit d'une figure assez propre pour l'Eglise. On lui donna une abbaye de dix mille livres de rente qu'avoit son frère, aujourd'hui M. de Saint-Luc.

LE COMTE D'ESTELAN (1).

Il avoit dix mille livres de rente en une abbaye, autant sur la comté d'Estelan, autant sur les Suisses, dont M. de Bassompierre étoit colonel, et une pension d'autres dix mille livres que le Roi lui donna pour renoncer à la survivance de Brouage. Il jouit de ces deux pensions trois ans durant, car M. de Bassompierre, ayant été mis dans la Bastille, ne lui pouvoit rien laisser prendre sur les Suisses, et la cour ne lui paya plus sa pension; on ne le considéroit qu'à cause de son oncle. Il haussa son abbaye de quatre mille livres de rente; ainsi il demeura avec vingt-quatre mille livres de rente pour tout bien.

(1) Louis d'Épinay, abbé de Chartrice en Champagne, comte d'Estelan, nommé à l'archevêché de Bordeaux, mourut en 1644, six semaines après le maréchal de Saint-Luc, dont il étoit le fils aîné.

Si M. de Bassompierre fût demeuré à la cour, notre abbé eût fait fortune, car il avoit de l'esprit. Il étoit porté à la satire. Un jour M. de La Rochefoucauld le défia de rien trouver contre lui; il fit ce sonnet qui a tant couru. Un gentilhomme qui a été à M. de Saint-Luc m'a assuré que ce n'a point été le comte d'Estelan qui a fait l'épitaphe que voici, mais bien Comminges :

> La mort ici-dessous rangea
> Deux corps qui mangèrent Brouage;
> Ils eussent mangé davantage,
> Mais la v..... les mangea.

Mais Malleville, qui étoit à M. de Bassompierre, m'a dit que le comte avoit fait depuis celle-ci par avance :

> Enfin Saint-Luc ici repose,
> Qui ne fit jamais autre chose.

M. de Bassompierre étant dans la Bastille, le comte ne demeuroit guère à la cour : il alloit souvent à Sainte-Menehould, en Champagne, proche de son abbaye. Il y avoit meublé une chambre chez un élu nommé d'Origny. Or, il avoit fait l'histoire des cinq premières années du ministère du cardinal de Richelieu (1), et une satire du passage de Bray, que plusieurs

(1) On attribue au comte d'Estelan la satire intitulée : *Le Gouvernement présent, ou Eloge de Son Éminence*, plus connue sous le titre de *Milliade*. M. Peignot donne cette pièce à Favereau, conseiller à la cour des aides. (*Dict. des livres condamnés au feu*, tom. 1, pag. 133.) Nous avons rapporté dans la note 1 de la p. 366 du t. 1, où nous avons déjà parlé de cette pièce, que Barbier l'attribuoit au poète Brys. Mais le témoignage contemporain de La Porte nous semble d'une grande

personnes ont à cette heure, quoiqu'à sa mort il l'ait fait brûler avec bien des saletés qu'il avoit faites, l'origine du b....l, etc. Pour moi, je l'ai eue de sa sœur la religieuse à Reims : son frère en a une copie. Puis il l'avoit donnée à feu M. d'Esperses, et même à feu Châtellet, pour avoir sa satire contre Laffemas.

La cour vint une fois à Sainte-Menehould : il en part. Comme il fut à vingt lieues de là, il s'avisa qu'il avoit laissé cette histoire et autres pareilles dans un cabinet d'ébène en cette chambre. Il jure et peste. Ce gentilhomme qui a été page de son père s'offrit à les aller retirer. Il arrive justement comme M. de Chavigny, qui logeoit de ce jour-là dans cette chambre, étoit par bonheur sorti avec tous ses gens : il trouve moyen d'y entrer, et emporte tout ce qu'il falloit. Le soir même M. de Chavigny, sachant à qui étoient ces meubles, demanda la clef de ce cabinet; peut-être même le fit-il ouvrir faute de clef. Depuis, le cardinal sut qu'il avoit fait cette histoire : il envoya M. le chancelier pour en voir quelque chose. Le comte y avoit mis ordre, et ne lui montra qu'une copie où il n'y avoit que des choses à l'avantage du cardinal. Le cardinal Mazarin a voulu avoir l'original. M. de Saint-Luc, dès qu'il put le recouvrer, le lui donna sans en rien lire; je le sais de ce même gentilhomme qui le lui porta.

Le comte, voyant son père mort, prit la poste pour venir à Paris; il tombe, et son cheval sur lui : il cracha

---

autorité. Il dit positivement que la *Milliade* est de l'abbé d'Estelan. (*Mémoires de La Porte* dans la deuxième série des Mémoires relatifs à l'histoire de France, t. 59, p. 356.)

du sang, se gouverna assez mal à Tours où il s'arrêta, et y mourut au bout de quinze jours à l'âge de quarante ans.

LA MONTARBAULT,

SAMOIS, ET DE LORME.

La Montarbault étoit fille d'un fermier d'Anjou : elle fut mariée à un homme de la condition de son père; mais elle le quitta bientôt, soit qu'elle se fût fait démarier, ou autrement. Elle vint à Paris, où elle fut entretenue par De Lorme, le médecin. Cet amant ne lui étant pas assez fidèle pour l'arrêter, elle voulut faire une finesse qui lui pensa coûter bon. Elle prit du poison, et ensuite de l'antidote; mais elle avoit pris du poison en telle quantité, que si De Lorme ne fût survenu à propos, elle passoit le pas; encore eut-il bien de la peine à la sauver. Depuis elle épousa un gentilhomme nommé Montarbault, à qui elle ne voulut jamais rien accorder qu'ils ne fussent mariés. Cet homme s'en lassa bientôt; car, quoiqu'elle fût belle, elle avoit l'esprit si turbulent, si enragé, qu'on ne pouvoit vivre avec elle. Sa beauté commençant à diminuer, elle se mit à souffrir; elle avoit un million de secrets, et voyant qu'elle se décrioit à Paris, elle alloit faire de petits voyages dans les provinces. Une fois elle fit si bien accroire au duc de Lorraine qu'elle faisoit de l'or, qu'on a vu des lettres de lui par lesquelles il la recommandoit comme la personne du monde la plus nécessaire à son Etat; mais enfin cela alla si mal pour la pauvre alchimiste, qu'au lieu d'en rapporter de grandes richesses, elle y perdit pour sept à huit mille livres de pierreries que le duc lui prit quand il vit que c'étoit une affronteuse. Après plusieurs promenades, elle rencontra un Anglois qui se vantoit d'avoir trouvé l'invention de faire des carrosses qui iroient par ressort; elle s'associa avec cet homme, et dans le Temple (1) ils commencèrent à travailler à ces machines. On en fit une pour essayer, qui véritablement alloit fort bien dans une salle, mais n'eût pu aller ailleurs, et il falloit deux hommes qui, incessamment, remuoient deux espèces de manivelles, ce qu'ils n'eussent pu faire tout un jour sans se relayer; ainsi cela eût plus coûté que des chevaux.

Ce dessein avorté, elle accusa de fausse monnoie, car elle s'y entendoit fort bien, et c'étoit là toute sa pierre philosophale, un nommé Morel, qui avoit été commis de Barbier; mais elle, au contraire, fut accusée, et eut bien de la peine à se débarrasser.

En un voyage qu'elle fit en Normandie, le fils de la sœur de Chandeville (2), qui étoit neveu de Malherbe, la vit chez un gentilhomme. Il en devint amoureux, et cela n'est pas étrange, car il étoit jeune, et elle avoit encore de la beauté, étoit cajoleuse, et débitoit agréablement; elle avoit changé de nom. Il fit en sorte au-

---

(1) Dans l'enclos du Temple, à Paris.

(2) Éléazar de Sarcilly, sieur de Chandeville, neveu de Malherbe, mourut à l'âge de vingt-deux ans. Ses OEuvres poétiques ont été publiées dans le *Recueil de diverses poésies des plus célèbres auteurs du temps;* Paris, Chamhoudry, 1651, petit in-8°, 2° partie, p. 85. Ce Recueil a eu d'autres éditions.

près de sa mère, qui étoit veuve, qu'elle priât la Montarbault de venir chez elle. Cet adolescent, qui apparemment la trouva assez facile, la retint deux mois entiers chez sa mère, qui, charmée de cette femme, lui donna sa fille, qui sortoit de religion, pour lui faire voir le monde. Cette mère, comme on peut penser, n'étoit pas plus sage que de raison; elle avoit toujours été une extravagante, qui se vouloit battre en duel à tout bout de champ. Voilà ces jeunes gens à Paris, logés dans le Temple, chez la Montarbault. Les voisins s'étonnoient fort de voir chez cette femme une jeune fille bien faite; il arriva par hasard que la femme-de-chambre de mademoiselle de Rambouillet, qui étoit une fille fort adroite, se trouva un jour chez une femme de ses amies au Temple, où elle vit cette jeune demoiselle, qui, ayant appris que cette fille coiffoit si bien, la pria de trouver bon qu'elle se fît coiffer par elle à l'hôtel de Rambouillet. Elle y fut, et cela fut rapporté à madame la marquise, qui s'informa si bien qu'elle sut que c'étoit la nièce de feu Chandeville, qu'elle avoit donné autrefois à M. le cardinal de La Valette. Le frère, qui avoit accompagné sa sœur, fut contraint d'aller saluer madame de Rambouillet, et lui fit un galimatias qui faisoit assez voir qu'il y avoit de l'amour, et qu'il n'avoit osé la venir voir de peur que cela ne se découvrît. Enfin, quelques parents qu'ils avoient ici renvoyèrent cette fille à sa mère. On lui fit avouer que la Montarbault l'avoit voulu mener plusieurs fois chez M. de Chevreuse et ailleurs, et que pour y faire consentir le frère, elle lui disoit : « Cela me servira, parce que ceux « à qui j'ai affaire aiment à voir de belles personnes. » Ce garçon, qui s'appeloit Samois, demeura à Paris.

Quelque temps après il vint retrouver madame de Rambouillet, et lui dit qu'il recherchoit une fille fort riche, et qu'il n'y avoit qu'une difficulté à l'affaire : c'est qu'il s'étoit vanté d'être parent de MM. de Montmorency, et qu'on souhaitoit qu'il fût reconnu pour tel. « Sur cela,
« madame, continua-t-il, je me suis adressé à vous,
« comme à une personne qui aimoit fort feu mon oncle,
« pour vous prier d'obtenir cette grâce de madame la
« princesse. » La marquise, au lieu de lui dire les véritables raisons qu'il n'eût pas comprises, lui dit qu'elle n'étoit pas en état de sortir. Un mois ou deux après, il revint la voir, et lui dit qu'il étoit marié, mais le plus malheureusement du monde. « J'avois recherché
« l'une des deux filles de la baronne de Courville, au-
« près de Châteaudun. Ces filles étoient en pension
« dans une religion à Paris. Je la fus demander à sa
« mère : elle qui, quoiqu'elle ait cinquante ans, est
« encore assez passable, me dit que pour ses filles elle
« ne les vouloit point marier, mais que si je voulois
« l'épouser elle, j'y trouverois mieux mon compte, et
« qu'elle avoit bien du revenu. Nous nous marions,
« mais j'ai épousé un diable ; elle a toujours le bâton
« à la main ; elle bat ses gens et ses paysans à outrance ;
« et pour moi, le lendemain de nos noces, elle me dit
« mille injures. » En disant cela, le galant homme dit toutes les injures de harangères et de crocheteurs. Madame de Rambouillet, surprise de cela, le pria de ne dire plus de ces choses-là. « Vraiment, madame, ce
« n'est pas là tout ; ma mère et ma sœur la vinrent voir ;
« elle les appela..... (là, il en dit de plus terribles que
« les autres). Elle passa bien plus avant ; elle frappa
« ma mère ; ma mère le lui rendit ; elle mit ma mère

« en prison; ma mère l'y mit à son tour; elle m'a battu;
« je l'ai battue. Enfin, après bien du vacarme, nous
« sommes venus à Paris. Tout le jour elle ne fait qu'es-
« crimer. » Madame la marquise disoit qu'elle espéroit
que ces deux femmes se battroient enfin en duel. « Elle
« mange, ajouta-t-il, quarante huîtres tous les matins
« (c'étoit en carême), et pour moi et mes gens, elle
« nous fait mourir de faim. »

Or, cette madame de Courville, comme je l'ai appris
dans le pays, durant la vie de son mari et après, s'étoit
toujours divertie; et n'ayant plus aucun reste de beauté,
elle avoit été contrainte de prendre un homme qui lui
servoit de maître-d'hôtel et de galant tout ensemble.
Samois le trouva un jour couché avec elle; mais comme
il voulut faire du bruit, elle lui dit : « Vous avez pu
« savoir mon humeur, et vous ne devez pas prétendre
« que je vive mieux avec vous qu'avec mon premier
« mari. » Samois voulut décharger sa colère sur cet
homme, mais, comme il est débonnaire, il se contenta
de le chasser. Il enferma pourtant sa femme, et ne la
laissoit voir à personne. Un conseiller au Châtelet de
Paris, qui avoit été autrefois fort bien avec elle, sut
qu'elle étoit prisonnière, et envoya un homme qui
adroitement se glissa dans la maison, un jour qu'un
gentilhomme avoit eu permission de lui parler; il lui
dit la bonne intention du conseiller, qui envoya un lieutenant du prévôt de l'hôtel pour la délivrer. Ce lieutenant mit le mari et la femme bien ensemble. Quelque
temps après une affaire les obligea à venir à Paris tous
deux. L'argent manqua bientôt au cavalier, qui, pour
en avoir, vendit les chevaux et le carrosse de sa femme;
mais elle, n'entendant point raillerie, trouva moyen de

le faire mettre au Châtelet pour dettes. Je pense que le conseiller ne nuisit pas à cette affaire. Depuis, il vint demander franchise à l'hôtel de Rambouillet, parce qu'il avoit été, disoit-il, d'un duel. Celui à qui il parla lui dit qu'il n'y seroit pas en sûreté. « Comment, ré-« pondit-il, et n'est-ce pas un hôtel ? »

Pour De Lorme (1), dont nous avons parlé ci-dessus, les eaux de Bourbon, qu'il a mises en réputation, l'y ont mis aussi lui-même (2). Il a gagné du bien et est à son aise. On dit qu'il prétendoit que ceux de Bourbon lui érigeassent une statue sur les puits ; il se fit faire intendant des eaux, puis vendit cette charge. On l'accuse d'avoir pris pension des habitants pour y faire aller bien du monde, et il y a grande apparence, car sous ce prétexte il ne voulut jamais payer pour quarante écus

---

(1) Jean De Lorme, premier médecin de trois de nos rois, mourut en 1678, âgé de près de cent ans. Il est l'inventeur d'un bouillon rouge, dont il faisoit la panacée universelle. On voit dans un livre intitulé : *Moyens faciles et éprouvés dont M. De Lorme, premier médecin et ordinaire de trois de nos rois........, s'est servi pour vivre près de cent ans* (Caen, 1683), les précautions singulières qu'il prenoit pour se préserver du froid et de l'humidité. Il se tenoit durant l'hiver dans une chaise à porteur devant son feu. Il avoit un lit de brique, couchoit habillé avec six paires de bas drapés et des bottines, etc., etc., etc. On renvoie les lecteurs à ce bizarre ouvrage.

(2) Il conte lui-même qu'il donna des coups de bâton à un médecin de la Faculté. Madame de Thémines, depuis maréchale d'Estrées, avoit un fils fort malade. De Lorme demanda du secours; on appela M. Duret et un autre. Quand ce fut à entrer, Duret, comme le plus vieux, passa; l'autre médecin, comme étant de la Faculté de Paris, le suit. De Lorme, en présence du maréchal d'Estrées, qui recherchoit la marquise, prend un bâton de cotret et rosse cet homme qui se sauve. Duret s'enfuit ; on court après lui. « Hé ! monsieur, vous n'ordonnez rien pour « mon fils. — Faites-le saigner, madame. » Et jamais on ne put le faire revenir. De Lorme pouvoit avoir alors quarante-cinq ans. (T.)

de ciseaux et de couteaux qu'il avoit pris à la Flèche et à Moulins, et il trouva fort étrange qu'on les lui demandât, comme s'ils ne lui étoient pas assez redevables à lui qui faisoit aller tant de gens à Bourbon, et qui disoit à tous que la Flèche étoit la meilleure boutique. Que ce soit cela ou autre chose, le maître s'est fait riche. Ce fut l'an 1656 qu'il fit cette vilainie. Il étoit allé accompagner à Bourbon l'abbé de Richelieu et ses sœurs; il avoit avec lui sa demoiselle, car il ne va point sans cela, et il fallut que madame d'Aiguillon le souffrît. A cette heure qu'il est vieux, il craint le serein, et dès que cinq heures sonnent, il se met je ne sais quelle coiffe de crapaudaille (1) sur la tête, qui, avec son habit de satin à fleurs et ses bas couleur de rose, le font de la plus plaisante figure du monde.

J'ai ouï conter à feu Malleville une bonne chose de cet homme; il s'est toujours mêlé de belles-lettres. Malleville lui montra une grande élégie qui s'appelle *Impatience amoureuse*. « Hé! lui dit-il, combien faut-il
« de vers pour une pièce de théâtre? — Quinze cents
« ou environ, dit Malleville. — Vraiment, ajouta le
« médecin, vous en devriez faire une, voilà déjà le tiers
« des vers fait. »

(1) Etoffe du temps.

JALOUX.

DES BIAS.

Des Bias (d'une terre auprès d'Avranches), frère aîné de Monferville, dont nous avons parlé ci-dessus à l'article de Thémines (1), avant que d'être marié ne bougeoit, à Paris, du b....l et du cabaret. Il étoit grand et bien fait, mais mal propre autant qu'on le peut être : quand sa chemise étoit noire comme la cheminée, il la troquoit contre une neuve chez une lingère, et en changeoit dans sa boutique. Il y a plus de treize ans qu'il est marié à une personne de bon lieu, bien faite et bien raisonnable ; cependant il en est si jaloux qu'après avoir été long-temps sans vouloir que personne allât dîner chez lui (il demeure à la campagne), bien moins d'y coucher, il devint jaloux de ses valets même, et non content de l'avoir enfermée au troisième étage, afin qu'elle fût hors d'escalade, et qu'on n'y montât pas avec des échelles de corde, il chassa enfin tous ses gens, et quoique huguenot, il prit un Carme, à qui il se fioit, pour gouverner tout chez lui. Ce moine avec le temps lui devint suspect, et il le chassa aussi. Sa femme souf-

(1) Voir précédemment, pag. 236.

froit toutes ces extravagances avec une constance admirable. Elle a eu quatre enfants, et, parce que ce mari a un petit doigt de la main gauche estropié et tout crochu, et qu'il dit que si elle fait des enfants qui ne l'aient pas de même ils ne seront pas à lui, tous ceux qu'elle a ont le petit doigt de la main gauche crochu, soit par la force de l'imagination de la mère, soit que la sage-femme gagnée le leur rompe en naissant.

Ce maître fou porte toujours sur lui tous ses papiers les plus importants et ses principales clefs. Une fois, sur le point de partir de Rouen, avant cette grande jalousie, il dit en lui-même : « Je me tue à faire mes affaires « moi-même, il faut prendre des secrétaires. » Il en prend trois, et s'en va à la dînée ; il songe : « Ai-je de quoi « occuper trois secrétaires ? » Il en renvoie un, à la couchée un autre, et le lendemain un troisième, disant : « J'ai bien fait mes affaires jusqu'ici, je les ferai bien « encore. » Il a de l'esprit et faisoit bonne chère à ses amis, quand il n'étoit pas si abîmé dans sa jalousie. Son père étoit gouverneur de Lectoure ; il l'avoit été de Pontorson.

RAPOIL.

Un médecin de Soissons, nommé Rapoil, avoit une femme bien faite, mais elle avoit une dartre à la joue qui se renouveloit tous les mois, en sorte qu'elle n'avoit par mois que quinze jours de beauté. Il en étoit jaloux, et, quoiqu'il dît qu'il savoit bien le moyen de la guérir, par jalousie il ne la voulut jamais guérir entièrement. Il n'y gagna rien : elle étoit fort coquette et enfin elle se fit démarier. Elle enrageoit quand on l'appeloit madame *Poilra* au lieu de madame *Rapoil*.

MOISSELLE.

Un beau garçon de Paris, nommé Hérouard, sieur de Moisselle, se trouvant avec peu de bien, à cause que son père avoit mal fait ses affaires, prit l'épée, et en Hollande, ayant acquis quelque réputation, une dame de quelque âge, mais riche, l'épousa. C'est la plus folle de jalousie qui fut jamais : dès qu'il regarde une servante, elle la chasse. A Paris, elle eut soupçon que son mari regardoit de trop bon œil une belle fille de ses parentes, et à table, en mangeant après avoir été long-temps sans parler, elle s'écrioit : « Oui, en ma foi ! je « le voudrois de tout mon cœur qu'elle fût cent pieds « sous terre, cette mademoiselle Marton. » C'étoit le nom de la belle. Et dans cette vision une cassette lui ayant été volée, elle disoit que c'étoit cette fille qui l'avoit volée, et qu'une sorcière la lui avoit fait voir dans son ongle. Elle devint jalouse de la grand'mère de son mari. Elle étoit venue de Hollande ici pour le ramener, et d'ici elle le suivit en Poitou, où il est allé voir ses parents. Il est contraint, quand il est levé, de sortir jusqu'au soir, et s'est accoutumé à la laisser criailler tout son soûl.

TENOSI, PROVENÇAL.

Voici une histoire plus étrange que toutes les autres. Un gentilhomme provençal, nommé Tenosi, s'en allant faire un voyage en Levant, recommanda sa femme à un autre gentilhomme, avec lequel il faisoit profession d'une amitié très-étroite : cette femme étoit belle ; cet ami en devint bientôt amoureux, et enfin la femme ne fut pas plus fidèle que lui. Ils vécurent de sorte que tout le monde savoit leurs amours. Au bout de quelque temps le bruit courut que le mari étoit mort ; mais ce bruit étoit faux, et il revint la même année. Ces amants, comme j'ai dit, avoient eu si peu de discrétion qu'ils ne doutoient point que le mari ne fût bientôt averti de tout ; ils se résolurent de s'en défaire, et l'empoisonnèrent : ils sont pris et condamnés à avoir la tête coupée, tous deux en même temps, et sur un même échafaud. On les mène donc au supplice : cet homme étoit le plus abattu qu'on eût pu voir, et la femme paroissoit beaucoup plus résolue que lui. Comme on le vouloit exécuter le premier, il demanda qu'on ne l'exécutât qu'après cette dame, et le demanda avec tant d'instance, et dit des choses qui firent si fort croire qu'autrement il mourroit comme un furieux, qu'on fut contraint de le lui promettre, de peur de le mettre au désespoir. Mais il n'eut pas plus tôt vu la tête de sa maîtresse à bas, qu'il témoigna une constance admirable et mourut, s'il faut ainsi parler, avec quelque satisfaction. On sut de ses amis particuliers que c'étoit par jalousie, et qu'il étoit tellement possédé de cette passion, qu'il avoit eu peur, s'il étoit exécuté le premier, que la dame ne fût sauvée par quelque miracle, et qu'un autre n'en jouît après : ce fut ce qui l'avoit fait résoudre à empoisonner son ami, comme il l'empoisonna, le jour même qu'il fut arrivé, sans lui donner le loisir de coucher avec sa femme.

COIFFIER.

Coiffier est fils de Coiffier qui a été commissaire au Châtelet, et dont la mère étoit cette célèbre pâtissière qui fut la première qui s'avisa de traiter par tête. Le père avoit eu quelque habitude avec le président Le Bailleul, lorsqu'il étoit lieutenant-civil; de sorte que, s'étant mêlé de finances quand le président fut fait surintendant, il prit Coiffier pour premier commis; d'Emery le continua. C'est un homme grave et terriblement cérémonieux. On disoit que d'Emery avoit Guerapin pour tenir parole, Chabenats pour fourber et Coiffier pour faire des révérences. Madame Pilou disoit de lui que, pour commissaire du Châtelet, c'étoit un honnête homme, mais que pour un homme à carrosse, ce n'étoit qu'un benêt; sa femme étoit aussi sotte que lui et par-delà. Ils avoient un fils assez honnête garçon, qui ne les pouvoit souffrir, et il étoit toujours absent; ce fils mourut fort jeune. Son cadet est bien fait; mais vous verrez par la suite quel homme c'est. Il est à cette heure maître des comptes. Son père le maria, il y a quelques années, avec la fille de Vanel, celui qui, avec La Raillière, avoit fait le traité des aisés. C'est une petite créature qu'on peut dire jolie ; mais après les nains, il n'y a rien de si petit : il est vrai qu'elle est bien proportionnée. Cette petite créature, élevée par une mère dévote, fut ravie de trouver un garçon qui fût un peu dans le monde. Par malheur pour lui et pour elle, le père et la mère de Coiffier n'étoient pas alors à Paris, ou du moins en partirent aussitôt après : de sorte que la voilà en son ménage. Le mari, qui avoit ouï dire dans le monde qu'un galant homme devoit donner de la liberté à sa femme, lui laissoit faire en partie ce qu'elle vouloit : il lui donnoit même à faire la dépense; notez que c'étoit un oison. Elle ne se levoit qu'à midi, faisoit semblant de compter avec le valet-de-chambre de son mari, et ne comptoit point; tout alloit comme il plaisoit à Dieu : l'argent ne lui coûtoit rien. Elle donna une table de bracelet (1) de trente-cinq pistoles à une demoiselle de sa mère qui l'étoit venue coiffer quelquefois, et à la femme-de-chambre un mouchoir de quinze pistoles.

Il n'y avoit que trois jours que le père de sa mère étoit mort; elle s'habilloit de couleur, et quand sa mère venoit elle se mettoit entre deux draps tout habillée, et on a jeté quelquefois sur le fond du lit la tourte qu'elle alloit manger avec quelques jeunes garçons du quartier.

Logée dans un des pavillons qui sont autour du jar-

---

(1) On appeloit *table de bracelet* une pierre précieuse dont la surface est plate et qui est enchâssée dans un chaton d'or ou d'argent. (*Dict. de Trévoux.*)

din du Palais-Royal, elle avoit une porte pour y entrer ; elle s'y promenoit avec sa demoiselle jusqu'à deux heures après minuit, et le mari fut contraint de faire cacher des gens qui lui firent peur, afin qu'elle n'y fût plus si tard. Cette grande liberté que cet homme lui donna durant l'absence de sa belle-mère la gâta entièrement, et quand les bonnes gens furent revenus, elle avoit déjà pris un fort méchant pli; d'ailleurs elle est naturellement étourdie, et par malheur elle a toujours eu affaire à des étourdis.

Le premier qui s'avisa de lui faire les doux yeux fut un garçon de la ville, lieutenant aux gardes, nommé Busserolles, si fou qu'il alla attaquer lui seul à la Don Quichotte une bande de sergents qui menoient un homme en prison, et le délivra sans le connoître; il est vrai que son hausse-col, car il étoit de garde, imprima quelque terreur aux sergents. Depuis, il a parlé au Roi si sottement qu'on l'a cassé, au lieu de le laisser traiter d'une compagnie. Ce galant homme alla un jour pour voir la petite dame. On lui dit qu'elle étoit là auprès, chez sa belle-sœur Vanel, de qui on médit furieusement avec Servien. Busserroles y va : la petite femme revient; on lui dit cela; elle court chez sa belle-sœur; ils se parlent. La belle-sœur, qui savoit que déjà on étoit en soupçon chez le mari, ne trouva cela nullement bon, et fit dire à Busserolles qu'il ne revînt plus chez elle. Voilà grande rumeur au logis : on défend à la petite femme de voir sa belle-sœur; elle ne voyoit pas même sa mère, car la belle-sœur et la mère logeoient ensemble. Elle disoit une fois : « Jé-« sus ! que faire au Cours ? Le Roi est parti. »

Il y en a aussi qui en sont fâchés. Tantôt elle a permission d'aller au Cours avec sa gouvernante, tantôt on la resserre tout de nouveau : le mari est devenu tout sauvage. Il a un frère qui a fait quelques campagnes ; on l'appelle d'Orvilliers. Ce garçon est bien fait et étoit assez raisonnable ; mais à cette heure il garde sa belle-sœur : on croit qu'il en est amoureux. Elle le hait comme la peste.

Le beau-père, la belle-mère, et tous leurs gens, sont tous les espions de la jeune femme. Le bonhomme en usa fort sottement, car il rompit en visière plusieurs fois à de jeunes gens qui alloient là-dedans ; et enfin le portier eut ordre de ne la laisser voir à pas un homme. Quand on la demandoit il disoit : « Elle n'y est pas. » Et elle, qui étoit toujours à la fenêtre, crioit : « J'y « suis ; » mais cela ne servoit de rien.

Busserolles découvrit un jour qu'elle alloit au sermon avec la famille : il envoie un grand laquais qui fait si bien qu'il garde une place tout auprès de la petite dame, et il causa avec elle à la barbe à *Pantalon* tant que le sermon dura.

Elle fut assez long-temps en cette misère, n'allant en aucun lieu que sa belle-mère n'y fût, elle qui mouroit d'envie de voir des hommes. Enfin je ne sais par quelle rencontre on ne put s'empêcher de la laisser aller jouer dans le voisinage, chez le président Tubeuf. Son fils aussitôt en conte à la belle ; dès le premier soir elle lui permet de lui écrire, et non contente de cela, elle ne faisoit que chuchotter le lendemain à la messe avec lui. Le laquais de Tubeuf, aussi habile que son maître, rencontra Coiffier à la porte, qui lui fit avouer qu'il portoit un poulet à sa femme, et lui donnant un louis d'or. Il lui dit : « Je t'en donnerai autant toutes

« les fois. » Il faisoit réponse pour sa femme. Je pense que la demoiselle ou sa mère l'écrivoit. Au bout de huit jours le mari se lassa de donner des louis, et écrivit à Tubeuf : « Monsieur, soyez une autre fois plus « fin; » puis conta toute l'affaire à sa femme. La belle-mère meurt quelque temps après : cette petite étourdie ne put s'empêcher d'en témoigner de la joie, et elle vouloit aller à l'enterrement avec un collet clair : le mari dit qu'il le jetteroit dans le feu; cela acheva d'aigrir les gens. Elle fut depuis comme prisonnière, jusqu'à entendre la messe chez elle, et à n'avoir permission de regarder à la fenêtre que certains jours. Quand Tubeuf alla à Francfort, elle et le mari, entendant passer bien des gens, mirent la tête à la fenêtre; il cria : « Il y en a qui sont bien aises ! »

MADAME LÉVESQUE

ET MADAME COMPAIN.

Un procureur au Châtelet, nommé Turpin, avoit une des plus belles filles de Paris. Elle étoit blonde et blanche, de la plus jolie taille du monde, et pouvoit avoir environ quinze ans. Un jeune avocat, nommé Patru (c'est celui qui est aujourd'hui de l'Académie, et qui a fait de si belles choses en prose), la vit à la procession du grand Jubilé de 1625. Sa beauté le surprit, et il ne fut pas le seul, car toute la procession s'arrêtoit pour la regarder. Le monsieur étoit beau si la dem selle étoit belle), et on pouvoit dire que c'étoit un aussi beau couple qu'on en pût trouver. Quoiqu'elle lui semblât admirable, et qu'il en fût touché, il ne voulut point l'aller voir; car, quoiqu'il fût extrêmement jeune, il voyoit bien déjà que c'étoit une sottise que de se jouer à des filles. Aux Carmes, car ils étoient tous deux de ce quartier-là, il la rencontra à la messe; il en fut ébloui, et il dit qu'en sa vie il n'a rien vu de si beau. Elle le salua le plus gracieusement du monde. Il se contentoit de passer quelquefois devant sa porte, où elle se tenoit assez souvent; s'il la regardoit d'un œil amoureux, elle ne le regardoit pas d'un œil indifférent. Comme il souhaitoit avec passion qu'elle fût mariée, un avocat au Parlement, nommé Lévesque, l'épousa quelque temps après. C'étoit un petit homme mal fait et d'ailleurs assez ridicule. Voilà notre galant bien aise : il se met à aller au Châtelet, parce que le mari avoit pris cette route à cause de son beau-père; le prétexte fut qu'un jeune homme doit commencer par là. Il se place bien loin de Lévesque, et fut assez longtemps sans le rechercher : il y fut bientôt en quelque réputation; et un matin, s'étant trouvé avec quelques avocats, parmi lesquels étoit Lévesque, on proposa de faire une débauche pour voir ce que ce nouveau-venu d'Italie sauroit faire : Patru ne faisoit que d'en revenir. Lévesque dit qu'il vouloit que ce fût le jour même, et chez lui. Ils y furent; on fit carrousse,[1] jusqu'à onze heures du soir : la femme y fut toujours présente, et ne quitta pas d'un moment la compagnie.

---

[1] *Carrousse*, bonne chère qu'on fait en buvant et en se réjouissant. (*Dict. de Trévoux.*)

Notre amoureux étoit ravi d'avoir eu entrée chez la belle; toutefois il n'osoit y aller sans quelque semblable occasion, car cette femme étoit entourée de cent sots, la plupart des adolescents d'avocats qui dirent bien des sottises dès qu'ils virent que Patru y avoit accès; car il leur faisoit ombrage. Cependant on lui rapportoit qu'elle disoit mille biens de lui. Enfin il la rencontra tête pour tête sous le Cloître des Mathurins, et il fut obligé de lui dire qu'il n'avoit osé prendre encore la hardiesse de l'aller voir en son particulier; elle, l'interrompant, lui dit « qu'il pouvoit venir quand il voudroit. Il y fut donc, et plus d'une fois; mais les petits avocats mirent bientôt l'alarme au camp : le mari témoigna qu'il n'y trouvoit pas plaisir; elle en avertit Patru, car il avoit fait bien du progrès en peu de temps. Lui, pour faire une contre-batterie, se met à rendre bien des devoirs à la mère qui logeoit porte à porte. Cette mère, aussi étourdie qu'une autre, prit ce garçon en telle amitié, qu'elle ne juroit que par lui. Cependant les jaloux firent tant de bruit que le père se réveilla, et fit comprendre à sa femme qu'elle n'étoit qu'une bête. Notre galant a encore avis de cette nouvelle infortune : il se résout à rechercher le mari, qu'il avoit fui tant qu'il avoit pu, parce que c'étoit un fort impertinent petit homme. Lévesque se piquoit de lettres, et savoit la réputation de notre avocat : il se laisse bientôt prendre, et à tel point, qu'il en étoit incommode, car il ne pouvoit plus vivre sans Patru. Lui, pour s'en décharger un peu et avoir un peu plus de liberté en ses amourettes, pria d'Ablancour, son meilleur ami, d'avoir la charité d'entretenir quelquefois cet impertinent. Ils lièrent une société;

ils mangeoient trois fois la semaine ensemble, tantôt chez d'Ablancour, tantôt chez quelque traiteur.

Il arriva en ce temps-là que l'abbé Le Normand, ce fripon qui a fait quelque temps des catéchismes au bout du Pont-Neuf, et qui depuis à fait l'espion du cardinal Mazarin, étant parent de la belle, la prétendoit b.....; mais il le vouloit faire d'autorité; elle se moqua de lui. Enragé de cela contre Patru, il y mena un jeune abbé qu'on appeloit l'abbé de La Terrière, qui s'éprit aussitôt : celui-là n'y réussit pas mieux que lui. Tous deux, pour savoir la vérité de l'affaire, s'avisent de gagner un des prêtres qui, certains jours de la semaine sainte, sous l'orgue des Quinze-Vingts, donnent l'absolution des cas réservés à l'évêque. Le galant avoit accoutumé de se confesser. Ce prêtre gagné s'y trouva seul. L'avocat se confesse à lui de coucher avec une femme mariée; et après cela le prêtre dit assez haut : « Je m'en vais, je n'ai plus que faire ici; j'ai su ce « que je voulois savoir. » A quelque temps de là, je ne sais quel traîneur d'épée le vint trouver; Patru l'avoit vu plusieurs fois aux Carmes : « Monsieur, lui dit-il, « un tel abbé s'est adressé à moi pour vous faire jeter « une bouteille d'eau-forte et vous faire donner quel- « ques balafres sur le visage; mais je n'ai garde de le « faire. Comme vous voyez, je vous en avertis; ne faites « semblant de rien, laissez-nous-le plumer : il a « encore quelque argent de reste de son bénéfice qu'il « a vendu à l'abbé Le Normand. » Ce jeune abbé se fit Minime ensuite, et fit faire des excuses à Patru.

Cet abbé Le Normand étoit fils d'un maître des requêtes et petit-fils d'un commissaire du Châtelet. Lévesque étoit tout fier qu'un fils de maître des requêtes fût parent de sa femme. Enfin il vit bien que ce n'étoit qu'un impertinent.

Bois-Robert appelle l'abbé Le Normand *Dom Scélérat*.

Madame Lévesque et Patru furent assez long-temps sans traverses, jusqu'à ce qu'un jour qu'ils étoient ensemble dans la chambre de la belle, le mari passe pour aller dans un cabinet, sans faire semblant de les voir ; le galant dit à la belle : « On nous l'a débauché « tout-à-fait ; il y a long-temps que je prévois qu'il « faudra rompre avec lui pour le faire revenir, car il « me recherchera sans doute ; je m'en vais : dites-lui « que je suis parti très-mal satisfait, et que je ne veux « plus rentrer céans ; il ne manquera pas de dire que « c'est ce qu'il demande, mais ne vous en épouvantez « point. » Cela arrive comme il l'avoit dit : Lévesque venoit de boire avec des jeunes gens qui lui avoient brouillé la cervelle. Au bout de quelques jours Patru trouve Lévesque aux Carmes, et lui tourne le dos tout franc. L'autre, qui avoit mis de l'eau dans son vin, en fut un peu surpris, et dit le jour même à sa femme : « Vraiment M. Patru est tout de bon en colère ; il m'a « aujourd'hui tourné le dos aux Carmes. — Je vous « avois bien dit, répondit-elle, qu'il partit de céans « très-mal satisfait. » Ce ressentiment que Patru avoit témoigné fit l'effet qu'il espéroit ; voilà Lévesque à courir après lui. Comme ils étoient sur le point de renouer, Lévesque meurt en fort peu de jours ; et il étoit si bien revenu qu'il dit en mourant à sa femme qu'elle se fiât à lui en toutes choses, et qu'il n'avoit qu'un seul regret, c'est de n'avoir pas renoué avec lui. Il déclara aussi qu'il lui devoit quelque argent, dont Patru n'avoit pas de promesse, qu'il ne savoit pas au juste combien il y avoit, mais qu'on s'en rapportât à ce que Patru diroit.

La veuve envoya quelques jours après demander au galant combien son mari lui pouvoit devoir. Il lui manda qu'elle se moquoit, et qu'il ne lui étoit rien dû. Elle lui écrivit que cela étoit venu à la connoissance de son père, et qu'il falloit absolument le dire, et qu'elle le prioit de lui envoyer un exploit : il répondit qu'il s'en garderoit bien, et que, puisqu'il falloit nécessairement qu'elle payât, il y avoit tant; qu'elle en fît comme elle le trouveroit à propos; mais qu'il ne pouvoit se résoudre à lui envoyer un exploit, quoiqu'il sût bien que sans cela elle ne pouvoit payer sûrement. Le père, voyant cela, envoya l'argent, et fit faire un exploit à sa fantaisie.

Cette mort ruina toutes leurs amours : Patru ne trouvoit pas plus de sûreté à une veuve qu'à une fille. Elle le pressoit de la venir voir : lui s'en excusa un temps sur la bienséance qui ne permettoit pas qu'il retournât si promptement chez la veuve d'un homme avec qui tout le monde savoit qu'il étoit mal. Après, il lui parla franchement, et lui dit « qu'il ne pou-
« voit pas la voir sans lui faire tort; car s'il l'é-
« pousoit, il la mettoit mal à son aise, et s'il ne l'é-
« pousoit pas, il la perdoit en l'empêchant de se rema-
« rier. » La voilà au désespoir. Elle crut que si elle se lassoit cajoler par d'autres elle le feroit revenir; elle alloit à l'église avec une foule de petits galants. Il m'a avoué que cela lui brûloit les yeux, et qu'il n'a de sa vie si mal passé son temps que de voir qu'une des plus

belles personnes du monde, et dont il étoit aussi amoureux qu'on pouvoit être, le souhaitoit si ardemment, et de ne pouvoir jouir d'un si grand bonheur. Il en eut la fièvre : sa raison fut pourtant la maîtresse, et il ne vit jamais depuis madame Lévesque chez elle.

La belle, qui s'étoit laissé approcher par tant de galants, s'accoutuma insensiblement à cette coquetterie, et on ne sait si Chandenier, depuis capitaine des gardes-du-corps, le feu président de Mesmes et le président Tambonneau, ne succédèrent point à Patru pour quelques nuits; car, durant qu'il la voyoit, ces gens-là et bien d'autres n'y firent que de l'eau toute claire, et elle lui faisoit confidence de tout ce qu'ils lui faisoient dire et de tout ce qu'ils lui faisoient offrir.

La Barre, payeur des rentes, garçon de plaisir et riche, mais fort écervelé et assez matériel, s'en éprit et n'en eut rien qu'avec une promesse de mariage; il y eut même un contrat de mariage ensuite et un acte de célébration. Durant six mois et davantage, la mère de La Barre la traita comme sa belle-fille, et si Pucelle eût plaidé comme il faut, elle auroit gagné sa cause; mais il ne dit point cette particularité, on ne sait pourquoi. Si Patru eût osé plaider pour elle, la chose eût été autrement. La cause fut appointée, et il fut dit qu'il l'épouseroit, ou lui donneroit cinq mille écus pour elle, et vingt mille livres pour le fils qu'elle avoit eu. Ce procès fut quatre ou cinq ans à juger.

Avant madame Lévesque, La Barre avoit été amoureux de la Dalesseau, fameuse courtisane, et l'avoit entretenue; cette femme avoit été à un quart d'écu : jusqu'à trente ans elle ne fut point estimée. M. de

Retz, le bonhomme, s'étant mis à l'entretenir, elle devint aussitôt fameuse. Saint-Prueil l'eut ensuite, et puis La Barre, qui y dépensoit mille livres par mois. Le comte d'Harcourt couchoit avec elle par-dessus le marché; mais quand La Barre venoit, il falloit gagner le grenier au foin, car il n'avoit point d'argent à donner. Une fois il passa toute la nuit sur des fagots. Elle fut toujours entretenue jusqu'à ce qu'elle quittât le métier; alors, car elle avoit amassé du bien, elle vivoit en honnête femme, et il y alloit beaucoup de gens de qualité qui vivoient fort civilement avec elle. Le petit Guenault m'a dit qu'en une grande maladie qu'elle eut, comme elle se porta mieux, et qu'il lui eut demandé comment elle se trouvoit : « Hé! dit-elle, le « crucifix s'éloigne peu à peu. » Patru, qui a vu de ses lettres, dit qu'elle écrit fort raisonnablement. Enfin un conseiller mal aisé, conseiller à la cour des Aides, nommé Le Roux, l'épousa. Je trouve qu'elle fit une sottise : depuis, je n'ai pas ouï parler d'elle.

Cependant La Barre devint amoureux de la femme d'un nommé Compain de Tours, petit partisan, qui étoit venue à Paris avec son mari; c'étoit une jolie personne, coquette, rieuse, gaie, qui contrefaisoit tout le monde, et qui concluoit assez facilement, pourvu qu'on payât bien. La Barre et elle ne purent pourtant mettre l'aventure à fin à Paris, car le mari ne la quittoit point : mais ils s'avisèrent d'une assez plaisante invention. Compain part de Paris avec sa femme; La Barre les laisse aller. Trois ou quatre heures après il prend la poste avec un nommé La Salle, son barbier : ils descendent aux Trois-Mores à

Etampes, où la belle étoit logée. Elle, qui avoit le mot, se coucha dès qu'elle fut arrivée, feignant de se trouver mal. La Barre ne se laisse point voir au mari, et la va trouver, tandis que Compain soupoit à table d'hôte. Après souper La Salle l'engage au jeu, de sorte que le galant eut tout le loisir de faire ce pourquoi il étoit venu. Le lendemain il demande à La Salle s'il n'avoit point d'argent : La Salle lui donne sept ou huit pistoles qu'il va vite porter à la servante de la dame. Quand elle fut partie, et qu'il fallut payer leur couchée, La Barre dit à La Salle que la Compain ne lui avoit pas laissé un sou. « Vraiment, dit le barbier, si je n'avois eu l'es-
« prit de garder deux ou trois pistoles, nous en tien-
« drions. — J'eusse laissé mon épée, répond La Barre ;
« et puis les officiers d'ici me connoissent apparem-
« ment. » Ils retournèrent à Paris.

Depuis, La Barre continua à envoyer des présents à la Compain ; mais elle ne lui fut pas trop fidèle. Il eut avis qu'un conseiller de Tours, nommé Milon, étoit le beau, et qu'ils se réjouissoient tous deux à ses dépens : il en voulut savoir la vérité. Pour cela, il envoie son valet-de-chambre, qui fit si bien qu'il gagna la servante de la donzelle, et eut des lettres du conseiller à elle. Cette intelligence fut découverte, et le conseiller présenta requête, disant que cet homme étoit venu pour l'assassiner. Il avoit fait une information sous main, et, ayant eu permission d'informer, il fit arrêter cet homme et le fit fouiller : ainsi ses lettres furent recouvrées. La Barre, confirmé dans son soupçon, en fut si irrité qu'il jura de se venger. En ce noble dessein il achète quatre estocades de même longueur, et s'en va à Tours avec un brave, nommé Vieuville, qui lui devoit servir de second. Il fit faire un appel au conseiller, qui se moqua de lui, et ne se voulut jamais battre.

J'ai oublié que la Compain se décria si fort à Paris qu'on en fit un vaudeville que voici :

> Je suis la belle Tourangelle
> Qui viens me montrer à la cour.
> Qui sait acheter mon amour
> Ne me trouva jamais cruelle ;
> Et l'on m'appelle la Compain,
> Car mon ... est mon gagne-pain.

Elle étoit plaisante. Une fois à Paris, je ne sais quel godelureau lui donna une sérénade. Le lendemain elle lui dit : « Monsieur, en vous remerciant ; vos violons « ont réveillé mon mari, et il m'a *croquée*. »

L'affaire de la Lévesque fut jugée ensuite comme je l'ai dit, et La Barre se retira à l'hôtel de Chevreuse, fort embarrassé, car il ne la vouloit pas épouser, et après toutes les dépenses qu'il avoit faites, il lui étoit impossible de payer une si grosse somme sans se ruiner. Comme il étoit en cette peine, un secrétaire du Roi, nommé Bois-Triquet, qui avoit été autrefois petit commis chez son père, lui vint offrir sa fille ; elle étoit assez jolie, et son bien au compte du père étoit assez considérable. La Barre l'épousa ; mais, par la suite, on a trouvé qu'ils s'étoient trompés tous deux ; car la Lévesque a eu bien de la peine à être payée pour ses quinze mille livres et pour les vingt mille livres applicables à l'enfant. Il obtint arrêt par lequel il fut dit que ce petit garçon seroit mis entre ses mains, attendu la mauvaise vie de la mère. Elle s'étoit fort décriée depuis qu'elle eut perdu son procès. Durant tout ce tripotage, elle se remaria à un avocat du Châtelet, nommé Taupinard, qui, au lieu de se mettre bien avec les procureurs, s'amusa à faire le plaidoyer de la cause grasse pour les clercs sur le mariage d'un procureur du Châtelet, qui avoit été contraint de prendre la vache et le veau. On sut que c'étoit lui, et au carnaval suivant les procureurs, pour se venger, firent faire le plaidoyer sur l'affaire de la Lévesque; mais on le sut, et le lieutenant civil, s'y trouvant un peu piqué, y mit si bon ordre que la cause ne fut point plaidée : même il y eut quelques clercs qui furent mis en prison.

La pauvre femme, pour se dépayser, fit résoudre son mari à aller demeurer à Chinon, et à y acheter une charge d'avocat du Roi, qu'on leur avoit dit être à vendre. En ce dessein, ils vendent tous leurs meubles; mais deux mois avant qu'ils y arrivassent, tout le monde à Chinon, qui est le pays de Rabelais, étoit informé de leur vie. Ils y furent joués et ne trouvèrent point de charge à vendre, et ils se virent contraints de demeurer à Orléans quelque temps pour avoir le loisir de se rétablir à Paris.

LA CAMBRAI.

Un orfèvre, nommé Cambrai, qui avoit sa boutique vers le Châtelet, au bout du Pont-au-Change, avoit une femme aussi bien faite qu'il y en eût dans toute la bourgeoisie. Elle étoit entretenue par un auditeur des comptes, nommé Pec. Le mari, quoique jaloux naturellement, n'en avoit point de soupçon; car il le tenoit pour son ami, et croyoit, tant il étoit bon, que c'étoit à sa considération que ce garçon lui prêtoit de l'argent pour son commerce. Par ce moyen il fit une fortune assez grande, et il se vit riche de quatre-vingt mille écus.

Un jour Patru, dont nous venons de parler, comme il pleuvoit bien fort, se mit à couvert tout à cheval sous l'auvent de sa boutique; mais pour être plus commodément il descendit et entra dans l'allée de la maison. La Cambrai étoit alors toute seule dans la boutique, et, l'ayant aperçu, elle le pria d'entrer: lui qui la vit si jolie y entra fort volontiers; les voilà à causer. La dame, qui n'étoit pas trop mélancolique, se mit à chanter une chanson assez libre. « Ouais! dit le galant en
« lui-même, je ne te croyois pas si gaillarde! » Elle vit bien qu'il en étoit un peu surpris. « Vois-tu, lui dit-
« elle, mon cher enfant, je n'en fais point la petite
« bouche: l'amour est une belle chose; mais cela n'est

« pas bon avec toute sorte de gens; j'ai une petite in-
« clination. » Cependant la pluie se passe, et notre
avocat remonte à cheval; comme il étoit un peu coquet, il avoit assez d'autres affaires. Il fut près d'un
mois sans retourner chez la Cambrai : il la trouva
tout aussi gaie, et, pour ne point perdre de temps, il la
voulut mener sur l'heure dans l'arrière-boutique. « Tout
« beau! lui dit-elle, mon mari est là-haut; mais venez
« me voir dimanche, il n'y sera peut-être pas, et, s'il
« y étoit, vous n'avez qu'à demander un bassin d'ar-
« gent de dix marcs; il n'y en a jamais de faits de ce
« poids-là, et vous direz que c'est une chose pressée. »
Qui s'imagineroit qu'un jeune garçon manqueroit à
une telle assignation? Patru y manqua pourtant; il étoit
amoureux ailleurs.

Quelque temps après, comme il étoit à Clamart, il
sut que cette femme étoit à une petite maison qu'elle
avoit au Plessis-Piquet. Il lui envoie demander audience pour le lendemain; et tandis que toute la compagnie étoit à la grand'messe, il s'esquive, et à travers champs il galope jusque là. Il la trouve seule, et
s'imaginoit déjà avoir ville gagnée; mais il fut bien
étonné quand cette femme, après lui avoir laissé prendre toutes les privautés imaginables, lui déclara que
pour le reste il n'avoit que faire d'y prétendre. Il la
culbuta par plusieurs fois; il fit tous ses efforts; il se
mit en chemise; il fallut enfin s'en retourner sans avoir
eu ce qu'il étoit venu chercher. Un mois ou deux après,
comme il passoit devant sa boutique, il la salua; un
gentilhomme, nommé Saint-Georges-Vassé, qui connoissoit Patru, étoit avec elle, et lui demanda en riant
si elle connoissoit ce beau garçon. « Je le connois mieux

« que vous, lui dit-elle ; je l'ai vu tout nu ; » et sur cela elle lui conta toute l'histoire, et ajouta qu'après y avoir un peu rêvé, elle avoit trouvé que c'eût été une grande sottise à elle de lui accorder la dernière faveur; que c'étoit un jeune garçon, beau, spirituel, et qui avoit des amourettes; qu'elle s'en fût *embrelucoquée* (ce fut son mot); qu'il l'eût fait enrager, et qu'il l'eût peut-être ruinée, s'il eût été homme à cela. Il sut depuis que le jour même qu'elle le vit la première fois, elle commença à s'informer de sa vie et de ses connoissances. En effet, cette même femme, qui le lui avoit refusé à lui, l'accorda à un autre, à sa recommandation.

Ce Saint-Georges avoit aussi couché avec elle ; mais elle n'avoit pas sujet de craindre de *s'embrelucoquer* de ces deux messieurs. Pour Pec, ce ne fut que par intérêt au commencement, et depuis par reconnoissance. Aucun autre n'en a jamais rien eu par intérêt. Le premier président Le Jay lui offrit une assez grosse somme pour une fois ; mais elle s'en moqua, et disoit qu'elle ne faisoit cela que pour son plaisir.

COUSTENAN (1).

Coustenan étoit fils d'un gentilhomme qualifié, qui a été un des plus méchants maris de France. Il donna une fois les étrivières à sa femme. A propos de cela, un paysan qui voyoit qu'un de ses voisins avoit tant battu sa femme qu'elle n'en pouvoit plus, dit naïvement : « Ah! « c'est trop ; l'on sait bien qu'il faut battre sa femme ; « mais il y a raison partout. »

Le fils, bien loin de dégénérer, a enchéri de beaucoup par-dessus son père. On dit qu'un jour que son père en colère le poursuivoit à la chaude, l'épée à la main, en l'appelant fils de p....., Coustenan s'y mit aussi en disant : « Si je suis fils de p....., vous n'êtes « donc pas mon père. — J'ai tort, dit le bonhomme « aussitôt, par ce que tu viens de faire, tu prouves assez « que tu es mon fils. »

Il avoit épousé la fille de cette madame de Gravelle dont nous avons parlé ailleurs (2). Apparemment cette fille ne devoit pas être plus honnête femme que sa mère; mais elle n'avoit rien de sa mère que la beauté; aussi avoit-elle été élevée avec toute la sévérité imaginable, et elle disoit elle-même qu'il n'y avoit que des femmes comme sa mère pour bien élever des filles. Jamais

---

(1) Timoléon de Bauves, seigneur de Contenant, mort vers 1644. Tallemant a écrit partout *Coustenan* ; mais le Père Anselme et Morery appellent ce gentilhomme Contenant.

(2) Tome 1, p. 138, où l'on a imprimé *Couslinan* pour *Coustenan*.

femme n'a souffert tant d'indignités d'un mari, et jamais femme ne les a supportées avec tant de patience.

Coustenan n'étoit pas seulement méchant, il est aussi extravagant. La nuit il lui prenoit à toute heure des visions : tantôt il lui disoit que sans doute elle le faisoit cocu ; que cela ne se pouvoit autrement, puisqu'elle étoit fille de cette p..... de la Gravelle (1); tantôt il vouloit la forcer à le lui confesser, et quelquefois à minuit il l'a mise en chemise à la porte. Un jour, comme elle étoit en mal d'enfant, il lui mit le poignard à la gorge, en jurant que si elle ne faisoit un garçon, il la tueroit elle et son enfant. On m'a assuré qu'il la fit une fois armer de pied en cap, puis la mit sur un sauteur, et lui crioit : « Tiens-toi bien, carogne, tiens-« toi bien ; tu porterois bien un homme armé, com-« ment ne porterois-tu pas bien des armes! » Cependant ce n'est point d'elle qu'on a su toutes ces choses.

Il n'étoit pas meilleur voisin que mari. Il se faisoit craindre à tout le monde : il disoit hautement que quand il n'auroit plus de quoi frire, il iroit prendre la vaisselle d'argent des gros milords de Paris qui avoient des maisons auprès de Gravelle, vers Etampes. Durant le siége de Corbie, M. de Sully, alors prince d'Enrichemont, étant en Italie avec M. de Créqui, Coustenan, comme un des principaux du Vexin, eut le gouvernement de Mantes en son absence, peut-être par le crédit de Senecterre, dont le fils, aujourd'hui le maréchal de La Ferté, avoit épousé la sœur de Cous-

---

(1) Elle étoit fille naturelle de Maximilien de Béthune, marquis de Rosny, et de Marie d'Estourmel, dame de Gravelle.

tenan (1). Ce fut alors qu'il fit le petit tyran avec autant d'impunité que si c'eût été dans la Bigorre. Un avocat du parlement, nommé Chandellier (2), avoit une maison entre Mantes et Meulan; Coustenan, une belle nuit, vint enlever tous les arbres fruitiers de cet homme. L'avocat fait informer, et en vouloit tirer raison à quelque prix que ce fût. Des personnes de condition se voulurent mêler d'accommoder cette affaire, et M. de La Frette, capitaine des gardes de M. d'Orléans, fut trouver Chandellier, et lui représenta que puisqu'aussi bien le mal étoit fait, il lui conseilloit de s'accommoder; qu'après tout il avoit affaire à un homme de qualité. « De qualité! dit l'avocat en l'inter« rompant; s'il est homme de qualité, je suis du bois dont « on fait les chanceliers de France. » La Frette, oyant cela, se retira bien vîte, et dit aux amis de Coustenan : « Ma foi ! Coustenan est perdu à cette fois; il a trouvé « plus fou que lui. » Chandellier continua ses poursuites, et, par la permission de M. de Vendôme, il le fit prendre à Etampes, d'où il fut mené à la Conciergerie. Le voyant prisonnier, chacun le chargea, et il étoit en danger d'avoir la tête coupée, quand le chevalier de Tonnerre (3), qui depuis fut tué à l'armée, avec un

(1) Le maréchal de La Ferté-Senecterre avoit épousé en premières noces Charlotte de Bauves, fille de Henri, seigneur de Contenant, et de Philippe de Châteaubriant.

(2) Cet avocat, un jour en sa jeunesse, s'étant vanté de faire un sermon, on lui donna pour texte ce passage de l'Évangile : *Inter natos mulierum non surrexit major Joanne Baptistâ.* Il commença ainsi : *Entre les nez des femmes.* (T.)

(3) Le grand-père de ce chevalier de Tonnerre, voyant qu'on ne le vouloit point laisser entrer en carrosse dans le Louvre (il avoit épousé une fille de Nevers, et on lui avoit donné un brevet de duc), ne fit faire

bâton d'exempt, et suivi comme ils le sont d'ordinaire, ayant remarqué que la chambre de Coustenan répondoit à la maison d'un marchand d'autour du Palais, alla chez cet homme, comme de la part du Roi, disant que les prisonniers se sauvoient par son logis. Le marchand dit qu'il ne s'y en étoit jamais sauvé : le chevalier répondit « qu'il vouloit aller partout, et qu'il « vouloit être seul avec quelques-uns de ses cama- « rades » (les autres demeurèrent en bas à amuser le marchand). Il monte, fait faire un trou à coups de marteau (ils avoient porté des marteaux sous leurs casaques), et sauve par là Coustenan, avec lequel il descendit, et puis le conduisit à Gros-Bois, où il s'accommoda avec ses parties. Le voilà de retour au Vexin.

Cette adversité ne le rendit pas plus sage : il fit comme auparavant ; mais il en fut bientôt payé. Il y avoit un paysan qui avoit une assez belle femme. Coustenan, non content de l'avoir violée, la fit fouetter dans une cave. Le paysan, plus sensible que ne sont ces sortes de gens, résolut de s'en venger, et voici comme il s'y prit. C'étoit à la campagne. Un soir qu'il savoit que Coustenan étoit retiré dans sa chambre, il monte avec une échelle à hauteur de la fenêtre, qui étoit, dit-on, au deuxième étage ; il avoit une arquebuse. Quand il se fut ajusté, il vit que Coustenan jouoit au piquet, à

au château d'Ancy-le-Franc en Bourgogne, qu'une petite porte au lieu d'une porte cochère, en disant : « Si le Roi (c'étoit Henri IV) ne « veut pas que j'entre chez lui en carrosse, il n'entrera pas non plus « en carrosse chez moi. » La porte est encore comme il la fit faire ; et ses descendants n'ont garde de la faire agrandir, car ils sont fiers de conter cela. (T.)

cul levé, avec deux de ses amis; il ne voulut point tirer qu'il ne pût tuer Coustenan sans blesser les autres; grande discrétion pour un homme outragé, et qui n'étoit pas là sans grand péril. Il attendit que Coustenan se fût retiré auprès du feu, et le tua à travers les vitres, comme il lisoit une lettre (1).

Depuis, ce paysan, mari de cette femme, ne parut plus; ce qui a fait dire que c'étoit lui qui avoit fait le coup. On soupçonna aussi quelques-uns de ses domestiques, mais on ne poursuivit personne. Sa veuve, dix ans après, épousa le bonhomme Senecterre : elle avoit du bien, et étoit encore jolie (2). Je ne sais de quoi elle s'avisa. Pour tout avantage il lui donnoit la terre de Gravelle de quatre mille livres de rente, qu'il avoit achetée exprès, et tout ce qui se trouveroit dedans au jour de son décès. A toute heure il lui faisoit des présents; mais on ne trouvoit jamais la commodité de porter ces choses-là à Gravelle, et ses gens avoient ordre d'enlever ce qui y étoit dès qu'il se trouveroit mal. Il n'en fut pas besoin, car elle mourut l'été de 1658. Il ne vouloit prendre le deuil de peur que cet habit ne lui fît trop ressouvenir de la perte qu'il avoit faite. Enfin, il le prit.

Coustenan avoit un cadet aussi enragé que lui; il demeuroit au Maine. Il avoit de la haine contre un bourgeois son voisin, et un jour il alla avec quatre ou cinq hommes pour lui faire insulte. Ce bourgeois vou-

(1) Cet événement eut lieu vers 1644.
(2) Anne, bâtarde de Béthune, se remaria en 1654. Il sembleroit qu'elle auroit apporté cette terre de Gravelle à son premier mari; comment Henri de Saint-Nectaire, son second mari, lui en auroit-il fait le don? Notre première supposition seroit-elle fausse, ou le premier mari auroit-il vendu cette terre que le second acheta postérieurement?

lut capituler. Point de quartier : il se prépare. Il avoit huit coups à tirer; des deux premiers il en mit deux hors de combat, et jette du troisième Coustenan par terre. Les autres vont à lui : il en blesse fort un et met l'autre en fuite ; puis il va à Coustenan, qui lui crie : « Ne m'achève pas. — Va, je te laisserai vivre, dit le « bourgeois; mais, puisqu'il faut que je m'éloigne, « donne-moi de quoi faire mon voyage. » Il lui prit tout son argent et s'en alla.

MADAME DE MAINTENON (1)

ET SA BELLE-FILLE (2).

Madame de Maintenon étoit héritière de la maison de Salvert d'Auvergne, une bonne maison, mais non pas des principales de la province. Elle épousa M. de Maintenon d'Angennes, qui étoit à la vérité un des plus riches de la maison, mais non pas des plus habiles. Cette femme, qui étoit assez bien faite, ne mena pas une vie fort exemplaire ; entre autres, on en a fort

(1) Françoise-Julie de Rochefort, dame de Blainville, de Salvert et de Saint-Gervais, avoit épousé en 1607 Charles d'Angennes, marquis de Maintenon. Elle mourut en 1647.

(2) Marie Le Clerc Du Tremblay, mariée en 1640 à Louis d'Angennes de Rochefort de Salvert, marquis de Maintenon. Elle est morte en 1702. Ce fut son fils Charles-François d'Angennes, marquis de Maintenon, qui vendit à Françoise d'Aubigné, veuve Scarron, la terre dont elle a depuis porté le nom.

médit avec feu M. d'Épernon. Un jour, comme elle étoit à Metz, elle s'avisa, elle qui n'avoit point accoutumé d'en user ainsi, d'aller prendre congé de madame la princesse de Conti. L'autre lui demanda où elle alloit : « Je m'en vais, lui dit-elle, trouver « M. d'Épernon. — Vous, madame! répondit la prin- « cesse, et qu'avez-vous à démêler avec M. d'Éper- « non? — C'est, madame, reprit-elle, qu'il m'a priée « d'aller régler sa maison. » Une autre fois, comme on dansoit un ballet au Petit-Bourbon (1), et qu'il y avoit un grand désordre à la porte, on ouït cette femme crier à haute voix : « Soldats des gardes, frappez! « tuez! je vous en ferai avouer par votre colonel en « toutes choses. » Elle le prenoit de ce ton-là; et, sous ombre que M. d'Épernon, durant les brouilleries de la Reine-mère, l'avoit peut-être employée à quelque bagatelle, elle vouloit qu'on crût qu'il ne s'étoit rien fait en France où elle n'eût eu bonne part. Un jour elle alla au Palais à la boutique d'un libraire qui est à un des piliers de la grand'salle, et, en présence de bon nombre d'avocats, elle demanda le tome du *Mercure François* de ce temps-là : elle regarda à l'endroit où elle s'imaginoit être; et, ne s'y étant point trouvée, elle dit en jetant le livre : « Il a menti! Si « je lui eusse donné de l'argent, il n'eût pas mis un « autre à ma place. »

Pour son malheur elle avoit eu une grand'mère de la maison de Courtenay; ces Courtenay prétendent être princes du sang : cela l'acheva de rendre insup-

(1) Voir tome 1, p. 51, note 2.

portable sur sa noblesse. Elle s'en instruisit, et ayant trouvé qu'un Pierre de Courtenay, comte d'Auxerre, avoit été empereur de Constantinople, elle disoit à tout bout de champ : *l'emperière ma grand'mère.*

Etant veuve, et espérant épouser M. d'Épernon, elle se faisoit servir à plats couverts et avoit un dais. Mon beau-père (1) a une terre vers Chartres, et elle y en avoit une aussi. Une fois que j'y étois, il lui donna à manger : elle nous dit des vanités les plus extravagantes du monde, entre autres sur le propos des bâtards : elle nous dit qu'elle se pouvoit vanter que ses *bâtards*, aussi bien que ceux des princes, étoient gentilshommes. Pour moi, je trouvois assez plaisant qu'une femme dît *mes bâtards*. Comme héritière et aînée de la maison, elle croyoit qu'il falloit parler ainsi. A son tour elle nous convia à dîner. En attendant qu'on servît, elle nous pria de nous asseoir. Je fus tout étonné que cette folle se plantât à la place d'honneur, et sa belle-fille auprès d'elle, sur des chaises où il y avoit des carreaux, et dit à toute la compagnie, dont la moitié étoit des femmes, qu'ils s'assissent. Mais devinez sur quoi ? Sur de belles chaises de bois qui n'avoient jamais été garnies, car il n'y eut jamais petite-fille d'*emperière* si mal meublée. Elle avoit, disoit-elle, des meubles magnifiques à Salvert, en Auvergne ; mais il y avoit un peu bien loin pour y envoyer quérir des siéges. A dîner, elle se mit au haut bout, et nous vîmes je ne sais quel *quinola* (2), qui la menoit d'ordinaire, servir sur table

---

(1) Tallemant avoit épousé une fille de Rambouillet, le financier.

(2) *Quinola*. On appeloit ainsi un homme gagé qui accompagnoit une dame. (*Dict. de Trévoux.*)

l'épée au côté et le manteau sur les épaules. Ce même officier avoit servi le jour de devant sur table, tête nue (ce qui ne se fait jamais), chez un de ses voisins, à qui elle l'avoit prêté. Je ne doute pas que ce ne fût par ordre, et que dans sa cervelle creuse elle ne s'imaginât que sa grandeur paroissoit en ce que ce même homme qui servoit nu-tête chez un particulier avoit l'épée au côté chez elle.

Cette femme faisoit la jeune et ne l'étoit nullement ; elle se faisoit craindre comme le feu à ses valets et à ses paysans : aussi ne savoit-elle ce que c'étoit que de pardonner. Ses enfants étoient presque tous mal avec elle. Elle avoit marié l'aîné à la fille de M. du Tremblay (1), gouverneur de la Bastille. La mère, madame du Tremblay, étoit de bien meilleure maison que son mari ; elle étoit de La Fayette ; on en avoit fort médit. Cette fille étoit belle, mais elle ne dégénéroit pas ; c'étoit, et c'est encore une des plus grandes écervelées qu'on puisse voir. Quand elle sortit de la Bastille pour aller chez son mari, on disoit que M. du Tremblay lui avoit dit : « Ma fille, vous sortez d'une maison où l'on a « toujours vécu en honneur ; mais vous allez être sous la « charge d'une belle-mère de qui on a assez mal parlé ; « ne vous laissez pas corrompre, et ayez toujours devant « les yeux la vie de votre mère ; » et quand elle entra chez son mari, madame de Maintenon lui dit : « Ma fille, « vous venez d'un lieu où vous n'avez pas eu tous les « bons exemples imaginables ; vous entrez dans une « famille où vous ne trouverez rien qui ne soit à imi-

---

(1) Il s'appeloit Leclerc, et étoit frère du Père Joseph. (T.)

« ter. Je vous conjure donc d'oublier tout ce que vous
« avez vu, et de vous conformer à tout ce que vous
« verrez. »

Cette jeune femme, de quelque côté qu'elle tournât, ne pouvoit manquer de prendre le bon chemin. Elle n'y faillit pas ; aussi son mari l'ennuya bientôt. Il est vrai que c'étoit un ridicule homme, et qui avoit l'âme aussi basse que sa mère : ajoutez qu'elle aimoit à *chopiner*. La première chose qui éclata, ce fut je ne sais quel rendez-vous à Montleu avec Bullion ; mais M. de Bullion, son père, lui défendit de continuer. Le prince de Harcourt ensuite fit autrement de bruit, et elle ne s'en cachoit pas trop ; et sans son frère Tremblay, le maître des requêtes, qui le découvrit, elle se faisoit enlever par son galant. Elle le fit tenir lui ou un autre trois semaines durant dans une métairie comme un paysan, afin qu'il la pût voir tous les jours sans que le mari s'en doutât. Un jour, chez M. du Vigean, on apporta un poulet de sa part à Roquelaure : le voilà aussitôt à en faire parade. On vint dire à un autre homme de la cour, qui y étoit aussi, qu'un petit page le demandoit : c'étoit un poulet de la même. Il le montra aussi pour rabattre le caquet à l'autre. On disoit qu'elle contoit toujours toute sa vie à son dernier galant, et qu'il savoit toutes les aventures de ses prédécesseurs. Après, elle se mit dans un couvent, ne pouvant, disoit-elle, demeurer à la campagne avec son mari. La belle-mère vient à mourir, elle sort du couvent. Je me souviens d'une lettre qu'écrivit Maintenon à une de ses sœurs avec laquelle il étoit mal : il y avoit pour tout potage : « *Ma sœur, ma mère est morte; ne parlons plus de* « *rien*. De Gredin, à six lieues de Loches, à l'ensei-

« gne du Cheval-Noir, le 6 de février 1650, si je ne
« me trompe. »

Cette femme est étourdie en toutes choses. Un jour de cour, durant le carnaval, elle logeoit à la rue Saint-Antoine; elle avoit fait mettre auprès d'elle à la fenêtre son portrait; elle étoit peinte en Madeleine. Elle a une fille plus belle qu'elle. Deux de ses parentes, madame d'Aumont et madame de Fontaines, toutes deux d'Angennes, et toutes deux veuves, donnèrent de quoi marier cette fille, de peur d'accident, et la marièrent à un M. de Villeré, du pays du Maine. Pour la seconde, on l'a mise avec madame de Saint-Etienne à Reims (1); elle n'est pas trop belle.

Depuis la mort de la bonne femme, elle fut encore plus en liberté. Elle menoit sa fille au bal qu'elle n'avoit encore que dix ans. Cette enfant, en 1654, étoit habillée magnifiquement; mais l'année d'après on ne vit point cette magnificence, car Troubet le jeune, qui donnoit les robes, étoit mort. On disoit que cette femme l'avoit tué. On trouve en quelques endroits, dans les Mémoires de la régence, où il est parlé d'elle, à propos du duc de Brunswick, prince étranger, à qui elle fit faire une espèce d'affront dans une assemblée. A cette heure, pour cinquante pistoles on couche avec elle.

---

(1) Madame de Saint-Étienne etoit une fille du marquis de Rambouillet. (Voyez plus haut son article, t. 2, p. 256 et suiv.)

MADAME DE LIANCOURT (1)

ET SA BELLE-FILLE (2).

Pour bien savoir l'histoire de madame de Liancourt, il faut un peu parler de son père et de son aïeul. M. de Schomberg, son aïeul, homme de qualité, amena des reîtres en France pour le service de Henri III. Il s'établit en France et à la cour ; il se mêla de beaucoup de choses, mais il laissa à sa mort ses affaires si embrouillées que sa femme fut long-temps sans oser sortir de chez elle de peur qu'on ne l'arrêtât. Enfin, M. de Neubourg, père de madame du Vigean, qui étoit un homme intelligent et secourable, par amitié prit soin des affaires de cette maison, et la mit en état de se pouvoir maintenir.

Ce même M. de Neubourg eut la même charité pour M. de Praslin, et lui aida si vertement qu'il maintint son rang à la cour, eut le loisir de pousser sa fortune, et se vit enfin maréchal de France.

---

(1) Jeanne de Schomberg, mariée en 1618 à François de Cossé, comte de Brissac, avec lequel son mariage fut déclaré nul; remariée en 1620 à Roger Du Plessis de Liancourt, duc de La Roche-Guyon. Elle mourut le 14 juin 1674.

(2) Anne-Élizabeth de Lannoi, mariée en 1643 à Henri Roger Du Plessis, comte de La Roche-Guyon, et en secondes noces, en 1648, à Charles de Lorraine, prince d'Harcourt, depuis duc d'Elbeuf. Elle mourut en 1654.

Madame de Sully, dont le mari étoit surintendant des finances, devint amoureuse de M. de Schomberg, père de madame de Liancourt, qui étoit encore tout jeune, et il s'en prévalut si bien que pour une fois elle lui fit rétablir trente mille livres de rente sur le Roi, qui avoient été supprimées. Cette amourette dura long-temps, et ensuite il se sut si bien maintenir auprès d'elle qu'elle fit résoudre M. de Sully à marier son fils aîné du deuxième lit, le feu comte d'Orval, avec mademoiselle de Schomberg, aujourd'hui madame de Liancourt. Ce garçon, quoique du deuxième lit, n'eut pas laissé d'être fort riche s'il eût vécu; car celui qui lui a succédé, son cadet, le comte d'Orval d'aujourd'hui, a eu beaucoup de bien; mais il l'a mangé le plus ridiculement du monde, sans avoir jamais paru.

Ce mariage, quoique entre des personnes de différentes religions, s'alloit pourtant achever sans la mort de Henri IV: mais madame de Schomberg, ayant vu M. de Sully disgracié, ne voulut plus y entendre. Il eut l'ambition de voir sa fille duchesse, et l'accorda avec le fils aîné du duc de Brissac; mais il fut puni de son infidélité et de son ingratitude, qui étoit d'autant plus grande, que si sa fille n'eût été accordée avec le fils d'un duc, jamais il n'eût pu prétendre à Brissac.

Ce comte de Brissac n'étoit point agréable : au contraire, il étoit stupide et mal fait. Pour elle, elle étoit fort brune, mais fort agréable, fort spirituelle et fort gaie. Elle trouva cet homme si dégoûtant qu'elle conçut une aversion étrange pour lui. Dès-lors elle avoit jeté les yeux sur M. de Liancourt, comme sur un parti sortable : il étoit bien fait et assez galant; mais il n'y avoit rien entre eux, et elle ne lui avoit jamais parlé.

Quand elle vit l'affaire avancée, elle s'alla jeter aux pieds de madame de Schomberg, sa grand'mère, auprès de laquelle elle avoit été élevée, pour la supplier de fléchir son père; qu'elle aimoit bien mieux mourir que d'épouser un homme qu'elle ne pouvoit aimer. Elle pleura tant, que la bonne femme en fut émue. Mais le père, qui voyoit que cette alliance lui étoit avantageuse, et qui croyoit que c'étoit une vision de sa fille, voulut que l'affaire s'achevât.

Elle se laissa coucher, mais avec résolution de ne lui rien accorder. Toute la nuit elle ne voulut point joindre, et le lendemain elle protesta de ne coucher jamais avec lui. Ensuite, on les démaria sous prétexte d'impuissance. Madame de Liancourt jure qu'elle l'a pu faire en conscience, parce qu'elle n'y a jamais consenti; cependant elle a toujours eu tellement devant les yeux cette espèce de tache que cela l'a toujours fait aller bride en main.

Elle épousa ensuite M. de Liancourt (1), qui étoit fort riche; elle n'en eut qu'un fils pour tous enfants. Elle avoit avant la mort de ce garçon tout sujet de contentement; cependant, soit que ce fût à cause des deux fils du duc avec qui elle avoit été fiancée, ou que naturellement elle fût ambitieuse, elle ne goûtoit pas autrement sa félicité parce qu'elle n'avoit pas le tabou-

---

(1) J'ai ouï dire que M. de Liancourt, un matin voyant habiller une dame, s'amusa à jouer avec sa chatte, et lui prit en badinant son collier de perles au col qu'il mit à la chatte. Ce collier étoit de grand prix; la chatte ne fit que mettre le nez hors la porte, on n'en eut jamais de nouvelles depuis. M. de Liancourt en donna un autre. Jamais il ne s'est joué si chèrement avec personne qu'avec cette chatte. (T.)

ret. Par une rencontre bizarre, elle fut démariée, et son frère, un M. de Schomberg, épousa une personne démariée d'avec M. de Candale.

Comme nous avons dit ailleurs, M. de Liancourt acheta l'hôtel de Bouillon dans la rue de Seine bien cher; c'étoit une belle maison. Elle le fit jeter à bas pour bâtir l'hôtel de Liancourt d'aujourd'hui qu'elle n'achevera peut-être jamais (1). A Liancourt, elle a fait tout ce qu'on pouvoit faire de beau pour des eaux, pour des allées et pour des prairies : tous les ans elle y ajoute quelque nouvelle beauté. Quand madame d'Aiguillon y fut, elle lui fit une galanterie assez plaisante. Elle fit couvrir une grande table de ces fruits qui sont beaux, mais dont on ne sauroit manger, et de compotes de ces mêmes fruits avec des biscuits et des massepains d'amandes amères. Personne n'y mit la dent qui ne crachât aussitôt. Elle empêcha madame d'Aiguillon d'y toucher; et, après avoir un peu ri des autres, elle mena tout le monde dans une autre salle où il y avoit une bonne et véritable collation. Cela me fait souvenir d'un conte que j'ai ouï faire. Un garçon qui passoit pour fort avare, perdit une collation contre des femmes ; il les convie : elles y viennent, et ne voyant que des boyaux, elles se mettent à le vouloir battre. Il fut dans une autre chambre ; elles le suivent, mais elles furent bien surprises d'y trouver une collation magnifique.

---

(1) Cet hôtel portoit de nos jours le nom de La Rochefoucauld; il avoit son entrée sur la rue de Seine, et ses jardins se prolongeoient jusqu'à la rue des Petits-Augustins. Il a été abattu en 1824, et la rue des Beaux-Arts a été construite sur ce terrain.

Quand madame de Liancourt vit son fils en âge d'aller à l'armée, quoiqu'elle l'aimât uniquement, elle ne marchanda point et le donna au maréchal de Gassion, afin qu'il apprît le métier sous lui ; on l'appeloit le comte de La Roche-Guyon. J'ai ouï dire que le maréchal en prenoit un soin tout particulier, et qu'il le faisoit appeler toutes les fois qu'il croyoit qu'on verroit quelque belle occasion. On le maria avec une héritière très-riche, fille du comte de Lannoi, gouverneur de Montreuil en Picardie; il étoit petit, mais bien fait. Elle étoit jolie. Ils ne firent pas bon ménage. Il s'étoit jeté dans cette cabale *garçaillère* et libertine de M. le Prince (1), et il méprisoit un peu trop sa femme : et elle ne l'aimoit point. M. de Brissac, peut-être pour venger son père, la cajola dès le temps du mari. Le comte de Lannoi la surprit une fois avec un poulet qu'elle avala. Depuis, on la garde étroitement.

Il fut tué au second siége de Mardick (2), deux ans après son mariage. Il avoit eu une fille qui vit encore (3). Dès avant cela, on dit que madame de La Roche-Guyon, comme quelqu'un lui disoit qu'elle devoit être bien aise de passer l'été en un si beau lieu

(1) Henri de Bourbon, père du grand Condé. (*Voyez* son article précédemment, t. 2, p. 180.)

(2) Le 6 août 1646.

(3) Jeanne Charlotte Du Plessis Liancourt, fille du comte de La Roche-Guyon, épousa le 13 décembre 1659 François, septième du nom, duc de La Rochefoucauld, fils de l'auteur des *Maximes*, et elle mourut le 30 septembre 1669. C'est pour elle que madame de Liancourt, son aïeule, écrivit l'ouvrage dont nous avons rapporté le titre, note 3 de la page 160 du tome second.

que Liancourt, répondit qu'il n'y avoit point de belles prisons. Son père, le comte de Lannoi, avoit fait bâtir une petite maison derrière le jardin de l'hôtel de Liancourt, et il avoit une porte pour y entrer ; de sorte qu'il étoit quasi toujours chez sa fille, et il s'aperçut de bonne heure qu'elle s'engageoit avec Vardes. Ils se voyoient chez madame de Guébriant, tante de Vardes. On dit qu'il trouva des lettres comme de personnes qui s'étoient donné la foi, et que cela le fit résoudre à enlever sa fille une belle nuit avec quarante chevau-légers. Il est constant que Vardes la devoit enlever le lendemain. Le chevalier de Rivière disoit plaisamment : « Le bonhomme croit avoir en-
« levé madame de La Roche-Guyon, et il a enlevé
« madame de Vardes. »

Vardes disoit qu'il n'avoit point de dessein pour madame de La Roche-Guyon, et que M. le comte de Lannoi pouvoit bien emmener sa fille où il lui plairoit sans faire tout ce vacarme. Bientôt après elle fut mariée à Liancourt avec le prince d'Harcourt, fils aîné de M. d'Elbeuf. Dès que Vardes vit que cette affaire s'avançoit, il alla trouver Jarzé, alors cornette des chevau-légers, et lui dit qu'il le venoit prier de le servir en une affaire ; mais qu'avant que de lui dire ce que c'étoit, il vouloit qu'il lui promît de le servir à sa mode. Jarzé en fit grande difficulté : mais Vardes lui ayant représenté qu'un homme d'honneur ne pouvoit demander que des choses dans la bienséance, il le lui promit. « Allez-vous-en donc, je vous prie, trouver
« le prince d'Harcourt avec mon frère Moret, et lui
« dites, de ma part, que je m'étonne fort qu'un homme
« de sa condition se soit mis à rechercher une femme

« qui a beaucoup de bonne volonté pour moi ; que per-
« sonne n'y peut penser sans se faire tort ; qu'on, pour-
« roit lui en donner des preuves, et qu'alors Moret
« montreroit les lettres de madame de La Roche-
« Guyon, si M. le Prince d'Harcourt le désiroit. » Jarzé
lui représenta que le plus court seroit de déclarer au
prince d'Harcourt que M. de Vardes étoit si fort engagé dans cette recherche, qu'il ne pouvoit souffrir
qu'un autre y pensât, et que là-dessus on verroit ce
qu'il voudroit dire. Vardes lui répondit : « Vous m'a-
« vez promis de me servir à ma mode. » Jarzé et Moret y allèrent donc ; et le prince d'Harcourt ayant demandé à voir les lettres, Moret les lui montra : il les
lut toutes, et leur répondit, à ce qu'ils ont rapporté,
« que puisque ses parents l'avoient engagé en cette af-
« faire, qu'il étoit résolu d'aller jusqu'au bout. » Il
dit, peut-être lui a-t-on conseillé depuis de le dire
ainsi, qu'il lui répondit qu'il ne croyoit point que madame de La Roche-Guyon eût écrit ces lettres ;
M. d'Elbeuf dit qu'il feroit expliquer Jarzé, et cela
est encore à faire. Tout le monde blâma la conduite
de cet amant ; et si le prince d'Harcourt eût fait son
devoir, il leur eût fait sauter les fenêtres.

Le prince d'Harcourt et sa femme ne furent pas long-
temps ensemble sans qu'il arrivât du désordre : elle
lui avoit, dit-on, déclaré qu'elle ne l'aimeroit jamais.
Un jour qu'elle étoit allée avec sa belle-mère voir Mademoiselle, elle fit si bien qu'elle obligea madame d'Elbeuf à la laisser chez Mademoiselle, et à la venir reprendre le soir ou lui envoyer un carrosse, car elle n'en
avoit point, ni personne de ses gens n'étoit avec elle.
A quelque temps de là, elle se glisse dans la foule et

monte dans un carrosse gris qui l'attendoit à la porte, et revint dans une chaise rouge après que le carrosse que madame d'Elbeuf lui avoit envoyé s'en fut en allé. Elle en envoie demander un à sa belle-mère, et dit après pour excuse qu'elle avoit été se promener aux Tuileries avec une de ses amies qu'elle ne nommoit point. Depuis, elle fut si sotte que d'avouer à une personne qu'elle croyoit fort secrète, mais qui l'a redit, qu'elle étoit allée demander ses lettres à Vardes, qu'elle ne pouvoit souffrir qu'il les eût; mais qu'il ne les lui avoit pas voulu rendre. Cela fit un bruit du diable. Le prince d'Harcourt, après l'avoir enfermée, lui dit qu'il lui tiendroit bon compte de Vardes. Elle, cependant, fit si bien qu'elle fit sortir un sommelier qui avertit Vardes du dessein du mari. Vardes partit le lendemain pour l'armée, sans passer par Saint-Denis, où on le vouloit attendre. Depuis, cette querelle s'accommoda (1).

Le prince d'Harcourt a quelquefois battu ses gens à cause qu'ils n'étoient pas assez fidèles espions. Un soir, après avoir pris congé de sa femme, qui feignoit de se vouloir coucher, c'étoit à onze heures en été, il vit un laquais qui, tout essoufflé, montoit dans la chambre de sa

---

(1) Le récit de Tallemant jette plus de jour sur une lettre écrite par Bussy-Rabutin à madame de Sévigné, le 17 août 1654. « Que sert à « madame d'Elbeuf d'être revenue si belle de Bourbon, si elle ne peut « étaler ses charmes dans le monde, et s'il faut qu'elle s'aille enfermer « dans Montreuil? En vérité c'est une tyrannie épouvantable que celle « qu'elle souffre; et je crois qu'après cela on la devroit excuser si elle « se vengeoit de son tyran. Il est vrai que je pense qu'elle s'est vengée, « il y a long-temps, du mal qu'on devoit lui faire; comme c'est une « personne de grande prévoyance, elle a bien jugé qu'on lui donneroit « des sujets de plainte quelque jour; elle n'a pas voulu qu'on la primât, « et entre nous je crois que son mari est sur la défensive. »

femme, et puis redescendit. Il le suit tout doucement : il voit un carrosse à la porte, et peu de temps après sa femme y monter toute seule ; le laquais retourne, et le carrosse va tout seul ; il monte derrière. On va aux Tuileries ; il la voit entrer seule ; il entre après, la suit de loin : elle trouve ensuite mademoiselle de Longueville et plusieurs femmes avec des violons ; elle ne les évite point ; elle se tient avec elles et ne témoigne aucune inquiétude. Elle part en même temps, et retourne au logis, le mari à la place des laquais. Le lendemain il lui dit qu'elle étoit folle, et qu'elle jouoit à se perdre de réputation. « Monsieur, je voulois rêver en liberté. » Il crut depuis qu'il y avoit plus d'imprudence que de crime ; mais la vérité est que la conduite de la bonne dame étoit pitoyable.

Elle fit amitié vers ce temps-là avec madame de Bois-Dauphin, fille du président de Barentin (1). Il en étoit jaloux, et une fois il leur offrit de leur faire mettre des draps blancs. Lui cependant devint amoureux de madame de Boudarnaut, une femme fort décriée ; et pour faire que les autres femmes la souffrissent, il faisoit de grandes fêtes et avoit gagné madame de Monglat ; ce n'étoit pas grande conquête. Pour faire qu'elle y en entraînât d'autres, il obligea un jour sa femme d'en être : la partie étoit de manger à Brunoy, à quatre lieues d'ici ; c'est une terre à elle : elle ne voulut jamais se mettre à table. Une autre fois qu'ils y étoient avec madame de Rieux, leur belle-sœur, il lui prit je ne sais

---

(1) Marguerite de Barentin, femme d'Urbain de Laval, marquis de Bois-Dauphin. Elle étoit veuve du marquis de Courtenvaux; elle a vécu jusqu'en 1704.

combien de visions. « Allez-vous-en, disoit-il, ma belle-« sœur est une coquette. — Non, demeurez. » Il changea deux fois d'avis. Il la voulut mener à Montreuil; on disoit que c'étoit pour s'en défaire, car cet air-là est contraire à ceux qui sont menacés du poumon. Etant arrivée à Amiens, elle le pria de l'y laisser. Ce fut là qu'elle eut la petite-vérole dont elle mourut. Madame de Bois-Dauphin y courut pour s'enfermer avec elle; mais elle ne le voulut pas souffrir. Il y arriva lui; elle lui demanda pardon, et lui jura qu'elle ne lui avoit jamais fait tort. Il dit que de la voir souffrir comme elle souffroit, cela le toucha; mais qu'après il fut ravi d'en être délivré (¹). Il vit bien avec sa seconde femme mademoiselle de Bouillon, et il dit qu'il n'avoit garde d'y manquer, quand ce ne seroit que pour faire enrager l'autre.

LE PRÉSIDENT NICOLAÏ.

Le feu président Nicolaï, père de celui-ci, qui est le huitième du nom, premier président de la chambre des comptes, en sa jeunesse eut bien des amourettes: celle qui fit le plus de bruit fut celle qu'il eut avec la femme d'un bourgeois nommé Guillebaud; on l'appeloit vulgairement *la belle Bourgeoise*, car c'étoit une

---

(¹) Elle mourut à Amiens le 3 octobre 1654, à l'âge d'environ vingt-huit ans.

fort belle personne. Le mari étoit jaloux. Notre président fut trois mois dans un cabaret, comme garçon (*de cabaret*), il n'en avoit pas trop mal la mine, afin de prendre son temps pour lui parler, et la voir sans qu'on se doutât de rien. Il n'en jouissoit ainsi au commencement qu'avec bien de la peine : depuis il eut un peu plus de facilité ; mais elle le quitta pour un autre. Elle s'en repentit après, et se mit à genoux devant lui pour lui demander pardon ; il se moqua d'elle, et n'en voulut plus ouïr parler.

La belle Bourgeoise rencontra Patru en son chemin: elle se faisoit conduire par lui au sermon ; elle lui faisoit mille caresses. Lui, qui étoit amoureux de sa Lévesque (¹), ne s'y amusa point : il est vrai qu'il croyoit qu'elle étoit engagée avec un nommé Sanguin. Il se trouva qu'elle étoit brouillée alors avec lui ; mais ils se raccommodèrent.

Nicolaï aima ensuite la fille d'un sergent, de laquelle il eut une fille. On a cru qu'il l'avoit épousée. Cette autre maîtresse étant morte, il pensa à se marier. Prêt d'être accordé avec mademoiselle Amelot, aujourd'hui madame d'Aumont (²), il vit la cousine-germaine de cette fille à l'église ; elle se nommoit également Amelot. Il en devint amoureux ; aussi étoit-elle tout autrement jolie que l'autre, et il l'épousa ; mais ils ont fait un triste ménage. Le désordre vient de ce qu'elle ne traita pas trop bien la bâtarde de son mari, car il l'avoit avertie de tout ; et par contrat de mariage il se

---

(¹) *Voyez* précédemment dans ce volume l'art. de la femme Lévesque.
(²) Femme du frère aîné du maréchal ; il est gouverneur de Touraine.
(T.)

réserva la faculté de lui donner cinquante mille écus, comme il a fait. Il l'a mariée à un gentilhomme. Il avoit l'honneur d'être un peu fou, et sa femme à l'honneur de l'être encore. Il en vint jusqu'à séparer le logis en deux; et il ne voyoit plus du tout sa femme : il ne lui donnoit rien. Ceux qui lui avoient fourni des vivres, des habits, etc., firent un procès au président. Or, la cause fut plaidée à la grand'chambre, et il fut condamné. Tout ce qu'il fit ce fut d'obtenir qu'on mît dans l'arrêt que c'avoit été de son consentement. Le premier président Le Jay en usa bien avec lui, quoiqu'il n'eût pas sujet de s'en louer, car ayant été chez lui pour une affaire qu'il avoit à la chambre, M. Nicolaï ne le voulut point voir. L'affaire se fit pourtant. Il a passé pour homme de bien, et avec raison, et ne se faisoit point autrement de fête; au contraire, il négligeoit de se faire payer ses appointements. Il a passé aussi pour éloquent, mais sans autre fondement que de parler avec quelque facilité; il étoit toujours prolixe. Cet homme avoit encore à sa mort une chambre qui n'avoit que de la natte pour toute tapisserie. On disoit qu'il achetoit les vieilles soutanes de son fils, et qu'il les faisoit ajuster pour s'en servir. Pour sa femme, à qui il avoit laissé pour s'entretenir huit mille livres de rentes, qui lui étoient venues du côté des Amelot, elle avoit fait peindre et dorer son appartement; elle étoit magnifique en toute chose.

Nicolaï avoit un frère qui vit encore, qui est un vieux garçon : il a été guidon des gendarmes, puis premier écuyer de la grande écurie. C'étoit lui qui disoit qu'un carrosse étoit un grand maquereau à Paris. Du temps qu'il le disoit c'étoit plus vrai qu'à cette heure, car il y en avoit bien moins. Il dit qu'il est un fou gaillard, mais que son frère le président étoit un fou mélancolique. C'est un assez plaisant robin.

Le président voulut marier son fils de bonne heure; on chercha les meilleurs partis. Ils jetèrent les yeux sur mademoiselle Fieubet, et il y consentit, lui, qui avoit tant pesté contre les gens qui voloient le Roi (1). Il fit une bizarrerie pour les articles. La mère, de son côté, après qu'un ban fut jeté, envoya défendre au curé de Saint-Paul de jeter les autres, et cela, pour je ne sais quelle bagatelle dont elle n'étoit pas satisfaite dans les articles. Cela se raccommoda pourtant. Le jour des noces de son fils, le président demandoit si un point de Venise, qui avoit coûté deux mille livres, coûtoit bien dix écus, et on lui fit accroire qu'il y avoit bien pour huit livres dix sols de ruban d'argent à un habit où il y en avoit pour cent écus.

Deux ans après, condamné par tous les médecins, et ayant reçu l'extrême-onction, il lui vint en fantaisie que s'il alloit à Bourbon, il guériroit comme il guérit il y avoit dix ans : c'étoit au mois de mars. Il fait acheter secrètement un bonnet et un justaucorps fourré, des bassins, une seringue, etc., et commanda que son carrosse fut prêt pour le lendemain matin. Son valet-de-chambre en avertit sa femme et son fils. « Dites-lui, « dirent-ils, que le carrosse est rompu, et qu'il y a un « cheval boiteux. » Cela ne servit qu'à faire donner sur les oreilles au valet-de-chambre. Il part : la femme et le fils le suivirent. Dès Essonne (2) le voilà plus mal que

---

(1) Fieubet étoit d'une origine de finance.
(2) Bourg à six lieues de Paris.

jamais : il envoie quérir un médecin à Corbeil, à qui le fils dit le mot. Cet homme lui promet de le guérir s'il ne bouge de là ; et quand il fut bien bas, le curé, à qui on avoit aussi parlé, lui demanda s'il ne vouloit pas voir sa femme, son fils et sa fille qui étoient venus pour recevoir sa bénédiction. Il dit que oui, les vit, et mourut comme un autre homme.

Voici la belle conduite de la mère pour sa fille. Dès quinze ans, elle avoit deux petits laquais avec qui elle s'amusoit à jouer et à badiner tout le jour. Cette petite demoiselle s'alla mettre une fois dans la tête que sa mère ne lui donnoit pas assez d'argent ; et, pour en avoir, elle s'avisa d'un bel expédient. Elle laisse traîner des billets faits à plaisir, comme si elle écrivoit à quelque marquis ; on les porte à la présidente qui s'imagine aussitôt qu'on veut enlever sa fille. Il ne falloit que la bien garder chez elle. Elle assemble le président Molé-Champlâtreux, cousin-germain de sa fille, et la marquise d'Hervault, femme du lieutenant de roi de Touraine, aussi parente bien proche. Ils concluent de la mettre dans un couvent, et font de l'éclat pour rien. Cette fille, quand elle y fut, conta naïvement la chose, et puis on la retira. Dans les Mémoires de la Régence, il sera parlé de la mère et de la fille.

PORCHÈRES L'AUGIER (1).

Porchères L'Augier, dont nous allons parler, et Porchères d'Arbaud, dont il est parlé dans l'historiette de Malherbe, étoient tous deux de Provence, tous deux poètes, et tous deux de l'Académie. Chacun d'eux traitoit l'autre de bâtard, et soutenoit qu'il n'étoit pas de la maison de Porchères (2), assez bonne en ce pays-là; mais ils s'accordoient en un point, c'est qu'ils étoient l'un et l'autre de méchants auteurs. Notre Porchères commença à paroître au temps de Nervèze et de son successeur Des Yveteaux, et étoit à peu près en vers ce qu'étoient les autres en prose : cela se peut voir par le sonnet que voici sur les yeux de madame de Beaufort :

> Ce ne sont pas des yeux, ce sont plutôt des Dieux;
> Ils ont dessus les rois la puissance absolue.
> Dieux, non; ce sont des cieux, ils ont la couleur bleue,
> Et le mouvement prompt comme celui des cieux.
> Cieux, non; mais deux soleils clairement radieux,
> Dont les rayons brillants nous offusquent la vue.

(1) Les Recueils du temps contiennent un assez grand nombre de pièces de vers signées *Porchères*, sans qu'il y soit fait aucune distinction des deux poètes qui ont porté ce nom.

(2) L'un s'appeloit L'Augier de Porchères, l'autre d'Arbaud de Porchères. Le nom de terre seul leur étoit commun; ainsi ils étoient de deux familles différentes.

Soleils, non; mais éclairs de puissance inconnue,
Des foudres de l'Amour signes présagieux.
Car s'ils étoient des Dieux, feroient-ils tant de mal?
Si des cieux, ils auroient leur mouvement égal;
Deux soleils, ne se peut: le soleil est unique;
Éclairs, non; car ceux-ci durent trop et trop clairs.
Toutefois je les nomme, afin que je m'explique,
Des yeux, des Dieux, des cieux, des soleils, des éclairs (1).

Sa prose même ne valoit pas mieux, témoin le recueil du Carrousel, où il n'y a rien de bon de lui qu'une devise italienne dont le corps est une fusée, et le mot *da l'ardore l'ardire* (2).

Depuis, Malherbe apprit à parler françois. Je crois que Porchères a contribué avec Matthieu à gâter les Italiens d'aujourd'hui, et les Italiens à leur tour ont gâté quelques-uns des nôtres. Il n'y a que vingt ans qu'on a vu des secrétaires d'état (3) donner deux pistoles du Politico-Catholico de Virgilio Malvezzi (4).

La princesse de Conti faisoit cas de Porchères : il alloit tous les jours chez elle. Elle lui fit avoir l'emploi de faire les ballets et autres choses semblables ; pour cela, il avoit douze cents écus de pension. Il voulut en faire une charge, et l'avoir en titre d'office,

(1) Ce sonnet ridicule se trouve dans *le Parnasse des plus excellents poètes de ce temps;* Paris, Guillemot, 1607; petit in-12, t. 1, fol. 286. Il est aussi dans *le Séjour des Muses, ou la Crême des bons vers;* Rouen, 1627, in-8, p. 372.

(2) Cette devise avoit frappé madame de Sévigné ; elle en parle dans la lettre à sa fille, du 11 novembre 1671; mais elle ne se souvenoit pas du livre dans lequel elle l'avoit vue.

(3) Brienne. (T.)

(4) Virgilio Malvezzi, écrivain italien, attaché à Philippe IV, roi d'Espagne, auteur de plusieurs ouvrages politiques. Il mourut à Cologne, en 1654.

mais il ne savoit quel nom lui donner : il ne vouloit pas que le nom de *ballet* y entrât, et après y avoir bien rêvé, il prit la qualité d'*intendant des plaisirs nocturnes*. Par cette raison il voulut se formaliser de ce que Desmarets avoit fait le dessin du ballet qui fut dansé au mariage du duc d'Enghien (1).

Pour les habits, c'a toujours été le plus extravagant homme du monde après M. Des Yveteaux, et le plus vain. J'ai ouï dire à Le Pailleur, qu'étant allé chez Porchères, il y a bien trente-cinq ans, il aperçut, en entrant dans sa chambre, un valet qui mettoit plusieurs pièces à des chaussons. Il le trouva au lit ; mais le poète avoit eu le loisir de mettre sa belle chemisette et son beau bonnet ; car si personne ne le venoit voir, il n'en avoit qu'une toute rapetassée, et ne se servoit que d'un bonnet gras et d'une vieille robe-de-chambre toute à lambeaux, dont il se couvroit la nuit. Il demanda à Le Pailleur permission de se lever, et avec sa bonne robe-de-chambre il se met auprès du feu. « Mon valet-de-chambre, car il l'appeloit ainsi, ap-« portez-moi, dit-il, un tel habit, mon pourpoint de « fleurs. Non, mon habit de satin. — Monsieur, quel « temps fait-il. — Il ne fait ni beau ni laid ? — Il ne « faut donc pas un habit pesant ; attendez. » Le valet, fait au badinage, apporte cinq ou six paires d'habits qui avoient tous passé plus de deux fois par les mains du détacheur et du fripier, et lui dit : « Tenez, prenez « lequel vous voudrez. » Il fut une heure avant que de conclure. Ce pourpoint de fleurs étoit un vieux pourpoint de cuir tout gras, et ce satin étoit un satin à

(1) Au mariage du grand Condé. Il eut lieu le 11 février 1641.

pièces empesées qui avoit plus de trente ans. Jamais on ne lui vit un habit neuf, qu'il n'eût un vieux chapeau, de vieux bas ou de vieux souliers ; il y avoit toujours quelque pièce de son harnois qui n'alloit pas bien. La maréchale de Thémines disoit qu'il étoit « comme le « diable qui a beau se faire agréable aux yeux de « ceux qu'il veut tenter : il y a toujours quelque griffe « crochue qui gâte tout (1). » C'est de lui que Sorel se moque dans *Francion*, où un poète demande son pourpoint d'épigramme, etc.

Il y a onze ou douze ans qu'il eut une grande maladie, durant laquelle il fit une confession générale. Depuis cela il ne voulut plus se peindre la barbe et s'habilla comme un autre homme. Il disoit que, pendant son mal, son neveu lui avoit dérobé cent lettres qu'il fit imprimer sans suite ni ordre. Cependant il est tout constant que Porchères lui-même en demanda le privilége à M. Conrart, et aussi des lettres d'académicien pour lesquelles il fallut aller à l'Académie. Ce fut la seule fois qu'il y alla, si je ne me trompe. Tout ce qu'il dit de ce neveu ne fut que lorsqu'il vit qu'on ne rendoit point ses lettres. Il a vécu jusqu'à cent trois ans. Il étoit grand et bien fait.

(1) Voiture fit ce pont-breton :

> Vous êtes seigneur,
> Monsieur de Porchères ;
> Chacun vous révère
> Et vous porte honneur.
> Changez de jartières,
> Monsieur le rimeur. (T.)

LE PÈRE ANDRÉ (1).

Le Père André, augustin, vulgairement appelé le *Petit Père André*, étoit de la famille des Boullanger de Paris, qui est une bonne famille de la robe. Il a prêché une infinité de Carêmes et d'Avents ; mais il a toujours prêché en bateleur, non qu'il eût dessein de faire rire, mais il étoit bouffon naturellement, et avoit même quelque chose de Tabarin dans la mine. Il parloit en conversation comme il prêchoit.

Il y tâchoit si peu, que quand il avoit dit des gaillardises, il se donnoit la discipline ; mais il y étoit né, et ne s'en pouvoit tenir. Comme il prêchoit un Avent au faubourg Saint-Germain, feu M. de Paris, à cause de je ne sais quelle cabale de moines dont il étoit des principaux, et aussi pour le scandale que ses bouffonneries donnoient, l'envoya quérir et le retint en prison à l'archevêché. M. de Metz (2) s'en formalisa, disant « que M. l'archevêque ne pouvoit faire arrêter un re- « ligieux qui prêchoit dans un faubourg qui dépen- « doit de l'abbaye de Saint-Germain ; » et effective-

---

(1) André de Boullanger, dit *le petit Père André*, mourut en 1657.

(2) Henri de Bourbon, duc de Verneuil, fils naturel d'Henri IV, évêque de Metz, abbé de Saint-Germain-des-Prés en 1623. Il abdiqua en 1669 en faveur du roi Casimir.

ment il le fit délivrer ; mais ce fut à condition qu'il prêcheroit plus sagement. Il remonte donc en chaire ; mais de sa vie il n'a été si empêché : il avoit si peur de dire quelque chose qui ne fût pas bien, qu'il ne dit rien qui vaille, et il fut contraint de finir assez brusquement. Il étoit bon religieux et fort suivi par toutes sortes de gens : par quelques-uns pour rire, et par le reste à cause qu'il les touchoit. Effectivement, il avoit du talent pour la prédication. On fait plusieurs contes de lui dont j'ai recueilli les meilleurs.

Il disoit que « Christophe pensa jeter le petit Jésus « dans l'eau, tant il le trouvoit pesant ; mais on ne « sauroit noyer qui a été pendu. »

Prêchant un carême à Saint-André-des-Arcs, il se plaignoit toujours que les dames venoient trop tard. « Quand on vous vient réveiller, leur disoit-il : « Mon « Dieu, dites-vous, quelle misère de se lever si matin ! » « Vous disputez avec votre chevet. « Une telle, dites-« vous à votre fille-de-chambre, je gage que la cloche « n'a pas sonné ; vous êtes toujours si hâtée ! il n'est « point si tard que vous dites. » Hé ! si j'étois là, ajou-« toit-il, que je vous ferois bien lever le cul ! »

Parlant de saint Luc, il disoit « que c'étoit le « peintre de la *Reine-mère*, à meilleur titre que Ru-« bens, qui a peint la galerie du Luxembourg ; car il « est le peintre de la Reine mère de Dieu. »

Il prêchoit sur ces paroles : *J'ai acheté une métairie, je m'en vais la voir.* « Vous êtes un sot ! dit-il, « vous la deviez aller voir avant que de l'acheter. »

A la fête de la Madeleine, il se mit à décrire les galants de la Madeleine ; il les habilla à la mode :

« Enfin, dit-il, ils étoient faits comme ces deux grands
« veaux que voilà devant ma chaire. » Tout le monde
se leva pour voir deux godelureaux qui, pour eux, se
gardèrent bien de se lever. Un jour, il lui prit une
vision, après avoir bien harangué contre la débauche
de cette pauvre pécheresse, de dire : « J'en vois là-bas
« une toute semblable à la Madelaine ; mais, parce
« qu'elle ne s'amende point, je la veux noter, et lui jeter
« mon mouchoir à la tête. » En disant cela, il prend
son mouchoir et fait semblant de le vouloir jeter : toutes les femmes baissent la tête. « Ah! dit-il, je croyois
« qu'il n'y en eût qu'une, et en voilà plus de cent. » Il
remit une fois à prêcher sur ce sujet, à cause de la
fête de Notre-Dame, qui étoit le lendemain, et, continuant la suite de l'Evangile : « Voilà, dit-il, la Made-
« laine qui entre, et moi je sors. » Et il s'en alla. Il
disoit qu'il y avoit des *Madelains* aussi bien que des
Madelaines. « Notre père saint Augustin, dit-il, a été
« long-temps un grand *Madelain*. » Puis, décrivant les
parfums de la Madelaine : « Elle avoit de l'eau. De
« l'eau d'ange ? C'étoit de l'eau d'ange noir, de l'eau
« de diable, de l'eau de Satan. »

Cela me fait souvenir d'un conte qu'on fait d'un prédicateur du temps de François Ier. « La Madelaine,
« disoit-il, n'étoit pas une petite garce, comme celles
« qui se pourroient donner à vous et à moi ; c'étoit une
« grande garce comme madame d'Étampes (1). » Cette
madame d'Étampes lui fit défendre la chaire. Quel-

---

(1) Diane de Poitiers, duchesse de Valentinois, dame d'Étampes, etc.

ques années après, ayant été rétabli, le jour de la Madelaine, il dit : « Messieurs, une fois pour avoir fait « des comparaisons je m'en suis mal trouvé. Vous ima-« ginerez la Madelaine telle qu'il vous plaira. Passons « la première partie de sa vie, et venons à la se-« conde. »

Le père André comparoit une fois les femmes à un pommier qui étoit sur un grand chemin. « Les pas-« sans ont envie de ses pommes ; les uns en cueillent, « les autres en abattent : il y en a même qui montent « dessus, et vous les secouent comme tous les dia-« bles. »

Il disoit aux dames : « Vous vous plaignez de jeûnes ; « cela vous maigrit, dites-vous. Tenez, tenez, dit-il, « en montrant un gros bras, je jeûne tous les jours, et « voilà le plus petit de mes membres. »

« Toutes les femmes sont des médisantes, disoit-il ; je « gage qu'il n'y en a pas une qui ne la soit pas : qu'elle « se lève ; » puis il s'arrête. « Hé bien ! continue-t-il, vous « voyez que pas une n'ose se lever. »

Un avocat s'alla confesser à lui, et lui dit fort peu de chose. Il lui ordonna pour pénitence d'aller l'après-dînée à son sermon : l'avocat y fut. L'Évangile du jour étoit : *Dæmonium mutum*, etc. « Savez-vous, dit-il, ce « que c'est que *Dæmonium mutum*? Je m'en vais vous « le dire : C'est un avocat aux pieds du confesseur. Au « barreau ils jasent assez ; devant un confesseur, au dia-« ble le mot, vous n'en sauriez rien tirer. »

Il en vouloit au curé de Saint-Severin. Il fit tomber le discours sur la bergerie, et qu'il falloit de bons chiens pour la garder. « Vous autres, dit-il aux

« paroissiens, vous avez un bon chien de curé. »

Pour montrer que l'honneur étoit plutôt *in hono-rante quàm in honorato* (à celui qui honoroit qu'à celui qui étoit honoré) : « Par exemple, disoit-il, quand
« je rencontre mon cousin, le président Boullanger que
« voilà, il me fait le pied de veau, et le pied de veau
« lui demeure. »

Pour cajoler M. Talon, l'avocat-général, qui l'écoutoit, il dit, en parlant de Cicéron : « Cicéron, mes-
« sieurs, c'étoit un grand avocat-général. »

Dans l'opinion qu'ils (1) ont de l'Eucharistie, on ne pouvoit pas dire une plus grande sottise que celle qu'il dit une fois prêchant sur le Saint-Sacrement. « En voilà
« assez, dit-il, car les médecins disent : *Omnis satura-*
« *tio mala, panis autem pessima*. Toute réplétion est
« mauvaise, et surtout celle de pain. »

Un jour qu'il prêchoit contre le luxe et contre les modes : « Vous voilà, dit-il, vous autres, poudrés comme
« des meûniers ; et quand vous arriverez en enfer, les
« diables crieront : *A l'anneau! à l'anneau!* » Pour faire entendre cela, il faut savoir qu'il y a dix ans ou environ qu'un meûnier, à la Grève, gagea de passer dans un de ces anneaux qui sont attachés au pavé pour retenir les bateaux. Il fut pris par le milieu du ventre, qui s'enfla aussitôt des deux côtés ; le fer s'échauffa, c'étoit en été. Il brûloit ; il fallut l'arroser, tandis qu'on limoit l'anneau, et on n'osa le limer sans permission du prévôt des marchands. Tout cela fut si long qu'il lui

---

(1) *Ils*, les catholiques. Il ne faut pas oublier que Tallemant étoit de la religion réformée.

fallut un confesseur. On en fit des tailles-douces aux almanachs, et un an durant, dès qu'on voyoit un meûnier, on crioit : « *A l'anneau! à l'anneau, meûnier!* » On fit aussi un almanach de la farine des jeunes gens et des mouches des femmes, avec une chanson que voici :

> Dieu! que la mouche a d'efficace!
> Que cet animal est charmant!
> Le plus parfait ajustement
> Sans elle n'auroit point de grâce.
> Si vous n'avez mouche sur nez,
> Adieu galants, adieu fleurettes;
> Si vous n'avez mouche sur nez,
> Adieu galants enfarinés.

> Vous auriez beau être frisée,
> Par anneaux tombants sur le sein,
> Sans un amoureux *assassin* (1)
> Vous ne serez guère prisée.
> Si, etc.

> Portez-en à l'œil, à la *temple*,
> Ayez-en le front chamarré,
> Et sans craindre votre curé,
> Portez-en jusque dans le temple.
> Si, etc.

> Mais surtout soyez curieuse
> Et difficile au dernier point,
> Et gardez de n'en porter point
> Que de chez la bonne faiseuse.
> Si, etc.

(1) Espèce de mouche. (T.)

LES ENFARINÉS.

Houspillons des modes nouvelles,
Singes des galants de la cour,
Venez farcer à votre tour,
Car le théâtre vous appelle.
Si vous n'êtes enfarinés,
Adieu l'amour de la coquette,
Si vous n'êtes enfarinés,
Vous n'aurez rien qu'un pied de nez.

Enfarinez bien votre tête
Et les collets de vos manteaux ;
Vous en serez cent fois plus beaux,
Et ferez bien plus de conquêtes.
Si, etc.

Quand on vous voit passer on crie :
Meunier, à l'anneau ! à l'anneau !
Il ne faut pas faire le veau,
Ni vous fâcher que l'on en rie.
Si, etc.

Il commença une fois ainsi : « Foin du pape, foin du
« Roi, foin de la Reine, foin de M. le cardinal, foin de
« vous, foin de moi, *omnis caro fœnum.* »

Il faisoit parler ainsi une fois les soldats d'Holoferne,
après qu'ils eurent vu Judith : « Camarade, qui est-ce
« qui, en voyant de si belles femmes, *tam delectas mu-*
« *lieres*, n'ait envie d'enfoncer la barricade ? »

Je lui ai ouï prêcher sur la Transfiguration : « Cela
« se fit, dit-il, sur une montagne. Je ne sais ce que
« ces montagnes ont fait à Dieu ; mais, quand il parle
« à Moïse, c'est sur une montagne ; il ne lui montra
« partout que son derrière, et parla à lui comme
« une demoiselle masquée. Quand il donne sa loi,

« c'est encore sur une montagne ; le sacrifice d'Abra-
« ham, aussi sur une montagne ; le sacrifice de Notre-
« Seigneur, encore sur une montagne. Il ne fait rien
« de miraculeux que sur ces montagnes; aussi la Trans-
« figuration, n'étoit-ce pas une affaire de vallon? »

Voyant des gens jusque sur l'autel, il dit en entrant
en chaire : « Voilà la prophétie accomplie : *Super al-
« tare vitulos.* »

Il prêchoit en un couvent de Carmes sur l'église desquels le tonnerre étoit tombé sans en blesser un seul.
« Ah! dit-il, regardez quelle bénédiction de Dieu ; si
« le tonnerre fût tombé sur la cuisine, il n'en fût ré-
« chappé pas un. » On dit *Carme en cuisine.*

A la fête de Pâques, il se faisoit une objection.
« Mais un mari et une femme qui couchent ensemble
« un si beau jour, que feront-ils? A cela il faut ré-
« pondre par une comparaison. Si le jour de Pâques
« un débiteur vous apporte de l'argent, il est bonne
« fête ; mais les gens ne sont pas toujours en humeur
« de payer : je suis d'avis qu'on le reçoive. Faites
« l'application, mesdames (1). »

A propos de romans, il disoit : « J'ai beau les faire
« quitter à ces femmes, dès que j'ai tourné le cul, elles
« ont le nez dedans. »

« Le paradis, disoit-il, est fait comme une ville; mais
« c'est une ville comme La Rochelle, qui ne se prend
« point sans moufles. »

Parlant de David, il dit que quand il alla en paradis, Dieu dit, le voyant venir de loin : « Qui est-ce ? »
et puis, quand il fut plus près : « Ah! c'est mon bon

---

(1) Je doute qu'il ait dit cela. (T.)

« serviteur David; bras dessus, bras dessous, cama-
« rades comme cochons. »

Le jour de l'Ascension, décrivant la réception qu'on fit à Jésus-Christ au Ciel, il dit que Dieu dit à David : « Te-
« nez la musique toute prête; voici mon fils qui vient. »

Une fois, il fit des lettres-patentes du roi de Ninive : « Nous, Ninus, etc., à tous manants et habi-
« tants de notre bonne ville de Ninive, savoir faisons
« que, sur l'avis à nous donné par notre amé et féal
« maître Jonas, que Dieu, etc.; avons ordonné et or-
« donnons que, etc.; et parce que ledit maître Jonas
« est prophète dudit Dieu, etc. » Il y avoit dix fois *ledit Jonas* et *ledit Dieu*.

En carême, il compara un jour la charité à l'échelle de Jacob, et disoit que ce n'étoit pas une échelle de chêne ou de hêtre, mais que le premier échelon étoit *hareng*, le deuxième *morue*; et ainsi de suite, il dit toutes les viandes de carême, « qu'il faut, ajouta-t-il,
« envoyer au couvent des Augustins (1). »

Prêchant chez des religieuses qui l'avoient fort pressé de leur donner un sermon, il leur dit : « Eh!
« bien! me voilà; à cause que je suis *Boullanger*, vous
« croyez que j'ai toujours du pain cuit; mais vous ne
« songez pas combien j'ai de choses à faire. » Il se mit à leur raconter toutes ses occupations. Après, il compara une fille qui entroit en religion à un peloton.
« Une novice, dit-il, c'est comme un morceau de bu-
« reau ou de papier sur lequel on commence à devi-
« der les premières aiguillées; mais, quelque bien

(1) Lorsque les bouchers de Paris vendoient, malgré la défense, de la viande dans le carême, elle étoit saisie et envoyée aux Augustins chargés de la distribuer aux pauvres malades.

« qu'on fasse, il reste toujours un petit trou qu'on ne
« sauroit boucher. »

A Poitiers, les Jésuites le prièrent de prêcher saint Ignace; il voulut leur donner sur les doigts. Il fit un dialogue entre Dieu et le saint, qui lui demandoit un lieu pour son ordre. « Je ne sais où vous mettre, di-
« soit Jésus-Christ : les déserts sont habités par saint
« Benoît et par saint Bruno.... » Il faisoit une conversation des lieux occupés par les principaux ordres.
« Mettez-nous seulement, dit saint Ignace, en lieu où
« il y ait à prendre, et laissez-nous faire du reste. » En sortant, il dit à un de ses amis : « Je n'ai voulu prê-
« cher céans qu'après dîner, car je savois bien qu'au-
« trement on m'y auroit fait méchante chère. »
Une autre fois, à Paris, il en donna encore aux Jésuites en pareille occasion. « Le christianisme, dit-il,
« est comme une grande salade; les nations en sont
« les herbes; le sel, le vinaigre, les macérations, les
« docteurs : *vos estis sal terræ*; et l'huile, les bons
« pères Jésuites. Y a-t-il rien de plus doux qu'un bon
« père Jésuite ? Allez à confesse à un autre, il vous
« dira : Vous êtes damné si vous continuez. Un
« Jésuite adoucira tout. Puis, l'huile, pour peu qu'il en
« tombe sur un habit, s'y étend, et fait insensiblement
« une grande tache; mettez un bon père Jésuite dans
« une province, elle en sera enfin toute pleine. » Les Jésuites se plaignirent à lui-même de ce qu'il avoit dit. « J'en suis bien fâché, mes Pères, leur dit-il; mais
« je me suis laissé emporter; je ne savois que vous
« dire. Dans quatre jours c'est la fête de notre Père
« saint Augustin, venez prêcher chez nous, et dites
« tout ce qu'il vous plaira, je ne m'en fâcherai point. »

Un jour il sut que madame de La Trimouille étoit à son sermon incognito : il parloit de l'Enfant prodigue ; il se mit à lui faire un train tout semblable à celui de la duchesse : « Il avoit, disoit-il, six beaux « chevaux gris pommelés, un beau carrosse de velours « rouge avec des passements d'or, une belle housse « dessus, bien des armoiries, bien des pages, bien des « laquais vêtus de jaune passementé de noir et de « blanc. »

Il disoit que le paradis étoit une grande ville. « Il y « a la grande rue des Martyrs, la grande rue des Con- « fesseurs ; mais il n'y a point de rue des Vierges : ce « n'est qu'un petit cul-de-sac bien étroit, bien étroit. »

« Un catholique, disoit-il une fois, fait six fois plus « de besogne qu'un huguenot ; un huguenot va lente- « ment comme ses psaumes : *Lève le cœur, ouvre l'o- « reille*, etc. Mais un catholique chante : *Appelez « Robinette, qu'elle s'en vienne ici-bas*, etc. » Et en disant cela, il faisoit comme s'il eût limé. J'ai ouï dire que ce conte vient de Sédan, où Du Moulin ayant dit à un arquebusier qui chantoit *Appelez Robinette*, « qu'il feroit bien mieux de chanter des psaumes, » l'arquebusier lui dit : « Voyez comme ma lime va « vite en chantant *Robinette*, et comme elle va len- « tement en chantant : *Lève le cœur, ouvre l'o- « reille*, etc. »

On dit encore qu'un artisan lui dit : *qui au conseil des malins n'a été* empêchoit sa lime d'aller, et qu'il faisoit beaucoup plus d'ouvrage avec *Jean Foutaquin pour du pain et pour des poires, Jean Foutaquin pour des poires et pour du pain.*

Parlant d'*Hosanna*, il dit « que les enfants étoient

« montés sur un arbre; je ne saurois vous en dire le
« nom, je vous le dirai tantôt. » Son sermon fini :
« Messieurs, leur dit-il, cet arbre, c'étoit un syco-
« more. »

« L'Evangile, dit-il une fois, est une douce loi :
« Jésus-Christ nous l'a dit, il le faut croire. » Deux Jésuites entrent là-dessus. « Tenez, dit-il, voilà deux
« des camarades de Jésus, demandez-leur plutôt s'il
« n'est pas vrai. » Cela me fait souvenir d'un nommé
Du Four, qui, dans les guerres des huguenots, ayant
trouvé des Jésuites à cheval, leur demanda qui ils
étoient : « Nous sommes, dirent-ils, de la compagnie
« de Jésus. — Je le connois, dit-il, brave capitaine,
« mais d'infanterie; à pied, à pied; mes Pères; » et il
leur ôta leurs chevaux.

Prêchant sur la patience de Dieu, « Dieu, dit-il, il
« attend long-temps avant que de frapper; il menace,
« mais il ne frappe pas : c'est, dit-il, comme ce chas-
« seur que vous voyez à cette tapisserie. Il y a peut-
« être cent ans qu'il présente l'épieu à ce cerf, cepen-
« dant il ne le frappe pas, et il n'y a que quatre doigts
« entre deux. »

Il disoit que personne n'avoit jamais tant prié Dieu
que saint Joseph, car le petit Jésus le servoit comme
un apprenti. Il lui disoit : « Donnez-moi, je vous
« prie, ceci; donnez-moi, je vous prie, cela ; appor-
« tez-moi, je vous prie, cette tarière, etc. »

« Dieu veut la paix, disoit-il du temps du cardinal
« de Richelieu; oui, Dieu veut la paix, le Roi la veut,
« la Reine la veut, mais le diable ne la veut pas (1). »

(1) On s'est plu à attribuer au Père André beaucoup de traits ridi-

VILLEMONTÉE.

Villemontée est d'une assez bonne famille de Paris. Il épousa la sœur de La Barre, dont nous avons parlé ; il devint maître des requêtes, et eut l'intendance de Poitou, où sa femme et lui, aussi bons ménagers l'un que l'autre, faisoient une fort grande dépense. Elle devint amoureuse, à La Rochelle, d'un gentilhomme du grand-prieur de la Porte, nommé L'Épinay. Cette

cules qu'il n'a jamais prononcés. Guéret met dans la bouche de ce religieux des observations qui peuvent être considérées comme l'opinion saine qu'on peut s'en former : « Tout goguenard que vous le « croyez, lui fait-il dire au cardinal Du Perron, il n'a pas toujours fait « rire ceux qui l'écoutoient. Il a dit des vérités qui ont renvoyé des « évêques dans leurs diocèses, et qui ont fait rougir plus d'une co- « quette. Il a trouvé l'art de mordre en riant ; il ne s'est point asservi « à cette lâche complaisance dont tout le monde est esclave, et toute « sa vie il a fait profession d'une satire ingénue qui a mieux gourmandé « le vice que vos apostrophes vagues que personne ne prend pour soi. « Demandez aux marguilliers de Saint-Étienne (du Mont), comme il « les a traités sur leur chaire de dix mille francs ; demandez aux.... (Jé- « suites) s'ils sont satisfaits du panégyrique de leur fondateur ;....... on « ne me reprochera jamais d'avoir fait des contes à plaisir, comme il y « en a beaucoup....... J'ai suivi la pente de mon naturel qui étoit naïf, « et qui me portoit à instruire le peuple par les choses les plus sensibles. « Ainsi, pendant que d'autres se guindoient l'esprit pour trouver des « pensées sublimes qu'on n'entendoit pas, j'abaissois le mien jusqu'aux « conditions les plus serviles et aux choses les plus ravalées, d'où je « tirois mes exemples et mes comparaisons. Elles ont produit leur ef- « fet, ces comparaisons, etc. » (*La Guerre des auteurs anciens et modernes*; Paris, 1671, in-12, p. 154.)

amourette passa bien avant, et le mari surprit un billet de sa femme en ces termes : « Notre soutane va aux « champs ; viens vite, car je meurs d'envie............. » Villemontée est pourtant bien fait ; mais peut-être........ On a dit que le grand-prieur, en colère de ce que l'intendante l'avoit refusé, avoit fait avertir le mari par des Jésuites. J'ai de la peine à le croire, car c'étoit un bon homme. Le mari fut assez fou pour faire du bruit de cette lettre. Il mit en prison, dans un château, une bossue de La Rochelle, nommée La Villepoux, qu'on accusoit d'avoir été la *Dariolette*(1) ; et, après l'y avoir tenue long-temps, il la laissa aller, et il mit sa femme en religion : depuis, il la relégua à une terre. Il eut assez d'enfants de sa femme, entre autres une fille, qui étoit l'aînée. Elle ne voulut pas déshonorer sa mère en faisant autrement qu'elle ; elle trouva de très-bonne heure un L'Épinay. Ce fut un nommé Ruelle, que mademoiselle de Bussy avoit donné au père pour secrétaire. Elle eut l'honnêteté de lui permettre de lui faire un enfant ; elle n'avoit que douze ans. Le père se contenta de le faire fouetter dans une cave et le chassa, car il ne sauroit s'empêcher d'être toujours un peu fou. Cette aventure ne fut pas trop divulguée, et elle n'empêcha pas que Belloy, qui a été depuis capitaine des gardes de M. d'Orléans, ne l'épousât. Elle étoit pour lors auprès de madame de Fontaines, dame d'atour de Madame, où Villemontée l'avoit mise. Belloy fut attrapé en toutes façons, car on dit qu'il n'a point eu ce qu'on lui avoit promis en mariage, les affaires du beau-père étant si décousues qu'il fut contraint de vendre ses ter-

---

¹ Voir la note 3 de la page 48 du tome 1.

res pour payer une partie de ses dettes ; de peur même qu'on ne le mît en prison, il se fit prêtre, et sa femme retourna dans un couvent.

Cependant M. Le Tellier, protecteur de Villemontée, le faisoit subsister par les emplois qu'il lui procuroit. Enfin, en 1657, M. de Saint-Malo (Villeroy) rendit au cardinal l'évêché de Saint-Malo de trente-six mille livres de rente, pour celui de Chartres de vingt-cinq mille livres, à cause du voisinage de Paris. Le Tellier fit donner Saint-Malo à Villemontée, qui n'en jouit encore que par économat, à cause que sa femme n'a point fait de vœux, mais a seulement protesté devant le Saint-Sacrement qu'elle ne vivroit point comme une femme avec son mari. Elle étoit si folle que, sous le prétexte qu'elle étoit la femme d'un évêque, elle ne vouloit pas céder à une maréchale de France, disant qu'elle ne devoit céder qu'aux princesses. Apparemment quand on le reçut prêtre, ou qu'on le fit évêque, on ne se souvint pas du canon du concile de Trente.

MADAME PILOU (1).

Madame Pilou, étant nouvelle mariée, se trouva logée par hasard vis-à-vis de mesdemoiselles Mayerne-Turquet, sœurs de ce Mayerne (2) qui a été premier médecin du roi d'Angleterre, où il a fait une assez grande fortune : c'étoit un peu après la réduction de Paris. Elle fit amitié avec ces filles, qui étoient des personnes raisonnables, et qui, comme huguenotes, en fuyant la persécution, avoient vu assez de pays (3). Cette connoissance lui servit, et la tira en quelque sorte du *calinage* (4) de sa famille, car son père n'étoit qu'un procureur. Cela lui servit à connoître une madame de La Fosse, leur parente, riche veuve, qui avoit été galante, et qui, en mourant, lui laissa du bien. Elle épousa un procureur nommé Pilou, qui ne fit pas grande fortune; en récompense, elle n'a eu qu'un fils qui vit encore. Il n'y a peut-être jamais eu une moins belle femme qu'elle,

---

(1) Anne Baudesson, femme de Jean Pilou.

(2) Il étoit gentilhomme, mais si adonné à la médecine, qu'étant enfant il faisoit des anatomies de grenouilles. (T.)

(3) Une de ces filles fut mise par feu M. de Rohan auprès de madame de Rohan, qui avoit été mariée fort jeune : ainsi madame Pilou connut tout le monde à l'Arsenal. (T.)

(4) *Calinage*, niaiserie, enfantillage, commérage et nullité de la conversation bourgeoise de ce temps-là.

mais il n'y en a peut-être jamais eu une de meilleur sens, et qui dise mieux les choses.

Cette madame de La Fosse, pour reprendre le fil, n'étoit pas la plus grande prude du royaume. Madame Pilou, par son moyen, eut bientôt un grand nombre de connoissances, mais la plupart de la ville. Insensiblement elle en fit aussi de la cour, et enfin elle parvint à être bien venue partout, et chez la Reine-mère.

Elle étoit fort embarrassée d'un certain brave, nommé Montenac, qui vouloit enlever madame de La Fosse. Un jour ayant trouvé feu M. de Candale : « Monsieur, « lui dit-elle, vous menez tous les ans tant de gens à « l'armée, ne sauriez-vous nous défaire de Montenac? « Tous les ans vous me faites tuer quelques-uns de mes « amis, et celui-là revient toujours. — Il faut, répon-« dit-il, que je me défasse de deux ou trois hommes « qui m'importunent, et après je vous déferai de celui-« là, car il est raisonnable que mes importuns passent « les premiers. »

Elle a fait trois classes de tout le monde : ses inférieurs, à qui elle fait tout le bien qu'elle peut ; ses égaux, avec lesquels elle est toute prête de se réconcilier quand ils voudront, et les grands seigneurs, pour qui elle dit qu'on ne sauroit être trop fier en un lieu comme Paris. Elle ne se mêle point de donner des gens à personne, et ne veut point souffrir que des suivants ou des suivantes lui viennent rompre la tête. Elle dit qu'il y a quelquefois de sottes gens qui rient dès qu'elle ouvre la bouche, comme les badauds qui rient dès que Jodelet paroît.

La femme d'un procureur, laide comme un diable,

qui avoit commencé par des femmes qui n'avoient pas le meilleur bruit du monde, ne pouvoit guère passer dans l'esprit de ceux qui ne la connoissoient pas bien particulièrement, que pour une créature qui servoit aux galanteries de tant de jolies personnes qu'elle fréquentoit. On a dit de madame de La Maison-Fort qu'elle n'étoit plus si cruelle

> Depuis qu'elle fut à Saint-Cloud
> Avec madame de Pilou.

On a chanté :

> Brion soupire (¹)
> Et n'ose dire
> A la Chalais qu'elle fait son martyre.
> Un moment sans la voir lui semble une heure,
> Et madame Pilou veut qu'il en meure.

Or, madame Pilou étoit la bonne amie de madame de Castille, mère de madame de Chalais, et il ne faut point trouver étrange qu'elle fût familière chez cette belle. Il lui arriva une fois une plaisante aventure avec cette madame de Castille. Madame de Vaucelas, sœur de M. de Châteauneuf, étoit après à louer d'elle une maison, qui est devant la chapelle de la Reine, où M. de Châteauneuf a logé long-temps. Elle envoya un matin un gentilhomme pour lui parler. Madame de Castille, alors veuve, étoit encore au lit, et madame Pilou, qui étoit couchée avec elle, lasse des barguigneries de cet

---

(¹) M. d'Anville. Ils allèrent devant le prêtre pour se fiancer. Là, il lui prit une foiblesse : il ne voulut pas passer outre. (T.)

homme, mit la tête à demi hors du lit, et dit : « Allez, « monsieur, allez, on ne l'aura pas à meilleur marché. » Or, elle a la voix assez grosse. Cet homme s'en retourne, et dit à madame de Vaucelas qu'il seroit inutile de prétendre avoir meilleur marché de cette maison, qu'il avoit parlé à madame de Castille, et que M. son mari, enfin, avoit dit qu'on n'en rabattroit rien (1). Cela fit d'autant plus rire que cette madame de Castille étoit un peu galante. On en parla au moins avec Almeras, homme riche, et M. de Bassompierre écrivoit de Madrid que le duc d'Almeras faisoit soulever *Castille la vieille* (2).

J'ai ouï dire à Ruvigny que mesdames de Rohan et les autres galantes de la Place (3) ne craignoient rien tant que madame Pilou, bien loin qu'elle les servît dans leurs amourettes. Je sais de bonne part que toute sa vie elle a prêché ses amies qui ne se gouvernoient pas bien. « Enfin, disoit-elle, ne pouvant les réduire, je « leur disois : Au moins n'écrivez point. — Voire, me « répondoient-elles, ne point écrire c'est faire l'amour « en chambrières. » Je sais bien qu'une fois, comme on lui disoit : « Que ne dites-vous à une telle qu'elle se « perd de réputation ? — La mère, répondit-elle, m'a

---

(1) Il étoit aisé de s'y tromper, car elle est noire et barbue. Il y a un vaudeville qui dit :

> Dame Pilou, pour paroître moins d'âge,
> A fait raser le poil de son ... de son visage. (T.)

(2) Il y a quelque duc d'un nom approchant en Espagne. (T.)
(3) *La Place* par excellence étoit alors la Place-Royale, aujourd'hui si dédaignée.

« pensé faire devenir folle, voulez-vous que la fille
« m'achève? »

Elle parle aux princesses tout comme aux autres, et dit tout avec une liberté admirable. Elle a dit un million de choses de bon sens. « Quand je vois, disoit-
« elle, ces nouvelles mariées qui vont donnant du timon
« de leur carrosse contre les maisons, je me mets à
« crier : Qui veut du plomb? Plomb à vendre! plomb
« à vendre! Qui veut du plomb? Voici des gens qui
« en vendent. Cependant il est certain qu'il ne se fait
« pas la moitié des cocus qui se devroient faire, tant il
« y a de sots maris. »

[1658] Elle conte qu'un paysan, avec qui elle a marié une servante depuis un an, vint un jour lui demander si elle ne connoissoit point quelque prêtre de Saint-Paul pour les démarier, sa femme et lui; qu'à la vérité elle étoit grosse, mais qu'il aime mieux prendre l'enfant. Ils avoient été mariés par un prêtre de Saint-Paul.

[1659 juin]. M. de Tresmes, duc à brevet, âgé de quatre-vingts ans, tomba malade. Son fils, le marquis de Gèvres, va trouver madame Pilou, et lui dit : « Je
« vous prie, parlez à mon père, il ne veut point me
« voir. Mademoiselle Scarron (sœur du cul-de-jatte),
« qu'il entretient, m'a mis mal avec lui; mais le pis
« c'est qu'il ne veut rien faire de ce qu'il faut pour bien
« mourir. » Elle y va; la première fois, elle fit venir les morts subites à propos, et dit qu'on étoit bien heureux d'avoir le loisir de penser à soi. Le malade dit qu'il se sentoit bien. Elle ne voulut pas pousser plus loin. La seconde fois, elle presse davantage, et voyant que cet homme disoit que les gens d'Eglise mêmes avoient

des maîtresses, elle marche sur le pied à Guénaut, afin qu'il l'aidât. Au lieu de cela, le médecin dit : « Madame Pilou, vos prônes m'ennuient. » Elle se retire et ne s'en mêle plus. Sur cela on fait un conte par la ville, et que M. de Tresmes lui avoit répondu : « Vous « n'étiez pas aussi scrupuleuse il y a trente ans. » Elle l'apprend à quelques jours de là ; elle va voir M. de Langres, La Rivière ; il avoit dîné assez de gens avec lui : « Ah ! dit-il, madame Pilou, je défendois votre « cause. » Elle se met là dans un fauteuil. « Je vous entends, « lui dit-elle ; je sais le conte qu'on fait par la ville; je ne « m'étonne pas que ces bruits-là aient couru. Je me suis « trouvée engagée avec des femmes qui ont bien fait « parler d'elles : j'ai fait ce que j'ai pu pour les remet- « tre dans le bon chemin ; c'est ce qui est cause qu'on « a cru que j'étois de la manigance. Je vous laisse à « penser si, avec la beauté que Dieu m'avoit donnée, « et de la naissance dont je suis, j'eusse été bien venue « à rompre avec elles à cause de cela. Leurs gens « croyoient que j'étois de l'intrigue ; ils ont crié cela « partout : mais Dieu a permis que j'aie vécu quatre- « vingts ans, afin qu'on me fît justice. Ceux qui font « ce conte-là n'oseroient le faire en ma présence. Je « sais toutes les iniquités de toutes les familles de la ville « et de la cour. Tel fait le gentilhomme de bonne mai- « son que je sais bien d'où il vient ; à d'autres, je leur « montrerois que leur père étoit un cocu et un ban- « queroutier ; je les défie tous tant qu'ils sont. » Il y en avoit là de verreux qui ne firent que rire du bout des dents. Le prince de Guémené y étoit pour cocu, et l'abbé d'Effiat pour race de fous ; son frère est mort en démence. Il y en avoit encore d'autres.

Un jour elle disoit, à propos de demi-fous, qu'il étoit difficile de s'en garder. « Quand un homme a un « chapeau vert, je ne m'y saurois tromper ; mais quand « il n'a qu'un chapeau vert brun, il est assez mal aisé. Il « m'est arrivé bien des fois, disoit-elle, que lorsque j'y « regardois de bien près, je trouvois que tel chapeau, « que je croyois noir, n'étoit que vert brun. » Elle dit que naturellement elle *sent* le sot, et que dès qu'il y en a quelqu'un en une compagnie, elle l'évente tout aussitôt.

Elle disoit que les amants entre deux vins sont les plus plaisants de tous ; elle appelle ainsi ceux qui sont quasi fous. « Ils me font rire, dit-elle, car ils croient « que personne ne voit ce qu'ils font. »

J'ai déjà dit, ce me semble, qu'elle ne voulut jamais faire devant le cardinal de Richelieu les contes qu'elle savoit du feu président de Chevry, après sa mort même, de peur de nuire à son fils (1). Elle a toujours été fort bien avec les gens de finances ; mais elle n'en a point profité : elle a servi beaucoup de personnes en de grandes affaires, et n'a rien pris.

Elle dit que l'année de Corbie, durant le grand effroi qu'on eut à Paris (2), elle s'en alla chez le feu président de Chevry, qui lui dit : « Les ennemis viendront « par la porte Saint-Antoine, et braqueront leur ca- « non qui *fessera* dans toute la rue. — Il faut donc aller, « disois-je, dans les petites rues. — Un autre, me di-

---

(1) *Voyez* l'article du président de Chevry, tome 1, page 261. Il contient plusieurs traits singuliers que madame Pilou avoit racontés à Tallemant sur ce financier.

(2) En 1636. Voyez *les Mémoires de Montglat*, à cette date.

« soit-il, prendroit les petites comme les grandes. Enfin,
« je retourne chez moi dans la rue Saint-Antoine ; il
« me fâchoit bien de désemparer ; mon mari étoit ma-
« lade jusqu'à tenir le lit, il y avoit long-temps. Je lui
« dis : Mon pauvre homme, il faut que je m'en aille,
« tu fermeras les yeux, et tu diras que tu es mort. »

Ce mari mort, la voilà seule avec son fils, qui est un bon garçon, fort simple, qui s'est jeté dans la dévotion. Ils ont du bien de reste : tous les ans, s'ils vouloient, ils feroient quelque constitution, mais ils aiment mieux donner aux pauvres. Leur dévotion n'est point incommode. Madame Pilou est à son aise ; à cause de cela on l'appelle *la douairière de Pilou*.

Elle disoit à ce garçon, qui se faisoit malade à force de courir à toutes les dévotions : « Mon Dieu ! Robert,
« à quoi bon se tourmenter tant ? veux-tu aller par-de-
« là paradis ? » Elle me disoit un jour : « Je lui faisois
« hier des reproches de ce qu'il n'étoit point propre.
« — Madame Pilou, m'a-t il dit, donnez-vous patience ;
« cela viendra avec le temps. » Et il a cinquante-deux
« ans. » Elle avoit été fort long-temps à le persuader de prendre un manteau doublé de panne. Le premier jour qu'il le mit, on le prit pour un filou qui avoit volé ce manteau, et on lui donna un coup de bâton sur la tête dont il pensa mourir. Il pria sur l'heure qu'on ne courût pas après cet homme ; et, croyant mourir, il fit promettre à sa mère de ne le poursuivre point. Elle dit que son fils fait un recueil de billets d'enterrement.

Une fois qu'elle entendoit une femme de la ville qui, en parlant de je ne sais combien de dames de grande condition, disoit : *Nous autres*, etc. « Cela me fait sou-
« venir, dit-elle, du conte qu'on fait d'un bateau d'oran-

« ges qui alla à fond dans la rivière. Les oranges al-
« loient sur l'eau. Il y avoit (révérence de parler) un
« étron sec parmi elles; cet étron disoit: *Nous autres
« oranges* nous allons sur l'eau. »

Depuis son veuvage elle dit que deux ou trois
hommes l'ont voulu épouser, « mais, soit dit à mon
« honneur, ils ont été tous trois mis aux Petites-Mai-
« sons. »

Elle m'a avoué, car j'en avois ouï parler par la ville,
qu'il étoit vrai que comme un soir un conseiller d'état,
homme de quelque âge, la ramenoit chez elle, elle étoit
à la portière, et lui au fond, il la prit par la tête, elle
qui avoit plus de soixante-dix ans, et la baisa tout son
soûl, en lui disant sérieusement qu'il l'aimoit plus que
sa vie. Elle en fut si surprise qu'elle ne songeoit pas seulement à se dépêtrer de ses mains; et elle arriva à sa
porte, car il n'y avoit pas loin, avant que d'avoir eu le
loisir de lui rien dire. Elle ne l'a jamais voulu nommer. Un jour, comme elle étoit chez la Reine, madame de Guémené dit à Sa Majesté : « Madame, faites
« conter à madame Pilou l'aventure du conseiller d'état.
« — Ne voilà-t-il pas, dit la bonne femme, vous regor-
« gez d'amants, vous autres, et dès que j'en ai un pau-
« vre misérable, vous en enragez. » A propos d'amants :
elle dit qu'elle a fait bâtir un hôpital pour mettre ceux
à qui les femmes arracheront les yeux pour leur avoir
parlé d'amour; mais il n'y a que des araignées dans
ce pauvre hôpital. Au diable l'aveugle qu'on y a encore mené.

Le cardinal de La Valette, en colère contre elle
pour quelque chose, vouloit, disoit-il, la faire lier sur
le cheval de bronze.

L'abbé de Lenoncourt, le marquis présentement, se mit un jour à la railler fort sottement. « Monsieur, lui dit-elle, avez-vous été condamné « par arrêt du parlement à faire le plaisant ? car, « à moins que de cela, vous vous en passeriez fort « bien. »

Une fois madame de Chaulnes, la mère, lui dit quelque chose qui ne lui plut pas. « Si vous ne me « traitez comme vous devez, lui dit-elle, je ne mettrai « jamais le pied céans. Je n'ai que faire de vous ni de « personne : Robert Pilou et moi avons plus de bien « qu'il ne nous en faut. A cause que vous êtes du- « chesse, et que je ne suis que fille et femme de pro- « cureur, vous pensez me maltraiter ; adieu, madame, « j'ai ma maison dans la rue Saint-Antoine qui ne « doit rien à personne. » Le lendemain madame de Chaulnes lui écrivit une belle grande lettre, et lui demanda pardon.

Quand M. de Chavigny alla demeurer à l'hôtel de Saint-Paul, il trouva madame Pilou quelque part et lui dit : « Madame, à cette heure que je suis votre « voisin, je prétends bien que vous me viendrez voir. » Elle y va; mais elle ne fut point satisfaite de lui : il fit assez le fier. Depuis cela, dès qu'il étoit en un lieu elle en sortoit. Enfin, à je ne sais quelles accordailles, chez M. Fieubet, au fort de sa faveur, il vit qu'elle s'étoit allée mettre à l'autre bout de la chambre; il alla à elle fort humblement, et lui dit qu'il vouloit être son serviteur. « Monsieur, répondit-elle, je ne suis qu'une « petite bourgeoise, vous êtes un grand seigneur, vous « ne m'avez pas bien traitée, vous ne m'y attraperez

« plus; je n'ai que faire de vous ni de personne. » Il lui fit mille soumissions, et fit tout ce dont elle le pria depuis cela.

Elle dit qu'on ne doit point tant s'affliger pour ce qui arrive à nos parents. « Une fois, disoit-elle, qu'on « attrape le cousin-germain, c'est bien fait de se dé- « prendre. J'avois je ne sais quel parent qui fut un peu « pendu à Melun; sa sœur disoit qu'il avoit été mal « jugé. — A-t-il été confessé? lui dis-je. A-t-il été en- « terré en terre sainte? — Oui. — Je le tiens pour « bien pendu, ma mie. »

Le curé de Saint-Paul s'avisa une fois de faire un prône contre la danse ; elle l'alla trouver et lui dit : « Mon bon ami, vous ne savez ce que vous dites. « Vous n'avez jamais été au bal ; cela est plus inno- « cent que vous ne pensez. Je suis bien plus scandali- « sée, moi, de voir des prêtres qui plaident toute leur « vie les uns contre les autres. » Elle se confesse à lui d'une plaisante façon ; elle cause avec lui, et le lendemain elle lui dit : « Hier, je vous dis tous mes sen- « timents; j'y ajoute encore cela, et j'en demande par- « don à Dieu. »

« Quand je passe par les rues, disoit-elle une fois, je « vois des laquais qui disent : Bon Dieu ! la laide « femme ! — Je me retourne. Vois-tu, mon enfant, « je suis aussi belle que j'étois à quinze ans, quoique « j'en aie plus de soixante-douze. Il n'y a que moi en « France qui se puisse vanter de cela. » Elle disoit qu'il n'y avoit personne au monde qui se fût si bien accommodé qu'elle de deux fort vilaines choses, de la laideur et de la vieillesse. « Cela me donne, disoit-elle, un mil-

« lion de commodités : je fais et dis tout ce qu'il me
« plaît. » Elle est gaie, et ne craint point du tout la
mort : elle danse le branle de la torche, quand elle est
en liberté, et dit que la torche ne lui manque jamais
à proprement parler. « Je suis, dit-elle, le guéridon
« de la compagnie (1). »

Pourvu que ce ne soit pas par extravagance, elle
approuve fort les mariages par amour ; « car, dit-elle,
« voulez-vous qu'on se marie par haine ? »

Son fils ayant ouï dire qu'on l'avoit mise dans un
roman, croyoit que c'étoit une étrange chose, et s'en
vint lui dire : « Jésus ! madame Pilou ! on vous a mis
« dans un roman. —Va, va, lui dit-elle, la comtesse de
« Maure y est bien (2). » Cela l'arrêta tout court, car
c'est aussi une dévote. Ce roman, c'est la Clélie de
mademoiselle de Scudéry, où elle s'appelle *Arricidie,*
et y est fort avantageusement, comme une philosophe
et une personne de grande vertu. Elle l'en alla remercier, et lui dit : « Mademoiselle, d'un haillon vous en
« avez fait de la toile d'or. » L'autre lui voulut dire :
« Madame, mon frère a trouvé que votre carac-
« tère (3), etc.—Voire, votre frère, je ne connois point

---

(1) Le branle étoit une ronde où les danseurs et danseuses se tenoient tous par la main. Dans le branle de la torche le danseur portoit un chandelier, une torche ou un flambeau allumé. Ce passage de Tallemant est obscur aujourd'hui que ces usages anciens sont oubliés. Le mot *guéridon* désigne vraisemblablement une personne qui, durant le branle, étoit placée au centre du cercle.

(2) Elle y est quelque part comme un million d'autres. (T.)

(3) Mademoiselle de Scudéry faisoit paroître ses ouvrages sous le nom de Georges de Scudéry, son frère. On savoit jusqu'à présent peu de choses sur cette bonne madame Pilou, qui a fourni à Tallemant l'un de ses plus curieux articles. Cependant Sauval nous avoit appris qu'elle

« votre frère ; c'est à vous que j'en ai l'obligation. A
« cela, en vérité, j'ai reconnu que j'avois bien des
« amis ; car il n'y a pas jusqu'à la Reine qui ne s'en
« soit réjouie avec moi. Voilà le fruit qu'on retire de
« ne faire de mal à personne. Une fois, ajouta-t-elle,
« je me trouvai embarrassée au Palais-Royal, à la
« mort du cardinal de Richelieu, avec bien des fem-
« mes entre des carrosses. Un homme me prend, et
« me porte jusque dans la salle où l'on voyoit son
« effigie. Je regarde cet homme. Il me dit : Vous avez
« autrefois pris la peine de solliciter pour moi, je vous
« servirai en tout ce que je pourrai. »

C'est la plus grande accommodeuse de querelles
qui ait jamais été : il y a bien des familles qui lui sont
obligées de leur repos. On la choisit toujours pour
dire aux gens ce qu'il leur faut dire. Madame d'Aumont, veuve de M. d'Aumont, dont nous avons parlé,
dit : « Quand madame Pilou n'y sera plus, qui est-ce
« qui fera justice aux gens? » Elle ne se veut point
mêler de donner des valets ; elle dit qu'on en a toujours du déplaisir.

Un jour elle tomba dans la boue, en allant au sermon aux Minimes de la Place-Royale : une autre fût
retournée chez elle ; mais elle, bien loin de cela : « Il
« faut profiter de ce malheur, dit-elle, je me ferai
« bien faire place. » Elle étoit si sale et si puante
que tout le monde la fuyoit ; elle eut de la place de
reste.

jouoit un rôle dans un roman de mademoiselle de Scudéry. « La vieille
« madame Pilou, dit-il, célèbre dans le Cyrus, sous le nom d'*Arricidie*
« et de la *Morale vivante*, m'a dit qu'en sa jeunesse, etc. » (*Sauval,
Antiquités de Paris*, t. 1, p. 189.)

Quand elle voit des gens qui sont quelque temps dans la mortification, et qui après retournent à leur première vie : « Ils font, dit-elle, comme l'ânesse de « ma cousine Passart. Cette bête avoit un ânon : on « enferme son petit, et on la charge de tout ce qu'il « falloit pour aller dîner à demi-lieue d'ici. Elle va « bien jusqu'à la moitié du chemin ; mais se ressouve- « nant de son ânon, elle fait trois sauts, et vous jette « toute la provision dans la boue. Eux aussi vont fort « bien quelque temps, puis tout d'un coup ils jettent « le froc aux orties, dès qu'ils se ressouviennent de « leur ânon. »

Elle disoit à M. le Prince, en 1652 : « Vous vou- « lez, dites-vous, ruiner le cardinal; ma foi vous vous « y prenez bien. Tout ce que vous faites ne sert qu'à « l'affermir de plus en plus : vous vous faites craindre « à la Reine, et elle croit, plus elle va en avant, que « sans cet homme vous lui feriez bien du mal. »

Elle ne se put tenir d'aller au sacre du Roi, quoiqu'elle eût soixante-seize ans : il est vrai que rien ne lui fait mal. On est bien aise qu'elle aille partout, et on dit, quand il est arrivé quelque chose d'extraordinaire : « Madame Pilou sera bonne sur cela. » Elle alla à Meudon chez madame de Guénégaud pour quelques jours, pour mettre dans du marc un bras qu'elle avoit eu démis pour avoir versé en carrosse. M. Servien fit quelque régal où madame Pilou se trouva. Il lui fit des offres de service. Elle lui dit : « Je « vous en remercie, gardez cela pour d'autres; Robert « Pilou et moi avons du bien plus qu'il ne nous en « faut : faites-moi toujours votre visage de Meudon : « quand vous me verrez ne tressaillez point, car je

« n'ai rien à vous demander. Il n'y a peut-être que
« moi en France qui vous ose parler comme cela. »

Une des demoiselles de Mayerne dont nous avons parlé fut mariée en Angleterre avec un Italien, nommé le chevalier Brendi, qui a fait *l'Éromène*. Cette femme et madame Pilou avoient toujours eu soin de s'écrire. Au bout de quarante ans elles revinrent à se voir à Paris; jamais on n'a vu une telle joie. Cela ne dura guère, car la Brendi, étant en nécessité, alloit en Suisse vivre dans une terre de sa nièce de Mayerne, riche héritière.

Il y a deux ans que madame Pilou trouva cinq cents livres à dire d'une somme qu'on lui avoit donnée à garder. Or, il n'y avoit que sa servante à qui elle se fioit comme à elle-même qui eût eu la clef de son cabinet. Cette fille, qui, en effet, étoit innocente, fit la fière assez sottement. Il y avoit tout sujet de croire que c'étoit elle. Elle la renvoya, et, bien loin de la mettre en justice comme on le lui conseilloit, elle lui paya deux cents livres qu'elle lui devoit de ses gages, disant : « Je ne veux point qu'on dise que j'ai fait une querelle
« à ma servante pour ne lui pas payer ses gages. »
Depuis, il se trouva que celui-là même qui avoit donné à madame Pilou cet argent à garder, avoit escamoté ces cinq cents livres qui étoient dans un petit sac; et que, s'en repentant après, il les lui rapporta, en disant de méchantes excuses. Elle rappelle sa servante, la prie d'oublier le passé, lui confirme la parole qu'elle lui avoit donnée de lui laisser deux cents livres de rente viagère et cent écus en argent, et pour la soulager elle prit une petite servante encore.

La pauvre madame Pilou fut surprise à Saint-Paul d'un si grand débordement de bile qu'elle en tomba de son haut (1); revenue, elle se confessa sur l'heure ; elle n'en fut malade que dix ou douze jours. Toute la cour l'alla voir; la Reine y envoya. Le Roi en passant arrêtoit, et envoyoit savoir comme elle se portoit. M. Valot, premier médecin du Roi, y fut de leur part. Des gens qui ne la voyoient point y allèrent; c'étoit la mode. Il en arriva quasi autant l'année passée, qu'elle eut un rhumatisme dont elle se porte bien; quoiqu'elle ait quatre-vingts ans, elle est allée à Saint-Paul rendre grâces à Dieu avec un manteau de chambre noir doublé de panne verte; c'est une antiquaille qu'elle a il y a long-temps. Elle a une maison aussi propre qu'il y en ait à Paris.

Depuis peu, je ne sais quelle femme, qui n'est plus guère jeune, est allée la voir toute parée de pierreries du Temple (2), et lui a dit que la grande réputation qu'elle avoit, etc. Après elle lui a demandé si elle ne connoissoit personne qui fût curieux de parfums de gants d'Espagne, de pastilles de bouche et autres choses semblables; que le secrétaire de l'ambassadeur du Portugal en faisoit venir d'admirables. Madame Pilou lui dit : « N'avez-vous que cela à me dire ? — Hé! ma« dame, répondit cette femme, comme vous êtes bonne « amie, et que tout le monde dit que vous conseillez « si bien les gens, je voudrois bien vous demander par « quel moyen je pourrois me séparer d'avec mon mari. « — Comment s'appelle-t-il?—Ha! madame, je n'ose« rois vous dire son nom. — Les noms ne sont faits

---

(1) A la Pentecôte de l'année 1656. (T.)

(2) Pierre fausses. Il y a un homme au Temple qui a trouvé le secret de colorer les cristaux. (T.)

« que pour nommer les gens, dites? — Vraiment, ma-
« dame, je n'oserois. » Enfin, après bien des façons, elle
dit en faisant la petite bouche, qu'il s'appelle M. Wist.
« Je ne me mêle point de démarier les gens. » Un
autre jour elle revint, et dit à madame Pilou qu'elle
la viendroit divertir quelquefois avec son luth, qu'elle
en jouoit passablement. « Je me passerai bien de vous
« et de votre luth, lui dit madame Pilou, car vous m'a-
« vez toute la mine de ne valoir rien, et ce secrétaire
« de l'ambassadeur est sans doute votre galant. — Il
« est vrai, dit l'autre, qu'il m'a aimée; mais je vous
« jure que c'est le seul qui ait eu quelque chose de moi.
« — Ma mie, dit madame Pilou, il y a plus loin de
« rien à un que d'un à mille. » Et sur cela elle la pria
de se retirer.

Une autre fois il vint une femme d'âge qui se faisoit
appeler madame la marquise de...... Elle fit bien des
compliments à madame Pilou sur sa réputation. La
bonne femme lui dit brusquement : « Madame, vous
« êtes venue ici pour quelqu'autre chose. — Madame,
« dit l'autre, puisque vous voulez que je vous parle
« franchement, c'est que je me veux remarier. J'ai
« huit enfants; mais je fais quatre filles religieuses, un
« fils d'église, et un autre chevalier de Malte : j'ai
« bien trois mille livres de rente : il est vrai que j'ai
« aussi quelques affaires. Comme vous connoissez bien
« des gens, madame, je voudrois que vous me trou-
« vassiez quelque conseiller ou quelque président bien
« accommodé, car le comte celui-ci, et le marquis
« celui-là, me veulent bien, mais j'aime mieux de-
« meurer à Paris. — Jésus! madame, dit madame
« Pilou, vous moquez-vous de vous vouloir remarier?

« Vous êtes vieille et laide. — Hé! madame, répondit
« cette femme, je n'ai point de cheveux gris, regardez,
« et voilà encore toutes mes dents. — Cela n'y fait
« rien, reprit la bonne femme, voilà encore toutes les
« miennes, et j'ai pourtant quatre-vingts ans. Allez,
« madame, vous serez aussi bien à la campagne qu'à
« Paris : épousez ce marquis, épousez ce comte si vous
« voulez, je ne me mêle point de faire des mariages,
« et je me garderois bien de conseiller aux gens de vous
« épouser. »

« Il a fallu, disoit-elle, que je vécusse jusqu'à
« quatre-vingts ans pour désabuser le monde. On m'a
« crue une intrigante, moi qui toute ma vie n'ai fait
« que prêcher ces sottes femmes, sans y rien gagner :
« j'étois comme la servante de l'Arche, quand j'avois
« chassé les bêtes d'un endroit, elles y revenoient aussi-
« tôt. »

La pauvre madame Pilou déchoit furieusement : il
falloit qu'elle mourût, il y a dix ans, quand le Roi
et la Reine-mère, en passant devant chez elle, envoyoient savoir de ses nouvelles, et que toute la cour
y alloit (1); elle avoit alors une fluxion sur les jambes
qui la retenoit au logis. Dès que ses jambes l'ont pu
porter, elle a couru partout. Elle a un défaut; c'est
qu'elle n'a jamais su aimer à lire, ni à entendre lire.
Elle s'ennuie dans sa maison; cependant, quoiqu'elle
ait fort bon sens, elle n'a plus guère de mémoire : elle
ne voit quasi plus ni n'entend. Il faut qu'elle soit de

---

(1) Ce passage a été écrit par Tallemant à la marge du manuscrit, vers 1663 ou 1664. La Reine-mère mourut en 1666; cette circonstance fixe l'époque de la décrépitude de l'intéressante madame Pilou.

bonne pâte, car à quatre-vingt-six ans elle eut un vomissement effroyable, et après un dévoiement par bas, pour avoir allumé sa bougie à une chandelle empoisonnée que des laquais avoient fait faire pour endormir un de leurs camarades. Il y étoit entré de l'arsenic ; elle fut purgée pour long-temps. Une fois en visite elle se mit à conter une histoire d'une fille à qui un amant étoit tombé sur la tête, dont elle étoit morte, comme elle montoit en carrosse. Elle y mit trop de circonstances, et on ne se soucioit guère de la personne qui n'étoit pas trop connue. Elle s'en aperçut, et s'en tira en concluant ainsi : « C'est pour vous apprendre, « messieurs et mesdames, à craindre plus les amants « que vous ne les avez craints jusqu'à cette heure. »

BORDIER ET SES FILS.

Bordier, aujourd'hui intendant des finances, est fils d'un chandelier de la Place-Maubert qui le fit étudier. Il fut quelque temps avocat ; puis s'étant jeté dans les affaires, il y fit fortune, et fut secrétaire du conseil. Il n'y a pas plus de dix ans que son père étoit mort. Il fut long-temps fâché contre son fils, de ce que, pour l'obliger à se défaire d'une charge de crieur de corps, il lui avoit suscité un homme par qui il lui en avoit tant fait offrir, qu'enfin le bonhomme l'avoit vendue. Ce chandelier étoit fort charitable : son fils lui a toujours porté respect.

Il lui arriva une fâcheuse aventure du temps du cardinal de Richelieu. Son Eminence, en revenant de Charonne, pensa verser dans le faubourg Saint-Antoine, qui alors n'étoit point pavé; au moins n'y avoit-il qu'une chaussée fort étroite au milieu, et dont le pavé étoit tout défait. Le cardinal le voulut faire paver, et demanda à Bordier qu'il avançât dix mille écus pour cela; ce fut à l'Arsenal qu'il lui parla. Bordier lui dit qu'il n'en avoit point. Le satrape n'avoit pas accoutumé d'être refusé : le voilà en colère; il relègue Bordier à Bourges. En cette extrémité notre nouveau riche a recours à mademoiselle de Rambouillet [1]; car ses affaires dépérissoient. Il avoit déjà en quelque rencontre éprouvé la bonté et le crédit de cette demoiselle. Elle fit si bien, par le moyen de madame d'Aiguillon, qu'elle obtint le rappel de Bordier; mais pour se raccommoder avec le cardinal, il fallut qu'il avouât qu'il avoit perdu le sens, que ç'avoit été un aveuglement, et qu'il se mît à genoux. Mademoiselle de Rambouillet n'en fut guère bien payée; car M. de Rambouillet ayant eu affaire de cet homme quelque temps après, il en fut traité si incivilement, qu'il demanda à celui qui le menoit [2] si c'étoit bien M. Bordier à qui il avoit parlé.

Laffemas fit cette épigramme :

> Bordier pleure sa décadence,
> Au lieu de se voir élevé

---

[1] Julie d'Angennes, depuis marquise de Montausier.
[2] On a vu que le marquis de Rambouillet, sur la fin de sa vie, étoit presque aveugle.

Par les degrés à l'intendance,
Il est tombé sur le pavé.
A l'Arsenal un coup de foudre
A pensé le réduire en poudre,
A faute de s'humilier.
C'est son arrogance ordinaire ;
Pour être fils d'un chandelier,
Il a bien manqué de lumière.

A propos de cela, Bordier maria, en 1659, sa nièce Liébaud, fille de sa sœur, à Lamezan, lieutenant des gendarmes. Madame Pilou, voyant qu'on mettoit des armes et des couronnes au carrosse, dit chez madame Margonne, bonne amie de Bordier : « Ma foi ! cela sera plaisant de voir ses armoiries. « Qu'y mettront-ils ? Trois chandelles. » Cela déplut furieusement à madame Margonne, car il y avoit du monde ; la bonne femme s'en aperçut, et dit en riant : « Voyez-vous, il est permis de radoter à quatre-« vingt-deux ans ; il y en a bien qui radotent plus « jeunes. »

C'est un homme fier, civil quand il veut, mais qui se prend fort pour un autre en toute chose. Il veut faire le plaisant, et il n'y a pas un si méchant plaisant au monde. Il a fait au Raincy une des plus grandes folies qu'on puisse faire ; cela l'incommodera à la fin, car il faut bien de l'argent pour entretenir cette maison. Il est vrai que le lieu est fort agréable, et que, malgré le peu d'eau, le terrain fâcheux pour cela et pour les terrasses, et toutes les fautes qu'il y a à l'architecture, c'est une maison fort agréable. On dit qu'elle lui coûte plus d'un million.

Cet homme n'est pas heureux en enfants. L'aîné, qui

est une pauvre espèce d'homme, s'est marié pour lui faire dépit, et voici d'où cela vient. Ce garçon devint amoureux de la fille du premier lit d'un M. Margonne, receveur-général de Soissons. La seconde femme de ce Margonne, dont nous parlerons ailleurs, étoit la bonne amie, pour ne rien dire de pis, de Bordier : ils étoient voisins. La fille étoit bien faite, elle a beaucoup d'esprit et beaucoup de cœur. Le jeune homme ne lui parle point de sa passion : il lui portoit trop de respect; mais assez d'autres lui en parloient. Cela dura quatre ans qu'elle évitoit toujours sa rencontre, et on ne lui sauroit rien reprocher. Le fils en parle, ou en fait parler à son père, qui va trouver madame Pilou, et lui dit : « Après avoir bâti le Raincy « (voyez la vanité de l'homme), irois-je dire à la Reine: « Madame, je marie mon fils à Anne Margonne? » Madame Pilou se moqua de lui, et lui dit que la Reine n'avoit que faire à qui il mariât son fils, et lui chanta sa gamme comme il falloit.

On dit à mademoiselle Margonne que si elle vouloit on l'enlèveroit. Elle répondit qu'on s'en gardât bien, et qu'elle ne le pardonneroit jamais. Ce garçon désespéré se jette dans un couvent; le père ne savoit où il en étoit. La demoiselle ne l'ignoroit pas, et si elle eût daigné avertir le jeune homme d'y demeurer encore quelque temps, le bonhomme eût consenti à tout; mais cette fille, qui avoit l'âme bien faite, ne voulut jamais rien faire qui ne témoignât du courage. Enfin il vint à dire qu'il lui donneroit sa charge de conseiller au Parlement avec douze mille livres de rente, et qu'on fît l'affaire sans l'obliger de signer. La fille, qui se conseilloit à sa belle-mère, car le père n'en savoit rien, voyant que cette femme, qui pourtant ne manque pas de sens, s'ébranloit, a vite recours à madame Pilou, qui fut de l'avis de la fille. Elle disoit : « Ou « il me demandera, son manteau sur les deux épaules, « et comme on a accoutumé de faire, ou il ne m'aura « pas. »

Nolet, premier commis de M. Jeannin, et alors commis de Fieubet, son oncle, se présenta : on fit le mariage. Madame Pilou fit l'affaire et la proposa. Bordier, au désespoir, s'en va en Hollande, et mademoiselle de Hère a fait depuis ce que mademoiselle Margonne n'avoit pas voulu faire. Ce qui l'avoit le plus irritée contre Bordier, c'est que cet homme, qui disoit qu'il ne souhaitoit rien tant qu'une belle-fille comme elle, dès qu'il vit son fils épris, il la traita le plus incivilement du monde, elle qui en usoit si bien. Elle a de l'esprit, de la vertu, du cœur; c'est une personne fort raisonnable. Elle a eu du bonheur, car elle vit doucement avec son mari qui l'estime fort, et elle est estimée de toute la famille à tel point, qu'elle y est comme l'arbitre de tous leurs différends, et Bordier a été contraint de vendre sa charge : le jeu et les femmes l'ont incommodé, et on doute que le père soit à son aise. Cet homme n'en usa point mal en l'affaire de son fils, car il ne s'emporta point, ne dit rien contre la personne; aussi auroit-il eu tort. Depuis il le lui a pardonné; mais il n'y a pas de cordialité entre eux.

Avant la révocation des prêts, cet homme craignoit le serein, se serroit le nez quand le serein le surprenoit à l'air : il avoit sans cesse des étouffements. Depuis, quand il a fallu songer tout de bon à s'empêcher de donner du nez en terre, il n'a plus craint le serein, et n'a pas eu le moindre étouffement.

Son second fils, qu'on appelle M. de Raincy, étant allé à Rome, y passa pour le plus fou des François qui y eussent encore été. Il avoit mis des houppes rouges [1] à ses chevaux de carrosse comme un homme de grande qualité : le Barigel lui en parla. Il lui ouvrit une cassette pleine de louis, et lui dit tout bas : « Qui a cela « à dépenser en un voyage de Rome, peut mettre telles « houppes qu'il lui plaît à ses chevaux. » Le Barigel vit bien que c'étoit un extravagant, et le laissa là. Il fit le galant de la princesse Rossane, et, pour faire connoissance, il battit un des estafiers de cette princesse en sa présence; et, un jour qu'elle ne le regarda pas au Cours, il se mit les pieds sur la portière, et le chapeau renfoncé dans sa tête, et la morgua. Elle en rit. Il avoit accoutumé son cocher à courir à toute bride contre les carrosses où il y avoit des gens avec des lunettes sur le nez comme on en voit en quantité en ce pays-là. Il avoit une canne qu'il mettoit en arrêt comme une lance, et crioit : *Au faquin, au faquin !* Entre chien et loup, il alloit par certaines rues tout nu, enveloppé d'un drap qu'il ouvroit quand il passoit quelque femme. L'opinion que l'on avoit que c'étoit un fou achevé lui sauva la vie, autrement on l'eût assommé de coups. Il fit faire des soutanes de tabis pour lui et pour quelques autres, afin de faire *fric fric* la nuit, et faire peur aux Italiens. De retour, comme on

---

[1] Cela est de grande qualité à Rome. Pour rire on l'a appelé un temps *le chevalier Bordier*; il avoit été à l'Académie. (T.)

l'obligeoit à jouer trop tard à sa fantaisie chez son père, il fit apporter son peignoir et mettre ses cheveux sous son bonnet. Le père, qui est fier aux autres, se laisse mâtiner à ce maître fou. Il se délecte de passer pour impie, et il tourmente son père et lui veut faire rendre compte, quoiqu'il eût un carrosse à quatre chevaux entretenu, lui, un valet-de-chambre et trois laquais nourris, avec huit mille livres pour s'habiller et pour ses menus plaisirs.

Une fois il parla d'amour à une femme qui ne l'ayant pas autrement écouté, il se mit à se promener à grands pas une heure durant tout autour de la chambre, frottant tous les murs, et sans rien dire. Elle s'en moqua fort, et il fut contraint de la laisser là.

Il fut une fois une heure entière à chanter devant une barrière de sergents :

> Les recors et les sergents
> Sont des gens
> Qui ne sont point obligeants.

Enfin le sergent commença à vouloir prendre la hallebarde, et le cocher à toucher.

Ce n'est pas qu'il manque d'esprit, il en a assez pour faire de méchants vers. Ceux qui le fréquentent disent qu'il n'a pas l'âme mal faite. Pour moi, je trouve qu'il fait si fort le marquis, que j'aurois, toutes les fois que je le vois, envie de lui dire l'épigramme de Laffemas.

Il lui arriva, au printemps de 1658, une querelle avec La Feuillade dont le monde ne fut nullement fâché. Il devoit aller avec madame de Franquetot et madame Scarron cul-de-jatte (1), au Cours ou quelque autre part; mais les dames vouloient acheter des coiffes et des masques en passant. La Feuillade y vint faire visite. Raincy, qui fait l'homme d'importance, sans considérer que l'autre étoit plus de qualité que lui et assez mal endurant, dit à ces dames qu'il seroit temps de partir, et que, pour peu qu'elles ne trouvassent par hasard des coiffes et des masques à leur fantaisie, il se passeroit quelques heures à cette emplète; après il se mit à contrefaire les *niépesseries* de femmes. La Feuillade, qui ne trouvoit pas cela trop plaisant, dit : « Vous pourriez ajouter encore que la flèche se « pourroit bien rompre. — En ce cas-là, dit Raincy « en goguenardant, elles auroient l'honneur de ma « conversation, qui n'est pas trop désagréable. — Ma « foi! répliqua La Feuillade, pas si agréable aussi que « vous penseriez bien; » et lui dit quelque chose encore sur ce ton-là, puis finit ainsi : « Mesdames, il faut « vous laisser partir, aussi bien monsieur que voilà ne « se trouveroit peut-être pas trop bien de notre con- « versation. » Raincy a été si bon que de s'en plaindre au maréchal d'Albret, à cause qu'il le connoissoit. Cela est ridicule, car il semble qu'il ait prétendu qu'on en fît un accommodement. Le maréchal d'Albret en a parlé à La Feuillade, qui a répondu « que tout ce « qu'il pouvoit, c'étoit de saluer Raincy quand Raincy « le salueroit. »

Il sera quelquefois trois heures sans dire un mot,

---

(1) Madame Scarron, qui fut depuis la célèbre madame de Maintenon.

même en visite. Une fois il fut comme cela chez M. Conrart, qui dit après : « Il y a des gens qui acquièrent de la réputation en parlant; celui-ci en croit acquérir en ne parlant pas. » Il ne parle effectivement qu'où il s'imagine qu'on l'admirera. Scudéry, sa sœur, Chapelain et Conrart même l'achevèrent en louant une élégie, ou plutôt un centon qu'il avoit fait.

Bordier le père étant mort en 1660, ses enfants et ses gendres Morain et Gallard, tous deux maîtres des requêtes, furent assez fous pour mettre des couronnes à ses armes. Cela fit renouveler cent choses à quoi on n'auroit peut-être pas pensé.

Le Raincy emploie tout son temps à s'habiller. Quelquefois il n'est pas prêt à quatre heures du soir. Il est mort assez jeune. Le curé de Saint-Gervais, Sachot, qui le connoissoit et qui étoit son curé, lui alla déclarer qu'il falloit songer à sa conscience : il n'y vouloit pas entendre. Cet homme eut l'adresse de le gagner : il lui parla de sa jeunesse, de ses études, de son esprit et de ses vers, qu'il mit au-dessus de ceux d'Horace; après il en fit tout ce qu'il voulut, et lui donna une telle crainte des jugements de Dieu, que l'autre, pour se mortifier, fit sa confession à genoux nus sur le carreau. Bordier l'aîné n'a pas laissé de demeurer à son aise; il a quatre cent mille livres de bien, et s'est fait président de la cour des aides : c'est un fort bonhomme. Il a de l'amitié pour moi parce que mademoiselle Margonne est ma bonne amie. Il parle d'elle avec respect.

M. ET MADAME DE BRASSAC.

M. de Brassac étoit un gentilhomme de Saintonge, qui tenoit rang de seigneur. Durant les guerres de la religion, comme il étoit encore huguenot, il fut gouverneur de Saint-Jean-d'Angely. Il étoit hargneux, toujours en colère, et, quoiqu'il eût étudié, il n'avoit pourtant point pris le beau des sciences et des lettres. On dit qu'un jour que ceux de la Maison-de-Ville s'assembloient pour faire un maire, il leur dit : « Allez, « messieurs, allez, et faites un maire qui soit homme « de bien. — Oui, oui, monsieur, répondirent-ils, nous « en ferons un qui ne sera point rousseau. » Or, il l'étoit en diable.

Il épousa la sœur du marquis de Montausier, père de celui d'aujourd'hui, dont il n'a pas eu d'enfants. Ce M. de Montausier, son beau-frère, avoit une femme catholique, sœur de Des Roches Bantaut, lieutenant de roi de Poitou, de la maison de Châteaubriant. M. de Brassac la fit huguenote, et depuis il changea de religion avec sa femme, et vouloit persuader à cette dame de changer encore, ce qu'elle n'a jamais voulu faire. Le père Joseph prit ce M. de Brassac en amitié, lui fit avoir l'ambassade de Rome, puis le gouvernement de Lorraine, et enfin le gouvernement de Saintonge et d'Angoumois, avec la surintendance de la maison de la Reine : et quand madame de Brassac fut faite dame d'honneur, M. de Brassac eut le brevet de ministre d'État.

Madame de Brassac étoit une personne fort douce, modeste, et qui sembloit aller son grand chemin ; cependant elle savoit le latin, qu'elle avoit appris en le voyant apprendre à ses frères : il est vrai qu'à l'exemple de son mari, elle n'avoit rien lu de ce qu'il y a de beau en cette langue, mais s'étoit amusée à la théologie, et un peu aux mathématiques. On dit qu'elle entendoit assez bien son Euclide. Elle ne songeoit guère qu'à rêver et à méditer, et avoit si peu l'esprit à la cour, qu'elle ne s'étoit corrigée ni de l'accent landore (1) ni des mauvais mots de la province. J'ai dit ailleurs comme madame de Senecey fut chassée. Le cardinal jeta les yeux sur madame de Brassac ; je veux croire que le père Joseph n'y nuisit pas. Elle dit au cardinal qu'elle se sentoit plus propre à une vie retirée qu'à la vie de la cour ; qu'il en trouveroit d'autres à qui cette charge conviendroit mieux ; et qu'au reste elle ne pouvoit lui faire espérer de lui rendre auprès de la Reine tous les services qu'il pourroit peut-être prétendre d'elle. Cela n'y fit rien : la voilà dame d'honneur. Elle s'y comporta si bien qu'elle contenta la Reine et le cardinal, quoique l'Evangile dit que nul ne peut servir à deux maîtres. La Reine s'en louoit à tout le monde : ce n'étoit pas peu pour une personne qui avoit été mise auprès d'elle de la main de son ennemi. Si madame de Brassac entra dans cette charge sans beaucoup de joie, elle en sortit aussi sans grande tristesse. Le Roi mort, on fit revenir tous les exilés, durant le

---

(1) Manière de parler traînante.

règne de peu de jours de M. de Beauvais. Madame de Senecey fit plus de bruit que toutes les autres ensemble. Elle avoit été assez adroite pour faire accroire à la Reine que ç'avoit été pour l'amour d'elle qu'on l'avoit chassée, et c'étoit pour l'intrigue de La Fayette. On lui destine la place de madame de Lansac, gouvernante du Roi ; mais elle, qui connoissoit bien à qui elle avoit affaire, dit qu'elle ne reviendroit point si on ne la rétablissoit dans sa charge. La Reine disoit : « Mais je suis la plus « satisfaite du monde de madame de Brassac ; le moyen « de la chasser ? Cependant madame de Senecey ne « veut pas revenir autrement. » Elle se résout donc à donner congé à madame de Brassac, en lui disant qu'elle étoit très-contente d'elle, mais que madame de Senecey le vouloit. Voilà madame de Senecey en la place de madame de Brassac et de madame de Lansac. Madame de Brassac se retire avec son mari, qui étoit encore surintendant de la maison de la Reine. Il mourut un an ou deux après, et elle ne lui survécut guère.

ROUSSEL (JACQUES).

Roussel étoit fils d'un honnête bourgeois de Châlons, qui, par mauvais ménage ou autrement, fut contraint de faire banqueroute, si bien que M. Ostorne, greffier de Sédan, prit son fils comme par pitié, et le donna à M. de Gueribalde, qu'il avoit en pension chez lui avec beaucoup d'autres, pour aller au collége avec eux, et leur porter leurs porte-feuilles. Or, comme il arrive quelquefois que les valets ont autant ou plus d'esprit que leurs maîtres, il profita plus qu'eux au collége, et devint si habile, principalement en grec, que feu M. de Bouillon (1) lui donna sa bibliothèque à gouverner, avec deux cents livres de pension. Voilà son premier établissement. Ensuite M. Ostorne le considéra davantage, et le fit manger à table avec les pensionnaires; il leur faisoit répétition, et avoit vingt écus de chacun par an. Après avoir été quelques années en cet état, il vint à se débaucher; de sorte qu'il faisoit fort mal son devoir, et ne revenoit que la nuit. Ensuite il fut fait régent de la première. Durant ce temps-là il vint des seigneurs polonois à Sédan, qui le prirent pour les instruire; et comme on ne touche pas toujours de l'argent à point nommé quand il vient de si loin, et que peut-être il leur faisoit faire la débauche, il fut contraint de s'engager pour eux, et la somme montoit à trois ou quatre mille francs. Ces messieurs les Polonois, voyant que leur argent ne venoit point, partirent sans dire adieu. Roussel, mis en action par les créanciers, qui se saisirent de sa personne, obtint délai, et s'achemina en Pologne, où les autres s'étoient déjà rendus. Ils le reçurent avec toute la civilité imaginable, et ne lui rendirent pas seulement la somme dont il avoit répondu, mais lui payèrent largement son voyage pour l'aller et pour le retour. Cependant Roussel, qui étoit adroit et entreprenant, ayant rencontré une heureuse conjoncture pour lui, car il étoit question d'élire un roi, et il étoit très-versé à faire des harangues, se fit connoître

(1) Le premier duc de Bouillon, père du dernier mort. (T.)

des principaux palatins du pays; de sorte qu'à son retour en France il quitta la poussière de l'école, et alla trouver le cardinal de Richelieu, à La Rochelle, à qui il dit qu'il avoit pouvoir de faire roi de Pologne qui il lui plairoit, et lui montra quelques pièces par écrit pour justifier ce qu'il disoit. Le cardinal, qui le prenoit pour un fou, et qui ne songeoit pas à se faire roi de Pologne, le congédia. De sorte que notre homme va trouver M. de Mantoue, qui toute la vie a eu des desseins assez chimériques; mais comme il avoit l'empereur et le roi d'Espagne sur les bras, il ne le voulut pas écouter. Roussel va à Venise, où il se fait présenter à M. de Candale. Ruvigny étoit alors à Venise; il avoit vu Roussel à Sédan. Roussel, qui le reconnut, lui fit signe. Le galant homme vouloit persuader à M. de Candale que pour peu d'argent on se feroit céder par le roi de Suède je ne sais combien d'îles, avec titre de souverain. M. de Candale, mal avec son père, ne vivoit alors que de sa pension de Venise et de son régiment de Hollande. Ruvigny, voyant que Roussel avoit de longues conférences avec lui, l'avertit de ce qu'il savoit. M. de Candale, pour se défaire de cet homme, l'adressa au marquis d'Exideuil (1), aîné de Chalais, et qui s'étoit mis à voyager à cause de la mort de son frère. Ce marquis, comme vous verrez, avoit et a encore la cervelle *à l'escarpolette*. Roussel et lui prirent résolution ensemble d'aller voir Bethlem Gabor (2), qui les reçut fort

---

(1) Charles de Talleyrand, marquis d'Exideuil, etc., étoit frère cadet de Henri de Talleyrand, prince de Chalais, décapité à Nantes en 1626.

(2) Bethlem Gabor étoit prince de Transylvanie.

bien; et comme au Nord les docteurs sont conseillers d'État, Roussel lui plut tellement qu'il résolut de l'envoyer ambassadeur en Moscovie avec le marquis, l'un pour sa qualité et l'autre pour son savoir. Ils partent tous deux avec l'ambassadeur de Moscovie, qui s'en retournoit. Le marquis avoit un si grand train, et lui et Roussel faisoient si bonne chère, qu'avant que d'arriver à Constantinople ils eurent mangé une bonne partie de leur argent : ils prirent cette route parce que l'ambassadeur de Moscovie y avoit affaire. Roussel, qui crut que leur nécessité venoit du mauvais ménage des officiers du marquis, y voulut mettre ordre, et se voulut charger de la dépense. En effet, il entreprit pour une certaine somme de les rendre tous à Moscou ; mais il avoit mal pris ses mesures, car l'argent manqua à mi-chemin, et le marquis fut contraint de prendre tout ce que ses gentilhommes pouvoient avoir, qui, en colère de cela, dirent quelques injures à Roussel, mêlées de quelques coup de poing ; ce qui le piqua tellement qu'il jura de s'en venger, et pratiqua si bien l'ambassadeur de Moscovie, qui étoit neveu du patriarche, que le grand-duc envoya le marquis en Sibérie, où il fut trois ans prisonnier, mais dans une prison si rude, qu'on ne lui portoit à manger que par une lucarne (1).

(1) Le voyageur Oléarius a prétendu que Charles de Talleyrand, marquis d'Exideuil, avoit le caractère d'ambassadeur. Ce point a donné lieu à des discussions critiques. Voltaire, au paragraphe 8 de la préface de *l'Histoire de l'empire de Russie*, a réfuté l'erreur du voyageur. Le prince Labanoff, associé étranger des bibliophiles françois, qui a publié dans notre langue le *Recueil de pièces historiques sur la reine Anne ou Agnès, épouse de Henri* 1er (Paris, 1825, in-8o), a réfuté victorieusement Oléarius dans une lettre adressée au rédacteur du *Globe*,

Enfin, les artifices de Roussel étant reconnus, et le patriarche mort, on le mit en liberté. Là dedans il apprit par cœur les quatre premiers livres de *l'Énéide*. Il les pouvoit bien apprendre tous douze, ce me semble. Tous les potentats de l'Europe, à la prière du roi de France, écrivirent au grand-duc pour la délivrance du marquis. Il est de bonne maison : son nom, c'est Talleyrand. Chalais est une principauté comme Enrichemont et Marsillac.

Cependant Roussel entra en crédit auprès du grand-duc; et, la mort de Bethlem Gabor étant survenue, il se fait députer vers le roi de Suède, en qualité d'ambassadeur, pour moyenner quelque ligue contre le roi de Pologne. En cet emploi, il fait si bien que, sans que le roi de Suède en sût rien, il fait entendre au grand-duc que ce prince armera moyennant un million. Le grand-duc, par avance, envoie quatre cent mille livres que Roussel touche. La fourbe se découvrit; mais Roussel met mal le grand-duc avec le roi de Suède, qui le retient à son service, et l'envoie en ambassade, premièrement en Hollande, puis à Constantinople, où il est mort de la peste (1).

le 15 novembre 1827. Cette lettre a été imprimée à part, à très-petit nombre.

(1) Cet article montre combien Tallemant étoit bien informé des particularités anecdotiques sur lesquelles roulent principalement ses Mémoires. Nous croyons devoir insérer ici la lettre de Louis XIII au czar Michel Féodrowitch, dans laquelle il réclame le marquis d'Exidueil. L'original de cette lettre existoit aux archives des affaires étrangères à Moscou ; il y fut retrouvé par suite de recherches faites par M. le comte Just de Noailles, alors ambassadeur de France en Russie, qui avoit témoigné le désir d'éclaircir un point sur lequel il s'étoit élevé tant de contestations. Le prince Labanoff, auquel cette pièce a été

LE MARQUIS D'EXIDUEIL

ET SA FEMME.

Au retour de Moscovie, avec Pompadour, M. d'Exidueil épousa mademoiselle de Pompadour, fille d'une sœur de la chancelière. Quoique le mari et la femme fussent fort dissemblables pour le corps, car il étoit fort

communiquée par M. de Noailles, l'a publiée par *post-scriptum* à sa lettre du 15 novembre 1827, p. 17 à 23.

« Très-haut, très-excellent, très-puissant et très-magnanime prince,
« nostre très-cher et bon amy le grand seigneur empereur et grand-duc
« Michel Féodrowitch, souverain seigneur et conservateur de toute la
« Russie, etc., etc., etc..... »

« Nous avons appris par les parents du sieur Charles de Talleyrand,
« marquis d'Exidueil nostre subjet, qu'icelui marquis estant arrivé à
« Mosco, au mois de may 1630, de la part du défunt prince Bethlem
« Gabor, pour traitter quelque union avec vostre magnipotence et
« ledit prince, ledit marquis auroit esté accusé par un nommé Roussel,
« qu'il se servoit du prétexte d'ambassadeur pour entrer dans les pays
« de vostre magnipotence, à dessein seulement de reconnoistre vos
« ports, passages et forces, pour après en advertir le roy de Pologne,
« et que, en conséquence de cette accusation, à laquelle ledit Roussel
« se porta pour se venger de la haine qui s'engendra entre eux deux,
« ledit marquis auroit esté envoyé en une de vos villes, où il est encore
« gardé, nonobstant que dans ses papiers, qui furent visités, il ne se
« soit rien trouvé pour le convaincre du fait susdit, et d'autant que le-
« dit marquis d'Eyxideuilh apartient à personne qui tienne grand
« rang en nostre royaume, et que ses prédécesseurs nous ont rendu
« de signalés services, et qu'outre ces considérations, nous nous sen-
« tons obligés de protéger nos subjets, principalement ceux qui sont

laid, et elle fort belle, il n'y a rien pourtant de plus semblable pour l'esprit, aussi visionnaires l'un que l'autre : mais comme les fous ne s'accordent guère entre eux, il y avoit toujours noise en ménage. Elle étoit coquette et le mari jaloux. Pour l'obliger à recevoir grand monde chez elle, et à venir ensuite à la cour, elle s'avisa d'une invention qui ne pouvoit réussir qu'auprès du marquis d'Exidueil. Elle lui fit accroire que le feu Roi étoit devenu amoureux d'elle ; qu'il le lui avoit fait dire par quelqu'un qu'elle lui nomma ; mais que, comme il vouloit toujours se conserver la réputation de chaste, il vouloit que l'affaire fût secrète. Or, il faut que vous sachiez que le Roi étoit alors en Lorraine.
« Pour cela, ajouta-t-elle, on a trouvé de certains che-
« vaux qui, en un jour et une nuit, peuvent venir de
« Lorraine à Paris et de Paris en Lorraine ; de sorte qu'il
« n'est pas difficile, par le moyen de ceux qui sont dans
« la confidence, d'empêcher qu'on ne voie le Roi pen-

« eslevés par-dessus le commun ; nous avons bien voulu escrire cette
« lettre à vostre magnipotence pour la prier, comme nous faisons, de
« commander que ledit marquis soit promptement mis en liberté, et
« qu'il lui soit permis d'aller où bon lui semblera. Ses parents en-
« voient exprès par delà ce gentilhomme, lequel estant bien instruit des
« particularités de cette affaire, en pourra plus amplement informer
« vostre magnipotence, si besoin est, et l'assurera qu'encore que nostre
« demande soit bien juste, nous ne laisserons de recevoir à grand plai-
« sir l'effet que nous en désirons, et que nous espérons de vostre mag-
« nipotence et de son amitié envers nous. Sur ce, nous prions Dieu
« qu'il vous ayt, très-haut, très-excellent, très-puissant et très-magna-
« nime et bon prince, nostre très-cher amy, en sa sainte garde. Écrit
« à Fontainebleau, le troisième jour de mars 1635. »
« Votre bon amy,
« *Signé* Louis.
« *Contresigné* Bouthillier. »

« dant un jour. Par ce moyen, vous et moi gouverne-
« rons tout. » Après, elle lui dit qu'on se vouloit servir
d'elle pour négocier en Flandre, et que M. le garde-
des-sceaux (1) avoit fait faire pour cela de certains carrosses tirés par de cette sorte de chevaux dont nous venons de parler. « Je vous veux découvrir, ajouta-t-elle,
« la cause de la richesse de messieurs Seguier : elle vient
« d'une naine indienne qu'ils ont chez eux. Cette naine
« possédoit un grand trésor, et fut prise par les Espa-
« gnols; mais, comme ils revenoient, les vaisseaux furent
« séparés par la tempête, et la naine, avec ses richesses, fut
« jetée sur une côte de France, où un des Seguier avoit
« un château. Il la reçut fort bien, et elle se donna à lui
« avec son trésor. Cette naine est prophétesse, et par les
« avis qu'elle donne, il est impossible, si on les suit,
« qu'on ne fasse une grande fortune : j'aurai communi-
« cation avec elle, et je ne doute pas que nous ne sup-
« plantions bientôt le cardinal de Richelieu. »

Elle aimoit fort les confitures; et, pour en avoir son
soûl, elle fit accroire au marquis que la naine ne vivoit que de cela; et cependant elle en faisoit des colla-
tions avec ses galants; car le mari, persuadé de tout ce
que sa femme lui avoit dit, promettoit à tous ses voisins des charges et des emplois, et recevoit toute la
province chez lui, parce qu'elle lui avoit fait entendre
qu'il falloit se faire connoître avant que d'être premier
ministre. Après, ils viennent à Paris; la cour sembloit
bien plus plaisante à la dame que le Limousin. Elle
n'en vouloit point partir : cela les brouilla si bien,
qu'il s'en alla seul dans la province; elle coquette ici

---

(1) Il n'étoit pas encore chancelier. (T.)

tout à son aise. Esprit, l'académicien, qui étoit alors à M. le chancelier, étant familier chez elle, se mit à lui en conter. Il l'aima quelque temps sans découvrir sa folie. Elle étoit belle et avoit de l'esprit. Un jour qu'il ne s'étoit pas trouvé quelque part : « Si vous « pensiez, lui dit-elle, me faire encore de ces tours-« là, je m'enirois à Meaux. » Cela lui sembla si extravagant qu'il lui répondit : « Et moi, j'irois à Pon-« toise. » Ensuite, elle lui conta mille visions. Il dit que de sa vie il n'a été si surpris. Elle l'envoya un jour quérir. Il la trouva sur un lit, les bras pendants, pâle, défigurée, un chien expirant à ses pieds, une écuelle pleine de brouet noir. « Hé bien ! lui dit-elle d'une « voix dolente, vous voyez, » et se mit à lui conter, avec un million de circonstances bizarres, combien de fois depuis cinq ans elle avoit pensé être empoisonnée par son mari. Après elle se jette dans un couvent : le chancelier prend l'affirmative pour elle. Le mari, qui étoit absent et amoureux d'elle, étoit pourtant bien embarrassé d'avoir un chancelier de France sur les bras. Au bout de quinze jours cette fantaisie passe à cette folle ; elle écrit à son mari qu'elle le vouloit aller trouver, et qu'il vînt au-devant d'elle. Il y vint : les voilà les mieux du monde ensemble. Elle ne vouloit que faire parler et avoir des aventures. L'aventure du poison lui avoit semblé belle. On a dit aussi que c'étoit pour entendre les plaintes de ses amants qu'elle avoit fait cette extravagance, et qu'elle s'étoit mise ensuite dans un couvent. Enfin, tout de bon, elle mourut de maladie au bout de quelques années, et employa les derniers moments de sa vie à conter à son mari combien elle avoit eu de galants, qui ils étoient, et jusqu'à quel point elle les avoit aimés ; car on ne dit point qu'elle ait conclu avec pas un. Son mari mourut quelque temps après. Ils ont laissé deux garçons.

Pompadour, le père de cette extravagante, étoit un bon gros homme, lieutenant de roi de Limousin, qui ne se tourmentoit guère de ce que faisoit sa femme (1) : il lui laissoit gouverner sa maison, qu'elle a rétablie, et son corps aussi, comme il lui plaisoit. Tous les matins, tandis que monsieur ronfloit de son côté, elle donnoit, étant encore au lit, audience à tout le monde. On dit qu'un jour quelqu'un de ses gens, revenant de la ville la plus proche, apporta bonne provision de sangles, quoiqu'il n'eût eu ordre d'apporter que des étrivières. Elle se mit à crier. « Hé bien ! hé bien ! lui « dit un gentilhomme de son mari, ne vous fâchez pas ; « vous n'aurez que les étrivières. » Elle se divertissoit avec les suivants de son mari, et il avoit de la peine à en garder, car elle n'étoit point jolie, et peut-être ne payoit-elle pas bien. Un jour elle ne vouloit pas qu'un d'eux allât à la chasse avec son mari : « Hé ! mordieu, « madame, dit le bonhomme, je vous le laisse tous les « jours ; que je l'aie au moins cette après-dînée. » Sa famille mit un jour en délibération si on jetteroit par les fenêtres un certain Prieuzac (2) de Bordeaux, qui vivoit fort scandaleusement avec madame. Il fut d'avis qu'on ne lui fît point de mal.

(1) Il avoit un secrétaire nommé Fauché, qui concubinoit avec madame. Il eut jalousie du gouverneur du jeune Pompadour, et un jour, par pays, comme ce gouverneur se fut approché de la litière de madame pour lui dire quelque chose, la rage le saisit ; il met l'épée à la main, l'attaque ; l'autre se défend, et le tue. (T.)

(2) Frère de l'académicien. (T.)

M. SERVIEN (1).

Son père étoit procureur général des Etats de Dauphiné ; sa mère étoit demoiselle. Il fut procureur général à Grenoble, puis maître des requêtes. Il a eu un frère chevalier de Malte. Il avoit un parent bien proche qui étoit homme d'affaires. Le comte de Saint-Aignan épousa la fille de cet homme (2).

Il aima mieux être sous-secrétaire d'Etat que chef d'un corps qui le haïroit (3). Chavigny, à qui le cardinal avoit reproché qu'il ne s'attachoit pas comme Servien à son emploi, ne cherchoit que l'occasion de le débusquer. Voici comme elle se présenta : Servien badinoit avec une chanteuse nommée mademoiselle Vincent, et avoit une chambre chez elle, où il travailloit à ses affaires quand il avoit travaillé à autre chose. Le prétexte étoit qu'elle avoit un mari que Servien disoit

---

(1) Abel Servien, né en 1594, mort en 1659.

(2) L'alliance de Saint-Aignan renversera la fortune des enfants de Servien ; car le duc lui doit sept cent mille livres. Servien lui prêta de quoi acheter la charge de premier gentilhomme de la chambre ; il en doit tous les intérêts qui montent à deux cent mille livres, en cette année 1667. (T.)

(1) On l'envoya intendant de justice en Guienne ; le Parlement de Bordeaux donna des arrêts contre lui, ne voulant point recevoir d'intendant. Le Roi ôta la charge au premier président, et la donna à Servien ; mais, avant qu'il y fût installé, il vaqua une charge de secrétaire d'État, et on lui donna le choix. (T.)

être de ses amis. Bois-Robert l'ayant prié de je ne sais quoi qu'il ne fît pas, s'en plaignit, et dit étourdiment que, s'il en eût prié mademoiselle Vincent, cela eût été fait aussitôt. Servien, piqué de cela, dit à Bois-Robert, dans la salle des gardes du cardinal : « Ecoutez, mon-
« sieur de Bois-Robert, on vous appelle *le Bois;* mais on
« vous en fera tâter. » Bois-Robert lui répondit : « Votre
« maître et le mien le saura. » Servien va pour dîner à la table ronde à laquelle le cardinal ne mangeoit point. Bois-Robert entre ; le cardinal lui dit : « Qu'a-
« vez-vous, le Bois ? vous êtes bien triste. — Monsei-
« gneur, ne m'appelez plus ainsi ; ce nom vient d'être
« profané : on me menace. » Saint-Georges, capitaine des gardes du cardinal, ami de Servien, court pour l'avertir. Servien se dépêcha de dîner ; mais il arriva trop tard, car le cardinal sut tout. Il dit à Bois-Robert :
« Avez-vous des témoins ? — Tous vos domestiques ; mais
« ils ne voudront rien dire : il y a encore Chalusset,
« lieutenant du château de Nantes. » Bois-Robert va à Chalusset, et le gagne par l'espérance que M. de Bul-lion, ennemi de Servien, lui feroit du bien. En effet, Chalusset eut deux mille écus pour cela, et Bois-Ro-bert autant. Bullion lui dit : « Allez, vous êtes mon fait ;
« il me faut un homme comme vous auprès de M. le
« cardinal. Venez me voir. » Mais Bois-Robert ne put se tenir de faire des contes de lui. Voici ce qu'il dit à Ruel dans le parc : Bullion eut envie de faire ses af-faires ; il alla dans le bois, et, appuyé sur Nazin, son courrier, et Coquet, son maquereau, il se déchargeoit de son paquet. Bois-Robert alla dire au cardinal que des provinciaux, voyant je ne sais quoi de blanc à tra-vers les feuilles, faisoient de grandes révérences, pre-

nant le c... de M. de Bullion pour un visage. Une autre fois, comme le cardinal vouloit faire jouer du clavecin, Bois-Robert dit : « M. de Bullion a pissé dedans. » Il pissoit partout. Ce fut là le prétexte de l'éloignement de Servien, à qui le cardinal envoya pourtant offrir ses mules pour porter son bagage. Il le remercia, et dit qu'il en avoit. On le relégua à Angers, où il a été jusqu'à la mort du feu Roi. Là, il chassoit et coquetoit.

Bois-Robert fait un conte à propos de Servien. Le cardinal avoit un brutal de valet-de-chambre nommé Des Noyers. Un jour ce garçon se mit à tournoyer autour de M. Servien : « Qu'y a-t-il ? qu'as-tu ? — Peste de « vous ! j'ai perdu ma gageure : j'avois gagé que vous « étiez borgne de l'œil gauche, et c'est de l'œil droit. » Ce même, au premier de l'an, leur demanda si Jésus-Christ, quand il naquit, était catholique. On lui rit au nez. « Je veux dire chrétien, » dit-il. On rit encore plus fort. « Pourquoi tant rire ? Quelle fête est-il au« jourd'hui ? — La Circoncision. — Hé bien ! ne fal« loit-il pas qu'il fût Juif ? »

Le cardinal demanda un jour à Bautru : « Que fait M. Servien à Angers ? — Il *bigotte*. » C'est qu'il étoit amoureux d'une madame Bigot. C'étoit une belle femme mariée à un M. Bigot, dont le père avoit été procureur général du grand conseil, mais qui s'étoit incommodé pour s'être fait huguenot ; et le fils étoit un ridicule qui, déjà âgé, avoit épousé une belle fille qui n'avoit rien. Gueux, il subsistoit par un contrôle général des traites d'Anjou que lui avoit donné Rambouillet, son beau-frère, qui alors avoit les cinq grosses fermes. Or, cet homme avoit eu un emploi auparavant à

Reims. Sa sœur, madame Rambouillet, dit : « Il ne
fera point sa commission ; mais il deviendra amou-
« reux de la fille d'un tel, qui a aussi un emploi là. »
Il ne manque pas. Il avoit mis des portraits de cette
fille dans l'hôtellerie où il couchoit à Nanteuil, afin de
la voir en allant et en revenant. Une fois il vint ici,
et ne baisa ni sa sœur, ni sa nièce en arrivant. On sut
depuis qu'il avoit juré à sa maîtresse de ne baiser pas
une femme en son voyage. Le voilà marié. Le soir de
ses noces, car il aimoit la mascarade, il dansa un
ballet, composé de son beau-père, de sa belle-mère,
de sa mariée et de lui. Les médisants d'Angers disoient :
« M. Bigot est en faveur : il couche avec la maîtresse
« de M. Servien. » C'étoit un *becco cornuto*, et qui
même n'avoit pas l'esprit de s'empêcher de faire connoître qu'il le savoit. Il y avoit presse à qui auroit Servien pour galant. Ménage, qui étoit alors à Angers,
disoit à toutes ces femelles : « Pourquoi vous tour-
« mentez-vous tant ? il vous voit toutes de même œil. »
Tout borgne qu'il est, il ne laissoit pas d'aller à la
chasse ; mais, dès qu'il craignoit quelque branche, il
mettoit la main devant son bon œil ; et quelquefois on
le trouvoit à dix pas de son cheval, car, ne voyant
goutte, la première chose le jetoit à bas. Servien s'é-
prit aussi d'une fille d'Angers, qu'on appeloit mademoiselle Avril. L'abbé Servien eut peur qu'il ne l'é-
pousât, et il pria madame Bigot de lui en parler. Elle,
qui n'est point sotte, lui voulut ôter cette fantaisie, et
lui dit qu'elle n'en feroit rien. Quelques jours après,
l'abbé revient et la presse encore ; « car, disoit-il, je
« le sais de bonne part. — Hé bien ! lui dit-elle, mon-
« sieur l'abbé, je le lui dirai ; mais je lui dirai que

« c'est vous qui me l'avez fait dire. » En effet, un soir qu'une dame de la campagne avoit assemblée pour faire voir toutes les beautés de la ville à Jarzé, qui y étoit venu depuis deux jours, et que Jarzé faisoit le dédaigneux : « Mon Dieu ! l'impertinent homme ! dit « madame Bigot; s'il se vient mettre auprès de moi, « je m'en irai ailleurs. — Je vous en empêcherai bien, « répondit Servien en riant, car je ne bougerai d'au- « près de vous. » En causant, il lui dit qu'il n'aimoit rien tant que les violons, et qu'étant procureur général à Grenoble, il quittoit tous ses procès pour écouter s'il y avoit le moindre rebec (1) dans la rue. « Apropos, lui dit- « elle, on dit que vous nous les ferez entendre bientôt « les violons; mais la salle de mademoiselle Avril est « un peu bien petite; il faudra que sa grand'mère vous « prête la sienne. » Il prit tout cela en raillant. Pourtant, sur la fin, ils s'en expliquèrent tout au long. L'abbé cependant ne put s'ôter cela de l'esprit, et il fit tant qu'il le maria avec la veuve d'un comte de d'Onzain de Vibraye (2) qui avoit été tué à Arras. Il eut de la peine à s'y résoudre, car il n'étoit pas trop épouseur. La Bigot, qui en enrageoit, lui faisoit la guerre de ce qu'il épousoit la fille de M. de La Grise (3) :

(1) Le *rebec* étoit une espèce de violon champêtre à trois cordes. (Voyez le *Dictionnaire de Trévoux*, et Roquefort, *de l'État de la poésie françoise aux XIIe et XIIIe siècles*; Paris, 1815, p. 108.)

(2) Servien épousa, le 14 décembre 1640, Augustine Le Roux, fille de Louis Le Roux, seigneur de La Roche-des-Aubiers, et d'Avoye Juillard, veuve de Jacques Hurant, comte d'Onzain.

(3) La Grise a été lieutenant des gardes-du-corps. (T.) — Il est question d'une madame de La Grise, et de mademoiselle de La Grise, sa fille, dans *l'Histoire de la comtesse des Barres* (l'abbé de Choisi); Bruxelles, François Foppens, 1736, p. 55 et suivantes. Il est vraisemblable que Choisi parle de la belle-mère de Servien et d'une fille qu'elle auroit eue de son second mariage.

c'étoit une médisance de province. Une baronne de La Roche-des-Aubiers, mère de cette jeune veuve, avoit été mariée fort long-temps sans avoir d'enfants. Enfin, un gentilhomme, nommé La Grise, se rendit familier dans la maison, et y gouvernoit tout. Incontinent madame devint grosse de madame Servien. Le mari meurt peu après ; La Grise épouse la veuve.

Le maréchal de Brézé disoit à La Grise : « Etre « cocu, ce n'est pas grande merveille; mais il n'arrive « guère qu'on le soit de la façon comme toi. » On dit aussi que madame d'Onzain aimoit Sévigny, dont nous parlerons ailleurs ; en sorte que la mère passoit bien des articles fâcheux que Servien proposoit exprès, parce qu'il n'y alloit pas de bon cœur, et que la belle accoucha au bout de sept mois. On disoit qu'elle étoit pressée de se marier. Au commencement elle le trouvoit vieux ; enfin, elle fut ravie de l'avoir.

Son retour et ses emplois aux pays étrangers, avec ses querelles avec M. d'Avaux et sa surintendance, se trouveront dans les Mémoires que la régence nous fournira.

Cette madame Bigot revint à Paris faute d'emploi pour son mari. Ici, Lyonne, qui avoit les mémoires de son oncle Servien, se mit à lui en conter. Il avoit une chambre chez elle, comme l'autre chez mademoiselle Vincent; cela ne dura que deux ans, car on le maria. Depuis, son mari et elle, qui n'étoit plus jeune, ont bien eu de la peine à subsister, et Servien, tout surintendant qu'il est, n'en a aucun soin. Une fois pourtant il lui fit donner je ne sais quelle commission à l'armée navale. Un jour, dînant chez M. de Vendôme, ce sot homme s'avisa de dire qu'il y avoit bien de l'avantage à avoir une femme bien faite ; que les affaires s'en faisoient bien plus vite ; que la sienne n'avoit qu'à aller chez M. Servien, et qu'aussitôt elle étoit expédiée. « Voire, dit « M. de Vendôme, nous sommes du même âge lui et « moi ; cela ne va pas si vite. On n'est plus si preste. » Elle a un fils qui est bien fait.

M. D'AVAUX (1).

M. d'Avaux étoit frère du président de Mesme. Nous avons dit, dans l'historiette de Voiture, qu'il aimoit les femmes, et qu'il n'étoit pas mal fait. Il en conta ici à la fille d'un conseiller au Châtelet, nommé M. d'Amours. C'étoit une belle fille, et qui avoit deux beaux noms, car elle s'appeloit *Aurore d'Amours*. On croit qu'il a eu assez de privautés avec elle ; et comme il ne voulut pas l'épouser, elle se fit religieuse. M. d'Avaux avoit déjà été ambassadeur à Venise, et avoit fait la paix du Nord, quand cette belle se mit dans un couvent. Dans le Septentrion, il passoit pour un fort grand personnage et pour un homme de bien. Le mari de la comtesse Éléonore, fille du roi de Danemark (2), que nous avons vu ici avec sa femme, disoit que M. d'Avaux les

(1) Claude de Mesme, comte d'Avaux, né en 1595, mort à Paris le 19 novembre 1650.

(2) De ces filles d'une femme qu'il épousa comme une femme de conscience. (T.)

avoit pensé faire devenir fous en Danemark, tant il faisoit le roi, et qu'une fois il lui dit en riant : « Bien, « monsieur, voilà qui est bien : faisons bien la comé-« die. »

M. d'Avaux étoit l'homme de la robe qui avoit le plus de bel esprit, et qui écrivoit le mieux en françois. On croit que le cardinal de Richelieu ne l'aimoit point quoiqu'il l'employât. Le feu Roi mort, cet homme, avec cette réputation, avoit droit de prétendre quelque chose. On lui donne une abbaye de dix-huit mille livres de rente : il la reçoit pour un de ses neveux, fils de son cadet M. d'Irval, ne voulant pas apparemment tenir cela pour une récompense, et aussi ne voulant pas que ce bénéfice fût perdu pour sa famille (1). La Reine, ou plutôt M. de Beauvais, le fait surintendant des finances avec M. Le Bailleul. Le cardinal Mazarin ne pouvoit alors empêcher qu'on ne l'élevât ; mais après il lui fit donner l'emploi de Munster pour l'éloigner. Servien, qui devoit aller ambassadeur à Rome, fut proposé par Lyonne en la place de Chavigny pour être son collègue. Ils ne furent pas long-temps ensemble sans se quereller. Dès Charleville, Servien eut un courrier particulier ; cela donna de la jalousie à l'autre. D'un autre côté, d'Avaux avoit un grand équipage, car, avec les appointements de surintendant et les quinze cents écus qu'ils touchoient par mois de la cour, comme plénipotentiaire, il avoit cinquante mille écus à manger. Servien le pria de considérer qu'il n'avoit pas tant à dé-

---

(1) En une autre rencontre il eut de la cour quarante mille écus dont il acheta une charge à un d'Erbigny, fils de sa sœur, et une compagnie aux gardes, qu'il donna au frère de celui-là. (T.)

penser, et qu'il lui feroit plaisir de se régler, afin qu'il n'y eût point tant de différence. D'Avaux répondit que chacun faisoit de son bien ce qu'il vouloit.

D'ailleurs, on dit qu'il y avoit eu un peu de galanterie, et qu'il en avoit conté à madame Servien, qui eût été quasi la petite-fille de son mari, et qui étoit jolie et coquette. Il y a un recueil imprimé des lettres, ou plutôt des factums que lui et Servien ont écrits l'un contre l'autre. Enfin, M. de Longueville les accommoda, ou du moins fit en sorte qu'il n'y eut plus de scandale.

En 1647, que se fit la rupture de la paix générale, la cour ne fut pas trop satisfaite de lui, et le cardinal dit au président de Mesme qu'il savoit bien que d'Avaux ne l'aimoit pas. Il avoit Lyonne pour ennemi. Il étoit surintendant des finances; M. d'Émery ne vouloit point un tel collègue, et d'ailleurs on avoit quelque soupçon qu'il ne pensât au chapeau, car il faisoit furieusement le catholique : il avoit dit que la religion catholique étoit ruinée en Allemagne si on faisoit ce que les Protestants demandoient. Il dit, plaignant le duc de Bavière, que c'étoit le prince le plus catholique de l'Europe. Il porta les intérêts des ennemis de la Landgrave de Hesse, et, allant en Hollande pour empêcher la paix avec l'Espagne, il demanda la liberté de conscience. On a cru qu'il faisoit cela pour porter les Catholiques d'Allemagne à demander pour lui un chapeau de cardinal. L'année d'après il eut ordre de la cour de revenir à Paris, dans sa maison; de ne se point mêler de sa charge de surintendant des finances, et de ne voir le Roi ni la Reine. Il vint à Roissy chez son frère aîné, entre Paris et Senlis. Depuis, il se démit volontairement de sa surintendance, lorsqu'il avoit comme refait sa paix, et que d'Émery étoit mort.

Dès ce temps-là la dévotion l'avoit pris. Un jour, Ogier, le prédicateur (1), à qui il avoit donné deux mille livres de rente sur cette abbaye de son neveu, ayant pressenti que M. d'Avaux méditoit sa retraite, lui dit, comme ils étoient dans cette belle maison qu'il a fait bâtir rue Sainte-Avoie (2) : « Voici qui est ma-« gnifique ; mais ce n'est rien en comparaison de cette « maison céleste, etc. » L'autre s'ouvrit à lui. Il avoit résolu de se retirer dans une espèce de désert en Bretagne, d'y bâtir quelque couvent, ou même d'instituer quelque nouvel ordre ; car ne croyez pas que cet homme manquât de vanité, il en avoit : témoin cette maison dont nous venons de parler. Elle revient à huit cent mille livres ; cependant elle est petite, et il n'y a pas un appartement complet : la place seule lui tenoit lieu de deux cent cinquante mille livres. Dans leur partage, il y avoit des maisons qu'on louoit fort bien ; ailleurs, pour la somme qu'il y a employée, il eût fait un beau bâtiment ; mais il vouloit bâtir *in fundo avito,* car les de Mesme se piquent furieusement de noblesse, quoique leur bisaïeul ne fût qu'un docteur en droit à Toulouse ; mais ils disent que c'étoit un gentilhomme qui montroit le droit pour son plaisir, et qu'ils font venir

---

(1) François Ogier, prédicateur du Roi, acquit dans son temps de la célébrité. Il prit la défense de Balzac contre le père Goulu, général des Feuillants, qui l'avoit grossièrement attaqué.

(2) Cet hôtel subsiste encore ; mais il a éprouvé de grands changements, parce qu'il a été converti en maison de commerce. Il est situé dans la rue Sainte-Avoie, vis-à-vis d'un passage nouvellement ouvert, qui conduit à la rue du Chaume.

d'un consul Memmius; au moins se sont-ils laissé cajoler de ce grotesque (1).

Il avoit la tête un peu bien petite pour avoir beaucoup de cervelle, et il me souvient qu'il mena étourdiment le cardinal Mazarin à l'oraison funèbre du feu Roi que fit Ogier, où il y avoit bien des choses contre le cardinal de Richelieu. La mort ne lui permit pas de faire cette retraite. Il mourut de fièvre, en 1650, à l'âge de cinquante-cinq ans ou environ. Son frère de Mesme mit dans les billets d'enterrement : *haut et puissant seigneur et commandeur des ordres du Roi* (2). Il faut être évêque, archevêque ou cardinal pour cela. Il avoit été officier (*de l'ordre*) et s'étoit conservé le cordon; il étoit charitable. Durant qu'on bâtissoit sa maison, il faisoit payer les journées et panser à ses dépens les ouvriers qui se blessoient. Il ne fit point de testament; peut-être ne croyoit-il pas mourir si tôt? On dit qu'il avoit dessein de faire le fils aîné de M. d'Irval, aujourd'hui d'Avaux, son héritier. Il avoit prié Frotté, cet homme qui fut si fidèle au maréchal de Marillac, son maître, de l'avertir de donner sa vaisselle d'argent aux pauvres. Frotté l'oublia. Sa femme s'en ressouvint et l'écrivit à M. de Mesme. Pepin, son intendant, lui en parla. Il dit : « On trouvera un écrit pour cela « dans mon cabinet. » Mais pour moi, je doute que le président de Mesme en ait rien fait, car il donna si peu aux valets, dont il y en avoit tel qui avoit servi

---

(1) Ils se disent originaires de Chalosse-Cujas, écrit à Memmius, son collègue. (T.)

(2) Cependant les autres officiers de l'ordre le mettent, et il y a fondement à cela dans l'institution, tant tout y est bien digéré. (T.)

vingt ans M. d'Avaux, que c'étoit une chose honteuse (1).

D'Avaux oublia cruellement le pauvre Ogier *le Danois* (2), qui n'a jamais rien eu de lui après l'avoir servi dans tout le Septentrion, et y avoir ruiné sa santé. Mais il défendit de demander compte à Pepin, son intendant, « car, dit-il, je ne crois pas qu'il me doive rien, » et il lui laissa la maison où il loge. On consulta si on devoit faire une oraison funèbre. Ogier dit que comme on ne pouvoit s'empêcher de parler du grand effort qu'il fit à Munster pour faire signer la paix, cela hoqueroit la cour. Cet Ogier a fait son éloge au-devant des sermons qu'il a donnés au public.

Le président de Mesme traitoit si fort ses frères de haut en bas, qu'il ne daignoit quasi leur ôter le chapeau. Il ne se levoit pas et disoit : « Donnez un siége à « mon frère. » Ce n'étoit point par familiarité, c'étoit par orgueil (3). Il avoit aimé les femmes, et il disoit, quand il en avoit payé quelqu'une, car je crois qu'il n'en avoit guère autrement, qu'il lui étoit permis de demander : « Il m'en a tant coûté ; trouvez-vous que ce soit « trop cher ? » Comme on dit : « Cette étoffe me coûte « tant, ai-je été trompé ? » Il mourut un mois après

---

(1) D'Avaux leur donnoit beacoup. (T.)

(2) Charles Ogier, frère aîné du prédicateur. Secrétaire du comte d'Avaux, il l'accompagna dans ses ambassades en Suède, en Danemark et en Pologne. On a de lui *Ephemerides, sive iter Danicum, Suecicum, Polonicum;* Paris, 1656, in-8º, ouvrage posthume publié par son frère.

(3) Il appeloit sa femme Demoiselle. Le président de Thou, l'historien, appeloit la sienne *Domine*. Blondel, le ministre, appeloit la sienne *ma Gaîne*. Les médisants disoient que c'étoit une coutelière.
(T.)

son frère d'Avaux. Il laissa sa charge de président au mortier à son neveu d'Avaux, à condition qu'il épouseroit une de ses filles ; il en a deux. La charge lui sera comptée pour quatre cent mille livres, et pour rien si sa fille ne le veut pas épouser. C'est pour conserver la charge dans sa famille, et M. d'Irval doit exercer la charge jusqu'à ce que son fils soit en âge. Ce fils est reçu en survivance, et je pense qu'il la laissera exercer à son père tant qu'il voudra. On l'appelle *le président de Mesme*; il y a un dicton au Palais : *De Mesme toujours de Mesme*. Quand il parloit d'un conseiller qu'il estimoit : « C'est, disoit-il, un grand sénateur. » Il railloit M. d'Irval, son cadet, comme un écolier, et M. d'Avaux comme un avocat. Il avoit cent mille livres de rente en fonds de terre. La confiscation de Bussy, frère de sa première femme, tué par Bouteville, lui a valu quarante mille livres de rente. La veuve, qui est de Fossé, et qui a inclination pour l'épée, a donné sa fille en *catimini* à La Vivonne, fils de Mortemart.

BAZINIÈRE,

SES DEUX FILS ET SES DEUX FILLES.

Feu La Bazinière, trésorier de l'épargne, se nommoit Massé Bertrand ; il étoit fils d'un paysan d'Anjou, et, à son avénement à Paris, il fut laquais chez le président Gayan (1) : c'étoit même un fort sot garçon ; mais il falloit qu'il fût né aux finances. Après il fut clerc chez un procureur, ensuite commis, et insensiblement il parvint à être trésorier de l'épargne. Cela ne seroit que louable s'il en eût bien usé ; mais c'étoit le plus rustre et le plus avare de tous les hommes. Une fois, comme il parloit d'affaires à un homme, il le quitte sans dire gare, et s'en va gourmer un garçon couvreur, en lui disant : « Tu as tes poches toutes « pleines de mon plomb. » Il se trouva que c'étoit une bribe de pain que ce pauvre diable avoit dans sa poche. On disoit que c'étoit l'homme de France le mieux servi, et qu'il ne changeoit jamais de valets ; c'est qu'il ne les payoit point, et qu'ils y demeuroient en attendant que l'humeur libérale prît à leur maître. Son portier fut contraint, pour être payé, de lui proposer de faire faire une boutique d'une porte cochère inutile qu'il avoit chez lui, et la fit louer à un frère vitrier qu'il avoit ; ainsi il recevoit les loyers au lieu de ses gages.

(1) Pierre Gayan, président des enquêtes, le 21 juin 1614. (T.)

Sa femme, qui vit encore, n'est pas plus magnifique. Quand il fait vilain temps les vendredis, elle fait enchérir son beurre de Clichy-la-Garenne d'un sou par livre, en disant : « Il n'en sera guère venu aujour- « d'hui au marché. » Il en eut deux fils et deux filles : ses fils n'étoient pas mal faits. L'aîné, qui est aujourd'hui trésorier de l'épargne, étoit assez agréable, et peut-être, s'il eût été bien élevé, en eût-on fait quelque chose ; mais le père, qui est mort riche de quatre millions, ne voulut jamais faire la dépense d'un gouverneur, ni envoyer voyager ce jeune garçon ; au contraire, regardant à ce qui lui coûteroit le moins et se trouvant en année durant le siége d'Arras, il envoya son fils à Amiens, avec titre de commis de l'épargne, mais qui avoit un homme sous lui qui faisoit tout. Ce jeune fou se fit faire des armes qu'il porta à la cour, et rompit tant de fois la tête à M. de Noyers de le faire mettre dans l'escadron de M. le Grand, quand on mena le convoi dans les lignes, qu'il l'y fit mettre, et le lui recommanda. On n'étoit pas à mi-chemin, et le grand-maître, qui venoit au-devant du convoi, n'avoit point encore paru, quand il prit une si grande épouvante à cet écolier déguisé, que sans avoir vu ni ennemis ni autres gens que ceux avec qui il étoit, il passa sur le corps à toute l'armée, et galopa jusqu'à Amiens, où il s'alla cacher dans un grenier au foin, et après dit que son cheval l'avoit emporté. Sur cela on fit un vaudeville que voici :

  Je suis Bazinière farouche (1),
   Qui ne puis par monts ni par vaux

(1) Il a l'air hagard. (T.)

Retenir mes vites chevaux,
Tant ils sont forts en bouche.
Je règne (¹) caché dans du foin;
Mais au convoi je n'y vais point.

Le cardinal, pour se divertir, fit pour cela la déclaration que voici :

« A tous ceux, etc. — Avons déclaré et déclarons
« le cheval du sieur de La Bazinière atteint et con-
« vaincu du crime de fort-en-bouche, etc.; et, quant
« audit sieur de La Bazinière, nous le remettons et ré-
« tablissons en sa pristine fame et renommée, et lui
« permettons d'aspirer aux charges et dignités aux-
« quelles la grandeur de son courage et sa naissance
« le peuvent faire prétendre. Fait à Amiens, etc. »
Bazinière devint malade de la peur qu'il avoit eue, et on le ramena dans un brancard à Paris. Le jeune Guenaut, médecin, qui le conduisoit, rencontra de jeunes gens qui alloient à la cour; il leur dit qu'il accompagnoit un blessé. « Et qui? — Bazinière. » Ils se mirent à rire. L'hiver suivant, un frère de madame de Champré l'ayant raillé, Bazinière l'attendit au passage et le fit attaquer par quatre hommes de chez son père, et lui cependant se tenoit les bras croisés. Mes frères et moi, car c'étoit auprès du logis, allâmes au secours de ce garçon qui, à la foire, donna après sur les oreilles à Bazinière. Le lendemain de cet assassinat une dame du quartier, chez qui il alla, lui dit en riant : « Vrai-

---

(¹) L'Harmonie, à son récit au Ballet du mariage du duc d'Enghien, disoit :

Je règne, etc. (T.)

« ment, monsieur, je ne vous conçois point, vous qui
« avez tant de sujet d'aimer la vie, vous exposer sans
« cesse comme cela. » Bazinière, le printemps venu,
fit un voyage au Maine, où il devint amoureux de
madame de Pezé, fille de madame de Lansac et sœur
de madame de Toussy. Cette dame n'étoit plus jeune,
et vivoit dans un abandonnement effroyable. Il demeura quelque temps avec elle ; mais à la fin il lui
arriva une aventure qui le fit revenir à Paris. Le maître-d'hôtel, qui, peut-être, servoit aussi d'autre chose à
la dame, las de ce petit bourgeois qui faisoit fort l'entendu, un soir se mit en embuscade en un endroit où
il falloit qu'il passât pour aller coucher avec madame;
il étoit minuit ; il n'y avoit point de lumière ; de sorte
que ce galant homme, faisant semblant que c'étoit un
laquais, et lui disant : « Petit fripon, que ne vous
« allez-vous coucher, au lieu de faire ici du bruit à
« madame ? » donna maint horion à notre badaud de
Paris. Durant cette amourette, le père fut assez impertinent pour se plaindre que madame de Pezé débauchoit son fils; notez qu'elle étoit parente du cardinal de
Richelieu. Enfin le bonhomme mourut.

En ce temps la Chémerault, après la mort du cardinal, étoit revenue à Paris. On l'appeloit, comme j'ai dit
ailleurs, *la Belle Gueuse*, et on disoit qu'elle n'avoit
pour tout bien qu'un âne de Mirebalais (1). Elle avoit
fait représenter à la Reine qu'elle ne pouvoit faire fortune que par sa beauté, et que ces occasions se rencon-

---

(1) Ils valent beaucoup de revenu. (T.) — Le Mirebalais est une petite contrée de France située en Poitou, et dont Mirebeau est la capitale.

treroient bien plutôt à Paris qu'à la province. La Reine y consentit donc; mais elle ne voulut point que cette fille, qui avoit été un temps l'espionne du cardinal, et qui après s'étoit mise du parti de M. le Grand, allât au Louvre. Benserade la fut voir. Elle lui conta sa misère. Il lui dit en riant : « Il faut que je vous amène un « époseur. » Quelques jours après il y mena Bazinière. A quelque temps de là la belle lui dit : « Vous avez « peut-être dit plus vrai que vous ne pensez ; je pense « que Bazinière m'épousera. » Bazinière effectivement en étoit épris ; mais comme il vouloit par ce mariage avoir entrée à la cour, il souhaitoit qu'auparavant sa maîtresse fît sa paix avec la Reine. Les parents de la fille firent si bien que la Reine lui permit de se trouver au cercle, mais non pas de lui faire la révérence. Après cela Bazinière l'épousa sans le consentement de sa mère, qui fit terriblement la méchante. La belle-fille, qui étoit adroite et fourbe, se vêtit simplement et se tint chez elle, faisant la mélancolique. Elle envoya un jour la nourrice de son mari trouver madame de La Bazinière. Cette nourrice, bien instruite, ne joua pas mal son personnage; elle applaudit d'abord à cette mère irritée, puis insensiblement elle lui dit : « Madame, si vous saviez en quel « état est cette jeune femme, vous ne seriez peut-être « pas si en colère contre elle ; elle n'a point de joie « d'être si avantageusement mariée, puisqu'elle n'est « point aux bonnes grâces d'une personne qu'elle es- « time tant ; elle est quasi comme si elle portoit le deuil, « et quand on lui dit que ce n'est pas l'habit d'une « nouvelle mariée, elle répond que cet habit convient « à la tristesse qu'elle a dans l'âme. Au reste, madame, « c'est bien la plus belle amitié que celle qui est entre

« eux que vous sauriez vous imaginer, et je ne m'en
« étonne point, car c'est bien la plus belle créature
« qu'on puisse voir de deux yeux. » Bref, cette femme
sut si bien dire, qu'elle fit pleurer la mère, et la fit résoudre à voir son fils; et ensuite tout fut accommodé,
et ils vinrent loger avec elle.

Cette femme, qui avoit tant d'obligation à son mari,
ne laissa pas, au bout d'un an et demi, de le mettre de la
confrérie, et cela par intérêt. D'Émery, pour changer,
voulut tâter d'une maigre, et laissant Marion, en conta
à madame de La Bazinière. Par son moyen, elle obtint
de la Reine la permission de la voir. Ce petit fat, à
table chez d'Émery, contoit les obligations qu'il lui
avoit, que c'étoit son protecteur, etc. Tout le monde
rougissoit pour lui. On en fit ce couplet :

> D'Emery n'a jamais fait
> Un cocu plus satisfait
> Que le petit Bazinière,
> Lere la, lere lanlère.

Je ne sais si d'Émery et lui avoient *bigné* (1), mais
notre trésorier fit alors quelques galanteries avec Marion. Un jour il avoit fait préparer la collation en quelque maison autour de Paris, et déjà il étoit parti en
carrosse avec elle pour y aller, quand le duc de Brissac, qui alors étoit le patron de la demoiselle, ne la
trouvant point chez elle, apprit où elle étoit allée. Il
court après et les attrape. D'abord il crie : « La-
« quais! un bâton. Mademoiselle, où allez-vous? Mon-

---

(1) Ce mot paroît être pris ici dans le sens de *troqué*. En Bretagne,
bigner se dit pour échanger, troquer, en style populaire.

« sieur, changez de place, dit-il à La Bazinière, je me
« veux mettre auprès d'elle. » Ils font collation ; au
retour, il la fait monter dans son carrosse, et sur ce
que Bazinière disoit qu'il en auroit la raison, il le fit
environner de laquais qui le menacèrent du bâton. Le
chevalier de Chémerault, aujourd'hui Chémerault, qui
est gendre de Tabouret, car d'Émery lui fit donner la
fille de ce partisan, fit appeler le duc de Brissac; mais
ils furent accommodés. Roquelaure se moqua des façons qu'avoit faites Brissac pour embrasser un gentilhomme; car en ce temps-là ils étoient encore infa-
tués de Cocceius Nerva. Brissac l'envoie appeler par
L'Aigle; Roquelaure s'excusa sur la fièvre-quarte qu'il
avoit depuis quelques mois. L'Aigle lui répondit que
puisque, malgré sa fièvre, il jouoit, faisoit sa cour et soupoit en ville, on auroit sujet de prendre cela pour une
méchante échappatoire. « Bien, dit Roquelaure, ne di-
« tes point que je vous ai dit cela ; dès que je me por-
« terai tant soit peu mieux, car je n'ai point de force,
« je vous ferai savoir de mes nouvelles. » En effet, au
bout de dix jours il envoya un brave nommé Champfleury [1] dire à L'Aigle qu'il se battroit devant les Feuillants. L'Aigle dit qu'on seroit trop tôt séparé; qu'il
valoit mieux aller au Cours. Comme ils y alloient, ils
furent arrêtés. On disoit que madame de Mirepoix,
sœur de Roquelaure, en avoit averti. Ce furent des gentilshommes de M. le Prince qui les arrêtèrent : ne les
ayant pas trouvés au Cours, ils s'en retournoient quand
ils virent passer un carrosse qui avoit les rideaux tirés;

---

[1] Aujourd'hui capitaine aux gardes. Il a été capitaine des gardes du Mazarin. (T.)

le vent fit lever un des rideaux tirés, et on aperçut des chaussons de jeu de paume : cela leur donna du soupçon ; ils tirèrent les rideaux et trouvèrent ce qu'ils cherchoient. Ils devoient se battre à l'épée et au poignard. Le marquis étoit faible, et craignoit qu'on ne passât sur lui. Champfleury dit à L'Aigle : « Pour nous, nous « nous battrons à l'épée seule. » L'Aigle répondit : « Pour moi, je rougirois de me battre autrement que « ceux que je sers. » Ce M. de Brissac étoit si jaloux de Marion, qu'il avoit loué une maison tout contre la sienne pour l'épier mieux.

Pour revenir à madame de La Bazinière, elle eut envie de la maison de Monnerot, à Sèvres. D'Émery dit à cet homme qu'il lui apportât une déclaration. Il y va. « M. d'Émery ne vous a-t-il dit que cela ? lui « dit-elle. — Non, madame. » Elle croyoit qu'il la lui achèteroit, et que ce seroit un contrat et non une déclaration qu'il lui enverroit.

Il y a environ un an qu'il arriva à madame de La Bazinière une chose un peu fâcheuse : Une fille, qui lui servoit de demoiselle, étant mal satisfaite, lui vola une cassette où il y avoit des lettres de M. de Metz, de M. d'Émery et de M. de Beaufort : pour les rendre elle demandoit deux mille écus. On parle à elle ; on lui donne rendez-vous à Bonneuil, maison de Chabenas (1), commis et maquereau de d'Émery. Elle n'y vouloit point aller ; enfin, on la persuada. Elle y va ; mais elle n'y porte que les lettres qui ne disoient rien : on la vole sur le chemin ; et avec ses lettres on

---

(1) Ce benêt met des plumes quand il va à sa terre ; il n'a pu être reçu conseiller. (T)

lui prend de l'argent pour faire croire que ç'avoit été des voleurs. Elle en reconnut un qui étoit procureur-fiscal du faubourg Saint-Germain, nommé Plessis; c'étoit le factotum de Chabenas : elle obtint prise de corps contre lui. Je pense que tout s'accommoda pour quelque argent.

Bazinière fit mettre des couronnes à son carrosse du temps qu'elles étoient moins communes qu'elles ne sont; ce fut en se mariant. Depuis, quelqu'un, en parlant de la multitude des manteaux de ducs qu'on voyoit, dit devant Mademoiselle : « Je ne désespère pas que « Bazinière n'en mette un. — Non, dit-elle, il ne met- « tra qu'une mandille. »

COURCELLES, CADET DE BAZINIÈRE.

Le cadet de Bazinière, nommé Courcelles, étoit fort étourdi, et faisoit la plus folle dépense du monde : il achetoit à crédit des chevaux et des chiens à de grands seigneurs, et les revendoit à vil prix après pour avoir de l'argent. De cette façon ou autrement il devoit quelque somme au marquis de Pienne, aujourd'hui gouverneur de Pignerol. Courcelles se moqua de lui au lieu de le satisfaire. L'autre, l'ayant trouvé un jour au Cours tout seul, l'appela. Courcelles, en jeune homme, va dans son carrosse; Pienne, qui étoit accompagné, fit toucher à toute bride, sans faire autre bruit, et le mène au logis d'un de ses amis. En entrant il cria, pour lui faire peur : « Çà, çà, des étrivières. » Ce garçon fut si outré de ce mot d'étrivières, que, seul, comme il étoit, et sans armes, il se jette au cou de

Pienne pour l'étrangler. On l'emmena dans une chambre en le menaçant toujours. Cela lui émut tellement la bile qu'encore qu'on l'eût bientôt relâché sans lui avoir donné le moindre coup, et rien fait de pis que le menacer, il en mourut pourtant au bout de trois jours. Il y a apparence qu'il avoit plus de cœur que son aîné. La mère voulut poursuivre; mais on l'apaisa. Ce fut après le mariage de son frère que cette aventure arriva.

MADAME DE SERRAN.

La fille aînée de La Bazinière, qui n'étoit nullement jolie, avoit été accordée, du vivant du cardinal de Richelieu, à Plessis-Chivray (1), frère de la maréchale de Gramont : on attendoit qu'elle eût douze ans pour la marier. Le cardinal mort, la mère, en donnant soixante mille livres au cavalier, demeura en liberté de marier sa fille à qui il lui plairoit. Bautru, qui, avec cinq cent mille écus de bien, ne cherchoit encore que de grands partis, ayant manqué mademoiselle de Noailles, maria son fils, qu'on appelle M. de Serran, avec cette fille qui n'avoit guère que douze ans, et à qui on donna quatre cent mille livres en mariage. La voilà donc chez

(1) Plessis-Chivray fut depuis tué en duel par le marquis de Cœuvre; c'est un des plus beaux combats de la régence. Il n'y eut point de raillerie. Ils étoient seuls et avec de petites épées. On fut étonné qu'ayant le coup qu'il avoit il eût pu avoir encore deux heures pour songer à sa conscience : on attribua cela au scapulaire de la Vierge qu'il portoit, et depuis bien des jeunes gens en portent. Cœuvre fut aussi fort blessé; mais il eut l'avantage. (T.)

son mari. Bautru, qui est homme d'esprit, lui souffr[e]
bien de petites choses; mais il eut tort de lui laisse[r]
mettre des couronnes, et de lui donner un écuyer qu[i]
avoit l'épée au côté. Il y eut bientôt noise entre lui [et]
madame de La Bazinière, car l'année de feu son ma[ri]
étant venue, on ne voulut pas laisser exercer la charg[e]
à son fils qui étoit trop jeune. Bautru s'y opposa, crai[-]
gnant que cela ne préjudiciât à sa belle-fille. Cepen[-]
dant la mère ayant répondu, Bazinière exerçoit; l[a]
jeune Bazinière en vouloit à la mort à Bautru, et m[it]
dans la tête de cette jeune femme que son mari, qui [à]
la vérité n'est qu'un sot, étoit indigne d'elle; que s[a]
sœur épouseroit un duc et pair, et que c'étoit une chos[e]
bien cruelle de n'être la femme que d'un homme d[e]
robe, quand on pouvoit avoir le tabouret chez la Rein[e.]
Cela alla si avant que, comme elle n'avoit point e[u]
encore d'enfants, on lui parloit de se faire démarier[.]
Bautru, voyant cela, feint une promenade à Issy, o[ù]
l'on fit trouver encore quatre chevaux. Serran, qui [y]
étoit avec sa femme, dit : « Allons pour cinq ou six jou[rs]
« aux champs chez nos amis. » Ainsi, on la mena e[n]
Anjou, à Serran, où on ne la traita pas le mieux d[u]
monde. Une fois qu'elle disoit : « Mais que craint-on[,]
« je ne vois pas un homme. — Il y a des valets, di[t]
« Serran. — Cela est bon pour votre mère, » lui ré[-]
pondit-elle. Avant cela, elle lui avoit dit des chose[s]
fort offensantes. « J'ai, lui dit-elle, autant d'aversio[n]
« pour votre personne que pour votre soutane. » U[n]
jour que le Père Des Mares prêchoit à Sainte-Eustach[e]
sur les devoirs qu'un mari et une femme se doivent l'u[n]
à l'autre, il dit qu'une femme devoit aimer son mari d[e]
quelque façon qu'il pût être. Elle prit cela pour ell[e]

et dit assez haut : « Vraiment, il est aisé à voir que
« M. Bautru a du crédit dans la paroisse; il y fait prê-
« cher en faveur de monsieur son fils. » Cependant
Serran étoit mieux fait qu'elle.

En Anjou, madame de Bautru, qui depuis ce mariage avoit eu permission d'aller à Serran, étoit son
garde-corps. On fut contraint d'empêcher qu'elle ne
reçût des lettres, car sa mère et sa belle-sœur lui écrivoient le diable de Bautru et de son fils. En ce temps-
là un honnête homme étant venu de ce pays-là, à la
prière de madame de Serran, alla voir madame de La
Bazinière. Dès qu'elle le vit, elle lui cria : « Ah! mon-
« sieur, ma fille est-elle encore en vie ? »

Madame Bautru, car je ne crois pas que Serran ait eu
assez d'esprit pour cela, afin de se venger de ce que cette
petite femme avoit dit que l'emploi d'intendant de justice en Anjou, qu'avoit Serran, étoit un emploi à faire
pendre les gens, et aussi de ce qu'elle avoit traité avec
mépris les parents de son mari, s'avisa un jour de con-
vier à dîner tous les parents de feu M. de La Bazinière,
dont les plus hupés étoient des notaires de village ou
des fermiers, et, la prenant par la main, elle les lui
fit tous saluer en lui disant de quel degré chacun d'eux
étoit parent de feu son père ; puis, la fit dîner avec
eux. Comme elle étoit encore en Anjou, sa cadette fut
enlevée. La mère, pour se consoler, voulut voir sa
fille qui étoit grosse ; elle craignoit aussi qu'elle ne fût
pas bien accouchée à la province. Bautru n'y vouloit
point entendre. Enfin, on fit dire à la bonne femme
par un tiers qu'il falloit bourse délier. Elle donna cent
mille livres, et on la fit venir en chaise. Arrivée à
Paris, le beau-père fit ce qu'il put pour la gagner,

mais en vain. Elle haïssoit son mari mortellement ; c'étoit une étourdie et lui un benêt qui vouloit railler et faire l'esprit fort comme son père ; mais cela lui réussit si mal que cela fait pitié. Il fait toutes choses à contre-temps ; il prend tout de travers (1) ; on lui fait les cornes en jouant avec lui. Sa femme disoit : « Quand je serai veuve, je ferai ceci et cela ; car je « suis assurée que M. de Serran mourra jeune. » Elle s'est trompée elle, car elle est morte à vingt-deux ans, et a laissé deux enfants, je crois, à ce mari qu'elle devoit enterrer.

MADAME DE BARBEZIÈRE.

La cadette Bazinière étoit jolie ; elle n'avoit guère qu'onze ans quand elle fut enlevée par un frère de madame de La Bazinière la jeune, qu'on appeloit Barbezière ; c'est le nom de la maison, qui est une bonne maison de Poitou. Ce garçon, qui étoit bien fait, avoit toute liberté chez madame de La Bazinière la mère, jusque-là qu'étant malade, elle le reçut dans son logis. On ne sait pas bien si sa sœur étoit du complot, car il ne l'a pas dit. Lopez (2) pourtant avertit la

---

(1) Serran a passé pour un ennuyeux homme, à cause qu'il vouloit faire comme son père, et cela ne lui réussissoit pas. Depuis il s'est corrigé ; il ne cherche plus à dire de bons mots, et c'est un homme peu naturel à la vérité, mais qui passera partout. Un jour que sa femme et lui se battoient, Bautru, qu'on vint quérir pour mettre le holà, les regarda faire, et dit : *Quod Deus junxit, homo non separet* ; puis s'en alla. Il trouvoit peut-être à propos que la petite femme fût mortifiée.
(T.)

(2) On a vu plus haut un article sur Lopez.

mère qu'on vouloit enlever sa fille, et qu'elle seroit mieux dans un couvent. Elle répondit que Barbezière l'empêcheroit. Madame d'Hautefort, alors en faveur, l'avoit fait demander par la Reine pour Montignère son frère; mais la bonne femme avoit toujours tenu bon. Elle étoit amoureuse, à ce qu'a dit Barbezière, du chevalier de Chémerault et non de lui, comme on l'a cru; sans cela il n'eût jamais songé à la fille, et se fût contenté de la mère. Quoi qu'il en soit, un jour que la mère et la fille, à sa prière, allèrent avec lui pour prendre l'air à Clichy, à une lieue de Paris, au retour, des gens à cheval jetèrent le cocher en bas, en mirent un autre en sa place, et laissèrent madame de La Bazinière dans un blé. M. de Mauroy, intendant des finances, en revenant de Saint-Ouen, la trouva et la ramena à Paris. Il n'y avoit personne qui fût en état de les suivre. Madame de La Bazinière avoit bien mené son sommelier à cheval; mais Barbezière, le voyant assez bien monté, l'avoit renvoyé d'assez bonne heure à Paris, sous prétexte qu'il avoit oublié de commander un remède qu'on lui avoit ordonné pour ce soir-là. Le sommelier rencontra les enleveurs, et pensa retourner pour en avertir, car il les prenoit pour des voleurs; cependant il suivit son chemin. On avoit dit à madame La Bazinière qu'il y avoit des voleurs, qu'on les avoit vus. Elle ne vouloit pas retourner; mais Barbezière lui dit : « Hé! madame, que craignez-vous? « Je connois tous ces messieurs-là; ce sont tous offi-« ciers de l'armée. » La belle-mère, au désespoir de sa belle-fille, dit qu'elle n'avoit rompu le mariage de Toulangeon que pour cela; et que son fils n'étoit allé en Poitou, pour voir, disoit-il, les parents de sa femme, qu'afin de n'être pas ici quand on feroit le coup. Bazinière, de retour, inventa de nouveaux serments pour jurer qu'il n'en savoit rien. On disoit que d'Émery ayant voulu apaiser la bonne femme, elle lui dit en colère : « Vous ne venez céans que pour débaucher « ma belle-fille. » Le chevalier de Marans, qui avoit loué des chevaux et placé des relais pour Barbezière, fut arrêté ; mais M. le Prince le tira de prison d'autorité. Barbezière avoit un vaisseau prêt ; il passe en Hollande, et se met à Culembourg en la protection du seigneur du lieu, qui est le comte de Waldeck ; c'est une souveraineté. La mère a fait ce qu'elle a pu pour gagner le comte, mais en vain. On sut que la pauvre enfant avoit fort pleuré, et qu'elle pleuroit encore long-temps après quand son mari n'y étoit pas. Il se jeta dans le parti de M. le Prince, et elle mourut de la petite-vérole à Stenay. Madame de Longueville écrivit à madame de La Bazinière, la mère, en faveur d'un fils qu'elle a laissé. Elle étoit aussi fière qu'une autre, toute misérable qu'elle étoit, et elle disoit : « Il est « vrai qu'il faut que j'aime bien M. de Barbezière, de « l'avoir ainsi préféré à tant de bons partis. » Barbezière cajola ensuite une fille (1) de madame de Longueville, nommée La Châtre, et dont il eut un enfant ; elle est à Loudun en religion ; elle disoit qu'elle avoit une pro-

---

(1) Cette fille accoucha assez scandaleusement ; et comme elle disoit : « Que je suis malheureuse ! » Tourney, sa compagne, pour la consoler, lui disoit : « Ma chère, pourquoi s'affliger tant ? il n'y en a pas une de nous « à qui il n'en pende autant. » (T.)

messe de mariage. Depuis, se fiant à l'amnistie, il vint à Paris (1650). Madame de La Bazinière, qui l'avoit fait rouer en effigie, le fit mettre au Fort-l'Évêque; mais le prince de Conti, alors en crédit par son mariage, l'en tira. Nous verrons dans les Mémoires de la Régence comme il eut le cou coupé en 1657 pour un enlèvement d'une autre nature.

LA COMTESSE DE VERTUS.

La comtesse de Vertus est fille du marquis de La Varenne-Fouquet, celui de qui madame de Bar disoit : « Il a plus gagné à porter les poulets du Roi mon frère, « qu'à larder ceux de sa cuisine; » car il avoit, dit-on, été écuyer de cuisine. Henri IV lui fit du bien; il l'avoit bien servi en ses amours. Cet homme avoit mis sur la porte de sa maison, en Anjou, la statue de Henri IV, et au bas : *Il m'a donné l'honneur et les biens.* Elle épousa le comte de Vertus, qui est venu d'un frère bâtard de la reine Anne de Bretagne; ç'a été une fort belle femme [1].

---

[1] Ce comte étoit accordé avec une fille de Retz : le Roi lui proposa d'épouser la fille de La Varenne avec soixante-dix mille écus. Il crut faire sa fortune; mais dès qu'il l'eut vue, il s'en éprit d'une telle force qu'il l'épousa deux jours après, et aussitôt, de peur du Roi, il l'emmena en Bretagne. Henri IV fut tué bientôt après. A soixante-dix ans, la comtesse de Vertus apprenoit à danser, et dansoit la *figurée*. (T.)

Jouant sur le quatrain de Pibrac, on disoit d'elle :

Qui te pourroit, *Vertus*, voir toute nue (1).

Il y a des gens qui l'y ont vue. Son mari fit assassiner vilainement un de ses galants qu'il avoit fait venir par une lettre supposée. J'ai parlé ailleurs de Bautru-Cherelles; il a été aussi de ses favoris. Il lui écrivit une fois, autant pour la traiter de coquette que pour la cajoler, que sa maison étoit le palais d'Atlant (2); que chacun y trouvoit sa maîtresse. Son mari mourut, il y a près de dix-huit ans; depuis elle a toujours porté un bandeau de veuve, à cause qu'à son gré cette coiffure lui sioit bien; et avec cela elle a long-temps porté des habits comme une jeune personne, car elle a été long-temps belle. Elle a de l'esprit; mais ç'a toujours été un esprit déréglé; elle se mêloit de faire de belles lettres. Ce qu'il y a de meilleur, c'est des choses qu'elle tire des lettres qu'elle a de Bautru, car on y remarquoit son air. Une fois elle écrivoit à sa fille de Vertus, sur je ne sais quelle froideur qui étoit entre elles, que *la grande Ourse et la petite Ourse n'étoient pas si gelées qu'elle*.

(1) C'est le vingt-septième quatrain de Pibrac.

<blockquote>
Qui te pourroit, vertu, voir toute nue,
O qu'ardemment de toi seroit épris :
Puisqu'en tout temps les plus rares esprits
T'ont fait l'amour au travers d'une nue.
</blockquote>

(2) Allusion au géant Atlante qui enlevoit les dames et les renfermoit dans son château magique. (*Orlando Furioso*, ch. 4.)

Elle n'a su compatir avec personne, et c'est la plus avare et la plus bizarre personne qui vive. Pour tout train, quelquefois elle n'a eu qu'un cocher, et ce cocher la peignoit aussi bien que ses chevaux. Quand elle voyageoit, elle couchoit aux faubourgs des villes de peur de trop dépenser dans les bonnes hôtelleries. Elle dit un jour une assez plaisante chose. Sa fille de Vertus étoit allée, après la mort de madame la comtesse (1), demeurer chez madame de Rohan la mère. « A quoi songe, « dit-elle, ma fille de Vertus de se retirer chez madame « de Rohan? puisqu'elle me quitte, elle devoit aller « ailleurs. » Cette mademoiselle de Vertus a du mérite ; elle sait le latin ; elle n'est pas si belle que sa sœur. Madame la comtesse fut si ingrate que de ne lui rien donner. Elle écrit fort raisonnablement; mais l'affaire de M. de La Rochefoucauld l'a fort décriée. C'est la plus belle après madame de Montbazon, car elle a encore trois sœurs, dont l'une nommée mademoiselle de Chantocé, qui n'est pas la plus belle, voulant demeurer à Paris, où elle n'a ni mère, ni sœur, ni belle-sœur, se retira chez la Petite-Mère Hospitalière : là, pour voir du monde, elle recevoit les gens dans la salle des malades; et on voyoit cette fille toute couverte d'or dans un lieu où un malade rend un lavement, l'autre change de linge; l'un tousse, l'autre crache; celui-ci crie, et celle-là se confesse.

Le dernier évêque d'Angers étant malade de la maladie dont il mourut, madame de Vertus envoya un gentilhomme pour savoir de lui-même comment il se portoit. Il se trouva obligé de cette civilité, et se mit

(1) La comtesse de Soissons.

sur les louanges de la dame jusqu'à faire un éloge en forme. Enfin le gentilhomme, ennuyé de cela, lui dit : « Monsieur, que dirai-je à madame de votre santé ? — « Monsieur, répondit-il, dites-lui que je rêve. »

Cette vieille folle, à l'âge de soixante-treize ans, a épousé un jeune garçon appelé le chevalier de La Porte, disant pour ses raisons que c'eût été dommage de laisser mourir d'amour un pauvre garçon qui, apparemment, a encore long-temps à vivre. Lui l'a épousée à cause qu'il avoit été condamné à donner vingt-deux mille livres à une fille qui lui avoit fait un procès pour le faire condamner à l'épouser, et il n'avoit pas un sou pour payer cette dette-là ni les autres. Mais le pauvre chevalier ne fut pas assez fin en cette rencontre, car quoiqu'il tînt le mariage secret, M. d'Avaugour, M. de Goetlo et les filles en eurent avis : c'étoit à Paris où ils étoient tous en procès avec elle, parce qu'elle changeoit tout son bien de nature. Ils obtinrent une permission du lieutenant-civil de sceller chez le chevalier aussi bien que chez la mère.

Aux grandes affaires on passe souvent par-dessus les formes ; l'âge et la conduite de cette femme la rendoient ridicule. Un commissaire se met dans un grenier d'une maison vis-à-vis de celle du chevalier, d'où il voyoit ce qu'on y porta et remua durant deux jours ; après il demanda main-forte et alla mettre son scellé. Le chevalier présenta requête. Sa requête fut reçue ; mais ordonné qu'on feroit description des coffres, et qu'ils seroient mis en dépôt. Le grand-maître y vint avec deux cents chevaux, mais le commissaire avoit déjà fait son devoir. Elle court fortune d'être interdite et le chevalier de n'avoir rien gagné qu'une vieille femme. Il fut mal conseillé, car il faut tout prévoir en tel cas; il n'avoit qu'à tout porter à l'Arsenal.

Elle voulut donner en haine de ses enfants cinquante mille écus à madame de Montausier, la voyant en faveur. Madame de Montausier les refusa, et lui dit: « Hé! madame, vous avez tant de grandes filles qui « n'en ont pas trop. » Elle a fait depuis de fort impertinentes donations entre-vifs, comme vingt mille livres à Ferrand, doyen du parlement, afin qu'il sollicitât pour elle.

Mademoiselle de Clisson, troisième sœur de madame de Montbazon, est une personne qui n'a de défaut que de n'avoir pas de santé. Quoique maltraitée de sa mère, elle ne voulut point assister à l'inventaire de ses biens, et empêcha qu'on ne l'enlevât et qu'on ne l'interdît; mais elle travailla pour faire casser le mariage : ce qui fut exécuté. Le frère aîné, qui a gagné mademoiselle de Vertus, n'a jamais pu la gagner. Elle et ses sœurs et le comte de Goetlo plaident contre l'aîné, qui ne leur veut rien donner, et les fait enrager aussi bien qu'il fait enrager sa femme. Cette femme a de la vertu, et, par modestie, elle ne l'a point voulu accuser d'impuissance.

Elle conte ainsi la mort du galant de sa mère. Le comte de Vertus étoit un fort bon homme, et qui ne manquoit point d'esprit. Son foible étoit sa femme; il l'aimoit passionnément, et ne croyoit pas qu'on pût la voir sans en devenir amoureux. Un gentilhomme d'Anjou, appelé Saint-Germain La Troche, homme d'esprit et de cœur, et bien fait de sa personne, fut aimé de la comtesse. Le mari, qui avoit des espions auprès d'elle, fut averti aussitôt de l'affaire. Il estimoit Saint-

Germain, et faisoit profession d'amitié avec lui; il trouva à propos de lui parler, lui dit qu'il l'excusoit d'être amoureux d'une belle femme, mais qu'il lui feroit plaisir de venir moins souvent chez lui. Saint-Germain s'en trouva quitte à bon marché. Il y venoit moins en apparence, mais il faisoit bien des visites en cachette : c'étoit à Chantocé en Anjou. Le comte savoit tout; il n'en témoigna pourtant rien jusqu'à ce que, durant un voyage de dix ou douze jours, le galant eût eu la hardiesse de coucher dans le château. Les gens dont la dame et lui se servoient étoient gagnés par le mari. Ayant appris cela, il défendit sa maison à Saint-Germain. Cet homme, au désespoir d'être privé de ses amours, écrit à la belle, et la presse de consentir qu'il la défasse de leur tyran. Les agents gagnés faisoient passer toutes les lettres par les mains du mari qui avoit l'adresse de lever les cachets sans qu'on s'en aperçût. Elle répondit qu'elle ne s'y pouvoit encore résoudre. Il réitère, et lui écrit qu'il mourra de chagrin si elle ne consent à la mort de ce gros pourceau. Elle y consent. Et par une troisième lettre, il lui mande que dans ce jour-là elle sera en liberté; que le comte va à Angers, et que sur le chemin il lui dressera une embuscade. Le comte retient cette lettre, se garde bien de partir; et ayant appris que Saint-Germain dînoit en passant dans le bourg de Chantocé, il se résolut de ne pas laisser passer l'occasion. Il lui envoie dire qu'il fera meilleure chère au château qu'au cabaret, et qu'il le prioit de venir dîner avec lui. Le galant, qui ne demandoit qu'à être introduit de nouveau dans la maison, ne se doutant de rien, s'y en va. Il n'avoit pas alors son épée; il l'avoit ôtée pour dîner; il oublie de la prendre. Dès

qu'il fut dans la salle, le comte lui dit : « Tenez, en lui
« présentant son dernier billet, connoissez-vous cela ?
« — Oui, répondit Saint-Germain, et j'entends bien
« ce que cela veut dire. — Il faut mourir. » Les gens
du comte mirent aussitôt l'épée à la main. Ce pauvre
homme n'eut pour toute ressource qu'un siége pliant.
Il avoit déjà reçu un grand coup d'épée quand le mari
entra dans la chambre de sa femme, qui n'étoit sépa-
rée de la salle que par une antichambre. Il la prend
par la main, et lui dit : « Venez, ne craignez rien ; je
« vous aime trop pour rien entreprendre contre vous. »
Elle fut obligée de passer sur le corps de son amant qui
étoit expiré sur le seuil de la porte. Il la mena dans le
château d'Angers. Elle eut bien des frayeurs, comme on
peut penser. Les parents du mort, quand ils eurent vu
la lettre, ne firent point de poursuites. La comtesse avoit
ouï tout le bruit qu'on fit en assassinant son favori :
elle étoit grosse ; elle ne se blessa pourtant point, mais
la petite fille qu'elle fit, et qui ne vécut que huit ans,
étoit sujette à une maladie qui venoit des transes où la
mère avoit été, car elle s'écrioit : « Ah ! sauvez-moi ;
« voilà un homme l'épée à la main qui me veut tuer. »
Et elle s'évanouissoit. Elle expira d'un de ces évanouis-
sements (1).

(1) On a prétendu que Jacques 1er, roi d'Angleterre, que Marie Stuart
portoit encore dans son sein quand David Rizzio fut assassiné sous ses
yeux, n'avoit jamais pu supporter la vue d'une épée nue. Ce fait est
néanmoins fort contesté, quoique Digby assure dans son *Discours sur la
poudre de sympathie* qu'il en a été témoin.

MADAME DE MONTBAZON

(MARIE DE BRETAGNE).

Elle étoit fille aînée du comte de Vertus et de la comtesse dont nous venons de parler. Elle étoit encore fort jeune et étoit en religion quand le bon homme de Montbazon l'épousa; c'est pourquoi il l'a toujours appelée *ma religieuse*. Il en écrivit une lettre à la Reine-mère, ou plutôt il la copia, car elle étoit assez raisonnable pour avoir été écrite par un plus habile homme que lui (¹). La substance étoit qu'il savoit bien de quoi cela menaçoit une personne de son âge; mais qu'il espéroit que le bon exemple que lui donneroit Sa Majesté la retiendroit toujours dans les bornes du devoir, etc. Vous verrez si elle a fait mentir le proverbe *que bon chien chasse de race*. C'étoit une des plus belles personnes qu'on pût voir, et ce fut un grand ornement à la cour; elle défaisoit toutes les autres au bal, et, au jugement des Polonois, au mariage de la princesse Marie, quoiqu'elle eût plus de trente-cinq ans, elle remporta encore le prix. Mais, pour moi, je n'eusse pas été de leur avis; elle avoit le nez grand

---

(¹) Une fois il dit en présence de la feue Reine-mère et de la Reine : « Je ne suis ni Italien, ni Espagnol; je suis homme de bien. » Je pense même que c'étoit parlant à leur personne. (T.)

et la bouche un peu enfoncée; c'étoit un colosse, et en ce temps-là elle avoit déjà un peu trop de ventre, et la moitié plus de tétons qu'il ne faut; il est vrai qu'ils étoient bien blancs et bien durs; mais ils ne s'en cachoient que moins. Elle avoit le teint fort blanc et les cheveux fort noirs, et une grande majesté.

Dans la grande jeunesse où elle étoit quand elle parut à la cour, elle disoit qu'on n'étoit bon à rien à trente ans, et qu'elle vouloit qu'on la jetât dans la rivière quand elle les auroit. Je vous laisse à penser si elle manqua de galants. M. de Chevreuse, gendre de M. de Montbazon, fut des premiers (1). On en fit un vaudeville dont la fin étoit :

> Mais il fait cocu son beau-père
> Et lui dépense tout son bien.
> Tout en disant ses patenotres,
> Il fait ce que lui font les autres.

M. de Montmorency chanta ce couplet à M. de Chevreuse dans la cour du logis du Roi; je pense que c'étoit à Saint-Germain. M. de Chevreuse dit : « Ah ! « c'est trop, » et mit l'épée à la main; l'autre en fit autant. Les gardes ne voulurent pas les traiter comme

---

(1) Ce couplet de Neufgermain fait voir que le duc de Saint-Simon en a tâté aussi bien que les autres (il ne ressemble pas mal à un ramoneur):

> Un ramoneur nommé *Simon*,
> Lequel ramone haut et *bas*,
> A bien ramoné la *maison*
> De monseigneur de *Montbazon* (T)

ils pouvoient à cause de leur qualité, et on les accommoda. M. d'Orléans l'a aimée, et M. le comte (de Soissons) aussi. Il en contoit auparavant à madame la princesse de Guémené, belle-fille de M. de Montbazon, et la rivale de la duchesse. Elle l'obligea, à ce qu'on m'a dit toutefois, de faire une malice à madame de Guémené ; ce fut de faire semblant de remettre ses chausses, comme il entroit du monde. Il le fit, et après en demanda pardon à la belle. J'ai dit ailleurs pourquoi M. le comte quitta madame de Montbazon. Bassompierre l'entreprit ; mais il n'en put rien avoir, je ne sais pourquoi. Hocquincourt, fils du grand prévôt, aujourd'hui maréchal de France, est un de ceux dont on a le plus parlé. Lorsque les ennemis prirent Corbie, sur le bruit qui courut que Picolomini avoit dit que s'il venoit à Paris, il vouloit madame de Montbazon pour son butin, pour se moquer de ce franc Picoüard qui étoit toujours sur les éclaircissements, et qui n'a pas le sens commun, on fit un cartel de lui à Picolomini et la réponse. Il y avoit au cartel :

« Moi, M. d'Hocquincourt, gouverneur de Péronne,
« Montdidier et Roye,

« A toi, Picolomini, lieutenant-général des armées
« de l'empereur en Flandre, fais savoir que ne pouvant
« souffrir davantage les cruautés exercées dans mes
« gouvernements, je désire en tirer raison par l'effusion
« de ton sang. J'ai choisi le lieu où je veux vous voir
« l'épée à la main. Mon trompette vous y conduira ;
« ne manquez de vous y trouver, si vous êtes un homme
« de bien, avec une brette de quatre pieds de long pour
« terminer nos différends. »

Réponse.

« Monsieur de Hocquincourt, demeurez dans votre
« gouvernement; je souhaiterois pour ma satisfaction
« que vous vous fussiez trouvé à onze batailles et
« soixante-douze siéges de villes comme moi, pour
« vous voir en lieu où je ne fus jamais qu'avec joie, et
« d'où je ne revins jamais sans avantage. Mais, dans
« l'état où vous êtes, je ne puis hasarder ma réputa-
« tion contre vous sans faire tort à celle de mon maî-
« tre qui m'a confié ses armées. J'ai deux cents capi-
« taines dans mes troupes, dont le moindre croiroit
« se faire tort de venir aux mains avec vous. Toute-
« fois, si vous persévérez dans ce dessein, il s'en trou-
« vera quelqu'un qui, en ma considération, ravalera
« son estime jusque là. Adieu, monsieur d'Hocquin-
« court; faites bonne garde. Vous savez que je ne suis
« pas loin de vous, et que je sais aussi bien surprendre
« des places que commander des armées. »

Ce M. d'Hocquincourt ayant gagné une femme-de-
chambre, se mit un soir sous le lit de la belle. Par
malheur le bon homme se trouva en belle humeur, et
vint coucher avec sa femme; il avoit de petits épa-
gneuls qui, incontinent, sentirent le galant, et firent
tant qu'il fut contraint d'en sortir. Pour un sot il ne
s'en sauva pas trop mal : « Ma foi, dit-il, monsei-
« gneur (1), je m'étois caché pour savoir si vous étiez
« aussi bon compagnon qu'on dit. » Quand il se mit
à la cajoler, il lui déclara, en homme de son pays, qu'il

---

(1) On appeloit ainsi M. de Montbazon. (T.)

ne savoit ce que c'étoit que de faire l'amant transi, qu'il falloit conclure, ou qu'il chercheroit fortune ailleurs. C'est comme il faut avec une femme qui a toujours pris de l'argent ou des nippes. Roville, après lui, y laissa bien des plumes, et on a dit que Bonnel Bullion, c'est-à-dire le dernier des hommes, y avoit été reçu pour son argent. En un vaudeville, il y avoit :

Cinq cents écus bourgeois font lever la chemise.

Quand le duc de Weimar vint ici la première fois, en causant avec la Reine de la manière dont il en usoit pour le butin, il dit qu'il le laissoit tout aux soldats et aux officiers. « Mais, lui dit la Reine, si vous « preniez quelque belle dame, comme madame de « Montbazon, par exemple? — Ho! ho! madame, ré- « pondit-il malicieusement en prononçant le B à l'alle- « mande, ce seroit *un pon putin* pour le général. »

Elle fit servir un jour, sur table, dans un bassin, M. de Soubise d'aujourd'hui, qui étoit un fort bel enfant; il s'appeloit le comte de Rochefort.

On n'osoit conclure qu'elle se fardoit; mais un jour, à l'Hôtel-de-Ville, qu'il faisoit un chaud du diable, la Reine aperçut que quelque chose lui découloit sur le visage. On dit pourtant qu'elle ne mettoit du blanc qu'aux jours de combat, aux grandes fêtes, et qu'elle l'ôtoit dès qu'elle étoit de retour. Ses amours et ses intrigues avec M. de Beaufort et sa mort se trouveront dans les Mémoires de la Régence. J'ajouterai que quand elle se sentoit grosse, après qu'elle eut eu assez d'enfants, elle couroit au grand trot en carrosse par-

tout Paris, et disoit : « Je viens de rompre le cou à
« un enfant. »

Un extravagant rimeur et chanteur, qu'on appelle
M. d'Enhaut, devint amoureux d'elle, et un jour qu'on
lui arrachoit une dent : « Misérable mortel que je
« suis, s'écria-t-il, j'ai toutes mes dents, et on va en ar-
« racher une à cette divinité ! » Il part de la main et
s'en alla faire arracher seize.

M. DE MONTBAZON (1).

M. de Montbazon, Hercule de Rohan, étoit un
grand homme bien fait, et qui, en sa jeunesse, avoit
été fort dispos. Il avoit fait un bâtiment à Rochefort
(à deux lieues de Paris), le plus extravagant qui fut
jamais ; c'est un château de cartes, tout plein de petites
tourelles, de lanternes, d'échauguettes (2) et de petites
plate-formes ; il n'y a rien d'à-propos que les cornes
qu'on y voit partout, et qui lui conviennent par plus
d'un titre, car il étoit grand veneur de France. Quand
il montroit cette maison aux gens : « Voilà, disoit-il,
« se touchant du bout du doigt le front, voilà qui l'a
« faite. » Il y a un portrait dans la galerie, où son père,
qui étoit aveugle, lui montroit le ciel avec le doigt

---

(1) Hercule de Rohan, né en 1567, mort le 16 octobre 1654.
(2) *Échauguette*, lieu couvert et élevé pour placer une sentinelle.
(*Dict. de Trévoux.*) Guérite bâtie.

avec ce demi-vers de Virgile : *Disce puer, virtutem;* or, *ce puer* avoit la plus grosse barbe que j'aie guère vue; il paroissoit richement quarante-cinq ans. Comme c'étoit un homme tout simple, et qui a dit bien des sottises, on lui a attribué, et au duc d'Usez aussi, tout ce qui se disoit mal à propos; il y a même, dans M. Gaulard (1), quelques-unes des naïvetés qu'on leur donne. On lui fait dire à M. d'Usez, en voyant mourir un cheval : « Qu'est-ce que de nous? » Pour l'autre (le duc d'Usez), il est constant qu'il dit à la Reine, qui lui demandoit quand sa femme accoucheroit : « Que ce seroit quand il plairoit à Sa Majesté. » Et il fut si sot que d'aller dire au feu Roi, que la Reine et madame de Chevreuse lisoient le *Cabinet satirique.*

« Madame, disoit-il à la Reine, laissez-moi aller
« trouver ma femme, elle m'attend; et dès qu'elle
« entend un cheval, elle croit que c'est moi. »

A cause qu'il avoit ouï qu'en parlant de saint Paul, on ajoutoit *ce grand vaisseau d'élection,* il crut que c'étoit un grand vaisseau appelé *Élection,* dans lequel cet apôtre voyageoit, et disoit : « Je crois que c'étoit
« un beau navire que ce grand vaisseau d'*élection* de
« saint Paul. »

Ce vieux fou de son mari, à l'âge de quatre-vingts ans, devint amoureux d'une fille qui jouoit fort bien du luth. Elle en fit confidence à madame de Mont-

---

(1) Tallemant indique ici *les Contes facétieux du sieur Gaulard, gentilhomme de la Franche-Comté bourguignotte,* ouvrage singulier d'Étienne Tabouret, plus connu sous le nom de *sieur Des Accords.* Ce Recueil fait parti de ses *Bigarrures,* dont il existe plusieurs éditions.

bazon. Le bon homme pria mademoiselle de Clisson, sœur de sa femme, de donner à dîner à la demoiselle et à lui ; mais que, comme elle n'avoit qu'une cuisinière, il lui enverroit son cuisinier avec tout ce qu'il faudroit. Il ne lui envoya qu'un petit lapin et lui amena onze personnes. Elle le connoissoit bien, et ne s'étoit point laissé surprendre. On coucha madame de Montbazon, et, exprès, la demoiselle passa dans le lieu où elle étoit, faisant semblant d'aller chercher son lit ; il la suivit et s'assit ; puis il lui dit : « Venez me baiser. « —Venez-y vous-même. » Il répète ; elle répond : « Je vaux bien la peine qu'on me vienne chercher.— « Je vous souffletterai. » Elle s'obstine. Il se mit en une telle colère qu'il l'eût jetée par la fenêtre s'il en eût eu la force. A quelques années de là, il s'éprit de la fille de son concierge de Rochefort, et il fallut absolument la mettre coucher avec lui ; c'étoit un tendron. La voilà couchée : il la fait relever en lui reprochant qu'elle n'avoit pas prié Dieu. Le maréchal d'Ornano n'eût pas voulu avoir affaire à une vierge ni à une personne qui eût eu nom Marie, par le respect qu'il portoit à la vierge. On dit qu'il disoit à quelqu'un : « Je ne sais plus que faire pour gagner madame de « Montbazon ; si je la battois un peu ? »

Jamais le bonhomme de Montbazon n'entroit au Louvre qu'il ne demandât : « Quelle heure est-il ? » Une fois on lui dit : « Onze heures. » Il se mit à rire. M. de Candale dit : « Il auroit donc bien ri si on lui « eût dit qu'il étoit midi. »

Le feu Roi demandoit une fois : « De quel ordre est « ce portrait (c'étoit aux Feuillants) ?—C'est de l'ordre « *des Feuillants*, » dit M. de Montbazon.

Il disoit : « Nous voilà à l'année qui vient. »

M. de Montbazon a fait mettre sur la porte d'une écurie à Rochefort, le 25 octobre l'an 1637 : « J'ai fait « faire cette porte-ci pour entrer dans mon écurie. »

Il mourut cinq ou six ans devant sa femme.

M. D'AVAUGOUR.

C'est le frère de madame de Montbazon; pour le visage, il étoit plus beau qu'elle; mais il n'avoit point bonne mine. Il ne manque pas d'esprit, mais il est bizarre et aime le procès; il plaide avec toutes ses sœurs et sa mère; point de réputation du côté de la bravoure. Il épousa, en premières noces, la fille du comte Du Lude, encore enfant; il en fut jaloux. Elle mourut pour s'être blessée, si je ne me trompe, et on murmura pourtant un peu contre le mari; mais je ne le tiens nullement coupable de sa mort. En secondes noces, il a épousé mademoiselle de Clermont d'Entragues, celle qui croyoit que Montausier lui en vouloit et n'osoit le dire. La vanité d'avoir un manteau ducal, car cet homme en a un, et nonobstant l'arrêt du temps d'Henri IV, qui défend à toutes personnes de prendre le nom de Bretagne, il le prend hautement, et ses sujets le traitent d'Altesse. Il dit qu'il n'y a que sa mère qui n'ait point eu le tabouret. Il diroit plus vrai s'il disoit qu'il n'y a eu que la femme du chef de la maison, qui, comme j'ai dit, étoit frère bâtard de la reine

Anne de Bretagne qui l'ait eu., et ce fut en considération de ce qu'elle venoit de Charles de Blois, qui avoit disputé la Duché (1).

Il a eu cinq mères à la fois : madame de La Varenne, madame de Vertus, madame Feydeau, la comtesse Du Lude et madame de Clermont.

Mademoiselle de Clermont, qui a de l'esprit, vit bientôt qu'elle avoit fait une sottise; car cet homme ne bouge de chez lui à Clisson, et, en huit ans, elle n'est venue qu'un pauvre petit voyage à Paris; encore fut-ce pour un procès. Cette maison a sept ponts-levis, et ce sont des précipices tout autour. Elle appartenoit autrefois, je pense, au connétable de Clisson, qui la fortifia ainsi contre le duc de Bretagne. Là, cet homme s'est amusé à faire une grande dépense en serrures; pour tout le reste il est avare (2). Je ne voudrois point d'un mari qui ne dépensât qu'en serrures.

Il épousa, en premières noces, mademoiselle Du Lude, une des plus belles et des plus douces personnes de ce siècle. Il en devint jaloux sans sujet; mais, comme on l'a vu par la suite, il étoit impuissant. Sa seconde femme a dit depuis, comme on lui proposoit de l'en délivrer en lui faisant un procès sur l'impuissance : « Qu'une honnête femme ne se plaignoit jamais de « cela. » La petite-vérole étant à Clisson dans toutes les maisons de la ville, il obligea sa femme d'y aller; elle se trouva mal aussitôt, et elle entendit qu'il disoit au médecin : « Pour son visage, je ne m'en soucie « guère; mais il ne faut pas qu'elle meure. » Elle fut

---

(1) A la maison de Montfort.
(2) On dit qu'il a parqueté une écurie. (T.)

assez sage pour n'en rien témoigner; mais elle n'en mourut pas moins. Gens qui s'y connoissent m'ont dit qu'elle étoit plus belle que madame de Roquelaure, sa cadette.

En se mariant, il vouloit qu'on s'obligeât à lui donner le deuil de M. de Clermont, qui étoit déjà assez vieux. Voyez le bel article. Ce fut du temps que le Prince étoit à Lérida. Arnauld envoya sur cela des vers que voici à madame de Rambouillet :

> Prince breton, prince breton,
> Vous êtes un joli poupon
> D'épouser notre demoiselle;
> Elle est si bonne, elle est si belle;
> D'or elle a plus d'un million.
> Elle en emplira votre écuelle,
>   Prince breton.

> Prince breton, prince breton,
> Vous avez un bien gros menton
> Pour si blanche et blonde femelle.
> Que si jamais dans sa cervelle
> Se fourroit quelque amour fripon,
> Ma foi, vous en auriez dans l'aile,
>   Prince breton.

> Prince breton, prince breton,
> Je ne le dis pas tout de bon;
> Nous avons vu mainte prunelle
> Se radoucir pour l'amour d'elle;
> Mais toujours elle disoit non :
> Et ma foi vous l'aurez pucelle,
>   Prince breton.

Voiture y avoit fait une réponse qu'on a perdue.

M. ET MADAME DE GUÉMENÉ.

Le prince de Guémené est fils de M. de Montbazon, du premier lit, et frère de madame de Chevreuse; sa femme est aussi de la maison de Rohan, et sa parente proche. C'est encore une belle personne, quoiqu'elle ait cinquante ans; hors qu'elle a le visage tant soit peu trop plat, il n'y a rien à refaire; elle a les cheveux comme à vingt ans. Je l'aurois, sans comparaison, mieux aimée que madame de Montbazon; avec cela elle a tout autrement d'esprit, et n'a jamais fait d'emportement comme l'autre.

Le prince de Guémené a de l'esprit. J'ai ouï dire à Darbe, savant garçon en théologie, que jamais homme ne lui avoit donné tant de peine sur le purgatoire. Il dit les choses plaisamment, et c'est ce qui étonne les gens, que le fils et la fille de M. de Montbazon aient tant d'esprit; c'est une figure assez ridicule, et sans son ordre on le prendroit pour un arracheur de dents. Il contoit qu'à la drôlerie des ponts de Cé, son père, passant sur la levée à cheval, tomba dans l'eau. « J'al-
« lai pour l'en retirer; je tirai une tête de cheval; mais,
« aux bossettes, je reconnus que ce n'étoit pas mon
« père. » Il a une certaine vision de sentir tout ce qu'il mange, et, comme il a le nez long (1) et la vue courte,

(1) Il l'a eu cassé. (T.)

il se barbouille fort souvent le nez, et il lui est arrivé, en mangeant d'une omelette ou d'un potage, d'en faire aller jusque sur son chapeau (1), soit que la main lui tremble ou qu'il songe à autre chose. Enfin, cela est si désagréable à voir que, pour prouver que la dévotion de sa femme étoit véritable, on disoit que si ce n'étoit pas tout de bon, elle ne mangeroit pas avec son mari. On l'a accusé de poltronnerie et de sodomie; et dans une chanson que voici il y a un couplet qui en parle :

>Lorsque ce grand capitaine (2),
>Monsieur de Montbazon,
>Conduisit par la plaine
>Le premier bataillon,
>Tout droit au bac d'Asnières;
>Mais Saintot, qui le vit,
>Lui fit tourner visière
>A la rue Béthizy (3).

>Après prit sa rondache,
>Le prince Guémené,
>Disant à sa bardache :
>Où est mon père allé?
>Il est allé en guerre
>Avec le duc d'Usez ;

(1) On étoit toujours couvert, même à table; ces Mémoires en fournissent d'autres exemples.

(2) Sur l'air : *Bibi, tout est ferlore, la duché de Milan.* (T.) — *Ferlore*, perdu, gâté, détruit, vient du mot allemand *verloren* (perdu). Le contact continuel avec les lansquenets allemands, qui servirent dans nos armées depuis François 1er jusqu'à Henri IV, avoit introduit à cette époque, dans notre langue, une foule de mots dérivés de l'allemand.

(3) Où est son hôtel. (T.)

Et ils s'en vont belle erre
Par la porte Baudets (1).

Entendant cette alarme,
Monsieur de Marigny (2)
Alla crier aux armes
Au président Chévry,
Disant : Mon capitaine,
Allons tout promptement,
Et prenons pour enseigne
Le marquis de Royan (3).

Ce grand foudre de guerre,
Le comte de Bullion (4),
Étoit comme un tonnerre
Dedans son bataillon,
Composé de vingt hommes
Et de quatre tambours,
Criant : Hélas ! nous sommes
A la fin de nos jours.

Le comte de Noailles (5),
Brillant comme un Phébus,
Menoit à la bataille
Tous les enfants perdus,
Criant : Qui me veut suivre ?
Et le gros Saint-Brisson (6),

---

(1) Une porte autrefois, mais qui n'est plus porte que de nom, vers Saint-Gervais. (T.) Où est aujourd'hui la place *Baudoyer*.

(2) Frère de M. de Montbazon. (T.)

(3) Deux veaux. (T.)

(4) Introducteur des ambassadeurs. (T.)

(5) Autre grand personnage; c'est le père. Ce n'est pas qu'il ne fût brave; mais c'étoit un sot homme. Il a fait de beaux combats, et le feu Roi avoit jeté les yeux sur lui quand il vouloit avoir quelques braves autour de sa personne. (T.)

(6) Séguier de Saint-Brisson, qui passoit pour peu spirituel, avoit un

Conduisoit pour tous vivres
De l'avoine et du son.

Monsieur de Parabelle,
Gouverneur de Poitou,
Qui, depuis La Rochelle,
N'avoit point vu le loup,
Faisoit toujours merveilles,
Aux Croates et Hongrois
Il coupa les oreilles,
Comme il fit aux Anglois.

Voici quelques-uns de ses bons mots :

Le feu Roi lui ayant dit : « Arnauld est sorti de la « Bastille. — Je ne m'en étonne point, répondit-il, « il est bien sorti de Philipsbourg, qui est bien une meil- « leure place. »

Quand on dit que la Reine avoit senti remuer M. le Dauphin : « Il a de qui tenir, dit-il, de donner déjà « des coups de pied à sa mère. »

Il disoit au cardinal de La Vallette sur sa retraite devant Gallas (1) : « Il faut que cet homme soit bien in- « corrigible de vous avoir suivi jusqu'à Metz, après « que vous l'avez battu tant de fois. »

Une fois que M. d'Orléans lui tendit la main pour le faire descendre du théâtre : « Ah !... dit-il, je suis « le premier que vous en avez fait descendre, » à cause de ceux qui avoient eu le cou coupé pour l'amour de lui.

Lui et d'Avaugour se raillent toujours sur leur prin-

---

valet-de-chambre nommé Lavoine, ce qui faisoit dire que, dès qu'il étoit levé, M. de Saint-Brisson demandoit *l'avoine*.

(1) Général de l'empereur.

cipauté. Il y a trois ans qu'Avaugour prétendit entrer en carrosse au Louvre : il ne put l'obtenir. Le prince de Guémené disoit : « Ah! du moins a-t-il droit d'y « entrer par la cour des cuisines. » Une fois le cocher de d'Avaugour mit ses chevaux sous les porches de la maison de Guémené, durant un grand soleil. « Entre, « entre, lui cria Guémené, ce n'est pas le Louvre. » En montrant le chevalier de Rohan, il disoit : « Pour « celui-là on ne dira pas qu'il n'est pas prince. » C'est qu'on trouva un billet de madame de Guémené à M. le comte (*de Soissons*), où il y avoit : « Je vous ménage « un fils ; » et c'est celui-là. Il a dit à son fils aîné que le chevalier étoit de meilleure maison que lui. La mère a tellement gâté le cadet, que cela n'a peu contribué à faire tourner la cervelle à l'aîné, qui voyoit bien qu'on faisoit à l'autre tous les avantages dont on pouvoit s'aviser.

Avaugour lui disoit : « Pourquoi souffrez-vous « ma sœur auprès de ma nièce de Montbazon? ma « sœur n'est pas assez prude. — Voire, dit Gué-« mené, cela est fort bien ; c'est une vieille demoi-« selle auprès d'une jeune princesse. » Le prince de Guémené dit que sa femme veut qu'on la traite d'Altesse principale, comme le marquis de Rouillac d'Excellence royale, à cause qu'il avoit été ambassadeur à la cour du roi de Portugal. Il dit plaisamment que le prince de Tarente devroit dire le Roi mon père et non pas Monsieur mon père ; et que M. le Dauphin ne diroit pas Monsieur mon père.

Un fat de conseiller au parlement, nommé Nevelet, s'amusoit à aller chez madame de Guémené. On parle d'aller au bois de Vincennes ; il fut assez sot pour se

mettre dans le carrosse avec madame de Guémené et les dames de sa compagnie. Là, il l'entretint le plus pédantesquement du monde, et lui disoit, entre autres belles choses, qu'il avoit eu l'honneur d'étudier avec M. le prince de Guémené : « Mais, ajouta-t-il, ma-
« dame, il étoit bien plus avancé que moi. » Elle, ennuyée de cet impertinent, pour s'en défaire, laissa tomber un de ses gants; il jette la portière à bas, et va pour le ramasser; cependant elle fait relever la portière, et laisse là M. le magistrat, qui revint des murs du bois de Vincennes à Paris avec sa soutane. Une fois, au sortir du sermon de Saint-Leu il pleuvoit bien fort; il dit à des dames : « Mesdames, je suis bien fâché de n'être
« pas de votre quartier; je vous ramenerois. » A d'autres : « Je vous irois conduire si c'étoit mon chemin. » Une fois qu'il vouloit écrire des douceurs à une fille d'esprit nommée mademoiselle Boccace, il lui parloit de l'éloquence de Jean Boccace, dont elle prétendoit descendre, et lui dit que quand il seroit aussi éloquent que lui, il ne pourroit pourtant représenter combien il étoit passionné pour ses mérites.

A Amiens, je pense, quelques personnes parlant d'affaires d'État, il leur dit (il leur montroit des paysans réfugiés) : « Taisez-vous, voilà des créatures de M. le
« cardinal. » Et à la mort du cardinal il dit que c'étoit à M. de Dardanie à en faire le service, puisqu'il étoit évêque *in partibus infidelium*.

On disoit que madame de Rohan soutenoit bien le menton à Miossens. « Au Dictionnaire de Rohan, dit
« le prince de Guémené, *menton* veut dire *mentula*. »

Parlant du mariage de mademoiselle de Rohan :
« Vraiment, dit-il, elle a grand tort de n'avoir pas pris

« le comte de Montbazon mon fils (mademoiselle
« de Rohan dit qu'il étoit hébété; il est devenu fou), il
« a bien autant de bien que Chabot; il est aussi bon
« catholique que lui; et si elle vouloit avoir un bon
« mari, hélas! où en trouveroit-on de meilleurs que
« dans notre race? »

Madame de Guémené a eu quelques galanteries. On disoit que ses amants faisoient tous mauvaise fin; M. de Montmorency, M. le comte de Soissons, M. de Bouteville et M. de Thou. On dit qu'elle s'évanouit quand on biffa les armes de M. de Montmorency à Fontainebleau, lorsque le feu Roi fit des chevaliers. On m'a dit qu'en sa jeunesse, ne se trouvant pas le front assez beau, elle y mit un bandeau de taffetas jaune pâle; le blanc étoit trop blanc, le noir étoit trop différent du reste: cela tranchoit. On voulut marier son fils avec mademoiselle Fontenay-Mareuil, aujourd'hui madame de Gèvres; quoique le père de la fille offrît la carte blanche, elle ne le voulut pas, de peur d'être grand'mère. Cependant, peu d'années après elle le maria avec la fille du second lit du maréchal de Schomberg le père. Elle a des saillies de dévotion, puis elle revient dans le monde. Elle fit ajuster sa maison de la Place-Royale. M. le Prince lui disoit: « Mais, madame, les Jansénis-
« tes ne sont donc point si fâcheux qu'on dit, puisque
« tout ceci s'ajuste avec la dévotion. Voici qui est le
« plus beau du monde; je crois qu'il y a grand plaisir
« à prier Dieu ici. » Elle souffrit le gros d'Émery dans le temps qu'il se défit de Marion. On n'approuvoit pas trop cela; et la comtesse de Maure dit plaisamment: « C'est qu'elle veut convertir le bon larron. » Elle ne le lui pardonna qu'en une maladie où elle crut mourir.

Toute dévote qu'elle étoit, quand on disputa le tabouret à mademoiselle de Montbazon, qui est aujourd'hui dans le monde, elle dit que pour l'intérêt de sa maison elle seroit capable de jouer du poignard. Elle a un fils, qu'on appelle le chevalier de Rohan, qui est bien fait, qui a du cœur, mais il n'a guère d'esprit, ou plutôt il l'a déréglé. Elle entend assez ses affaires; et c'est par sa conduite que le marquisat de Marigny, que le frère de M. de Montbazon avoit vendu à Montmort, père de la maréchale d'Estrées et de Montmort le maître des requêtes, leur est revenu; il fut déclaré mal acheté. Durant ce procès, comme on plaidoit, le prince de Guémené menaça le maître des requêtes, et lui montra un doigt. « Je vous en pourrois montrer deux, dit l'autre, » et, en faisant cela, lui fit les cornes.

RANGOUSE.

Rangouse est d'Agen. D'abord il fut clerc d'un procureur, et ensuite il entra chez le maréchal de Thémines, où il prit enfin la qualité de secrétaire. Quand il se vit sans emploi, il s'avisa de faire des lettres; mais il s'y prit d'une façon toute nouvelle, car il écrivoit des lettres pour le Roi à la Reine, pour la Reine au Roi, pour le Roi au cardinal de Richelieu, et pour le cardinal de Richelieu au Roi; et ainsi du reste, selon les occurrences du temps. Il y en avoit même pour M. le Dauphin au feu Roi, et aussi pour Monsieur à M. le

Dauphin. Après il en fit pour tous les princes, et il les savoit toutes par cœur. Un jour qu'il alloit à son pays il les récita quasi toutes à un gentilhomme qu'il avoit trouvé par les chemins. Quand ce gentilhomme fut arrivé, il dit qu'il avoit fait le voyage avec l'homme du monde le plus curieux, et qui savoit par cœur toutes les lettres que les plus grands de la cour s'étoient écrites depuis quelques années en çà. Mais, ne trouvant pas grand profit à cela, il quitta cette sorte de lettres et n'en a plus montré que de celles qu'il a écrites en son nom à toutes les personnes de l'un et l'autre sexe qui pouvoient lui donner quelque paraguante ; il en fit un volume imprimé de ces nouveaux caractères qui imitent la lettre bâtarde ; et, par une subtilité digne d'un Gascon, il ne fit point mettre de chiffre aux pages, afin que quand il présentoit son livre à quelqu'un, ce livre commençât toujours par la lettre qui étoit adressée à celui à qui il le présentoit ; car il change les feuillets comme il veut en le faisant relier (1). Vous ne sauriez croire combien cela lui a valu (2). Il y a dix ans qu'il avoua à un de mes amis qu'il y avoit gagné quinze mille livres qu'il employa

---

(1) Les éditeurs ont sous les yeux l'exemplaire que Rangouse a présenté à la reine Anne d'Autriche. Le titre porte : *Lettres héroïques aux grands de l'État, par le sieur de Rangouse, imprimées aux dépens de l'auteur, à Paris, de l'imprimerie des nouveaux caractères inventés par H. Moreau*, 1645. Le volume commence par une épître dédicatoire à la Reine régente.

(2) C'est ce qui a donné lieu à la plaisanterie qu'on trouve dans *l'Histoire du poète Sibus*, où on lit, au nombre des ouvrages attribués à cet être fantastique : « Très-humbles actions de grâces de la part du corps « des auteurs à M. de Rangouse, de ce qu'ayant fait un gros tome de

fort bien en son pays, car je crois qu'il a famille; depuis, il a toujours continué. Le comte de Saint-Aignan lui donna cinquante pistoles; à la vérité, il y en a eu qui ne l'ont pas si bien payé. M. d'Angoulême le fils se contenta de lui rendre son livre et de lui donner une pistole (1). Il avoit fait une lettre pour Saint-Aunez, celui qui se retira en Espagne à cause que le cardinal de Richelieu lui avoit ôté le gouvernement de Leucate (2); Saint-Aunez ne la prit point, ou en donna fort peu de chose (3). Depuis, craignant que Rangouse ne rendît ce livre public, il l'envoya prier de considérer que cette lettre étoit trop pleine de

« lettres, en se faisant donner au moins dix pistoles de chacun de ceux
« à qui elles sont adressées, il a trouvé et enseigné l'utile invention de
« gagner autant en un seul volume, qu'on avoit accoutumé jusqu'ici de
« faire en une centaine. » (*Recueil de pièces en prose les plus agréables de ce temps*; Paris, Sercy, 1662, 4 vol. in-12, t. 2, p. 246.)

(1) Le maréchal de Gramont le paya encore plus mal. (*Voyez* plus haut l'article *Gramont*.)

(2) Ville de Languedoc. Il y avoit un fort qui a été rasé sous Louis xiv.

(3) Ce Saint-Aunez est une espèce de fou; cependant un de ses ancêtres, son grand-père, je pense, méritoit bien qu'on laissât ce gouvernement à sa postérité, ou qu'on la récompensât autrement; car ayant été amené au pied des murailles par les Espagnols qui l'avoient pris, afin d'obliger sa femme à rendre la place. Il lui cria: « Laissez-moi « mourir plutôt, » et fut pendu. Celui-ci est un grand faux-monnoyeur, et qui supporte certains corsaires; il est beau et galant, et on en conte une chose assez étrange. Il engrossa la sœur du prince de Masserane en Piémont. Le prince, enragé, enferme sa sœur dans un château à la campagne. Saint-Aunez y va, et y est surpris par le prince, mais seul. L'amant, plus brave que lui, le saisit, et lui tenant le pistolet à la gorge, parle à sa sœur en sa présence; après il s'en va et ne lâche point son homme qu'il ne fût en lieu sûr. L'autre n'osa jamais crier, ni faire la moindre résistance. (T.)

louanges, que cela lui nuiroit sans doute, et qu'il lui feroit plaisir de ne la point faire courir. « Jésus ! dit « Rangouse, il a bien du souci pour rien ; croit-il « qu'une lettre qui vaut au moins dix pistoles, soit à « lui pour si peu d'argent ? Je la lui ai portée manu- « scrite ; je la ferai imprimer sous un autre nom, en « changeant un ou deux endroits : il n'a que faire de « s'en mettre en peine. » Il dit qu'il trouve bien mieux son compte à porter des lettres aux commis des finances qu'aux seigneurs de la cour. Celles qu'il fait à cette heure sont beaucoup meilleures que les premières ; car il va quelquefois prier M. Patru de les lui redresser un peu. Dans les premières, il y en avoit une dont l'adresse étoit : *A. monsieur Lesperier* (il étoit au maréchal de Gramont), *mon bon ami, qui m'as toujours assisté dans mes petites nécessités*. Il en a fait une au duc d'Usez, que je compare au sonnet de Dulot pour l'archevêque de Rouen ; je veux dire que cette lettre n'eût pu être si bien faite par un honnête homme que par ce fou. Ce fut M. le Prince qui la lui fit faire, et il la trouva si plaisante, qu'il la retint par cœur et lui en donna plus qu'il ne lui avoit donné pour la sienne propre. Le bon de l'affaire, ce fut que le duc prit cela sérieusement, et crut qu'on lui faisoit beaucoup d'honneur (1). La voici :

---

(1) Roquelaure dit que le duc d'Usez a grande raison de se plaindre de ses enfants, et que, sans eux, il auroit l'honneur d'être le plus sot homme du monde. Il y a sept ou huit ans qu'il lui arriva une assez plaisante aventure ; il étoit un peu luxurieux, et, ayant conclu avec je ne sais quelle femme à trente pistoles pour une nuit (c'étoit chez elle), il se couche le premier, et, comme il la pressoit de se coucher, elle lui dit qu'elle avoit oublié une petite chose ; c'étoit d'aller demander à son

« Monseigneur,

» Le rang que vous tenez parmi les grands de l'État ne me permet pas de donner leurs portraits au public sans les accompagner du vôtre. Je ne prétends pas toucher à la généalogie de la maison de Crussol, dont vous tirez votre origine ; il faudroit faire un volume et non pas une lettre : je dirai seulement que vous êtes entre la noblesse le premier duc et pair de France, reconnu le plus paisible et le plus modéré de tous les seigneurs. Vous n'avez jamais rien entrepris par-dessus vos forces ; votre ambition a toujours eu des bornes légitimes ; ce que beaucoup poursuivent avec passion, vous l'obtenez avec patience ; vous êtes demeuré calme dans la tempête, et ne vous êtes jamais oublié dans la bonace. Si vous n'avez pas toujours eu des emplois de guerre, c'est que Leurs Majestés vous ont reconnu trop nécessaire auprès d'elles ; enfin l'histoire de votre vie est telle, qu'il ne s'en vit jamais de semblable. Celui-là n'est pas ami de son repos qui ne met toute son étude à vous imiter. Pour moi, monseigneur, qui prétends faire un abrégé des actions illustres, pour les laisser à la postérité, j'ai voulu parler des vôtres dans les termes de la vérité avec laquelle je finirai.

» Votre, etc. »

Rangouse a donné le titre de *Temple de la gloire* à son dernier volume de lettres. Une fois qu'il rencontra

---

mari qui étoit en bas s'il le trouveroit bon. On lui avoit dit qu'il étoit aux champs. La frayeur prend au bonhomme ; il se sauve sans avoir le loisir de remettre son cordon bleu. (T.)

M. Chapelain par la ville, il l'avoit vu quelque part, il se met à côté de lui et lui parle avec toutes les soumissions imaginables ; car un Gascon se fait tout ce qu'il veut. En ce temps-là, un des amis de cet homme vint à passer ; il l'appelle et lui dit en s'approchant tout contre : « Monsieur Chapelain, vous voyez, au moins, « je me frotte aux honnêtes gens. » Chez M. Pelisson on lut une pièce en latin ; Rangousé à tout bout de champ faisoit des exclamations, et disoit naïvement : « Je n'entends pas le latin ; mais je ne laisse pas de « pénétrer assez avant pour voir que cet ouvrage est « admirablement beau. »

CATALOGNE.

Voici ce que j'ai appris de la manière de vivre des femmes de ce pays-là. On n'y fait l'amour que par truchement, et on se sert pour cela des meneurs des dames. Ce ne sont pas des domestiques pour l'ordinaire, mais quelquefois un savetier qui, les fêtes et les dimanches, prend son bel habit, se met l'épée au côté, et tend le bras à la dame ; elles vont rarement ailleurs qu'à l'église. La meilleure marque qu'on puisse avoir d'être bien avec elles, c'est quand elles vous envoient ces messieurs les écuyers pour savoir l'état de votre santé, sous prétexte qu'elles ont ouï dire que vous étiez malade. Cet homme pourtant ne vous parle qu'à l'oreille, et bien souvent il dit à vos gens qu'il vient pour vous donner avis de quelque pièce curieuse qui est à vendre, où il trouve quelque semblable échappatoire; alors vous n'avez plus qu'à chercher l'invention de vous joindre, car elles n'en viennent point là qu'elles n'aient résolu de ne vous rien refuser. La plupart du temps elles sont assez malheureuses; leurs maris ne leur laissent prendre aucun divertissement, entretiennent presque tous des courtisanes, et, ce que j'en trouve de plus fâcheux, c'est que si à souper il y a, par exemple, une poule, ils n'en laisseront qu'une cuisse à leur femme et porteront tout le reste chez leur mignonne, avec qui ils iront souper et coucher; madame cependant s'entretiendra, s'il lui plaît, avec les espions que le galant homme tient auprès d'elle, car les valets sont tous aux maris. Les religieuses sont moins religieuses qu'elles, car s'il y a de la galanterie, c'est dans les couvents; partout on y entre pour de l'argent; même ceux des Catalans, qui sont plus jaloux que les autres, tiennent leurs concubines dans les religions, et on les nomme *Commendadas*. Il arriva, la première fois que l'armée de France entra dans le port de Barcelonne; que des religieuses qui étoient assez proche du port faisoient bâtir et quêtoient pour achever leur bâtiment; elles furent donc demander la charité à quelques officiers des galères; mais, au lieu d'argent, dont ils étoient assez mal fournis, ils leur donnent cent forçats pour porter la terre et leur servir de manœuvres. Cependant ces officiers cajolèrent les religieuses, et firent si bien qu'elles leur permirent d'entrer dans leur couvent déguisés en galériens : ils se mêlèrent parmi les forçats, et furent trouver leurs maîtresses. Il me semble que quand ils eussent bien rêvé pour inventer un habit bien convenable à des esclaves d'amour, ils n'eussent jamais pu mieux rencontrer.

Il y avoit en ce temps-là une dame nommée la baronne d'Alby; elle étoit de la maison d'Arragon (1), et s'appeloit Hippolita. Elle étoit plus agréable que belle; on n'a jamais vu une personne plus spirituelle, ni plus adroite. Son mari, qui étoit fort débauché, et elle, étoient séparés de corps et de biens. Cette femme eut un si grand déplaisir de la révolte de Catalogne, et avoit une si grande passion pour la couronne d'Espagne, qu'elle a mis plusieurs fois sa vie en danger pour tâcher à réduire cet État sous son premier maître. D'ailleurs, elle étoit galante. Auprès du maréchal de La Mothe, il y avoit un huguenot, déjà âgé, nommé La Vallée (nous en parlerons ailleurs), qui étoit bien avec lui. Dona Hippolita, qui le connoissoit d'amoureuse manière, fit si bien que par son moyen elle obtint permission d'écrire en Arragon, et partout où elle voudroit. On lui accorda cela facilement, parce que les mêmes personnes qui portoient ses lettres en portoient aussi du maréchal à ceux avec qui il avoit intelligence dans le pays ennemi. Elle employa tous ses artifices pour gagner entièrement La Vallée, et lui fit même une des plus grandes faveurs que les dames fassent en ce pays-là : c'est qu'elle l'avertit qu'elle iroit voir les tombeaux la Semaine-Sainte, et qu'il se trouvât en tel lieu pour l'accompagner. La dévotion espagnole ne consiste qu'en grimaces. La Semaine-Sainte, et principalement le Vendredi-Saint, on visite les tombeaux qu'on fait en

---

(1) De quelque branche de cadets ou plutôt de quelque bâtard.

chaque église, en l'honneur de Notre-Seigneur; et il y a de l'émulation à qui les fera les plus magnifiques; c'est comme les *Præsepia* (1) à Rome. Les dames y vont voilées, et c'est en ce temps de pénitence qu'elles font le plus de galanteries. On appelle cela *Festeggiar*. La Vallée se trouva à l'assignation, mais il eut le déplaisir de voir qu'il n'étoit pas le seul galant, car la dame avoit un Catalan avec elle, homme de qualité, et La Vallée croit qu'au retour ils furent coucher ensemble. Voilà tout ce que notre François en eut. Le maréchal de Brezé l'avoit cajolée avant cela, mais elle ne le pouvoit souffrir. Depuis, quand on fit une si grande conjuration contre le comte d'Harcourt, elle s'y trouva embarrassée, et son amant, dont nous avons parlé, eut le cou coupé : pour elle, on se contenta de l'envoyer en Arragon.

J'ai ouï conter une histoire arrivée à Madrid, que je mettrai ici tout de suite : « Une fille de qualité étant
« devenue amoureuse d'un page de son père, lui ac-
« corda toutes choses, et se trouva grosse peu de temps
« après. Cependant son père l'accorde avec un homme
« de condition, dont l'alliance lui étoit avantageuse.
« Dans cette extrémité, cette pauvre fille a recours à
« une femme veuve, qui étoit femme d'esprit et grande
« *intrigueuse*, et trouve moyen de l'aller voir secrète-
« ment. Elles songèrent long-temps avant que de pou-
« voir trouver quelque invention (2), enfin, la veuve
« lui dit qu'elle iroit dire au cardinal-inquisiteur l'état

---

(1) Les crèches.

(2) Je sais cela de M. Penis, intendant en Espagne, à qui cette femme l'a conté. (T.)

« où elle se trouvoit, et le désespoir où elle étoit ; que
« si on ne l'avoit retenue elle se seroit déjà poignardée,
« et auroit tout d'un coup ôté la vie à elle et à son en-
« fant ; qu'il n'y avoit qu'un remède qui dépendoit de
« lui seul : c'étoit de faire mettre dans les prisons de
« l'Inquisition le cavalier avec lequel cette fille est ac-
« cordée, et, que durant le temps qu'il y sera, on la
« pourra faire accoucher en cachette. ». La fille, ap-
prouva le conseil de cette femme, et la chose réussit
comme elle l'avoit pensé. Le cardinal eut de la peine
à s'y résoudre, mais enfin il y consentit. La fille accoucha heureusement; mais le cavalier, outré de l'affront qu'on lui avoit fait, car il n'y a que l'Inquisition
qui soit infamante, mourut de déplaisir, quoiqu'elle
lui écrivît tous les jours qu'elle ne l'en estimoit pas
moins, que ce n'étoit qu'une calomnie et que la vérité
se découvriroit bientôt.

LE COMTE D'HARCOURT.

Le comte d'Harcourt est cadet de feu M. d'Elbeuf,
assez mal à son aise. En sa jeunesse, il a fait une espèce
de vie de filou, ou du moins de goinfre. Il avoit fait
une fantaisie de monosyllabes : c'est ainsi qu'ils l'appeloient, où chacun avoit une épithète, comme lui s'appeloit *Le Rond* (il est gros et court), Faret (1), *Le*

(1) Nicolas Faret, mauvais poète ridiculisé par Despréaux.

Vieux; c'est pourquoi Saint-Amant le nomme toujours ainsi ; pour lui il se nommoit *Le Gros;* quand ils étoient trois confrères ensemble, ils pouvoient recevoir qui ils vouloient.

Le comte se battit contre Bouteville et eut l'avantage. Il fut fait chevalier de l'ordre à la dernière promotion ; et quand ce vint à biffer les armes de son frère qui étoit avec la Reine-mère, il alla se mettre derrière le grand-autel. Les gens de cœur disoient qu'ils eussent beaucoup mieux aimé n'être point chevaliers de l'ordre ; mais il avoit besoin de mille écus d'or de pension. Après il revint. Faret, qui étoit à lui, pour le mettre en train de faire quelque chose, lui proposa de s'offrir au cardinal de Richelieu pour épouser telle qu'il voudroit de ses parentes ; et après il en parla à Bois-Robert qu'il connoissoit comme étant de l'Académie, aussi bien que lui. Bois-Robert en parla au cardinal, qui lui répondit en riant :

> Le comte d'Harcourt,
> Du Bois, a l'esprit bien court.

Bois-Robert pourtant, voyant qu'il ne lui avoit pas défendu d'en parler davantage, recharge encore une fois. « Est-ce tout de bon? dit le cardinal : parlez-vous sé-
« rieusement? — Oui, monseigneur, c'est un homme
« qui sera entièrement à vous ; c'est un homme de
« grand cœur. Il a, comme vous savez, battu Bouteville,
« et vous pouvez vous fier à sa parole. » Le cardinal lui donna emploi, et le surprit en le lui donnant, car il lui

dit : « Monsieur le comte, le Roi veut que vous sortiez « du royaume. » Le comte étonné lui dit qu'il étoit prêt d'obéir. « Mais, ajouta le cardinal, c'est en com- « mandant l'armée navale. »

Cette campagne-là, il reprit les îles de Saint-Honorat et de Sainte-Marguerite en Provence. Je laisse à l'histoire à dire comme cette conquête étoit moralement impossible au peu de forces qu'il avoit. J'ai vu le marbre que le commandant espagnol laissa sur la porte, où il y a que : rien ne peut résister à l'invincible valeur du comte d'Harcourt. Au retour, il épousa madame de Puy-Laurens. Après, on l'envoya en la place du cardinal de La Vallette en Italie, où il secourut Casal et reprit Turin. Durant ce siége, il mangeoit en public pour faire voir qu'il n'avoit pas de meilleur pain que les soldats. Jamais les François n'ont si bien montré qu'ils fussent aussi bons à la fatigue que quelque autre nation du monde qu'à ce siége-là. A cette effroyable sortie que fit le prince Thomas, le comte accourut où les lignes avoient été forcées; il avoit sept ou huit gentilshommes avec lui qui appeloient poltrons les soldats qu'ils trouvoient fuyants : « Non, non, dit le comte « d'Harcourt, ils sont braves gens : mais c'est qu'ils ne « m'ont pas à leur tête. » Il y alla, et il y faisoit bien chaud. Il échoua après à Lérida, comme nous verrons dans les Mémoires de la Régence. Ce même Brito, qui après fit aussi recevoir un affront à M. le Prince, commandoit alors dans la place. On a fort décrié ce pauvre homme, et on veut que toute sa gloire soit due aux officiers qu'il avoit, comme M. de Turenne principalement, au maréchal de La Mothe et au maréchal du Plessis. Ils disent que dans l'occasion il n'a point de jugement, et qu'il dit à tout ce qu'on propose : « Faites « donc. » Il est vrai que de tous ceux qui ont servi sous lui, il n'y en a guère qui le prennent pour un grand capitaine. Cependant il est brave et heureux. Pour les siéges, il n'y réussit que rarement.

La Reine lui donna la charge de grand écuyer après la mort de M. le Grand ; car il n'avoit point de bien, et disoit que ses fils auroient nom, l'un *La Verdure,* et l'autre *La Violette.* Quand il eut cette charge, après l'obligation qu'il avoit à Faret, il délibéra s'il lui devoit donner le secrétariat de sa charge, et pensa lui préférer un petit Mouerou, que Faret avoit pris comme un copiste pour écrire sous lui. Faret est mort de regret de se voir si mal reconnu. Avant cela, le cardinal de Richelieu disoit en parlant du comte d'Harcourt : » Il faudra voir si son apothicaire en sera d'avis ; car « ce bon seigneur s'est toujours laissé gouverner par « quelque faquin. » On disoit de lui qu'il prenoit tout et rendoit tout, car il prit le gouvernement de Guyenne quand M. d'Épernon fut chassé, et après, celui de Normandie quand M. de Longueville fut arrêté, et les rendit. Ce qu'il a fait de plus vilain, à mon avis, ce fut d'escorter M. le Prince qu'on menoit prisonnier au Havre : mais nous verrons tout cela en son lieu. Il y a six ou sept ans, pour vous faire voir quel homme c'est, qu'il conta à un garçon qui montre le jardin de Rambouillet toutes ses prétentions et toutes ses plus importantes affaires.

LE BARON DE MOULIN.

C'est un gentilhomme de Champagne dont le père a toujours eu bonne table et a fait assez de dépense; il y a du bien dans la maison. En sa jeunesse, ç'a été un assez plaisant robin. Il alla au Cours avec le derrière masqué qu'il montroit à la portière, comme si c'eût été son visage. Une autre fois, pour se défaire d'une femme qui lui demandoit de l'argent, il mit son c.. hors du lit; et, comme il avoit la tête entre les jambes, on eût dit que sa voix venoit de dedans le lit : c'étoit la voix d'un homme malade; il vessoit et toussoit tout à-la-fois, et cette femme disoit : « Je vois « bien que monsieur est bien mal; il a l'haleine bien « mauvaise. » Un jour, après avoir bien attendu, dans une boutique de lingère, que des femmes eussent essayé des collets et des mouchoirs au miroir, il vouloit, et il se déboutonnoit déjà pour cela, essayer aussi une chemise au miroir (¹).

Il lui prit une vision sur le pont Notre-Dame; il y rencontra un homme qui lui sembla plus laid que lui. Il l'est étrangement. « Ah! monsieur, lui dit-il, qu'il « y a long-temps que je vous cherche! » L'autre fut assez surpris. « C'est, monsieur, ajouta-t-il, que je « cherchois un homme plus laid que moi, et, si je ne

---

(¹) D'Ouville a mis ces deux contes parmi les siens. (T.)

« me trompe, vous êtes cet homme-là. Venez plutôt
« voir chez ce miroitier. »

Il fit mettre dans sa cornette un moulin à vent, et le mot *Nargue Du Moulin, s'il ne tourne.* A propos de cela, M. d'Ablancour dit que c'est de lui qu'il a appris tous les termes de la guerre et toutes les marches, et cela lui a furieusement servi dans ses Traductions. M. Fabert dit que c'est ce qu'il y trouve de plus admirable.

Son père le maria, en dépit de lui, à une laide fille, mais riche, nommée Chenevières; elle est fille d'un oncle du baron Du Moulin, qui l'a eue d'une de ses plus proches parentes; cette fille n'a jamais été légitimée. Il n'en vouloit point; et le jour que le contrat se devoit passer, il se déguisa en lavandière, et se mit à battre la lessive à une fontaine proche de la maison. Un avocat, ami de son père, qui venoit pour le contrat, le rencontra, et le fit résoudre à faire ce que son père souhaitoit. Il en a eu beaucoup de bien et tient bonne table; c'est un original; il pette, rotte et pue comme un bouc; car, outre ses pets, il mâche toujours du tabac. Il est libre en paroles, et ne prétend se contraindre pour personne. Depuis quelques années, il s'est mis à aimer les simples, et un jour il mena un curieux, par une grosse pluie, en voir un, disoit-il, qui étoit unique, *acuminatum, olens, recens,* etc. C'étoit un étron qu'il venoit de faire dans une planche.

Un huguenot, qui s'appelle quasi comme lui, car il se nomme Des Moulins, Le Coq, frère de feu Le Coq, conseiller au parlement, écrit si mal qu'on ne peut lire son écriture. Quand il a fait une lettre, il la plie brusquement sans y mettre de poudre dessus, et il s'y fait des pâtés. Une fois, qu'il voulut en relire une lui-même, et qu'il n'en put venir à bout : « Que je suis fou ! « dit-il ; ce n'est plus à moi désormais à la lire ; c'est à « celui à qui je l'envoie. »

TABLE DES MATIÈRES

CONTENUS DANS LE TROISIÈME VOLUME.

	Pages.
Le maréchal de Bassompierre.	5
Le cardinal de La Rochefoucauld.	19
Madame Des Loges et Borstel.	22
Notice sur madame Des Loges, tirée des manuscrits de Conrart.	26
Madame de Berighen et son fils.	30
Le chancelier Séguier.	33
Jodelet.	42
Haute-Fontaine.	43
Mesdames de Rohan.	46
Pardaillan d'Escandecat.	85
Fontenay Coup-d'Épée. Le chevalier de Miraumont.	86
Ferrier, sa fille et Tardieu.	92
Du Moustier.	98
Le président Le Cogneux.	103
M. d'Émery.	117
Des Barreaux.	134
Chenailles.	140
Marion de L'Orme.	141
Feu M. de Paris.	145
Le feu archevêque de Rouen.	148
Balzac.	153
Le président Pascal et Blaise Pascal.	174

	Pages.
Bertaut, neveu de l'évêque de Séez.	177
Le maréchal de Guébriant.	180
Madame d'Atis.	185
M. de Belley.	188
M. Pavillon.	193
M. Gauffre.	Ibid.
Le général des Capucins.	194
Le maréchal de L'Hôpital.	195
Menant et sa fille.	203
Le maréchal de Gassion.	207
Luillier (père de Chapelle).	219
La maréchale de Thémines.	223
Le Pailleur.	237
Le comte de Saint-Brisse.	240
Le maréchal de Châtillon.	
La comtesse de La Suze et sa sœur, la princesse de Wirtemberg.	245
Le maréchal de Saint-Luc.	257
Le comte d'Estelan.	260
La Montarbault, Samois et de Lorme.	263
Jaloux. Des Bias.	270
Rapoil.	271
Moisselle.	272
Tenosi, provençal.	273
Coiffier.	274
Madame Lévesque et madame Compain.	278
La Cambrai.	289
Coustenan.	292
Madame de Maintenon et sa belle-fille.	297
Madame de Liancourt et sa belle-fille.	303
Le président Nicolaï.	312
Porchères l'Augier.	317
Le Père André.	321
Villemontée.	333
Madame Pilou.	336
Bordier et ses fils.	354
M. et madame de Brassac.	363
Roussel (Jacques).	365
Le marquis d'Exideuil et sa femme.	370

TABLE.

	Pages.
M. Servien.	375
M. d'Avaux.	381
Bazinière, ses deux fils et ses deux filles.	388
Courcelles, cadet de Bazinière.	396
Madame de Serran.	397
Madame de Barbezière.	400
La comtesse de Vertus.	403
Madame de Montbazon (Marie de Bretagne.)	410
M. de Montbazon.	415
M. d'Avaugour.	418
M. et madame de Guémené.	421
Rangouse.	428
Catalogne.	433
Le comte d'Harcourt.	437
Le baron de Moulin.	441

FIN DU TOME TROISIÈME.

www.ingramcontent.com/pod-product-compliance
Lightning Source LLC
Chambersburg PA
CBHW071059230426
43666CB00009B/1754